IMMANUEL KANTS

WERKE

IMMANUEL KANTS WERKE

IN GEMEINSCHAFT
MIT
HERMANN COHEN,
ARTUR BUCHENAU, OTTO BUEK,
ALBERT GÖRLAND, B. KELLERMANN,
OTTO SCHÖNDÖRFFER

HERAUSGEGEBEN VON
ERNST CASSIRER

BAND X

VERLEGT BEI BRUNO CASSIRER
BERLIN

BRIEFE VON UND AN KANT

HERAUSGEGEBEN

VON

ERNST CASSIRER

ZWEITER TEIL:

1790–1803

VERLEGT BEI BRUNO CASSIRER

BERLIN 1921

193
K16A
VOL.10

221.

An Theodor Gottlieb von Hippel.

Ew. Wohlgeb. sind so gütig gewesen, dem jüngeren JACH-MANN in seinem Gesuch um ein Stipendium Ihre geneigte Unterstützung zu versprechen. Er hat mir gestern eine Veränderung in seiner bisherigen Lage erzählt, die ihn jetzt dieser Beihilfe sehr bedürftig macht: da nämlich der Postdirektor seinen Sohn, für dessen Leitung und Unterricht er bisher gut bezahlt worden, zum Herrn D. SCHMALTZ hinzugeben beschlossen hat, mithin ihm hiedurch das Einkommen für seine dringendste Bedürfnisse entzogen wird, und er besorgt, in die für alle seine guten Aussichten nachteilige Notwendigkeit versetzt zu werden, irgend eine Landkondition anzunehmen und so die Vollendung seiner Ausbildung auf der Universität aufzugeben.

Erlauben Sie, daß er diesen Morgen Ihnen seine Aufwartung machen darf, um teils sein Anliegen selbst vorzutragen, teils auch zu erkunden, was er seinerseits zu tun habe, um sein Gesuch in gehöriger Form anzubringen: so bitte ergebenst ihm durch Überbringern dieses einen Wink zu geben. Die ihm hierunter zu erzeigende Wohltat kann schwerlich einem Würdigern bewiesen und so Ihre weise Absicht in Austeilung der Stipendien besser erreicht werden.

Ich bin mit der vorzüglichsten Hochachtung
Ew. Wohlgeb.
ganz ergebenster treuer Diener
I. Kant
d. 6. Jan. 1790.

222.

An Johann Gottfried Carl Christian Kiesewetter.

Ich habe, wertester Freund! an Herrn De la GARDE mit der heutigen fahrenden Post die erste Versendung meines Mskrpts der Kritik der Urteilskraft mit 40 Bogen gemacht, denen das Übrige in 14 Tagen sicher folgen soll. Da jenes nun einige Tage später in Berlin eintreffen wird, als dieser mein Brief, so bitte sehr so gütig zu sein und mit ihm wegen der Ausfertigung des Werks zur Ostermesse zu sprechen; weil er mir in seinem Briefe Bedenklichkeiten geäußert hat, daß sich schwerlich jetzt in Berlin ein Buchdrucker finden würde, dessen Pressen für diese Messe nicht schon so besetzt wären, daß er diese Arbeit zu übernehmen imstande wäre; wiewohl er doch zugleich die Übersendung wenigstens der Hälfte des Mskrpts verlangte und also diese Hoffnung doch nicht aufgegeben zu haben scheint. Sollte er gleichwohl sich nicht anheischig machen wollen, die Ausfertigung um diese Zeit zu leisten, so würde ich bitten, mir davon eilige Nachricht zu geben und vorläufig darüber mit dem Buchhändler Herrn HIMBURG zu sprechen (die Bedingungen sind: der Abdruck auf Druckpapier mit derselben Schrift als meine andere Kritik, 2 Dukaten pro Bogen für jede Auflage von 1000 Exemplar und 20 Exemplare frei) woran ich aber sehr ungern gehe; daher ich auch bitte Herrn De la GARDE vorher freundlich zu befragen (ohne ihn das letztere wissen zu lassen), ob ich mich darauf verlassen könnte. Im Falle, daß er sich dazu anheischig macht, ist Ihre Antwort auf diesen meinen Brief nicht nötig. Wegen des Honorars für Ihre Bemühung der Korrektur habe ihm geschrieben, nicht karg zu sein.

Ihr letzterer Brief ist mir sehr angenehm gewesen, noch mehr die mündliche Nachricht, daß es mit Ihren Vorlesungen guten Fortgang habe. Ein mehreres von Ihrer jetzigen Verfassung und Aussichten hoffe gelegentlich von Ihnen zu vernehmen, wobei ich mich mit dem Postporto nicht zu schonen bitte. — Herr Prediger JENISCH hat an mich wegen jener ungereimten Sache selbst geschrieben und eine der Ihrigen ähnlichen Beschreibung davon gemacht, worauf ich ihm auch bereits geantwortet habe und hoffe das Gerede hievon werde jetzt ein Ende haben und ihm nicht nachteilig werden.¹)

Ich bin mit aller Hochachtung und Freundschaft

Ihr

ergebenster

I. Kant.

Königsberg,
d. 21. Jan.
1790.

223.

An F. Th. de la Garde.

Ew. Hochedelgeb. überschicke mit der heutigen fahrenden Post 40 Bogen Mskrpt., welche nahe an die Hälfte des ganzen austragen, denn 84 Bogen, wozu noch 17 Bogen Einleitung (die aber von mir vielleicht noch abgekürzt werden sollen) alles ohngefähr in eben so weitläuftiger Schrift als das Überschickte, kommen werden, machen das ganze Werk aus. — Den ganzen Rest werde nach 14 Tagen ebenfalls auf die Post geben; worauf Sie sich verlassen können.

Ich habe Ihnen nicht eher etwas zuschicken mögen, als bis die Abschrift des Werks vollendet und Ihnen die Bogenzahl gemeldet werden könnte: damit Sie mit dem Buchdrucker den Überschlag machen und auch versichert sein könnten, daß Sie nicht aufgehalten würden. Daß ich aber nicht eher und so früh, wie ich sicher hoffte, fertig geworden, daran sind Hindernisse schuld, denen man nicht ausweichen konnte.

Die erste und vornehmste Bedingung, unter der ich Ew. Hochedelgeb. dieses Mkrpt. zu Ihrem Verlage übergebe, ist: daß es zur rechten Zeit auf der nächsten Leipz. Ostermesse fertig geliefert werde. Sollten Sie dieses zu leisten sich nicht getrauen, so bitte es an Herrn KIESEWETTER zu melden, der hierüber von mir einen Auftrag bekommt. Allein ich hoffe: daß es doch irgend eine Presse in Berlin oder dem benachbarten Sachsen geben

---

¹) Jenisch war beschuldigt worden, einen Taufschein gefälscht und ihn dem Konsistorium eingereicht zu haben; die nähere Untersuchung hatte jedoch ergeben, daß die Schuld nicht ihn selbst, sondern einen seiner Freunde traf.

wird, welche in 14 Tagen 5 Bogen drucken wird, dadurch denn der Druck ganz zeitig vollendet sein kann. Da ich aber nicht zweifle, daß Sie einen solchen Buchdrucker in Berlin antreffen werden, so wiederhole meine Empfehlung, den Herrn KIESE-WETTER zum Korrektor zu brauchen, den Sie dann auch dafür so reichlich als für dergleichen Arbeit nur zu geschehen pflegt, zu bezahlen belieben werden.

Das Werk wird auf reinem weißen Druckpapier, mit einer Schrift von der Art, wie die Kritik der reinen praktischen Vernunft, gedruckt. Für mich bitte 4 Exemplare auf Postpapier und noch andere 16 auf Druckpapier, als Zuschuß zu dem honorario von 2 Dukaten pro Bogen, für jede Auflage von 1000 Exemplaren, welches Sie mir in dem Briefe, darin Sie mir den Empfang des Mskpts mit der nächsten umgehenden Post berichten werden, bestätigen wollen.

Ich habe das Paket nicht frankiert, noch den gegenwärtigen Brief; weil die dafür getragene Kosten mir am honorario abgerechnet werden können.

In den Meßkat(al)og werden Sie die Einrückung zeitig besorgen. Der Titel ist:

Kritik
der Urteilskraft
von
Immanuel Kant.

Für den Setzer habe hiebei eine Anweisung beigelegt, auf deren Vollziehung Sie zu sehen belieben werden.

Was die Geschichte mit Herrn JENISCH betrifft: so ist mir durch seinen Brief nichts Unangenehmes widerfahren, wie ich ihm denn auch schon vor einiger Zeit geantwortet habe, als von einer Sache, die mich schlechterdings nichts angeht; in der ich auch bei Gelegenheit seinen Charakter freundschaftlich zu rechtfertigen nicht ermangelt habe.

Einliegenden Brief bitte an Herrn KIESEWETTER, der bei der Korrektur wegen meiner Hinweisungen am besten Bescheid weiß, abgeben zu lassen und versichert zu sein, daß ich jederzeit mit Hochachtung und Freundschaft sei

Königsberg,   Ew. Hochedelgeb.
d. 21. Januar.   ergebenster Diener
1790.   I. Kant.

224.

An F. Th. de la Garde.

Ew. Hochedelgeb. werden ein Paket durch die gestern abgegangene fahrende Post mit 40 Bogen Mskpts., als den Rest des Texts, (drei Bogen, die ich nicht Zeit gehabt habe durchzusehen, ausgenommen) erhalten. Diese, zusamt der etwa zwölf Bogen starken Einleitung, werde über 14 Tage ebenfalls nachschicken: so, daß der Buchdrucker gar nicht aufgehalten werden soll.

Anbei bitte mir, so wie der Druck fortgeht, von acht zu acht Bogen durch die fahrende Post auf meine Kosten jederzeit zuzuschicken, damit von einigem, was ich da noch Fehlerhaftes anträfe, in der Vorrede (die ich in einem Briefe mit der reitenden Post nachschicken kann) Erwähnung getan werden können.

Von EBERHARDs phil. Magazin bitte ich des zweiten Bandes 3. und 4. Stück oder auch das 3. allein (wenn das 4. noch nicht heraus ist) mit der nächsten fahrenden Post zuzuschicken. Die 2 ersten Stücke des zweiten Bandes habe ich von Ew. Hochedelgeb. schon erhalten und es kann alles gegen Ostern verrechnet werden.

Ich hoffe, der Setzer werde darauf sehen, daß er mit einem Sternchen * bezeichnete Absätze, wie gewöhnlich, unter den Text setze: dagegen die mit anderen Zeichen bemerkte in den Text einrücken.

Ich bin mit allen von Ihnen getroffenen Anstalten, die mir Herr KIESEWETTER sehr gerühmt hat, ganz zufrieden, erwarte, mit dem Nächsten, die erste Zusendung der abgedruckten Bogen und bin mit aller Hochachtung

Ew. Hochedelgeb.

ergebenster Diener
I. Kant.

Königsberg,
d. 9. Febr.
1790.

225.

Von Johann Gottfried Carl Christian Kiesewetter.

Bester Herr Professor.

Was Sie mir in Ihrem letzten Briefe (für den ich Ihnen den besten Dank abstatte) vorausgesagt haben, ist richtig eingetroffen, mein Körper hat meinen wirklich zu sehr gehäuften Arbeiten unterliegen müssen, und ich habe 14 Tage hindurch an Krämpfen im Unterleibe so gelitten, daß ich das Bett nicht verlassen konnte, kaum hatten sie im Unterleibe nachgelassen, so stiegen sie nach der Brust und zogen die Lunge so zusammen, daß mir das Reden äußerst beschwerlich wurde. Das letzte Übel ist nun gehoben, aber die Krämpfe stellen sich doch immer noch zuweilen ein, und ich muß zu meinem Ärger wie ein altes Weib *Asa foetida* gebrauchen. Nun bestürmt man mich von allen Seiten, daß ich weniger studieren soll, und ich muß wirklich etwas nachgeben.

Was meine äußere Lage betrifft, so ist diese um ein gut Teil besser, und ich habe alle Ursach zufrieden zu sein. Der Minister von SCHULENBURG tat mir gestern schriftlich den Antrag zu ihm ins Haus zu ziehen und der Gesellschafter (nicht Hofmeister, denn dazu würde ich mich nie verstehen) seines 17 jährigen Sohnes zu werden; er sagt mir in seinem Briefe, daß ich weiter keine Verpflichtung auf mich nehmen sollte, als der Freund und Ratgeber seines Sohnes zu sein, daß ich meine völlige Freiheit behalten und Collegia lesen könnte, wann und wieviel ich wollte. Er hat mich auf künftigen Sonntag zu Tisch gebeten, wo wir uns über die anderweitigen Bedingungen unterreden wollen; wie mir der Kanzler von HOFFMANN vorläufig gesagt hat, so wird er mir freie Station und 200 Taler Gehalt anbieten. Ich bin bis jetzt entschlossen das Anerbieten anzunehmen. — Ferner arbeitet man jetzt stark daran, daß ich den Unterricht der beiden jüngsten Prinzen des Königs in der Mathematik, und wenn es möglich ist, des zweiten Sohnes desselben (des Prinzen Louis) in der Philosophie erhalten soll; der Kronprinz hat ENGEL zum Lehrer. Bis jetzt gehen die Negoziationen ganz gut. — Der Unterricht der Prinzessin AUGUSTE ist mir für das künftige Jahr nicht mehr zu nehmen. Sollte ich reussieren, so sollen Sie, verehrungswürdiger Mann, es gewiß am ersten wissen.

Sie werden sich vielleicht noch erinnern, daß ich Ihnen während meines Aufenthalts in Königsberg einmal sagte; ich fürchtete, man würde in mich dringen, etwas drucken zu lassen, und was ich fürchtete, ist wirklich geschehen. Da nun die erste Ausgabe meiner kleinen Schrift über den ersten Grundsatz der Moralphilosophie[1]) vergriffen ist, so habe ich mich entschlossen, eine neue ganz umgearbeitete Auflage zu besorgen, sie mit 3 Abhandlungen über die Übereinstimmung Ihres Moralsystems mit den Lehren des Christentums, über den Glauben an die Gottheit und über die Unsterblichkeit der Seele zu vermehren und sie dem Könige zuzueignen, und alle haben dies sehr gut gefunden. Wenn Sie etwa in Ihrem nächsten Briefe mir einige Bemerkungen zu den drei letzten Abhandlungen mitteilen wollten, so würde ich mich unendlich glücklich schätzen. Vorzüglich liegt mir der erste Zusatz am Herzen, und Sie können leicht einsehen, weshalb; ich bin überzeugt, daß man wenigstens das ganz deutlich machen kann, daß der Grundsatz Ihres Moralsystems sich mit den Lehren der christlichen Religion ganz wohl verträgt, vielleicht auch, daß, wenn Christus Sie gehört und verstanden hätte, er gesagt haben würde, ja das wollte ich auch durch mein Liebe Gott usw. sagen. Heucheln kann ich und werde ich nicht, aber ich will für die gute Sache tun, was ich kann. — WÖLLNER hat sich sehr darüber gefreut, daß ich die erste Abhandlung anhängen will. Ich versichre Sie, teuerster Herr Professor, daß ich zuweilen in Lagen gesetzt worden bin, wo ich alle mögliche Aufmerksamkeit nötig hatte, um weder auf der einen Seite der Wahrheit etwas zu vergeben, noch auf der andern meine Gesinnungen zu entdecken und mir zu schaden.

Unsern neuen Katechismus wird Ihnen Herr de la GARDE geschickt haben; über den Wisch selbst keine Anmerkung. Im Consistorio hat es mächtigen Streit gegeben; als WÖLLNER die Sache vorgetragen und die Kabinettsorder des Königs, die ich in Abschrift gesehen habe und die ziemlich hart war, vorgelegt hatte, so mußte ZÖLLNER als jüngster Rat zuerst votieren. Er sprach mit vieler Wärme dagegen, und alle geistliche und weltliche Räte, den Präsident HAGEN und SILBERSCHLAG ausgenommen, traten ihm bei; vorzüglich eiferten sich TELLER und DIETRICH; der letzte sagte mit tränenden Augen, daß er wünsche,

---

[1]) Zuerst erschienen: Leipzig und Halle 1788.

nie den Katechismus geschrieben zu haben, der dem neuen zum Grunde gelegt ist, und daß er nie einwilligen werde. WÖLLNER sagte, daß man schon Mittel finden würde, sich den Beitritt zu verschaffen; darauf so sagten viele von den Räten, sie würden sich eher kassieren lassen, als beitreten und DIETRICH (ein alter, schwächlicher Greis) stand auf und sagte: Ich habe nur noch wenige Jahre zu leben, und also mache man, was man will; aber solange ich noch ins Konsistorium kommen darf, werde ich nie einwilligen. Darauf setzte das Konsistorium eine Protestation an den König auf, die alle bis auf HAGEN und SILBERSCHLAG unterschrieben; der letztere hing vielmehr dem Zirkulare eine 8 Bogen lange Verteidigung des Katechismus (der sein Machwerk ist) an. Jetzt sagt man nun einstimmig, der König sei bewogen worden, die Kabinettsorder zurückzunehmen und WÖLLNER habe die ganze Auflage des Katechismus an sich gekauft; und einer meiner Freunde der nach der Verlagshandlung der Realschule schickte, um sich einen Katechismus holen zu lassen, hat wirklich keinen erhalten können.

Neuigkeiten, die den Hof betreffen, sind wenig. Die Königin ist krank, man weiß selbst nicht recht, woran, und da sie stark ist, ist man ihretwegen besorgt. Der König lebt *a son aise*, er ist, wie alle die ihn kennen, sagen, ein gutmütiger Fürst, es kömmt nur auf die an, die ihn leiten. Er bemüht sich jetzt um die Gunst einer gewissen Gräfin von DEHNHOF, einer Hofdame bei der regierenden Königin; hat aber bis jetzt noch nicht reussiert. Die Gräfin ist unermeßlich reich und ihr also von der Seite nicht anzukommen. Vielleicht warnt sie das bedenkliche Schicksal der verstorbenen Gräfin INGENHEIM. — Graf BRÜHL, der alles gilt, soll ein Mann von sehr gutem Herzen aber ganz gewöhnlichem Kopfe sein; ich kenne ihn nicht. — Man spricht hier freier, als man glauben sollte, und es wird in mehreren Köpfen licht, als die wohl selbst glauben mögen, die Aufklärung hindern wollen. Seitdem der Kaiser tot ist,[1] hört man hier nichts mehr von Kriegszurüstungen, und selbst die beiden ältesten Prinzen von Preußen, die mit zu Felde ziehen wollten, lassen ihre Feldequipage abbestellen.

An Ihrer Kritik der Urteilskraft wird emsig gedruckt; nur bin ich schon einigemal bei der Korrektur in Verlegenheit ge-

---

[1] Joseph II, gestorben 20. Februar 1790.

wesen; es sind nämlich Stellen im Manuskript, die offenbar den Sinn entstellende Schreibfehler enthalten, und wo ich mich genötigt gesehen habe zu ändern. Da ich jetzt eben den Bogen M vor mir liegen habe, so will ich nur zum Beispiel die auszeichnen, die in demselben enthalten sind. Seite 181 Zeile 14 von unten steht statt mit dem der, weil er usw. im Manuskript mit dem der welcher, ferner Seite 183 Zeile 13 und 14 von oben statt nicht der Nachmachung, sondern der Nachahmung, steht im Manuskript nicht der Nachahmung, sondern der Nachahmung, Seite 185 Zeile 4 von unten, steht im Manuskript zu. Ferner hat mir ein Titel Schwierigkeiten gemacht, der nicht mit dem vom Herrn Professor geschickten Zettel stimmen wollte. Es war nämlich im Manuskript und auf dem Zettel

Erster Abschnitt
Analytik der ästhetischen Urteilskraft
Erstes Buch
Analytik des Schönen
Zweites Buch
Analytik des Erhabenen

Nun kam im Manuskript Dritter Abschnitt der Analytik der ästhetischen Urteilskraft. Deduktion der ästhetischen Urteile; im Zettel fehlte dieser Titel ganz. Dies paßte also gar nicht, ich habe es so abgeändert: Drittes Buch Deduktion der ästhetischen Urteile. —

Durch diese Fehler im Manuskript, und dadurch, daß ich bei der Korrektur vom 2. bis 6. Bogen krank war, und also ein anderer, der dem Manuskripte treulich folgte, die Korrektur übernahm, ist es auch zu meinem größten Ärger gekommen, daß im Bogen B. und noch in einem andren, 2 den Sinn entstellende Fehler stehen geblieben sind, die ich aber als Errata hinten anhängen werde.

Wie gern fragte ich Sie noch in Ansehung einiger Schwierigkeiten um Rat, aber ich bin selbst durch dies wenige Schreiben so an Kräften erschöpft, daß ich anhalten muß, und de la GARDE wartet auf diesen Brief. Doch ganz kurz muß ich noch etwas berühren. Ich muß in meiner Schrift von den Kriterien eines wahren Moralprinzips reden, sie sind Allgemeinheit und Notwendigkeit. Ich habe einen doppelten Beweis zu führen gesucht. Der eine gründet sich auf die beiden Sätze, die selbst HUME als Grundsätze darstellt: Tugend ist das, was von allen vernünftigen Wesen (HUME sagt Menschen) mit Beifall begleitet wird, Laster was der Gegenstand eines allgemeinen Tadels ist. — Der zweite beruht auf den negativen Begriff der Freiheit. Jeder, der Moralität statuiert, muß diesen negativen Begriff zugeben, und der Theoretiker sichert die Möglichkeit desselben. Ich bin nur besorgt, daß mir Kenner Ihres Systems beim letzten Beweis einwenden werden, daß ich einen Zirkel begangen habe, weil man die Freiheit erst aus dem Moralgesetze erkenne. Ich glaube aber diesen Einwurf dadurch heben zu können, daß ich sage, dadurch daß wir annehmen oder überzeugt sind, es gibt Moralgesetze, indem wir sehen, daß uns unsere Vernunft gebietet, schließen wir auf Freiheit im negativen Verstande, und sobald diese nun als Datum betrachtet wird, so kann man daraus die Beschaffenheit des echten Grundsatzes der Moral herleiten. Doch muß ich gestehen, daß mir dies selbst noch nicht satisfaziert; ich bin also entschlossen, wenn Sie es nicht billigen sollten, diesen zweiten Beweis auszustreichen, ob er gleich in der ersten Ausgabe vorkommt. Dürfte ich Sie wohl ersuchen, mir diese Frage bald zu beantworten, da das Buch noch zur Ostermesse erscheinen soll?

Empfehlen Sie mich dem würdigen Herrn Prof. KRAUSE, und machen Sie dem Herrn JACHMANN mein Kompliment. — Ich wünsche nichts mehr, als daß es Ihnen nie an Gesundheit und Heiterkeit fehlen möge, und daß Sie nie den vergessen, der gewiß ewig sein wird

Ihr
Sie über alles schätzender Verehrer

Berlin, den 3. März 1790.   J. G. C. Kiesewetter.

226.

Von Ludwig Ernst Borowski.

Eur. Wohlgebornen remittiere ich hiebei anliegend
  den neuen Katechismus und
  den Versuch der Kritik der Religion,[1]) welche zwo
Schriften Sie mir gütigst kommunizierten und die ich Ihnen Ende
dieser Woche zurück liefern sollte. Ich erfülle meine Zusage
und verknüpfe damit meinen ehrerbietigsten Dank für die
gütige Mitteilung.

Zugleich lege ich das neueste Blatt des Cagliostro an, woraus Eur. Wohlgebornen den Gang, den ich in der Darstellung dieses Menschen genommen habe, werden beurteilen können.[2]) Die vorhergehende Blätter, die ich selbst noch nicht zusammen habe, sollen Eur. Wohlgebornen auch noch eingeliefert werden. — Es ist mir von ganzem Herzen um die Zurechtstellung so mancher schwärmerischen Köpfe auch in unserm Lande zu tun — und dazu wird mir das von Ihnen, würdigster Lehrer und Gönner! zu entwerfende kurze Räsonnement über den Unfug dieser Art ganz außerordentlich behülflich sein, von welchem ich Gebrauch machen werde so und in der Art, wie Sie es haben wollen. Ich erwarte solches mit der regesten Freude zu meiner und anderer Belehrung — und bin mit der herzlichsten und ehrerbietigsten Hochachtung

Eur. Wohlgebornen
ganz gehorsamster Diener
Borowski.
6. März 1790.

---

[1]) Versuch einer Kritik der Religion und aller religiösen Dogmatik mit besonderer Rücksicht auf das Christentum; Berlin 1790 (Verf.: Joh. Heinrich Tieftrunk [1760—1837]).

[2]) Borowski, Cagliostro einer der merkwürdigsten Abenteurer seines Jahrhunderts, seine Geschichte, nebst Raisonnement über ihn und den schwärmerischen Unfug unserer Zeit überhaupt, Königsberg 1790.

227.

An Ludwig Ernst Borowski.

(Antwort auf den Brief vom 6. März 1790.)

Sie fragen mich, wo der Hang zu der jetzt so überhandnehmenden Schwärmerei herkommen möge, und wie diesem Übel abgeholfen werden könne? Beides ist für die Seelenärzte eine eben so schwer zu lösende Aufgabe, als der vor einigen Jahren postschnell seinen Umlauf um die Welt machende, in Wien sogenannte russische Katarrh, (Influenza) der unaufhaltsam viele befiel, aber von selbst bald aufhörte, es für unsere Leibesärzte war, die mit jenen darin viel Ähnliches haben, daß sie die Krankheiten besser beschreiben, als ihren Ursprung einsehen, oder ihnen abhelfen können; glücklich für den Kranken, wenn ihre Vorschriften nur diätetisch sind und reines kaltes Wasser zum Gegenmittel empfehlen, der gütigen Natur aber das übrige zu verrichten überlassen.

Wie mich dünkt, ist die allgemein ausgebreitete Lesesucht nicht bloß das Leitzeug (Vehikel) diese Krankheit zu verbreiten, sondern auch der Giftstoff (Miasma) sie zu erzeugen. Der wohlhabendere, mitunter auch der vornehmere Stand, der, wo nicht auf Überlegenheit, doch wenigstens auf Gleichheit in Einsichten mit denen Anspruch macht, welche sich dahin auf dem dornichten Wege gründlicher Erlernung bemühen müssen, begnügt sich, gleichsam den Rahm der Wissenschaften in Registern und summarischen Auszügen abzuschöpfen, will aber doch gerne die Ungleichheit unmerklich machen, die zwischen einer redseligen Unwissenheit und gründlicher Wissenschaft bald in die Augen fällt und dieses gelingt am besten, wenn er unbegreifliche Dinge, von denen sich nur eine luftige Möglichkeit denken läßt, als Fakta aufhascht und dann den gründlichen Naturforscher auffordert, ihm zu erklären, wie er wohl die Erfüllung dieses oder jenen Traums, dieser Ahndung, astrologischen Vorhersehung, oder Verwandelung des Bleies in Gold, usw. erklären wolle, denn hiebei ist, wenn das Faktum eingeräumt wird (welches er sich nicht streiten läßt) einer so unwissend wie der andere. Es war ihm schwer, alles zu lernen und zu wissen, was der Naturkenner weiß; daher versucht er es, auf dem leichteren Wege die Ungleichheit verschwinden zu machen, indem er nämlich Dinge auf die Bahn bringt, davon beide nichts wissen und einsehen, von denen er also die Freiheit hat, allerlei zu urteilen, worin es der andere doch nicht besser machen kann. — Von da breitet sich nun die Sucht auch unter andere im gemeinen Wesen aus.

Wider dieses Übel sehe ich kein anderes Mittel, als das Vielerleilernen in Schulen auf das Gründlichlernen des Wenigren zurückzuführen und die Lesebegierde nicht sowohl auszurotten, als vielmehr dahin zu richten, daß sie absichtlich werde; damit dem Wohlunterwiesenen nur das Gelesene, welches ihm baren Gewinn an Einsicht verschafft, gefalle, alles übrige aber anekele. — Ein deutscher Arzt (Herr GRIMM) hält sich in seinen Bemerkungen eines Reisenden usw.[1]) über die französische Allwissenheit, wie er sie nennt, auf; aber diese ist lange nicht so geschmacklos, als wenn sie sich bei einem Deutschen eräugnet, der gemeiniglich daraus ein schwerfällig System macht, von dem er nachher nicht leicht abzubringen ist, indessen daß eine Mesmeriade in Frankreich einmal eine Modesache ist und bald darauf gänzlich verschwindet.

Der gewöhnliche Kunstgriff, seiner Unwissenheit den Anstrich von Wissenschaft zu geben, ist, daß der Schwärmende frägt: Begreift ihr die wahre Ursache der magnetischen Kraft, oder kennt ihr die Materie, die in den elektrischen Erscheinungen so wunderbare Wirkungen ausübt? Nun glaubt er mit gutem Grunde von einer Sache, die, seiner Meinung nach, der größte Naturforscher ihrer inneren Beschaffenheit nach ebensowenig kennt, als er, auch in Ansehung der möglichen Wirkungen derselben ebensogut mitreden zu können: aber der letzte läßt nur solche Wirkungen gelten, die er vermittelst des Experiments jederzeit unter Augen stellen kann, indem er den Gegenstand gänzlich unter seine Gewalt bringt: indessen daß der erstere Wirkungen aufrafft, die, so wohl bei der beobachtenden, als der beobachteten Person, gänzlich von der Einbildung herrühren können und also sich keinem wahren Experimente unterwerfen lassen.

Wider diesen Unfug ist nun nichts weiter zu tun, als den animalischen Magnetiseur magnetisieren und desorganisieren zu

---

[1]) Joh. Fr. Karl Grimm, Bemerkungen eines Reisenden durch Teutschland, Frankreich, England und Holland, 3 Theile, Altenburg 1775.

lassen, solange es ihm und andern Leichtgläubigen gefällt; der Polizei aber es zu empfehlen, daß der Moralität hiebei nicht zu nahe getreten werde, übrigens aber für sich den einzigen Weg der Naturforschung, durch Experiment und Beobachtung, die die Eigenschaften des Objekts äußeren Sinnen kenntlich werden lassen, ferner zu befolgen. Weitläuftige Widerlegung ist hier wider die Würde der Vernunft und richtet auch nichts aus: verachtendes Stillschweigen ist einer solchen Art von Wahnsinn besser angemessen: wie denn auch dergleichen Eräugnisse in der moralischen Welt nur eine kurze Zeit dauren, um andern Torheiten Platz zu machen. Ich bin u. s. f.

228.

An F. Th. de la Garde.

Ew. Hochedelgeb. habe mit der gestrigen fahrenden Post den Rest des Mskrpts, was den Text betrifft, bestehend aus 9 Bogen von 81 bis 89, zugeschickt. Da das Werk hiemit vollendet ist und nur Vorrede und Einleitung, die nicht über drei Bogen gedruckt ausmachen sollen, bei mir im Rückstande bleiben: so werden Sie desto genauer den Kalkul ziehen können, wie bald der Druck vollendet sein kann.

Die erwähnte Vorrede und Einleitung werde so abschicken, daß sie vor Ende der Passionswoche sicher bei Ihnen eintreffen kann. Ich hoffe, Sie werden nichts dawider haben, daß sie nicht früher abgeht: sonst Sie mir es nur mit der umgehenden Post melden dürfen; da ich dann die Zeit, wiewohl ungerne, abkürzen würde, weil ich gerne den kurzen Begriff vom Inhalte des Werks bündig abfassen wollte, welches Mühe macht, indem die schon fertig vor mir liegende Einleitung, die zu weitläuftig ausgefallen ist, abgekürzt werden muß.

Die Aushängebogen zeigen von einer sehr guten Ausführung des Drucks, sowohl was Papier als Lettern betrifft. — Die 3 Stücke von EBERHARDs Magaz. sind mir wohl zu Handen gekommen, wie auch die für Herrn Kr. R. SCHEFFNER bestimmte Sachen, die ich morgen, nachdem ich sie durchgelesen, an Herrn WAGNER zur weiteren Spedition werde abgeben lassen.

Wegen des Herrn KIESEWETTERs, den ich aufs verbindlichste von mir zu grüßen bitte, Gesundheit, bin ich sehr besorgt. Er hat sich in der Tat zu viel Arbeit auf einmal aufgeladen. Ersuchen Sie ihn in meinem Namen davon, so viel er kann, wenigstens auf einige Zeit, abzuwälzen, nicht um meiner Angelegenheit willen, sondern damit der Geist den Körper nicht zu Boden werfe. Ich verspare mir nächstens an ihn zu schreiben; noch bin ich etwas zu sehr beschäftigt.

Ich verbleibe mit aller Hochachtung
Ew. Hochedelgeb.
ergebenster Diener
Königsberg, d. 9. Mart. 1790.
I. Kant.

229.

Von Ludwig Ernst Borowski.

Mit der aller aufrichtigsten Ergebenheit überreiche ich anliegend Ew. Wohlgebornen die 3 letzten Blätter des Cagliostro, samt Titel und Vorrede.

Von Seite 159 an habe ich, ohne Ew. Wohlgebornen kenntlich bezeichnen zu wollen, Sie reden lassen.

Dank, tausend Dank Ihnen, würdigster Gönner und Lehrer! für das kurze aber kräftige Wort, was Sie wider die Sache der Schwärmer sprachen. Es wird ganz gewiß nicht ohne sehr guten Erfolg sein.

Ich empfehle mich Ihrer Gewogenheit und bin mit der unterscheidendsten Verehrung
Ew. Wohlgebornen
ganz gehorsamster Diener
Borowski
am 22. März 1790.

230.

An F. Th. de la Garde.

Vorigen Montag, als den 22. März, habe an Ew. Hochedelgeb. die letzte Versendung des Mskrpts, bestehend aus 10 Bogen Einleitung und Vorrede samt Titel 2 Bogen, welche doch zusammen kaum 3 Bogen gedruckt ausmachen werden, durch die fahrende Post gemacht (also 2 Tage früher als der mir von Ihnen gesetzte späteste Termin). Es wäre mir lieb, wenn die Einleitung mit etwas kleineren und anderen Lettern gedruckt würde als das Buch selbst.

Wenn der Druck vollendet ist, welches, wie ich hoffe, für die Messe zur rechten Zeit geschehen wird, so bitte von den 20 mir zugestandenen Exemplaren folgenden Gebrauch zu machen.

1. An den Herrn Grafen von WINDISCH-GRAETZ in Böhmen
2. — — Geheimen Rat JACOBI in Düsseldorf
3. — — Professor REINHOLD in Jena
4. — — Prof. JACOB in Halle
5. — — Prof. BLUMENBACH in Göttingen

(An jeden ein Exemplar. Insgesamt geheftet, in farbigtem Papier, mit steifen Deckeln, durch die auf der Messe befindliche Buchhändler von diesen Orten, an genannte Männer abzuschicken. Ausgenommen die an P. REINHOLD und Prof. JACOB in Halle, welche mit der fahrenden Post, so bald als es möglich ist, zu übermachen bitte.)

6. An Herrn G. F. Rat WLOEMER in Berlin
7. — — D. BIESTER — —
8. — — KIESEWETTER — —
    (in halbenglischem Bande abzugeben)[1]

Dazu 6 Exemplare ebensowohl halbenglisch gebunden, zusammt den noch übrigen 6 ungebundenen, durch die fahrende

---

[1]) Joh. Friedr. Blumenbach (1752—1840), Professor der Medizin in Göttingen; seine Theorie des „Bildungstriebes" wird Krit. d. Urteilskr. § 81 erwähnt; der Geh. Finanzrat Joh. Heinr. Wlömer in Berlin war einer der ältesten und vertrautesten Freunde Kants aus seiner Studienzeit (näheres bei Emil Arnoldt, Kants Jugend, Ges. W. III, 125 ff., 151).

Post, oder, wenn dieses zu teuer scheint (wobei es mir doch nicht auf ein paar Taler Postporto ankommt) durch die nächste Gelegenheit an mich baldigst zu überschicken; unter den letzteren nehme ich auch dasjenige, wovon Sie mir die Aushängebogen bis N zugeschickt haben, und wovon ich das übrige, sobald der Druck vollendet ist, mit der fahrenden Post eiligst erwarte.

9. Noch habe vergessen, ein in steifen Deckeln geheftetes Exemplar an D. und Prof. HERTZ zu bestellen. Bleiben also für mich zur Übersendung nur noch 5 Exemplare ungebunden, neben den 6 gebundenen. Am besten wird es durch die fahrende Post sein, die Kosten mögen sein, welche sie wollen.

Herrn KIESEWETTER bitte nach Empfang meines letzten Mskrpts die Einleitung zu zeigen, der, nach meiner in beigelegtem Briefe ihm getanen Anzeige, eine gewisse Note unter derselben in Ihrem Beisein streichen wird, ehe der Bogen in die Druckerei kommt.

Alle mir zum Durchlesen kommunzierte für Herrn Kriegsrat SCHEFFNER bestimmte neue gedruckte Sachen habe heute an Herrn WAGNER zu weiterer Beförderung abliefern lassen.

Herren Abt DENINA bitte von mir zu grüßen und zu sagen, daß ich sehr befremdet gewesen, eine so mitleidenerregende Beschreibung von meiner häuslichen Verfassung auf der Universität, vor Gelangung zum Professorgehalt, in seiner Gelehrtengeschichte anzutreffen.[1]) Er ist gewiß sehr falsch benachrichtigt worden. Denn, da ich von dem ersten Anfange meiner akademischen Laufbahn an (im Jahre 1755) ununterbrochen ein zahlreiches Auditorium gehabt und nie Privatinformation gegeben habe (man müßte denn das *collegium privatissimum* in seinem eigenen Auditorio, welches gemeiniglich sehr gut bezahlt werden muß, darunter verstehen), so habe ich immer mein reichliches Auskommen gehabt: so, daß es nicht allein zureichte, für meine 2 Stuben den Zins und meinen sehr guten Tisch zu bezahlen, ohne nötig zu haben bei irgend jemanden, selbst nicht bei meinem Freunde, dem jetzt verstorbenen Engländer, ohne zu jeder Mahlzeit besonders

---

[1]) Denina, La Prusse littéraire sous Frédéric II, 2 vol., Berlin 1790; II, 305 f. (Art.: Kant): „Les parens ne l'ont laissé rien moins que dans l'aisance. Il se soutint par des leçons particulières qu'il donnoit. Il crut devoir manquer absolument du nécessaire lorsqu'il perdit un ancien ami négociant anglois, chez lequel il dînoit ordinairement."

invitirt zu sein, gleichsam als zu einem Freitische zu gehen, sondern immer noch dazu einen eigenen Bedienten halten konnte und jene Jahre gerade die angenehmsten meines Lebens gewesen sind; welches auch dadurch bewiesen werden kann, daß ich binnen dieser Zeit 4 Vokationen auf auswärtige Universitäten ausgeschlagen habe. — Bei Gelegenheit, da er, wie er Ihnen geäußert hat, das Wort *absurdités* im Artikel EBERHARD zurücknimmt (welches auch, wie mich dünkt, nötig ist, weil es sich sonst nicht mit manchen Stellen im Artikel KANT zusammen reimen läßt)[1]) könnte er, wenn es ihm so beliebt, in allgemeinen Ausdrücken jene Unrichtigkeit in meiner Lebensbeschreibung zurücknehmen.

Alle Ihre bei diesem Geschäfte gemachte Auslagen werden Sie, bei der nach beendigtem Drucke geschehenden Auszahlung des Honorars, mit in Rechnung bringen, wenn die Versendung der an mich gelangenden Exemplare vor sich gehen wird.

Ich verbleibe mit aller Hochachtung
Ew. Hochedelgeb.
ergebenster Diener
I. Kant.

Königsberg
d. 25. Mart. 1790.

N. S. Ich habe von Ihnen die 3 ersten Stücke des 2. Bandes des EBERHARDschen Magazins bekommen und sehe aus dem Hamburg. Korresp., daß das 4. Stück auch heraus ist; welches ich mir mit der nächsten fahrenden Post auch ausbitte, weil mir daran viel gelegen ist. — Noch liegen bei mir *Examen politique d'un Ouvrage intitulé Histoire secrette* usw. im gleichen Briefe eines Staatsministers über die Aufklärung. Was soll ich damit machen? Ich werde sie an Ihren Herrn Bruder abliefern.

---

[1]) Denina, a. a. O., Artikel: Eberhard: „Dans la métaphysique il ne donne pas dans les absurdités de M. Kant"(!). Denina nahm später diesen Ausdruck zurück, indem er „absurdités" durch „abstrusités" ersetzte; die Daten aus Kants Lebensgeschichte blieben jedoch ungeändert.

231.

Von Johann Wilhelm Andreas Kosmann.

Wohlgeborner,
Hochgeehrtester Herr Professor!

Endlich ist es mir gelungen mein Magazin für kritische und populäre Philosophie, das ich dem EBERHARDschen vorzüglich entgegen setze, zustande zu bringen. Noch vor Johannis erscheint das erste Stück und enthält:

1. einen Aufsatz von Herrn Prof. JAKOB über Erkennen: ein Vorschlag zur Beseitlegung einiger philosophischen Streitigkeiten. Der Herr Professor erklärt erkennen durch das Beziehen einer Vorstellung auf einen bestimmten Gegenstand. Insofern ich nun durch allgemeine Begriffe mir Gott denke und diese Vorstellung auf den durch diese allgemeine Begriffe bestimmten Gegenstand beziehe, insofern kann ich in dieser Hinsicht wohl sagen ich erkenne Gott, aber ich kann ihm das Prädikat der Existenz der objektiven Realität desfalls nicht beilegen.
2. einen namenlosen Aufsatz über die bisherigen Gründe der praktischen Weltweisheit. Ein lesenswürdiger Kommentar über einige Stellen Ihrer Kritik der praktischen Vernunft
3. Über die transszendentelle Ästhetik ein Aufsatz von mir. selbst, wo ich den Einwürfen der Herren FEDER, MAAS, WEISHAUPT und den Rezensenten der Allg. deutsch. Bibl. begegne und es dartue, daß sie meist auf Mißverständnissen beruhn.[1]) Wer das System der Vernunftkritik erschüttern will, muß hier beginnen, anders ist es nicht möglich. Aber auch dies ist unmöglich, falls man nicht die ganze apodiktische Gewißheit der Mathematik über den Haufen stoßen will. Wäre die Geometrie eine Wissenschaft aus Vernunftbegriffen, so müßte sie sich auch ohne Figuren zu gebrauchen, ohne an den Raum als eine unendliche und einige Größe, wenn ich mich so ausdrücken darf, zu denken, tradieren lassen.

---

[1]) Kosmann, Beweis, daß die Vorstellung des Raumes kein allgemeiner Begriff, sondern eine reine Anschauung sei, im Allg. Magaz. für krit. u. popul. Philos. I (1791), S. 99 ff.

Einen Aufsatz von Herr REINHOLD erwarte ich noch. Ew. Wohlgeb. bitte ich gehorsamst um die Erlaubnis Ihnen den ersten Teil zu senden und dann Ihr Urteil erwarten zu dürfen, ob das Buch es verdient mit Ihrem Bildnis geziert zu werden. Hätten Sie einst einen kleinen Aufsatz und wollten mich damit beehren oder mir einige Rezensionen zu senden, so würde es dankbar erkennen und Ihnen gern alles, was Sie verlangten, an Honorar übersenden. Ich glaube meine individuelle Lage und Schicksale sollen der Welt dartun, daß es nicht an Ihrer Kritik liegt, daß Sie so häufig mißverstanden werden. Die Vernunftkritik glaube ganz zu verstehen, noch nicht aber Ihre übrige Schriften, woran ich mich jetzt eben auch wage. Ich wünschte mein Magazin mit einigen Datis zu Ihrem Leben bereichern zu können, ein Geschenk, das die Welt gewiß dankbar annehmen würde. Überbringern dieses kann ich Ihnen als einen sehr fleißigen und rechtschaffenen Jüngling empfehlen.

In Hochachtung verharre ich
     Ew. wohlgeb.
     ganz gehorsamster Diener
Schweidnitz, den 15. April   J. W. A. Kosmann.
1790.

232.

An Johann Gottfried Carl Christian Kiesewetter.

Königsberg, d. 20. April 1790.

Daß Ihren, den 3. März datierten, mir sehr angenehmen Brief, auf welchen Sie überdem eine eilige Antwort erwarteten, so spät beantworte, ist wirklich nicht meine Schuld. — Denn ich habe ihn allererst vorgestern zu sehen bekommen. Die Ursache davon ist diese. Herr DELAGARDE hatte den 10. März ein Pack Probebogen, die bis N reichten, von Berlin an mich abgehen lassen, welches denn nach etwa 10 Tagen an mich gelangte. Ich fing an, sie durchzugehen, (wegen der Druckfehler) aber es war mir nach gerade verdrießlich und schob es also auf, bis ich mehr derselben bekommen haben würde, um es auf einmal abzumachen. Bald darauf schickte er mir durch seinen Bruder die Bogen V und X und meldete zugleich: daß die dazwischen fehlende (von

O bis T) an Herrn Prof. MICHELSEN abgegeben worden, der sie (mit einem mir zugeschriebenen Buche) an mich schon würde haben gelangen lassen. Allein diese erhielt ich allererst vor 4 Tagen, mit einem Briefe von gedachtem Herrn Professor d. d. den 5. April. Den Tag nach dem Empfang, nämlich den vorigen Sonntag morgens, nahm ich nun jene mir schon im März zugeschickte Bogen vor, um sie wegen etwaniger Druckfehler durchzusehen, und, als ich an den Bogen N kam, fiel Ihr Brief heraus, den Sie sorgfältig zwischen die Blätter gesteckt hatten. Sie können glauben, daß es mich nicht wenig befremdete und verdroß, Ihnen, obzwar ohne meine Schuld, ein unangenehmes und vergebliches Warten verursacht zu haben. — Aber, lieber Freund, warum geben Sie Ihre Briefe an mich, die ich jederzeit mit Vergnügen empfange, nicht, wie ich gebeten habe, und zwar unfrankiert auf die Post? Diese kleine Ausgabe, die ohnedem doch nicht eben so oft kommen kann, achte ich nicht. — Was die von mir verlangte Bemerkungen zu der zweiten Auflage Ihrer Schrift von dem ersten Grundsatze betrifft, so ist ohne Zweifel jetzt dazu schon die Zeit verflossen; es müßte denn sein, daß diese Auflage nicht zur Ostermesse herauskommen sollte, worüber ich dann Nachricht erwarten würde.

Ich lege hier einen Aufsatz von den gefundenen Druckfehlern, auch einen Auslassungsfehler, bei, welche vielleicht noch dem Werke angehängt werden können. Für die, so Sie selbst geändert haben, danke ich sehr. Aber ich wünschte, daß der Schreibefehler (Dritter Abschnitt der Analytik der ästhetischen Urteilskraft) von mir wäre bemerkt und dieser Titel ganz weggestrichen worden. Sonst haben sie freilich ihn ganz schicklich in den: Drittes Buch, Deduktion usw. verändert. Aber da müßte dieses nun auch auf der Tafel der Einteilung, die der Vorrede, oder vielmehr der Einleitung, angehängt wird, ebenso abgeändert werden. Ist es aber noch Zeit, so bitte ich den von Ihnen geänderten Titel hinten unter die Druckfehler zu bemerken und die Tafel der Einteilung so wie sie aufgesetzt ist und die vom ersten Abschnitt nur 2 Bücher nennt, abdrucken zu lassen. Ich zweifle aber, daß dieses noch zur rechten Zeit ankommen werde. — Wenn nur die verzweifelte Irrung mit dem Briefe nicht vorgefallen wäre.

Wegen Ihrer letzten Fragen merke ich nur an: daß das Kriterium eines echten Moralprinzips allerdings die unbedingte prak tische Notwendigkeit sei, wodurch es von allen anderen praktischen Prinzipien sich gänzlich unterscheidet. Zweitens, daß die Möglichkeit der Freiheit, wenn sie vor dem moralischen Gesetze betrachtet wird (in der Kritik der reinen Vernunft), nur den transszendentalen Begriff der Kausalität eines Weltwesens überhaupt bedeutet (ohne darunter besonders die durch einen Willen anzeigen zu wollen), so fern sie durch keine Gründe in der Sinnenwelt bestimmt wird und daß daselbst nur gezeigt wird, daß sie keinen Widerspruch enthalte. Nun wird durchs moralische Gesetz jene transszendentale Idee realisiert und an dem Willen, einer Eigenschaft des vernünftigen Wesens (des Menschen), gegeben, weil das moralische Gesetz keine Bestimmungsgründe aus der Natur (dem Inbegriffe der Gegenstände der Sinne) zuläßt und der Begriff der Freiheit, als Kausalität, wird bejahend erkannt, welcher ohne einen Zirkel zu begehen mit dem moralischen Bestimmungsgrunde reziprokabel ist. Ich wünsche gute Besserung, rate vor allen Dingen Zerstreuung und Aufschub von Arbeiten an und beharre

Ihr treuer Freund und Diener
I. Kant.

233.

Von Johann Gottfried Carl Christian Kiesewetter.

Berlin, den 20. April 1790.
Teuerster, bester Herr Professor!

Sie haben große Ursach mit mir sehr unzufrieden zu sein, daß ich so lange gezaudert habe, Ihnen Nachricht von mir und meiner Lage zu erteilen; aber ich bin zum voraus überzeugt, Sie werden mir mein langes Stillschweigen vergeben, wenn Sie hören werden, daß Kränklichkeit und gehäufte Geschäfte die Ursach davon sind. Ihr letzter Brief, den ich durch Herrn DE LA GARDE erhalten habe, läßt mich vermuten, daß Sie den Brief, den ich Ihnen als Einlage durch ihn geschickt habe, nicht erhalten haben. Herr DE LA GARDE aber versicherte mich, er habe ihn abgeschickt und ihn in dem Aushängebogen I gelegt. —

Meine Lage hat sich seit meinem letzten Briefe an Sie gar sehr geändert. Ich wohne jetzt in dem Hause des Ministers

Grafen VON SCHULENBURG und bin der Gesellschafter seines 17 jährigen Sohnes. Der Minister ist ein vortrefflicher Mann und sein Sohn überaus für mich eingenommen und folgsam. Da der Minister mir diese Stelle antrug, so habe ich die Bedingungen so gemacht, daß ich so wenig als möglich von meiner Freiheit eingebüßt habe; ich kann so viel Vorlesungen halten, als ich will; bin zu keinen Lehrstunden mit dem Grafen verpflichtet, ich brauche ihn bei seinen Vergnügungen und in Gesellschaften nicht zu begleiten, habe aber doch alle seine Vergnügungen zu bestimmen. Der junge Graf ist zwar nur das einzige Kind, aber doch nicht verzogen; der Minister hat keinen Ministerstolz und die Gräfin mischt sich nicht in meine Angelegenheiten. Ich habe vollkommen freie Station, das Gehalt ist aber noch nicht bestimmt, wahrscheinlich 150 oder 200 Taler.

Was mich aber noch weit unabhängiger vom Minister macht, ist, daß ich Lehrer der königlichen Prinzen Heinrich und Wilhelm und der Prinzessin Auguste geworden bin. Der Prinz Heinrich und die Prinzessin Auguste erhalten wöchentlich jeder 3 Stunden in der physischen Geographie, der Prinz Wilhelm nach meinem Willen 2 auch 3 Stunden in der Arithmetik. Der Gehalt ist vom Könige noch nicht bestimmt, wird aber in einigen Wochen bestimmt werden. Ich glaube auf diese Art am ersten dereinst unabhängig leben zu können, da mit dem Unterricht der königlichen Kinder gewöhnlich eine lebenslängliche Pension verknüpft ist. Prinz Heinrich ist ein aufgeweckter Kopf und sehr lernbegierig, Prinz Wilhelm ist noch ganz Kind und die Prinzessin Auguste hört mich mit Aufmerksamkeit an. — Man arbeitet jetzt daran, mir womöglich den Unterricht des Prinzen Louis in der Philosophie zu verschaffen.

Diese Verbindung mit dem Hofe habe ich größtenteils der Baronesse von Bielefeld, der Oberhofmeisterin der Prinzessin Auguste zu danken, der ich Privatvorlesungen über die Anthropologie halte; der Kanzler VON HOFFMANN hat auch das Seinige dazu beigetragen. Was werden Sie aber sagen, wenn ich Ihnen erzähle, daß eine junge, schöne Dame, denn das ist die Baronesse von Bielefeld, es wagt, in die Geheimnisse Ihres Systems einzudringen, daß sie den Unterschied der analytischen und synthetischen Urteile, der Erkenntnisse a priori und a posteriori, die Theorie von Raum und Zeit, sich nicht bloß hat vortragen lassen, sondern wirklich gefaßt hat. Noch mehr aber werden Sie sich wundern, wenn ich Ihnen sage, daß sie sich nicht mit der Philosophie beschäftigt, um dadurch zu glänzen, denn sie ist über alle Vorstellung bescheiden, und bei unserm Hofe glänzt man durch Philosophie nicht; daß sie keins ihrer Geschäfte über das Studium der Philosophie versäumt.

Meine Vorlesungen über die Logik habe ich vor ungefähr 6 Wochen geschlossen, und die über die Kritik der praktischen Vernunft denke ich in 14 Tagen zu schließen. Ich werde diesen Sommer zwei Stunden in der Woche ein Colleg. privatissimum über die reine Mathematik und 2 Stunden eins über die Kritik der reinen Vernunft lesen.

Der erste Teil meiner Schrift über das Moralprinzip wird diese Woche fertig, und ich denke künftige Woche das Vergnügen zu haben Ihnen und dem Herrn Prof. KRAUSE ein Exemplar zu überschicken. Ich habe den ersten Teil dem Könige dediziert, und werde ihm noch vor Ende der Woche das Exemplar übersenden. Der Druck Ihrer Schrift wird auch gegen das Ende dieser Woche fertig.

Der Herr Kanzler VON HOFFMANN ist vor 14 Tagen nach Halle zurückgereist und hat mir aufgetragen, Ihnen seine unbegrenzte Achtung zu bezeigen. Er wird ungefähr 6 Wochen in Halle bleiben und dann mit seiner Gemahlin eine Reise nach der Schweiz und Italien machen, um seine Gesundheit herzustellen.

Mein Vorsatz, Sie, teuerster Herr Professor, in den Hundstagsferien zu besuchen, steht unerschüttert fest, ich habe mir die Erlaubnis zu dieser Reise sowohl beim Minister als bei Hofe ausbedungen. Ich denke 14 Tage in Königsberg zu bleiben, und wünsche nichts mehr, als daß Sie mir sodann erlauben möchten, mich mit Ihnen über einige Dinge zu unterreden.

Professor SELLE hat eine Abhandlung gegen Ihr System in der Akademie vorgelesen, und wird sie auch drucken lassen, er glaubt, wie er sagt, Ihrem System dadurch den Todesstoß gegeben zu haben.[1]) So viel ich gehört habe, so zweckt sein Hauptargument dahin, daß gesetzt auch, Sie hätten bewiesen, R. und Z. wären die Formen unserer Sinnlichkeit, Sie doch nicht zeigen könnten, daß sie nur Formen der Sinnlichkeit wären, weil es

---

[1]) „De la réalité et de l'idéalité des objets de nos connaissances" (zuerst in den Schriften der Berl. Akad. 1792).

immer doch möglich sei, sich zu denken, daß R. u. Z. den Dingen an sich zukämen, welches Sie um so weniger leugnen könnten, da Sie selbst behaupteten, man könne von den Dingen an sich nichts wissen, und es daher ganz wohl möglich sei, daß R. u. Z. den Dingen an sich selbst zukämen. Überdies könne man auf die Art allein die Frage beantworten, warum wir gerade in diesen und keinen andern Formen anschauten? Seiner Meinung nach wären R. u. Z. zwar subjektivnotwendige Bedingungen unserer Anschauungen, aber es korrespondieren ihnen demungeachtet auch Eigenschaften der Dinge an sich. — Sollte es wahr sein, daß der ganze Einwurf nichts Wichtigeres enthält, so finde ich ihn eben so schreckhaft nicht. Wodurch will Herr S. beweisen, daß R. u. Z. den Dingen an sich selbst zukommen? Und gibt er zu, daß R. u. Z. Formen der Sinnlichkeit sind, wie will er behaupten, daß sie doch von den Dingen an sich abhingen; denn werden sie uns durch die Objekte gegeben, so gehören sie ja sodann zur Materie der Anschauung und nicht zur Form derselben. So bald die Schrift erscheint, werde ich das Vergnügen haben Ihnen ein Exemplar zu übersenden.

Jetzt gehn hier sonderbare Dinge vor. Der König hat sich vergangenen Sonntag vor 8 Tagen auf dem hiesigen Schlosse in einem seiner Zimmer mit der Gräfin VON DEHNHOF trauen lassen. Die größte Wahrscheinlichkeit, für mich beinahe Gewißheit, ist, daß ZÖLLNER die Trauung verrichtet hat. Gegenwärtig waren Minister WÖLLNER und der Herr VON GEYSAU auf seiten des Königs; die Mutter und Schwester der Gräfin und ihr Stiefbruder (oder Cousin, das habe ich vergessen) auf seiten der Braut. Der König kam den Sonnabend Abend von Potsdam hieher und die Trauung ging Sonntag Abend um 6 Uhr vor sich. Die Gräfin war (wie eine Romanheldin) weiß gekleidet, mit fliegendem Haar. Sie hält sich jetzt in Potsdam auf. Man vermutet, daß der Kurfürst von Sachsen sie in den Reichsfürstenstand wird erheben müssen. Die Gräfin war vorher Hofdame bei der regierenden Königin. Schon beinahe ein Jahr hindurch stand der König mit ihr in Unterhandlungen, sie nahm sich hingegen so, daß man im Publico nicht wußte, ob sie dem Könige Gehör gab oder nicht. Vor 14 Tagen ungefähr kömmt ihre Mutter, wie die Gräfin verbreitet hatte, auf ihre Bitte, um sie nach Preußen mitzunehmen. Die Gräfin nimmt öffentlich am Hofe Abschied. Die regierende Königin schenkt ihr ein Paar brillantne Ohrgehänge und läßt ihr sagen; sie würde am besten wissen, ob sie sich ihrer dabei erinnern dürfe. Jedermann glaubt sie abgereist, als die Trauung geschieht. Die Königin hat die Sache mit ziemlicher Ruhe angehört. Was ich bis jetzt erzählt habe, ist die genauern Nebenumstände abgerechnet beinahe jedermann bekannt; und es macht im Publico gewaltige Sensation. ZÖLLNERs Zulauf in seinen Predigten hat sich vermindert und selbst bei einer Introduktion, die er neulich gehalten hat, und wo sonst hier alles zuströmt, ist die Kirche leer gewesen. — Folgendes wissen wohl nur wenige Personen. Es ist eine Scheidung des Königs und der Königin vorhanden, die mit ihrer Einwilligung zur Zeit der Unterhandlungen mit der verstorbenen INGENHEIM aufgesetzt ist; der König hat sich aller ehelichen Rechte begeben, und die Königin hat bloß die Honneurs behalten. Doktor BROWN hat sie für gestört erklärt, und es ist dies in der Tat auch sehr wahrscheinlich, da dieser Zufall ein Familienfehler ist. Sie tanzt oft auf Tisch und Stühle herum, und sieht Geister. Wie unglücklich würde unser Staat dereinst sein, wenn sich dieser Fehler auch auf ihre Kinder fortgepflanzt hätte.

Die Kriegsrüstungen gehen hier immer noch fort. Das Merkwürdigste aber ist, daß nicht das Ministerium, sondern der König den Krieg wünscht. Man trägt sich hier mit folgendem Plan im Publico: Unsrere Armee wird sich in 4 Korps teilen, das erste geht unter Anführung des Königs, unter dem MÖLLENDORF kommandieren wird, gegen die Österreicher, das zweite unter Anführung des Herzogs von Braunschweig gegen die Russen, Prinz FRIEDRICH kommandiert das Observationskorps gegen die Sachsen, und dann soll noch ein sogenanntes fliegendes Korps statthaben. Was Sachsen betrifft, so erzählt man, es habe noch bei Lebzeiten des verstorbenen Kaisers der Gesandte desselben am sächsischen Hofe um eine Privataudienz beim Kurfürsten angehalten, die ihm auch bewilligt worden; in dieser fragte er den Kurfürsten, wie er sich, wenn es mit Preußen zu einem Kriege käme, nehmen würde, und dieser antwortete: er werde neutral bleiben. Der Gesandte ergriff begierig diese Antwort und bat den Kurfürsten, sie ministeriell zu machen. Dies hat der MARCHESE LUCCHESINI glücklich verhindert, doch hat der Kurfürst die Antwort einmal mündlich gegeben. Man wird also durch eine Armee den Kurfürsten nötigen, auf unsere Seite überzutreten.

Da ich den Brief schließen will, fällt mir ein, daß Sie, teuerster

Herr Professor, mit dem morgenden Tage Ihr 67 Jahr antreten. Niemand nimmt gewiß herzlichern Anteil daran als ich; niemand hegt gewiß einen aufrichtigern Wunsch, Sie noch lange der Welt erhalten zu sehen als ich, der ich in Ihnen meinen zweiten Vater verehre.

Dem Herrn Prof. KRAUSE, Ihrem vortrefflichen Freunde, machen Sie meine beste Empfehlung, und da ich von seiner Güte überzeugt bin, daß er sich für mich interessiert, so haben Sie die Gewogenheit, ihm die Veränderung meiner Lage bekannt zu machen. Auch den Herrn JACHMANN grüßen Sie in meinem Namen, und sagen Sie ihm, daß ich eine Antwort auf meinen letzten Brief von ihm erwarte.

Verzeihen Sie mir, daß ich schon wieder einen so langen Brief geschrieben habe, der vielleicht so wenig Interesse für Sie hat. Der Minister VON SCHULENBURG, die Baronesse VON BIELEFELD, Herr Hofrat HERZ haben mir aufgetragen, Sie ihrer Achtung zu versichern. Ich bin mit der wärmsten Hochachtung

Ihr
innigster Verehrer
J. G. C. Kiesewetter.

N. S. Aus meinem letzten Briefe haben Sie die Geschichte des vom O. C. verworfenen Katechismus ersehen; jetzt arbeitet Herr SILBERSCHLAG und der Prediger HECKER einen alten Katechismus um, der den verstorbenen Inspektor HECKER zum Verfasser hat, und eine Kompilation von theologischem Unsinn enthält.

234.

Von Carl Leonhard Reinhold.

Verehrungswürdigster Freund!

Unsre Universität wird sehr stark von Livländern besucht. Der größere Teil davon hört meine Vorlesungen; und mehrere, die zu Land und folglich über Königsberg in ihr Vaterland zurückkehren, hoffen und wünschen durch einen Brief von mir begleitet das Glück, das Angesicht meines großen Lehrers zu sehen, weniger zu verfehlen. Der Respekt für Ihre unschätzbare Zeit hat mich bisher zurückgehalten, diesem Verlangen zu willfahren; und nur der seltene Wert des von seiten seines Kopfes und Herzens gleich vortrefflichen jungen Mannes, der heut von mir Abschied genommen hat, konnte mich bewegen, eine Ausnahme zu machen, und ihm selbst anzubieten, was ihn seine Bescheidenheit zu fordern gehindert hat. Herr SALEMANN gehört unter die wenigen, die den akademischen Lehrer für die vielen, an denen sie gewöhnlich ihre Mühe verlieren, reichlich schadlos halten. Es dürfte wohl noch nicht viele Philosophen von Profession geben, die diese neun Jahre her in den Geist der kritischen Philosophie so tief eingedrungen haben, als dieser junge Denker in einem halben Jahre, wie ich durch vielfältige zuverlässige Proben weiß.

Mit Sehnsucht sehe ich der Kritik der Beurteilungskraft und der Schrift gegen EBERHARD entgegen, und freue mich an der Moralphilosophie unsres Adjunktes SCHMID und der Ästhetik des Prof. HEYDENREICHs in Leipzig zwei treffliche neue Produkte der kritischen Philosophie erlebt zu haben,[1]) da leider die gute Sache derselben nicht immer durch die besten Hände geführt wird, und die ABICHTe, BORNe u. dergl. besser getan hätten, wenn sie noch ein paar Jahre im stillen sich mit dem Geiste der krit. Philosophie vertraut zu machen gesucht hätten.

Mit tiefster Verehrung und innigster Liebe

Jena, den 30. April 1790.

Ihr ganz eigener
Reinhold

235.

Von Ludwig Heinrich Jakob.

Halle, den 4. Mai 1790.
Verehrungswürdiger Herr Professor!

Zuförderst sage ich Ihnen meinen verbindlichsten Dank für das Geschenk, welches Sie mir mit Ihrer Kritik der Urteilskraft durch Herrn LAGARDE gemacht haben. Ich habe sie bis jetzt noch nicht durchstudieren können, da ich noch nicht

---

[1]) C. Chr. E. Schmid, Versuch einer Moralphilosophie, Jena 1790; Heydenreich, System der Ästhetik, Bd. I, Leipzig 1790.

einmal die Bogen alle habe; aber die einzelnen Blicke, welche ich hinein geworfen habe, eröffnen mir schon große und herrliche Aussichten.

Zugleich erlauben Sie eine Anfrage den Begriff oder vielmehr den Ausdruck Erkenntnis betreffend zu tun, worüber ich vor kurzen mit Herr REINHOLD in Zwiespalt geraten bin. So viel ich sehe, gebrauchen Sie in der Krit. d. r. V. den Ausdruck Erkenntnis in einem doppelten Sinne, einmal, daß er die Gattung der objektiven Vorstellungen bedeutet und der Empfindung entgegensteht, so daß Anschauung und Begriff Arten derselben folglich selbst Erkenntnisse sind; das anderemal heißen Erkenntnisse solche Vorstellungen, die aus einer Anschauung und einem Begriffe zusammengesetzt sind. Herr R. gebraucht es durchgehends in dem letztern Sinne, und wo in der Kr. d. r. V. gesagt wird, daß kein Erkenntnis übersinnlicher Objekte möglich sei, wird der Ausdruck Erkenntnis ebenfalls nur im letztern Sinne genommen.

Wenn ich nun den Sprachgebrauch frage, so scheint er jedesmal nur für die erste Bedeutung zu stimmen, so daß das Wort Erkenntnis eine jede Vorstellung bedeutet, die auf ein Objekt bezogen wird. Man legt Tieren ohne Bedenken Erkenntnisse bei, ohnerachtet man ihnen den Verstand oder das Vermögen der Begriffe abspricht. Und wiederum wird eine Idee, wenn auch zugestanden wird, daß ihr kein Objekt in der Erfahrung gegeben werden könne, und daß in ihr nichts Anschauliches enthalten sei, dennoch eine Erkenntnis genannt, sobald nur eingeräumt werden muß, daß sie eine Vorstellung sei, die überhaupt auf etwas hinweiset, das von der Vorstellung verschieden ist. So führt z. E. der bloße Begriff einer Erscheinung auf ein Etwas, das nicht Erscheinung ist; dieses Etwas kann ich nicht materialiter bestimmen, es wird aber doch mit der Vorstellung der Erscheinung als notwendig verbunden gedacht. Ich habe also eine bloße Idee von diesem Etwas, aber wenn ich nun diese Idee nicht etwa selbst für das der Ersch. zum Grunde liegende halte; so kann ich sie doch ohne Bedenken so interpretieren, daß sie ein reales Etwas überhaupt andeutet, welches sowohl von der Idee als der Erscheinung verschieden ist, ob ich gleich nicht bestimmen kann, ob dieses Etwas vorstellbar ist oder nicht. Die Auktorität, die mich zwingt ein solches Objekt anzunehmen, ist meine Vernunft, aber diese nötigt mich ebenso die Wirklichkeit eines Etwas, das da erscheint zum voraus zu setzen, als mich die Sinne nötigen die Wirklichkeit der Erscheinungen zuzugestehen. Im ersten Falle weiset mich die Vernunft auf ein Objekt hin, im andern Falle stellen mir die Sinne solches vor. Ich kann der Auktorität der Vernunft nicht weniger trauen als den Sinnen. Wir erkennen also wirklich durch die Vernunft, daß es Dinge an sich gebe und zwar durch die Idee. Diese Idee drückt nichts von den Dingen an sich aus, sie läßt sie unbestimmt, aber sie deutet doch, wie mich dünkt, ihr Dasein an. So leer also diese Idee auch sein mag; so bald sie nur auf ein reales Objekt hindeutet, kann, wie mich dünkt, [sie] doch Erkenntnis heißen. Ich weiß wohl, daß ich nicht bestimmen kann, was reales Dasein ist, wenn ich solches nicht durch ein Verhältnis in der Zeit auf mein Wahrnehmungsvermögen bestimmen kann; aber der bloße logische Begriff, den ich damit verknüpfe, wenn ich sage, das Ding an sich ist da, und der nichts sagen will, als es enthält den unbedingten Grund der Wirklichkeit der Erscheinung, ist dennoch ein solches Merkmal, wodurch ich in den Stand gesetzt bin, gesetzt, es würde mir ein intellektuales Anschauungsvermögen gegeben, das Ding an sich zu suchen und zu finden; es ist ein formaler, vorläufiger Begriff, aber wirklich nie objektive Vorstellung, ohngefehr so wie ein Tauber sich vorläufige Begriffe vom Hören machen kann, die wirklich im Zustande der Taubheit bloß formal sein können, die ihn aber doch in den Stand setzen würden, gesetzt, sie erhielten mit einem Male das Gehör, zu erkennen, daß sie jetzo hörten. Ich sehe nicht, warum man nicht sagen könnte, daß Taube, Blinde vorläufige Erkenntnisse vom Hören und Sehen haben könnten (Begriffe), ob sie gleich keine Anschauungen haben.

Mein Hauptaugenmerk hierbei ist, ob nicht durch eine solche Nachgiebigkeit im Ausdrucke die Vereinigung der Parteien, da es doch der Kritik angelegen ist, sie mit sich selbst einig zu machen, befördert werden könnte. Im Grunde hat man doch der Kritik schon sehr viel zugestanden. Der Hauptanstoß scheint den Gegnern nur noch zu sein, daß sie keine Erkenntnis von Gott, Unsterblichkeit usw. haben sollen. Daß ihre Erkenntnis nicht anschaulich sein könne, geben sie allgemein zu. Wenn man ihnen nun beweist, daß die Prädikate einfach, immateriell usw. anschauliche Prädikate sind, so müssen sie diese aufgeben, weil sie nicht für uns anschaulich sind. Geben sie also zu, daß wir bloß Verhältnisse des Unbedingten zu uns und der Sinnenwelt angeben können, so dünkt mich, kann man ohne Bedenken die Vorstellung dieser Verhältnisse auch Erkenntnisse nennen, da doch zugestanden wird, daß wir diese Verhältnisse nicht bloß denken (sie uns einbilden), sondern daß sie real sind, daß wir sie also für objektiv halten, der Grund der uns hierzu bestimmt, mag nun das Objekt oder das Subjekt sein. In den Krit. Versuchen über den ersten Band des HUME habe ich einen Versuch gemacht, diese Begriffe deutlich vorzutragen. Ich wünsche sehnlich hierüber belehrt zu werden. Ich bin es nicht allein, der hierinne Schwierigkeiten findet. Ihnen würde es etwas Leichtes sein, über diese Sprachzweideutigkeit Aufschlüsse zu geben und die Wortbedeutung deren Sie sich bedienen mit dem gemeinen Sprachgebrauche zu vereinigen. Ich glaube gewiß, daß dieses die Vereinigung sehr befördern würde.

Übrigens glaube ich, kann es Ihnen nicht unangenehm sein, HUMEn im deutschen Gewande zu sehen.[1]) Der Grund seines Raisonnements kann, wie ich glaube, bloß durch Ihre Kritik gehörig verstanden werden und wenn ich etwas durch die beigefügten Versuche zur Erleichterung der richtigen Beurteilung beigetragen habe; so fällt der schönste Teil des Verdienstes auf Sie zurück. Eben so ist es auch mit der Preisschrift, welche Sie ebenfalls durch einen Buchhändler erhalten werden.[2]) Ich wünsche nichts mehr, als daß Sie urteilen mögen, daß ich mich Ihrer Grundsätze recht bedient habe, und daß ich nicht ganz unfähig sei, etwas zur Ausbreitung und Beförderung der wahren Philosophie beizutragen. Der Himmel verleihe Ihnen noch recht lange Kraft und Stärke, damit Sie der Welt noch lange Ihre Schätze mitteilen können. Möchten Sie sich doch entschließen uns mit einer Anthropologie zu beschenken.

Ich bin mit der tiefsten Achtung und Ehrfurcht ganz der Ihrige

Jakob.

---

[1]) David Hume über die menschliche Natur. Aus dem Englischen nebst kritischen Versuchen zur Beurteilung dieses Werks, 3 Bände, Halle 1790—92.

[2]) Beweis für die Unsterblichkeit der Seele aus dem Begriffe der Pflicht ... eine Preisschrift. Züllichau 1790.

236.

Von Salomon Maimon.

Wohlgeborner, wohlgelahrter,
Höchstzuehrender Herr Professor!

Ew. Wohlgeb. werden mir gewiß verzeihen, daß ich mir abermals erlaube gegenwärtige Zuschrift an dieselben zu richten. Ich habe vor nicht langer Zeit BAKONTs Schriften erhalten und gelesen; dieses hat mich veranlaßt eine Vergleichung zwischen BAKONTs und Ew. Wohlgeb. Bemühungen um die Philosophie anzustellen, und dieselbe in dem Berlinischen Journal für Aufklärung abdrucken zu lassen.[1]) Da ich aber besorge, hierin entweder zu viel oder zu wenig getan zu haben, so erbitte ich mir hierüber Ew. Wohlgeb. gütiges Urteil, welches mir gültiger und angenehmer sein wird, als das irgendeines eifrigen Anhängers oder Gegners. Daß man bei Darstellung der Gedanken eines etwas alten Schriftstellers nicht behutsam genug verfahren kann, um von der einen Seite dem Vorwurfe der Verstümmelung, und von der andern dem des Unterschiebens neuerer Gedanken auszuweichen, weiß ich sehr wohl; daher ich auch Ew. Wohlgeb. in der Hoffnung einer gütigen Erfüllung meines gethahenen Gesuchs zugleich ergebenst um die gütige Erlaubnis bitte, daß ich Dero Beurteilung in dem gedachten Journal darf abdrucken lassen. Mit dem Gefühl der innigsten Hochachtung habe ich die Ehre zu sein

Ew. Wohlgeb.

Berlin, am 9. Mai 1790.

ergebener Diener
Salomon Maimon

237.

Von Salomon Maimon.

Wohlgeborner Herr,
insonders hochzuehrender Herr Professor!

Für das mir gütigst übersandte Geschenk Ihrer Schrift, der Kritik der Urteilskraft, woraus ich Ew. Wohlgeborn freundschaftliche Gesinnung gegen mich ersehe, welche mir sehr teuer ist,

---

[1]) Siehe Berliner Journal für Aufklärung, Bd. VII, Stück 2, 1790.

und worauf ich stolz zu sein Ursache habe, sage ich Ihnen den allerverbindlichsten Dank. Ich habe zwar noch nicht Zeit gehabt, dieses wichtige Werk durchzulesen, oder wie dies erforderlich ist, durchzudenken, sondern es erst bloß durchblättern können. Gleichwohl aber bin ich durch den Beifall, welchen Sie dem H. R. BLUMENBACH erteilen, veranlaßt worden, dessen vortreffliche kleine Schrift zu lesen:¹) und hiedurch ist bei mir ein Gedanke rege gemacht worden, der, wiewohl er nicht neu ist, doch paradox genug scheinen mag, nämlich die Realität der Weltseele bestimmen zu wollen, wovon ich mich erdreuste Ew. Wohlgeborn den Plan zur Prüfung vorzulegen.²) Ich kann zwar nicht ganz genau bestimmen, was die Alten hiemit für einen Begriff verknüpften; ob sie darunter Gott selbst, oder etwas, was außer demselben ist, verstanden. Demohngeachtet denke ich mir diesen Begriff folgendermaßen: Die Weltseele ist eine der Materie überhaupt (dem Stoff aller reellen Objekte) beiwohnende und auf dieselbe würkende Kraft, deren Würkung nach der verschiednen Modifizierung der Materie verschieden ist. Sie ist der Grund der besondern Art der Zusammensetzung in jedem (auch unorganisierten), der Organisation in jedem organisierten Körper, des Lebens im Tier, des Verstandes und der Vernunft im Menschen usw.; kurz, sie gibt die Formen aller Dinge nach Beschaffenheit ihrer Materie, so daß sie durch die eine Form die Materie zur Annehmung einer andern Form von einer höhern Ordnung geschickt macht. Und da die Materie unendliche Modifikation annehmen kann, so kann diese Entelechie auch unendlich verschiedne Formen liefern. Sie ist also der Grund aller möglichen Würksamkeit. Ich sehe nicht ein, was die neueren Philosophen habe bewegen können, diese Meinung gänzlich zu verwerfen. Sollte es deshalb geschehen sein, weil man von dieser Weltseele, als Objekt keinen Begriff hat? Wir haben aber von unsrer eignen Seele ebenso wenig einen Begriff. Oder fürchtet man hier Spinozismus; so, dünkt mich, ist nach obiger Definition demselben genugsam zuvorgekommen. Denn dem Spinozismus zufolge ist Gott und die Welt ein und ebendieselbe Substanz. Jener Erklärung aber zufolge ist die Weltseele eine von Gott erschaffne

---

¹) Über den Bildungstrieb, Göttingen 1789.
²) Siehe Maimons Aufsatz „Über die Weltseele" (Berl. Journ. f. Aufklär., Bd. 8, St. 1).

Substanz. Gott wird als *intelligentia pura extramundana* vorgestellt. Die Weltseele hingegen wird zwar als eine Intelligenz, aber als eine solche, welche mit einem Körper (der Welt) in Verbindung steht, folglich eingeschränkt und den Gesetzen der Natur unterworfen ist, vorgestellt. Als Ding an sich kann man ebenso wenig behaupten, daß es mehrere Substanzen, als daß es nur eine einzige in der Welt gäbe. Als Phänomene hingegen glaube ich aus guten Gründen für das letztere entscheiden zu können. Denn a) die gänzliche Unterbrechung der Würksamkeit der sogenannten Substanzen z. E. des Denkens im Schlafe usw. muß gegen die Substanzialität derselben ein Mißtrauen erregen. LOCKE behauptet, die menschliche Seele denke nicht beständig, und führt jene Unterbrechung als Beispiel an. LEIBNIZ nimmt dieserwegen zu den dunkeln Vorstellungen seine Zuflucht, und sucht derselben Realität aus der Verbindung der auf die Unterbrechung folgenden Vorstellungen mit den ihr vorhergehenden zu beweisen. Was sind aber diese dunkle Vorstellungen anders, als bloße Dispositionen und zurückgelassene Spuren der die Ideen begleitenden Bewegungen in den Organen? Nach dem Begriff einer Weltseele hingegen läßt sich dieser Zusammenhang auf eine faßliche Art erklären. Jede Bewegung in den Organen wird von einer derselben entsprechenden Vorstellung begleitet, wozu aber ein gewisser Grad der Intensität gehöret. Während des Schlafes aber läßt diese Intensität nach. Diese Weltseele kann also alsdann keine Vorstellungen bewürken. Beim Erwachen aber nimmt diese Intensität wieder zu, so daß jene Bewegungen von denen ihnen entsprechenden Vorstellungen begleitet werden. Und da die auf den Schlaf folgenden Bewegungen mit den vor demselben hergehenden und während desselben fortdauernden Bewegungen, nach den Gesetzen der Natur, in genauen Zusammenhang stehen, so muß dies auch bei den diesen Bewegungen entsprechenden Vorstellungen stattfinden. b) Auch scheinet die Natur der objektiven Wahrheit, die alle Menschen voraussetzen, die Idee einer Weltseele notwendig zu erfordern; woraus sich die Identität der Formen des Denkens bei allen denkenden Subjekten, und die Übereinstimmung in den dieser Form gemäß gedachten Objekten erklären läßt. c) Die Lehre von den Zwecken in der Natur (Teleologie) scheint diese Vorstellung auch zu erfordern. Ich glaube nämlich, daß ein Zweck nicht hervorgebracht, sondern durch etwas schon Hervorgebrachtes erreicht wird. Die Formen halte ich daher für

Zwecke der Natur, welche durch die, auf eine bestimmte Art, nach mechanischen Gesetzen, hervorgebrachte Objekte erreicht werden. Dies beweiset also notwendig das Dasein eines allgemeinen Grundes der Verbindung dieser Formen untereinander als besondere Zwecke zu einem Hauptzweck, und der Übereinstimmung der nach den Naturgesetzen hervorgebrachten Objekte mit diesen Formen überhaupt; so daß man in diesem Betracht die formengebende Intelligenz mit der gesetzgebenden, und die mechanischen Gesetze der Natur mit der vollziehenden Macht eines wohleingerichteten Staats vergleichen kann.

Dies sind ohngefähr mit kurzen Worten meine Gründe, welche ich Ew. Wohlgeborn zur Beurteilung vorzulegen wage. Mit Ungeduld erwarte ich Dero Entscheidung hierüber, und habe die Ehre zu verharren

Berlin,
d. 15. Mai
1790.

Ew. Wohlgeborn
gehorsamster Diener
Salomon Maimon.

238.

An Johann Schultz.

29. Juni 1790.

Hiemit nehme mir die Freiheit Ew. Hochehrwürd. noch einiges (manches vielleicht schon in den vorigen zwei Bogen, doch nicht so klar, wie mich dünkt, vorgebrachtes) zum beliebigen Gebrauche in der Rezension zuzusenden.[1]) Das Blendwerk von dem Bildlichen, mit dem EB.[ERHARD] immer um sich wirft, scheint nötig zu sein aufzudecken, imgleichen auch die letzte Aufforderung, um ihn so geschwinde als möglich zu nötigen, sich in seiner Blöße darzustellen. — Mit mehrerem werde ich nicht

---

[1]) Der zweite Band von Eberhards Philos. Magazin (1790) enthält im vierten Stück mehrere Aufsätze des bekannten Mathematikers A. G. Kaestner (1719—1800) über Kants Philosophie der Mathematik. Kant beabsichtigte zunächst, hierauf selbst zu erwidern, überließ indes dann den Entwurf seiner Entgegnung dem Hofprediger Schultz als Material für eine ausführliche Rezension in der Allg. Litt.-Ztg. (Jahrg. 1790, S. 768—814). Der Text dieser Rezension ist in Bd. VI dieser Ausgabe, S. 75—117 wiedergegeben worden; vgl. auch Bd. VI, S. 517 ff.

beschweren: außer nur etwas aus den KÄSTNERschen Aufsätzen, aber nur um ihm zu zeigen, daß in diesen nichts sei, was ihm zum Vorteil gereiche.

I. Kant.
Den 29. Juni 1790.

239.

An Johann Schultz.

Von gegenwärtigen 2 Blättern, welche ich die Ehre habe, Ew. Hochehrwürd. hiemit zuzuschicken, glaube ich, daß es gut wäre, wenn sie ohne Abkürzung in die Rez. könnten eingerückt werden; nicht allein um dem Übermut des Herrn EBERHARDs, wegen dieser scheinbaren Verstärkung seiner Partei, dadurch die Nahrung zu benehmen, sondern auch Herrn KAESTNER selbst von der Einbildung abzubringen, als habe jener etwas mit seiner, d. i. der WOLFFischen Philosophie Einstimmiges gesagt.

Zugleich nehme mir die Freiheit unmaßgeblich anzuraten, auf die Stellen, da KAESTNER auf Ihre Theorie des Unendlichen[1] anzuspielen scheint, in dieser Rezension nicht Rücksicht zu nehmen, um den Verfasser derselben dadurch nicht zu entdecken. Sie könnten in dem von Ihnen jetzt bearbeiteten Stücke Ihrer Prüfung usw. sich darüber ausführlich erklären und rechtfertigen; zu welchem Behuf ich glaube, daß beiliegendes Blatt b, wie ich mir schmeichle, einigen neuen Stoff darbieten möchte, um Ihre Theorie mit dem, was die Kritik in dem Stücke von der Antinomie in Ansehung des Unendlichen im Raume sagt, in Übereinstimmung zu bringen.

Mit dem Anwunsche einer guten Gesundheit und Munterkeit zu allen diesen beschwerlichen Arbeiten bin ich mit vorzüglicher Hochachtung

Ew. Hochehrwürden
ganz ergebenster Diener
I. Kant.
Den 2. August 1790.

---

[1] Zu Schultz' Theorie des Unendlichen vgl. die Schriften: Vorläufige Anzeige des entdeckten Beweises für die Theorie der Parallellinien, Königsberg 1780; Entdeckte Theorie der Parallelen, ebd. 1784;

240.

An Johann Friedrich Blumenbach.

Königsberg, d. 5. Aug. 1790.
Wohlgeborner verehrungswürdiger Herr!

Der die Ehre hat Ihnen Gegenwärtiges zu überreichen, Herr Dokt. med. JACHMANN, mein ehemaliger Zuhörer, gibt mir, bei dem Wunsche von einem berühmten Manne gütige Anweisung zu erhalten, wie er seinen kurzen Aufenthalt in Göttingen am besten benutzen könne, Anlaß, meinen ergebensten Dank für Ihre mir im vorigen Jahre gewordene Zusendung des trefflichen Werks über den Bildungstrieb abzustatten. Ihre Schriften haben mich vielfältig belehrt; doch hat das Neue in der Vereinigung zweier Prinzipien, dem der physisch-mechanischen und der bloß teleologischen Erklärungsart der organisierten Natur, welche man sonst geglaubt hat unvereinbar zu sein, eine nähere Beziehung auf die Ideen, mit denen ich mich vorzüglich beschäftige, die eben einer solchen Bestätigung durch Facta bedürfen. Meine Erkenntlichkeit für diese mir gewordene Belehrung habe ich in einer Stelle des Buchs, welches der Buchhändler DE LA GARDE Ihnen zugesandt haben wird, zu bezeigen gesucht.

Dem Herrn Geh. Sekr. REHBERG bitte, unter Versicherung meiner wahren Hochachtung, auf sein durch Herrn H. R. METZGER geäußertes Verlangen, alle meine kleine Schriften zu haben, gütigst zur Antwort zu erteilen: daß sie sich schon vorlängst nicht mehr in meinen Händen befinden, indem ich, bei meinem nachher vorgenommenen Gedankengange, darum mich nicht mehr bekümmert habe, und, was vollends die Programmen betrifft, einige derselben so flüchtig hingeworfen worden, daß ich selbst nicht gern sähe, wenn sie wieder ans Tageslicht gezogen werden sollten.

Unter Anwünschung alles Wohlergehens und der besten Gesundheit, um die Welt noch fernerhin zu belehren, bin ich mit der vorzüglichsten Hochachtung Ew. Wohlgeb. ganz ergebenster Diener

I. Kant.

Darstellung der vollkommenen Evidenz und Schärfe seiner Theorie der Parallelen, ebd. 1786.

241.

An Johann Schultz.

Ew. Hochehrw. gratuliere von Herzen zur glücklichen und meisterhaften Vollendung einer höchstbeschwerlichen Arbeit, bei der es noch ein Trost ist, daß eine ihr ähnliche nur allenfalls über ein Jahr wiederum veranlaßt werden dürfte. Für Ihre gütige Bemühung, was meine kleine mitgeteilte Anmerkungen betrifft, und deren geschickte Benützung, sage den ergebensten Dank und habe die Ehre mit der größten Hochachtung jederzeit zu sein
                        Ew. Hochehrwürden
                              ganz ergebenster Diener
                                    I. Kant.
Den 15. Aug. 1790.

242.

An Johann Schultz.

Des Herren Hofprediger SCHULTZ
            Hochehrwürden

Erlauben mir Ew. Hochehrw. eine Bedenklichkeit, die mir nach Durchlesung Ihrer gründlichen Rezension eingefallen ist, doch unmaßgeblich, mitzuteilen. Sie betrifft die Stelle von Ihrer Theorie der Parallellinien. Ich besorge nämlich, daß EBERHARD, welcher, um seiner Schreiberei durch fremde Federn ein gewisses Ansehen zu geben, Mathematiker geworben hat, hieran Anlaß und Vorwand nehmen möchte, sie aufzuwiegeln von dieser Seite die Kritik anzufechten, wenigstens zum Scheine, und dadurch die Würdigung seiner Behauptungen (wegen der gemischten Materien) in der künftigen Beurteilung derselben sehr erschweren möchte. Da Ihr gründliches Werk der reinen Mathesis ohne Zweifel entweder jenen Streit beendigen, oder zu Abfertigung der Gegner Ihrer Theorie ohne Zweifel hinreichenden Anlaß geben wird, so wäre meine Meinung, Herrn EBERHARD, der ohnedem so gern von der Klinge abspringt, nicht dadurch in seiner Gewohnheit, den Standpunkt der Beurteilung unaufhörlich zu verrücken, Vorschub zu geben, vornehmlich da das vor jener Stelle Vorhergehende schon für sich hinreichend ist, die von Mißdeutungen Ihrer Theorie her-

genommene Einwürfe abzuweisen. Doch habe ich hiedurch nichts vorschreiben wollen, sondern überlasse alles Ihrem eigenen gründlichen Ermessen und beharre mit vorzüglicher Hochachtung
Ew. Hochehrwürden
ganz ergebenster Diener
I. Kant.
Den 16. Aug. 1790.

243.

Von Johann Friedrich Reichardt.

Teuerster Herr Professor!
Die große Verbindlichkeit, die ich Ihnen von Kindheit an habe, wächst mit jeder neuen Schrift von Ihnen über allen Ausdruck. Ihr weiser gütiger Rat allein half mir auf den Weg zur literarischen Bildung, die mir bald meine Kunst aus einem höheren Gesichtspunkt ansehen ließ, und Ihre edle Uneigennützigkeit, mit der Sie mir die Freiheit erteilten, Ihren Vorlesungen beiwohnen zu dürfen, verhalf mich, wenn gleich damals noch nicht zu der philosophischen Bildung, die ich itzt gewiß aus Ihrer Nähe ziehen würde, dennoch zu der Aufmerksamkeit und Liebe zu eigenem Nachdenken, die mich itzt besser in den Stand setzen, aus Ihren vortrefflichen Werken mich zu unterrichten. Seit drei Jahren beschäftige ich mich sehr ernstlich mit Ihren Werken, zu denen mich die Gegenschriften meiner Herzensfreunde JACOBI und SELLE führten und ich vermag es Ihnen gar nicht auszudrücken, wieviel dieses Studium zum Glück meines Lebens beiträgt. Unaussprechlich hat mich Ihre Kritik der Urteilkraft beglückt. Ich werde nicht ehe aufhören, sie zu studieren, als bis ich imstande bin, eine vollständige Kritik der schönen Künste darnach vorzutragen, um so, durch die weitere Ausbreitung Ihrer Philosophie, so weit meine Fähigkeit reicht, auf die angemessenste Art, das innige Gefühl meiner Dankbarkeit und Verehrung lebenslang an den Tag zu legen.

Um fürs erste mein Kunstpublikum darauf aufmerksamer zu machen, hab' ich die Hauptsätze über schöne Kunst, Genie, Geschmack herausgezogen und lasse solche, mit Rückweisung auf das Werk selbst, in einem Stück meines Kunstmagazins abdrucken, an welchem eben gedruckt wird. Und so will ich mein Kunstmagazin,¹) das mit mancher, gutgemeinten aber luftigen Phantasie anhub, mit Wahrheit beschließen. Ich hoffe, Sie haben nichts dagegen, bester Herr Professor.

Vor kurzem hab' ich aus Neapel die ganz vortrefflichen Landkarten vom Königr. Neapel, die nach ZANONI und andern dort mit einer Pracht und Genauigkeit gestochen werden, die alle französische und englische Landkarten zurückläßt, für Sie, bester Herr Professor, mitgenommen. Sie sind leider noch mit andern Sachen, die ich für den König mitgebracht, auf der See, sonst würde ich sie Herrn KIESEWETTER mitgeben. Erlauben Sie mir aber, sie Ihnen, sobald sie hier ankommen, als ein sehr geringes Zeichen der dankbaren Verehrung zu übersenden, mit der ich lebenslang verharre

Berlin, den 28. Aug. 1790.

Ihr
ganz ergebenster
Reichardt.

244.

An F. Th. de la Garde.

Ew. Hochedelgeb. gütige Zuschrift vom 12. Aug., zusamt des Abts DENINA Buche (welches ich nach Durchlesung der mich angehenden Stelle sofort, Ihrer Bestimmung gemäß, weiter befördert habe), ist mir richtig zu Handen gekommen.

Es sollte mir leid tun, wenn Sie, als eine Vernachlässigung einer Ihnen schuldigen Antwort, es übel aufnähmen, daß ich keinen Bericht wegen des Empfangs des Honorars abgestattet habe, worin ich vielleicht aus Unkunde, aber nicht aus Mangel an Achtung und Freundschaft gefehlt habe, indem ich dachte, die Zurücksendung der Assignation sei eine hinreichende Bescheinigung des Empfangs, übrigens aber meinen Dank, für diesen sowohl, als die gute Ausführung des Drucks des Werks, soviel auf Ihnen beruhte, auf eine andere Zeit, die mir dazu bequemer schiene, verschob. — Es ist wahr, was Sie mir damals meldeten, daß über

---

¹) Das von Reichardt begründete „Musikalische Kunstmagazin" (Berlin 1781—92).

die hinten angehängte errata noch viele Druckfehler übrig geblieben sind, derentwegen ich bitte: wenn Sie eine zweite Auflage zu veranstalten nötig fänden, mir davon zeitig Nachricht zu geben, imgleichen damit ich auch, was den Inhalt betrifft, noch einiges nachbesseren oder zusetzen könne.

Herren KIESEWETTER werden vermutlich dringende Geschäfte genötigt haben, seine Reise nach Königsberg für diesmal ausfallen zu lassen; ich wünsche nur, daß nicht Krankheit die Ursache davon gewesen sei und bitte ihn meiner Freundschaft zu versichern.

Übrigens bin ich mit Hochachtung und Freundschaft jederzeit
Ihr
Königsberg,   ganz ergebener Diener
d. 2. Sept.   I. Kant.
1790.

245.

Von August Wilhelm Rehberg.

Sept. 1790.

Es heißt p. 188 der Kritik der reinen Vernunft 2. Aufl.: Mathematische Sätze werden aus der Anschauung und nicht aus dem Verstandesbegriffe gezogen.

In Ansehung der geometrischen hat dies wohl keinen Zweifel; wie denn auch z. B. der Satz, daß in jedem Triangel zwei Seiten größer sind als die dritte und andere, nicht aus dem Schema, das dem Begriffe vom Triangel zum Grunde liegt, sondern nur also erwiesen wird, daß die drei Arten von Dreiecken in der Anschauung dargestellt werden.

In Ansehung der arithmetischen Wahrheiten aber scheint es nicht also beschaffen zu sein. Zum Beispiel erhellt die Unmöglichkeit von $\sqrt{2}$ nicht aus der Anschauung des Schema 2 in irgend einer Anschauung, sondern aus der Zahl selbst. Es heißt zwar p. 182 der Kritik, daß die Zahl eine successive Addition sei, und es scheint sonach, als wenn der Grund der synthetischen Sätze der Arithmetik und Algebra in dem Anschauen der reinen Form aller Sinnlichkeit der Zeit zu suchen sein solle, so wie der Grund der synthet. Sätze der Geometrie in der Anschauung des Raums erhellt. Allein, wenn gleich die sinnlichen

Erscheinungen der Anwendung arithmetischer Wahrheiten unstreitig nur dadurch unterworfen sind, daß die Zeit als allgemeine Form jener, durch die transszendentale Synthesis der Einbildungskraft der Anwendung der Verstandesbegriffe unterworfen ist, so scheint es doch, als ob die **Wahrheit der arithmetischen Sätze selbst** nicht aus dem Anschauen der reinen Form der Sinnlichkeit erhelle: indem kein Anschauen der Zeit dazu erforderlich ist, um die arithmetischen und algebraischen Beweise zu führen, welche vielmehr unmittelbar aus den Begriffen der Zahlen erhellen, und nur sinnlicher Zeichen bedürfen, woran sie während und nach der Operation des Verstandes wieder erkannt werden: keineswegs aber reinsinnlicher Bilder, so wie die Geometrie, um an ihnen die Beweise zu führen.

Hieraus würde begreiflich werden, warum die beiden Formen der Sinnlichkeit, **Raum sowohl als Zeit,** den synthetischen arithmetischen und algebraischen Wahrheiten **unterworfen** sind, denn die Anwendung der Arithmetik und Algebra auf Geometrie scheint nicht der geringsten Dazwischenkunft der Vorstellung Zeit zu bedürfen: die Gegenstände der Geometrie sind der Algebra weder als successiv noch als koexistent, sondern überhaupt, dafern sie nur vorgestellt werden, nicht dafern sie, oder weil sie in der Zeit gedacht würden, unterworfen.

Es entsteht hier freilich eine große Schwierigkeit, und welche unauflöslich sein dürfte. Wie geht es nämlich zu, daß der Verstand bei der Erzeugung der Zahlen, welches ein reiner Aktus seiner Spontaneität ist, an die synthetischen Sätze der Arithmetik und Algebra gebunden ist? Warum kann er, der Zahlen willkürlich hervorbringt, keine $\sqrt{2}$ in Zahlen denken? da ihn doch die Natur der Form der Sinnlichkeit nicht verhindert, so wie die Natur des Raumes ihn hindert gerade Linien zu denken, die gewissen krummen gleich wären. Der Grund dieser Unmöglichkeiten und der Grund aller synthetischen Wahrheiten der Arithmetik und Algebra müßte in der alles menschliche Untersuchungsvermögen übersteigenden Natur des ursprünglichen transszendentalen Vermögens der Einbildungskraft und der Verbindung desselben mit dem Verstande zu suchen sein.

Dies vorausgesetzt fragt sich's, ob es nicht möglich sei, ein transszendentales System der Algebra zu entdecken, in welchem die Möglichkeit und die Art der Auflösung derjenigen Gleichungen, welche bis itzt nur einzeln, durch regellose Versuche gesucht wird, a priori aus Prinzipien entschieden würde? Die Beantwortung dieser Frage scheint auf die oben angegebene Schwierigkeiten großes Licht werfen zu können.

246.

An August Wilhelm Rehberg.
Sept. 1790.

Die Aufgabe ist: Warum kann der Verstand, der Zahlen willkürlich hervorbringt, keine $\sqrt{2}$ in Zahlen denken? Denn, wenn er sie denkt, so muß er sie, wie es scheint, auch machen können; indem die Zahlen reine Aktus seiner Spontaneität sind und die synthetische Sätze der Arithmetik und Algebra können ihn durch die Bedingungen der Anschauung in Raum und Zeit nicht einschränken. Es scheint also: man müsse ein transszendentales Vermögen der Einbildungskraft, nämlich ein solches, welches in der Vorstellung der Objekte, unabhängig selbst von Raum und Zeit, bloß dem Verstande zufolge, Vorstellungen synthetisch verbände, und von dem ein besonderes System der Algebra abgeleitet werden könnte, annehmen, dessen nähere Kenntnis (wenn sie möglich wäre) die Methode der Auflösung der Gleichungen zu ihrer größten Allgemeinheit erheben würde.

So verstehe ich nämlich die an mich geschehene Anfrage.

Versuch einer Beantwortung derselben.

1. Ich kann jede Zahl als das Produkt aus zwei Faktoren ansehen, wenn diese mir gleich nicht gegeben sind und auch nie in Zahlen gegeben werden können. Denn es sei die gegebene Zahl $= 15$, so kann ich den einen Faktor, daraus sie entspringt, $= 3$ annehmen, und der andere ist alsdann $= 5$, mithin $3 \times 5 = 15$. Oder der gegebene Faktor sei $= 2$; so würde der gesuchte andere Faktor $\frac{15}{2}$ sein. Oder der erstere sei ein Bruch $= 1/7$, so ist der andere Faktor 105 usw. Also es ist möglich zu jeder Zahl als Produkt, wenn ein Faktor gegeben ist, den andern zu finden.

2. Wenn aber keiner der beiden Faktoren, sondern nur ein Verhältnis derselben, z. B. daß sie gleich sein sollten, gegeben ist, so, daß das gegebene Faktum $= a$, der gesuchte Faktor $= x$ ist, so ist die Äquation $1 : x = x : a$, d. i., er ist die mittlere geometrische Proportionalzahl zwischen 1 und a und, da diesem gemäß $a = x^2$, so ist $x = \sqrt{a}$, d. i. die Quadratwurzel aus einer gegebenen Größe, z. B. $\sqrt{2}$ ist durch die mittlere Proportionalzahl zwischen 1 und der gegebenen Zahl $= 2$ ausgedrückt. Es ist also auch möglich eine solche Zahl zu denken.

Daß nun die mittlere Proportionalgröße zwischen einer, die $= 1$ und einer andern, welche $= 2$ ist, gefunden werden könne, mithin jene kein leerer Begriff (ohne Objekt) sei, zeigt die Geometrie an der Diagonale des Quadrats. Es ist also nur die Frage, warum für dieses Quantum keine Zahl gefunden werden könne, welche die Quantität (ihr Verhältnis zur Einheit) deutlich und vollständig im Begriffe vorstellt.

Daß auch daraus, daß jede Zahl als Quadratzahl von irgend einer andern als Wurzel müsse vorgestellt werden können, nicht folge, die letztere müsse rational sein, d. i. ein auszählbares Verhältnis zur Einheit haben, läßt sich nach dem Satze der Identität, aus dem der Aufgabe zum Grunde liegenden Begriffe, nämlich dem zweier gleichen (aber unbestimmten) Faktoren zu einem gegebenen Produkt einsehen; denn in diesen ist gar kein bestimmtes Verhältnis zur Einheit, sondern nur ihr Verhältnis zueinander gegeben. — Daß aber diese Wurzel gleichwohl in der Zahlreihe, zwischen zwei Gliedern derselben (so fern sie z. B. dekadisch eingeteilt ist) immer noch ein Zwischenglied und in demselben ein Verhältnis zur Einheit angetroffen wird, folgt aus Nr. 1, wenn nämlich ein Glied der Wurzel in dieser Reihe gefunden worden. — Daß aber der Verstand, der sich willkürlich den Begriff von $\sqrt{2}$ macht, nicht auch den vollständigen Zahlbegriff, nämlich durch das rationale Verhältnis derselben zur Einheit hervorbringen könne, sondern sich, gleichsam von einem andern Vermögen geleitet, müsse gefallen lassen in dieser Bestimmung eine unendliche Annäherung zur Zahl einzuschlagen, das hat in der Tat die successive Fortschreitung als die Form alles Zählens und der Zahlgrößen, als die dieser Größenerzeugung zum Grunde liegende Bedingung, die Zeit, zum Grunde.

Zwar bedarf der bloße Begriff einer Quadratwurzel aus einer positiven Größe $= \sqrt{a}$, wie ihn die Algebra vorstellt, gar keiner

Synthesis in der Zeit; ebenso auch die Einsicht der Unmöglichkeit der Wurzel aus einer negativen Größe $= \sqrt{-a}$ (in welcher sich die Einheit, als positive Größe, zu einer andern $= x$ eben so verhalten müßte wie diese zu einer negativen)*), welche sich, ohne Zeitbedingung damit zu benötigen, aus bloßen Größenbegriffen erkennen läßt. Sobald aber, statt *a*, die Zahl, wovon es das Zeichen ist, gegeben wird, um die Wurzel derselben nicht bloß zu bezeichnen, wie in der Algebra, sondern auch zu finden, wie in der Arithmetik; so ist die Bedingung aller Zahlerzeugung, die Zeit, hiebei unumgänglich zum Grunde liegend, und zwar als reine Anschauung, in welcher wir nicht allein die gegebene Zahlgröße, sondern auch von der Wurzel, ob sie als ganze Zahl, oder wenn dieses nicht möglich ist, nur durch eine ins Unendliche abnehmende Reihe von Brüchen, mithin als Irrationalzahl gefunden werden könne, uns belehren können.

Daß nicht der bloße Verstandsbegriff von einer Zahl, sondern eine Synthesis in der Zeit, als einer reinen Anschauung, dem Begriffe der Quadratwurzel einer bestimmten Zahl, z. B. der Zahl 5, zum Grunde gelegt werden müsse, ist daraus klar: daß wir aus dem bloßen Begriffe einer Zahl allein niemals beurteilen können, ob die Wurzel derselben rational oder irrational sein werde. Wir müssen es mit ihr versuchen, entweder, indem wir in Zahlen bis 100 die Produkte aller kleinern ganzen Zahlen in sich selbst mit dem gegebenen Quadrat bloß nach dem Einmaleins vergleichen, oder in größern durch Einteilung desselben, nach dem allgemein bewiesenen Satze der Bestandteile eines Quadrats, einer zwei- oder überhaupt vielteiligen Wurzel, die Teile derselben nach und nach suchen, in allen aber, wo der Versuch mit einer in sich selbst multiplizierten ganzen Zahl nicht das Quadrat gibt, die Teiler der Einheit, nach einer gewissen Proportion, z. B. der dekadischen, wachsen lassen, welche zu Nennern einer ins Unendliche abnehmenden Reihe von Brüchen dienen, die, weil sie nie vollendet sein kann, obgleich sich der Vollendung so nahe bringen läßt als man will, die Wurzel (aber nur auf irrationale Art) ausdrückt.

Gesetzt nun, wir könnten nicht a priori beweisen und auch nicht, wie es zugehe, erklären: daß, wenn die Wurzel einer

---

*) Da dieses widersprechend ist, so ist $\sqrt{-a}$ der Ausdruck für eine unmögliche Größe.

gegebenen Größe nicht in ganzen Zahlen gefunden werden kann, sie auch nicht in Brüchen bestimmt (gleichwohl aber doch so weit annähernd als man will) gegeben werden könne, so würde dieses ein Phänomen von dem Verhältnis unserer Einbildungskraft zum Verstande sein, welches wir zwar durch mit Zahlen angestellte Versuche wahrnehmen, aber uns gar nicht aus Verstandesbegriffen erklären könnten. Nun kann aber das erstere allerdings geschehen: folglich ist die Vermutung des letzteren nicht nötig.

Mir scheint das Befremdliche, welches der scharfsinnige Verfasser der Aufgabe in der Unangemessenheit der Einbildungskraft in der Ausführung des Verstandesbegriffs von einer mittleren Proportionalgröße durch die Arithmetik gefunden hat, sich eigentlich auf die Möglichkeit der geometrischen Konstruktion solcher Größen, die doch in Zahlen niemals vollständig gedacht werden können, zu gründen.

Denn, daß sich zu jeder Zahl eine Quadratwurzel finden lassen müsse, allenfalls eine solche, die selbst keine Zahl, sondern nur die Regel der Annäherung zu derselben, wie weit man es verlangt, scheint mir diese Befremdung des Verstandes über $\sqrt{2}$ eben nicht zu bewirken: sondern daß sich dieser Begriff geometrisch konstruieren läßt, mithin nicht bloß denkbar, sondern auch in der Anschauung adäquat anzugeben sei, wovon der Verstand den Grund gar nicht einsieht, ja nicht einmal die Möglichkeit eines Objekts $= \sqrt{2}$ anzunehmen befugt ist, weil er sogar nicht einmal den Begriff einer solchen Quantität in der Zahlanschauung adäquat darzulegen imstande ist, desto weniger also erwarten sollte, daß ein solches Quantum a priori gegeben werden könne.

Die Notwendigkeit der Verknüpfung der beiden sinnlichen Formen, Raum und Zeit, in der Bestimmung der Gegenstände unserer Anschauung, so daß die Zeit, wenn sich das Subjekt selbst zum Objekte seiner Vorstellung macht, als eine Linie vorgestellt werden muß, um sie als Quantum zu erkennen, sowie umgekehrt eine Linie nur dadurch, daß sie in der Zeit konstruiert werden muß, als Quantum gedacht werden kann, — diese Einsicht der notwendigen Verknüpfung des innern Sinnes mit dem äußern selbst in der Zeitbestimmung unseres Daseins, scheint mir zum Beweise der objektiven Realität der Vorstellungen äußerer Dinge (wieder den psychol. Idealism.) Handreichung zu tun, die ich aber jetzt nicht weiter verfolgen kann.

247.

Von Johann Benjamin Jachmann.

(Im Auszug.)

Wohlgeborner Herr Professor,
mir ewig teurer Lehrer und Freund!
Das warme Interesse, das Ew. Wohlgeboren an meinem Schicksale nehmen, davon mich mein Bruder in seinen Briefen vielfältig benachrichtiget, und dessen ich auch schon ohne dies völlig überzeugt wäre; das gütige Vertrauen und die geneigte Gewogenheit, womit Sie mich seit einigen Jahren beehret haben, sind für mich zu schmeichelhaft und rührend, als daß ich nicht darin einen Entschuldigungs- ja selbst einen Aufmunterungsgrund für mich finden sollte, Sie gelegentlich mit meinen Briefen beschweren, und Ihnen von Zeit zu Zeit Nachrichten von meiner Lage und Befinden geben zu dürfen. — Das Unstete in meiner Lebensart, die öftere Veränderung des Orts meines Aufenthalts, und die häufige Zerstreuungen, denen man dadurch notwendig ausgesetzt ist, sind Ursache gewesen, daß ich nicht eher als jetzt, mir wieder diese Erlaubnis genommen habe. Ohne allen Zweifel sind Sie davon unterrichtet, daß ich meinem vorherigen Entschluß durch Holland oder über Hamburg nach Göttingen zu gehen zuwider jetzt meinen Weg über Paris genommen habe, und ich hoffe, daß Sie dieses nicht mißbilligen werden. Die Ursachen, die mich zu dieser Abänderung in meinem Plane bestimmten, waren, weil ich nach genauer Berechnung fand, daß der Unterschied in den Unkosten, ich möchte wählen, welchen Weg ich wollte, keineswegs beträchtlich war, und weil ich auf jeden Fall zu spät nach Göttingen kam, um die hiesige Lehrer und Bibliothek gehörig benutzen zu können. Der Hauptgrund meiner Reise aber nach Paris war, um an diesem Ort in der Hauptepoche seiner Geschichte zu sein, da ich ihm einmal so nahe war. Auf diese Weise bin ich also Zeuge des großen Bundesfestes der Franzosen gewesen; wie ich mich denn auch bemüht habe, Augen- und Ohrenzeuge zu sein von jeder merkwürdigen Begebenheit, die sich während meinem Aufenthalt in Paris ereignet hat. — Im Anfange glaubte ich mich im Lande der Glücklichen zu befinden; denn jeder, auch der geringste Einwohner, schien durch sein Betragen und durch seine

Worte zu bezeigen, wie sehr er es fühle, daß er in einem Lande lebe, wo man das Joch und den Druck der Großen völlig abgeschüttelt habe, und wo Freiheit und die Rechte der Menschheit im allgemeinen aufs höchste geehrt und in ihrer Würde erhalten wurden. Ich stand daher auch gar nicht an, jetzt Frankreich in dieser Rücksicht dem Lande des stolzen Briten vorzuziehen, der alle andere Nationen verachtet und sie als Sklaven ansieht, obgleich sich gegen die britische Freiheit noch manches erwähnen ließe. Einige Tage vor und nach dem Bundesfeste sahe man in Paris Beispiele von Patriotismus, Gleichheitsliebe in allen Ständen usw. realisiert, die man sonst kaum gewagt hatte, sich träumen zu lassen. Dieser Geist schien aber nur zu herrschen, so lange man das Volk durch Feste, Tänze und Schmausereien unterhielt und ihm auf mancherlei Art vorgaukelte. Sobald man diese einstellte und die Deputierten aus den Provinzen sich zurückzogen, so hörte man von allen Seiten Klagen und Unzufriedenheit laut werden, selbst unter denenjenigen, die sich für echte Freunde der Revolution erklärt hatten. Sehr viele adlige und bürgerliche, obgleich patriotisch gesinnte Familien fingen bald an sich zu beschweren, daß die Nationalversammlung in ihren Dekreten und Neuerungen zu weit gehe, daß es weit zu frühe sei gewisse Mißbräuche durch absolute Gesetze einzustellen, die bei der jetzigen Staatsverfassung ohne Erfolg und Nachteil wären und die die bloße Zeit völlig entkräften und unbedeutend machen würde, ohne, wie jetzt, dergleichen Mißvergnügen und Unwillen bei denjenigen zu erregen, die schwach genug sind, an gewisse angeerbte, wären es auch nur Nominal- und Scheinprivilegien einen Wert zu setzen. — Das entsetzlich große und fast bis zur Unbilligkeit getriebene Einziehen und Schmälern der Pensionen und Besoldungen erregt gleichfalls ein sehr lautes Murren und eine lebhafte Unzufriedenheit. Und dies kann gar nicht fehlen, da fast nicht eine Familie in ganz Frankreich ist, die nicht entweder mittelbar oder unmittelbar dadurch verlöre, die nicht etwa einen Sohn oder sonstigen Verwandten hätte, deren Einkünfte nicht um mehr als die Hälfte verringert sind, und es gehört doch mehr Philosophie und Patriotismus dazu, als zu erwarten steht, um dergleichen große Privat-Aufopferungen fürs allgemeine Beste zu tun. Auf der andern Seite kennt wiederum der Pöbel in seinen Gesuchen und Ansprüchen keine Grenzen. Er fühlt jetzt seinen Einfluß und Kräfte und mißbraucht sie, vielleicht zu seinem eigenen

Ruin. Anstatt das edle Kleinod, gesetzmäßige Freiheit, welches er jetzt besitzt, zu bewachen, strebt er nach gesetzlose Zügellosigkeit, will den Gesetzen nicht weiter gehorchen, sondern über alles eigenmächtig urteilen und Recht sprechen, davon man in Paris täglich Beispiele sieht und hört. Der Pöbel und einige unruhige Köpfe sinds, die anjetzt ganz Frankreich regieren. Ich bin selbst mehrmalen in der Nationalversammlung gewesen, wenn sie gezwungen wurde, gewisse Dekrete abzufassen, weil es niemand wagen durfte, die geringste Einwendung dagegen vorzubringen, ohne von dem Pöbel auf den öffentlichen Tribunen insultiert und für einen Aristokraten ausgeschrien zu werden. Viele von den Mitgliedern der Nationalversammlung, um sich bei dem gemeinen Volke beliebt zu machen und in Ansehen zu bringen, machen in den Sitzungen solche Vorschläge, die vielleicht nicht zum allgemeinen Besten abzwecken, von denen sie aber wissen, daß sie das Volk mit allgemeinen Beifallsgeschrei empfangen werde, die dann auch durchgehen, weil niemand es wagen darf, Gegenvorstellungen zu machen. Viele von den Mitgliedern, mit diesem Verfahren unzufrieden, haben auch schon gänzlich die Versammlung verlassen und wollen sie auch fernerhin nicht mehr besuchen und mit den Angelegenheiten nichts weiter zu schaffen haben. Welchen Ausgang dieses zuletzt nehmen werde, wagt niemand mit einigem Anschein von Wahrscheinlichkeit zu entscheiden. Die von der Sache am günstigsten urteilen, glauben, daß Frankreich noch manche Veränderung zu erleiden habe, ehe seine Konstitution fest gegründet wird. Andere, die vielleicht alles aus einem ungünstigen Gesichtspunkte betrachten, befürchten, daß ein National-Bankerott unvermeidlich und ein allgemeiner Bürgerkrieg die notwendige Folge sei, besonders, da in einigen Provinzen die Bauren sich schon sollen haben verlauten lassen, daß sie keine Abgaben entrichten wollen, weil sie sonst nicht absehen können, was sie denn durch die gegenwärtige Revolution gewonnen hätten. — Das Schicksal des Landes sind die Hauptgegenstände der Unterredung in Frankreich, daher man auch mit Gelehrten selten über etwas anderes als hierüber sprechen kann, die, wenn sie unter 60 Jahren sind, noch einen tätigen Anteil nehmen müssen, da sie sämtlich wie jeder andere Franzose zur Nationalgarde gehören und Wache tun müssen. Eine Flinte, eine Grenadiermütze und die Nationaluniform zieren daher gewöhnlich dieser Herren Lesekabinette. Ich habe einige sehr angenehme

Bekanntschaften unter ihnen gemacht, vorzüglich unter den Physikern und Chemikern, davon mir die von dem berühmten CHARLES, der ein sehr liebenswürdiger Mann ist, und von dem Chemisten PELETIER die interessantesten sind.[1]) Bei PELETIER habe ich mit an dem berühmten Versuch gearbeitet, aus den 2 Luftarten Wasser zu machen, den eigentlich Herr v. JACQUIN, mein nachheriger Reisegefährte bis Straßburg, anstellte. . . . . .

Endlich langte ich Dienstag, den 21. Sept., in Göttingen an. Ich besuchte sogleich meinen Freund Prof. ARNEMANN, wo ich meinem heißen Verlangen gemäß Briefe von meinen königsbergschen Freunden fand, die mir einen wahren Festtag machten. Herzinniglich freuete ich mich in allen Briefen die Versicherung zu lesen, daß ich noch in meiner Vaterstadt in gutem Andenken stehe. Vorzüglich aber war ich erfreut in den 3 Briefen, durch die Sie mir die Bekanntschaft der 3 berühmtesten Lehrern Göttingens verschafften, einen neuen schätzbaren Beweis Ihrer Güte und Gewogenheit für mich zu finden. Zuerst besuchte ich den folgenden Morgen H. R. BLUMENBACH, der ein offener und liebenswürdiger Mann ist. Er fühlte sich durch Ihren Brief sehr geschmeichelt, erbot sich mir jeden Dienst während meinen Aufenthalt in Göttingen zu erweisen. Sonnabend speisete ich bei ihm zu Abend. Sonntag vormittag führte er mich ins Museum usw. Er hat mir beikommenden Brief für Sie gegeben, wie auch das 1. Stück seiner Beiträge zur Naturgeschichte,[2]) die ich aber bis auf bequeme Gelegenheit zurückbehalte, weil ich glaube, daß Sie es schon gelesen haben, und es auch zu unwichtig ist es durch die Post zu überschicken. Denselben Tag gab ich auch den Brief an LICHTENBERG und KAESTNER ab. Herr Hofr. LICHTENBERG hielt eben Vorlesungen und da es mitten in der Stunde war, wollte ich ihn nicht stören, ließ daher den Brief und meine Adresse zurück. Er fährt gleich nach geendigten Vorlesungen nach seinen Garten außerhalb der Stadt, schickte mir aber sogleich seinen Bedienten zu, dessen ich mich bedienen sollte, um mich allenthalben herum-

---

[1]) J. A. C. Charles (1746—1823), Physiker in Paris; Bertrand Peletier (1761—97), Professor der Chemie an der Ecole Polytechnique.

[2]) Blumenbach, Beiträge zur Naturgeschichte der Vorwelt, erschienen im Magazin für das Neueste aus der Physik, Bd. VI, Stück 4 (1790).

führen zu lassen. Er selbst hoffte mich den folgenden Tag zu sehen. Ich besuchte ihn daher auch den andern Morgen, sobald er nur in die Stadt gekommen war. Ich glaube, Sie wissen es, daß er ein kränklicher bucklichter Mann ist, der schon mehrmalen seinem Tode nahe gewesen, jetzt hatte er sich wieder etwas erholt. Seine Freude über Ihren Brief war sehr groß. Er sprach mit großer Wärme, wobei seine geistreichen und lebhaften Augen strahlten, wie sehr, und wie lange er Sie schon schätze, wie Sie ihm schon aus Ihren ältesten Abhandlungen bekannt wären. Er sagte, daß er sich äußerst freuen würde, Ihnen oder mir irgend einen Dienst erweisen zu können. Er bot mir sogleich an seine Vorlesungen zu besuchen, so oft ich Vergnügen finde. Den folgenden Tag zeigte er mir seine Instrumentensammlung, ich brachte den ganzen Nachmittag bei ihm zu und trank Coffée bei ihm. Ich wohnte alle seine Vorlesungen bei, solange ich in Göttingen war, er war eben mit der Elektrizität beschäftigt. Er bat mich nochmals von seinem Bedienten Gebrauch zu machen, so viel ich wollte. Ich habe ihn alle Tage besucht und gesprochen, weil er so ein äußerst liebenswürdiger und artiger Mann ist. Er wird nächstens durch die Post an Sie schreiben. Ich habe auch von anderen Professoren gehört, daß er sich so sehr gefreut hat, einen Brief von Ihnen erhalten zu haben. Er sagt, er habe durch mich einen Brief von dem Propheten aus Norden erhalten. — Ich kann Ihnen nicht sagen, wie sehr ich mich beim Anblick des Hofrats KAESTNERs in der Vorstellung betrogen fand, die ich mir aus seinen Epigrammen und aus dem, was ich sonst von ihm gehört und gelesen hatte, von seiner Person und Betragen vormals machte. Anstatt einen Mann zu finden, für dessen schneidende Zunge man sich nicht genug hüten könne, fand ich ein ganz kleines Männchen im Schlafrock und einem runden Perückchen vor einer brennenden Lampe in einer überaus heißen Stube sitzend, dem es zwar anzusehen war, daß er sich freue, mich zu sehen, nachdem ich einen Gruß von Ihnen bestellt und Ihren Brief ihm übergeben hatte, der aber aus sichtbarer Verlegenheit und Ängstlichkeit, worin er sich befand, nicht zu sprechen vermochte. Mehr durch Zeichen als durch Worte nötigte er mich zum Niederzusitzen, sagte dann unter beständigen Händewinden und Beugen des Körpers in halbverschluckten Worten, wie willkommen ich ihm wäre, da ich ihm Nachrichten von Ihnen brächte. Er fuhr fort unter denselben Zeichen seiner Verlegenheit sich nach Ihrem

Alter und Befinden, wie auch nach Prof. KRAUSE sich zu erkundigen, wie überhaupt fast alle Professoren, z. B. HEYNE, LICHTENBERG, FEDER mit vielem Interesse sich nach Herrn Prof. K. erkundiget haben. — Er fragte, wie lange ich in Göttingen bleiben würde und bedauerte, daß mein Aufenthalt nur so kurz sei, erbot sich mich allenthalben mit Vergnügen herumzuführen, welches ich aber verbat, da ich schon andere Freunde gefunden hatte, die es tun würden. Endlich nach einer abgebrochnen Unterredung von 10—15 Minuten nahm ich von ihm Abschied und er bat mich, ihn wieder zu besuchen, und sagte, daß es ihm leid wäre, daß ich seine Dienstanbietungen nicht annehmen wollte. Den Tag vor meiner Abreise von Göttingen besuchte ich ihn noch einmal, und fand ihn just wie vorher. Er bedaurete, daß Sie genötiget worden, sich in einen Streit mit Herrn EBERHARD einzulassen, bat mich, wenn ich an Sie schriebe oder Sie wieder sehe, recht viele Versicherungen von seiner Hochachtung für Sie zu bestellen. Mit nächsten wird er selbst an Sie schreiben. — Ich habe auch den Hofrat FEDER besucht, der mich als einen Schüler von Ihnen mit sehr vieler Artigkeit empfing. Er sprach mir sehr viel von seiner unbegrenzten Hochachtung für Sie, versicherte, daß, so oft er Ihnen widersprochen, solches aus bloßer Wahrheitsliebe geschehen sei, ja er überredet sich sogar, daß Ihre Sätze und Behauptungen von den seinigen eben nicht mehr sehr weit verschieden seien. Er hat mich ein paar Male besucht und ich bin mehrere Male in seinem Hause gewesen. — Einen erklärten Anhänger und Verteidiger Ihrer philosophischen Grundsätze haben Sie in Göttingen an Herrn Prof. BUHLE,[1]) den ich aber zu sprechen nicht Gelegenheit gehabt habe. Man hält aber eben nicht viel von ihm. . . . In Hannover besuchte ich gleich nach meiner Ankunft den Herr Geh. S.[ekretär] REHBERG, einen Ihrer vorzüglichsten Verehrer und Anhänger. Er ist ein junger Mann von etwa 30 Jahren, der mir aber beim ersten Besuch eben nicht sehr gefiel. Er schien sehr verschlossen, etwas kalt, und sehr geniert zu sein, daher ich mich auch nur einige Minuten bei ihm verweilte. In seinem Hause sah ich die marmorne Büste zur Verewigung des berühmten LEIBNIZ. — Denselben Tag nachmittags machte er mir noch die Gegenvisite, war weit freund-

---

[1]) Joh. Gottl. Buhle (1763—1821), Entwurf der Transscendentalphilosophie, Göttingen 1798.

schaftlicher und offner und sehr gesprächig, und bat mich für den andern Mittag bei sich zu Tische, wo ich in Gesellschaft seiner achtungswerten Mutter, seiner liebenswürdigen Schwester und des jungen Herrn BRANDES speisete, und ich zähle diesen Tag unter die angenehmste, die ich auf meiner Reise durchlebt habe. Herr Geh. Sekr. REHBERG ist in seinem Gespräche ein sehr bescheidener Mann, aber man kann darin den Mann von Kopf, Originalität der Gedanken und ausgebreiteter Gelehrsamkeit nicht verkennen. Ich halte ihn für den feinsten Kopf unter allen Ihren Schülern, die ich bis jetzt noch habe kennen lernen. Von Ihrer Kritik der p. Vernunft spricht er mit einer Wärme, als ich noch nie einen Menschen über eine Schrift habe sprechen hören. Er wird mit der Zeit ein Naturrecht schreiben, worin er zeigen wird, daß es darin eben solche Antinomien der Vernunft gebe, als in der spekulativ. Philosophie und Moral. Seine Bescheidenheit und weil er wußte, daß Sie so sehr mit Briefen belästiget werden, hat ihn abgehalten, an Sie zu schreiben; doch hat er jetzt gewagt, in einem Briefe an NICOLOVIUS einige Fragen zu schicken, davon er sich bei Gelegenheit die Auflösung von Ihnen gütigst erbittet. In Hannover besuchte ich auch noch den Ritter v. ZIMMERMANN, der äußerst artig mich empfing.[1] Ich war beim ersten Besuch über eine Stunde bei ihm, er erkundigte sich gleichfalls nach Ihrem Befinden und bat mich ihn zu empfehlen. Den andern Tag machte er mir auch den Gegenbesuch und blieb auch über $^1/_2$ Stunde bei mir. Der Herr RITTER hat mich sehr gnädig behandelt, da er wohl sonsten Grafe und andere hohe Adlige nicht vor sich lassen soll. Sonsten habe ich noch den Hofmedikus WICHMANN und einige andere Ärzte besucht, die aber für Sie weiter kein Interesse haben. . . . .

Von Magdeburg ging auf Halle, woselbst ich mich jetzt seit einigen Tagen befinde, und bei Ihrem treuen Verehrer, dem Prof. JACOB, recht frohe Stunden genieße. Magister BECK, der sich bestens Ihnen empfehlen läßt, wohnt in demselben Hause und macht unsern Mitgesellschafter aus. Ich habe schon die meisten von den hiesigen Prof. besucht und unter anderm auch Herrn EBERHARD, bei dem ich schon zweimal gewesen bin und zwar jedesmal über 1 Stunde. Er hat aber auch nicht im mindesten von Ihnen oder

---

[1] Der bekannte Arzt Johann Georg v. Zimmermann (1728—95) vgl. über ihn „Dichtung und Wahrheit", 15. Buch.

seinen Streitigkeiten gesprochen, sondern sich nur vorzüglich über politische Angelegenheiten Frankreichs mit mir unterhalten, woran er ein großes Interesse nimmt, und ich ihm einige Nachrichten mitteilen kann. Übrigens kann ich Ihnen nichts Besonderes von Halle melden, außer daß ich von verschiedenen Professoren, Herren FORSTER, SEMLER usw., wie auch von Dr. und jetzigen Bierschenken BAHRDT viele Empfehlungen an Sie zu bestellen habe. — In wenigen Tagen gehe ich von hier nach Jena und vielleicht auch Weimar und dann über Leipzig nach Berlin. Ich nähere mich also dem Ziel meiner Reise und denke schon mit entzückender Freude an die Zeit, da ich wieder in Königsberg sein und das Glück haben werde, Ihren unmittelbaren Umgang zu genießen. Ich vereinige hier den wärmsten Wunsch meines Herzens mit dem oft gehörten Wunsch Ihrer Freunde und Verehrer für Ihr Glück, langes Lebens, und die dauerhafteste Gesundheit zur Glorie unseres Vaterlandes und zum Wohl der Menschheit.

Ich empfehle mich und meinen Bruder der fernern Fortdauer Ihrer Gewogenheit und verharre mit der vollkommensten Hochachtung und in der tiefsten Ergebenheit

Ew. Wohlgeboren
Halle, d. 14. Oktober   dankbarster Schüler und Freund
1790.   Joh. Benj. Jachmann.

248.

An Johann Friedrich Reichardt.

Teurester Freund.
Meine gringe Bemühungen im ersten philosoph. Unterrichte, welchen Sie bei mir genommen haben, wenn ich mir schmeicheln darf, daß sie zu der jetzigen rühmlichen Entwickelung Ihrer Talente etwas beigetragen haben, belohnen sich von selbst und Ihre Äußerung einer Erkenntlichkeit dafür nehme ich als ein Zeichen der Freundschaft gegen mich dankbarlich an.

Aus dem Gesichtspunkte der letzteren muß ich es auch beurteilen, wenn Sie von meinen Schriften seelenberuhigende Eröffnungen hoffen, wiewohl ihre Bearbeitung diese Wirkung bei mir getan hat, die sich aber, wie ich aus vielen Beispielen ersehe, nur mit Schwierigkeit anderen mitteilen läßt; woran wohl die dornichte Pfade der Spekulation, die doch, um solchen Grundsätzen Dauerhaftigkeit zu verschaffen, einmal betreten werden müssen, eigentlich schuld sein mögen.

Angenehm würde es mir sein, wenn die Grundzüge, die ich von dem so schwer zu erforschenden Geschmacksvermögen entworfen habe, durch die Hand eines solchen Kenners der Produkte desselben, mehrere Bestimmtheit und Ausführlichkeit bekommen könnten. Ich habe mich damit begnügt, zu zeigen: daß ohne sittliches Gefühl es für uns nichts Schönes oder Erhabenes geben würde: daß sich eben darauf der gleichsam gesetzmäßige Anspruch auf Beifall bei allem, was diesen Namen führen soll, gründe und daß das Subjektive der Moralität in unserem Wesen, welches unter dem Namen des sittlichen Gefühls unerforschlich ist, dasjenige sei, worauf, mithin nicht auf objektive Vernunftbegriffe, dergleichen die Beurteilung nach moralischen Gesetzen erfordert, in Beziehung, urteilen zu können, Geschmack sei: der also keinesweges das Zufällige der Empfindung, sondern ein (obzwar nicht diskursives, sondern intuitives) Prinzip a priori zum Grunde hat.

Das Geschenk mit den schönen Landkarten, welches Sie mir zugedacht haben, wird mir, vornehmlich als ein Denkmal Ihres freundschaftlichen Angedenkens an mich, sehr angenehm sein, wie ich denn mit vollkommener Hochachtung und Freundschaft jederzeit bin

Ew. Wohlgeb.

Königsberg, ganz ergebenster Diener
d. 15. Oktbr. 1790. I. Kant.

249.

An Markus Herz.

Wohlgeborner Herr
Sehr hochgeschätzter Freund

Mit diesen wenigen Zeilen nehme mir die Freiheit Ihrem gütigen Wohlwollen Überbringern dieses, Herren Dokt. GOLDSCHMIDT, meinen fleißigen, fähigen, wohlgesitteten und gutmütigen Zuhörer, bestens zu empfehlen. Ich hoffe, daß nach der ersten Bekanntschaft, er Ihre Liebe sich von selbst erwerben wird.

Ihr sinnreiches Werk über den Geschmack,[1]) für dessen Zusendung ich Ihnen den ergebensten Dank sage, würde ich in manchen Stücken benutzt haben, wenn es mir früher hätte zu Handen kommen können. Indessen scheinet es mir überhaupt, vornehmlich in zunehmenden Jahren, mit der Benutzung fremder Gedanken in bloß spekulativen Felde nicht gut gelingen zu wollen, sondern ich muß mich schon meinem eigenen Gedankengange, der in einer Reihe von Jahren sich schon in ein gewisses Gleis hineingearbeitet hat, überlassen.

Mit dem größten Vergnügen sehe ich Sie in Ruhm und Verdiensten beständig Fortschritte tun, wie es mich Ihr Talent schon frühzeitig hoffen ließ und es Ihre gute und redliche Gesinnungen auch würdig sind; von denen Herr KIESEWETTER mir aus seiner eigenen Erfahrung nicht gnug zu rühmen weiß. — Behalten Sie mich in Ihrem freundschaftlichen Angedenken und sein Sie von der größten Hochachtung und Ergebenheit versichert, mit der ich jederzeit bin:

Königsberg,
d. 15. Okt. 1790.

Ew. Wohlgebornen
ganz ergebenster Diener
I. Kant.

250.

An F. Th. de la Garde.

Ew. Hochedelgeb. werden hoffentlich meine Antwort auf Ihr letzteres Schreiben durch Herrn Professor BODE erhalten haben. Ich habe darin vergessen, was ich jetzt tue, nämlich für das mir überschickte schön gebundene Exemplar meiner Krit. d. Urtlk. auf holländisch Papier gedruckt zu danken. — Da mir Herr M. KIESEWETTER gesagt hat, Sie wären willens eine neue Auflage von diesem Werke für künftige Ostern zu veranstalten, so bitte mir Nachricht zu geben, wenn spätestens ich die Verbesserungen, es sei an Druckfehlern, oder auch einigen Stellen

---

[1]) Die zweite Auflage des früher (Bd. IX, S. 152) erwähnten Werkes, Berlin 1790.

der Ausarbeitung, einzuschicken nötig habe. Es wäre mir lieb, wenn es bis zu Weihnachten Zeit hätte; indessen könnte die erste Versendung auch früher geschehen. Es liegt Ihnen und mir dran, daß das Werk so viel als möglich fehlerfrei werde.

In bin übrigens mit Hochachtung

Ew. Hochedelgeb.

Königsberg, ganz ergebener Diener
d. 19. Okt. I. Kant.
1790.

251.

Von Christoph Friedrich Hellwag.[1])

Eutin, d. 13. Dezemb. 1790.

Wohlgeborner
Hochzuverehrender Herr Professor!

Euer Wohlgeboren erlauben, daß ich mich unterstehe, Ihre kostbare Muße durch mein Schreiben zu unterbrechen: ich glaubte in Ansehung dessen, was ich vorzutragen habe, eine Nachlässigkeit mir vorwerfen zu müssen, wenn ich nicht darüber an Sie schriebe, indem ich hoffte, eine Sache, die Sie problematisch vorstellen, einer Entscheidung, die Ihrem Sinne gemäß ist, näher gebracht zu haben. Es betrifft die Vergleichung der Farben des Regenbogens mit den Tönen der musikalischen Oktave; ein Aufsatz von mir darüber ist in einem Stücke des Deutschen Museums vom Oktober 1786 S. 293—297 abgedruckt; und verschiedene lehrreiche Stellen, die sich auf eine solche Vergleichung beziehen, fand ich neulich zu meinem Vergnügen in Ihrer Kritik der Urteilskraft, womit Sie kürzlich so manchem ehrlichgesinnten Wahrheitsfreunde von neuem ein schätzbares Geschenk gemacht haben. Anstatt eine Abschrift von meinem angeführten Aufsatze beizufügen, nehme ich mir die Freiheit, das Wesentliche daraus in einem kurzen Auszuge in dem Briefe selbst, der freilich dadurch ausgedehnt wird, anzuführen.

Schon KIRCHER stellte die Regenbogenfarben mit den Tönen

---

[1]) Christoph Friedrich Hellwag (1754—1835), seit 1788 Arzt in Eutin, wo er mit J. H. Voss in nahem freundschaftlichen Verhältnis stand.

der Oktave zusammen: NEWTON bestimmte sogar die Breite des Bildes von jeder Farbe nach der Länge der Saite für den zustimmigen Ton; endlich wollte CASTELL Farbenakkorde und Farbenmelodien auf einem Farbenklaviere darstellen,[1]) aber die Versuche entsprachen der angenommenen Erwartung nicht, weil die Vergleichung, worauf sie beruhten, unrichtig war. Man kann Licht und Schall in vieler Rücksicht miteinander vergleichen, wie EULER auch getan hat: ihre beiderseitige Erregung in einem elastischen Mittel, ihr Fortrücken, ihre Ausbreitung, den Durchgang und die Zurückprallung ihrer Strahlen, und, in Ansehung unseres Standpunktes, die Schätzung der Gegend, wo das Licht und der Schall herkommen. Bei so mannigfaltiger Übereinstimmung ist es natürlich, unter den Erscheinungen des Lichts eine zu suchen, die sich mit den Stufen der Tonleiter vergleichen ließe, und eine unter den Erscheinungen des Schalls, die mit den Farben des Prisma übereinkäme, und leicht verfällt man also darauf, also die Töne mit den Farben zu vergleichen. Ich wage es, die Richtigkeit dieser Vergleichung zu bestreiten. Alles, was wir sehen, hat Farbe und eine Stelle im Gesichtsfelde, und, was wir hören, spezifiken Klang, und eine Stelle in der Tonleiter. Farbe ist dem Auge, was spezifiker Klang dem Ohre ist, und die Stelle eines sichtbaren Punkts im Gesichtsfelde dem Auge, was dem Ohre eine gegebene Stelle in der Tonleiter. Durch den Sinn des Gesichts vergleicht und unterscheidet man die Farben nach ihrer Mischung, durch den Sinn des Gehörs die Verschiedenheit des Klangs verschiedener und gleicher auf verschiedene Art gerührter Instrumente, auch nach einer Art von Mischung, die bei den Stellen der Tonleiter nicht stattfindet. Die Farben für das Gehör scheinen viel mannigfaltiger zu sein, als für das Gesicht. Letztere lassen sich alle auf weiß, gelb, rot, blau und schwarz reduzieren, aber die Elemente für alle Arten von Klang sind vielleicht unerschöpflich; ein Beispiel davon ist die menschliche Sprache. Darin sind die Vokalen insonderheit merkwürdig, daß sie zu einem Systeme zu gehören scheinen, welches sich als vollständig denken läßt. a und i und u sind die Hauptvokalen; e steht zwischen a und i, ä zwischen a und e, o zwischen a und

---

[1]) Athanasius Kircher (1601—80); Ars magna lucis et umbrae (1646); L. B. Castel (1688—1757) L'optique des Couleurs, fondée sur e s simples Observations etc., Paris 1740.

u, å zwischen a und o; ü zwischen u und i, ö zwischen o und e. Bei dem Diphthongen ai werden mit einem Schwunge der Sprachwerkzeuge alle mögliche von a nach i laufende Zwischenstufen in einer stetigen Folge ausgesprochen; ebenso sind die übrigen Diphthongen beschaffen; sie sind stetig von einer Stelle des stetigen Vokalensystems zur andern übergehende Mischungen, ähnlich dem Farbenspiele der Seifenblasen. Auf der andern Seite beruht das Hervorbringen und Schätzen der Töne, der Akkorde und der Melodien auf der Ausmessung der Tonleiter, so wie die Verzeichnung von Punkten und Zügen, mit ihren Proportionen und Gestalten auf der Ausmessung des Gesichtsfeldes, und hierin gewährt umgekehrt das Gesicht eine größere Mannigfaltigkeit als das Gehör, weil die Tonleiter nur eine Dimension, das Gesichtsfeld hingegen zwei Dimensionen mit sich bringt, worin überdies der Spielraum der Standpunkte viel größer ist, als bei der Tonleiter. Bei den Stellen des Gesichtsfeldes sowohl als bei den Stellen der Tonleiter wird nicht an Mischung gedacht.

So weit der Auszug: nun komme ich zu den Stellen aus Ihrer Kritik der Urteilskraft: ich führe dieselbe nicht durchaus mit Ihren Worten an, teils um kurz zu sein, teils um eine Probe zu geben, wie fern ich den Sinn derselben treffe. Sie sagen S. 209.[1]) Man kann nicht mit Gewißheit sagen, ob eine Farbe, oder ein Ton (Klang) bloß angenehme Empfindungen, oder an sich schon ein schönes Spiel von Empfindungen seien. — Für bloß angenehm möchte man Farben und Töne halten, weil man von den Licht- und Luftbebungen nur die Wirkung auf den Sinn vernimmt, die bloß empfunden wird, nicht aber die Zeiteinteilung, die ein Gegenstand der Reflexion wäre; für bloß schön hingegen, erstlich weil man sich die Proportion der Schwingungen bei Tönen und auf ähnliche Weise die Farbenabstechung mathematisch bestimmbar vorstellt; und zweitens, weil Scharfsehende oft Farben verwechseln, ebenso, wie Scharfhörende auch Töne oft falsch angeben oder schätzen können. Hierauf darf ich erwidern: man kann bei dem besten Gesichte ein schlechtes Augenmaß haben, und bei dem besten Gehöre die Aussprache einer fremden Sprache falsch vernehmen, daß man nicht imstande ist, sie treffend nachzuahmen, aus Mangel an Fertigkeit, nicht bloß der Sprachwerkzeuge, sondern des Gehörs; und was den ersten Punkt betrifft,

---

[1]) Siehe Kritik der Urteilskraft § 51.

so sind im Gesichtsfelde nicht allein Farbenmischungen, sondern vornehmlich die scheinbare Größen darin, und vor dem Sinn des Gehörs nicht allein die Töne, sondern auch stufenweise Mischungen von Klängen, wie in der angeführten Vokalenleiter, einer mathematischen Bestimmung fähig; und auf diese Art sind sichtbare und hörbare Qualitäten und Quantitäten, nämlich Farben, und Klänge, scheinbare Größen und Töne sowohl objektiv genau bestimmbar als auch subjektiv einer möglichen fehlerhaften Schätzung unterworfen; und es steht hier also nichts im Wege, warum Musik nicht ein schönes Spiel angenehmer Empfindungen, und Farbenkunst nicht auch ein schönes Spiel derselben heißen könnte. Daß Sie nicht abgeneigt sein werden, meine Vergleichungen der Farben und Töne zu billigen, darf ich aus S. 19[1]) schließen, wo Sie sagen: — Dem einen ist die violette Farbe lieblich, dem andern erstorben. Einer liebt den Ton der Blasinstrumente, der andere den von Saiteninstrumenten. — Mit dem Schönen ist es anders bewandt. — Das Gebäude, was wir sehen, das Konzert, was wir hören, ist schön, also nicht für einen, sondern für alle. Hieher gehört auch, was Sie S. 39[2]) erklären, wo Sie von einem reinen Geschmacksurteile allen Anteil eines Reizes ausschließen, und dagegen wieder eine Instanz einwerfen, wornach der Reiz für sich zur Schönheit hinreichend scheinen möchte. Die grüne Farbe des Rasenplatzes, der bloße Ton einer Violin, zum Unterschiede von (gleichgültigem) Schalle und Geräusche, wird von den meisten an sich für schön erklärt, ob zwar beide lediglich Empfindung zum Grunde zu haben scheinen, und darum nur angenehm genannt zu werden verdienten. Allein man wird sie doch nur sofern schön finden, als beide rein sind. Vollkommene Reinigkeit ist nämlich hier außer den objektiv genau bestimmbaren, aber subjektiv unzuverlässigen Graden der Reinigkeit der einzige subjektiv sichere Grad, und hat dadurch denjenigen Charakter der Schönheit, der auf subjektiv sichere Schätzung Anspruch macht. Ihre Antwort, womit Sie die Einwendung abfertigen, beruht also auch auf derselben von mir bemerkten Mischbarkeit, die den gemeinschaftlichen Charakter der Farben und der Klänge ausmacht.

Hiemit beschließe ich diese Untersuchung, und bitte zugleich

---

[1]) Ebd. § 7.
[2]) Ebd. § 13.

um Geduld für die Verlängerung des Schreibens über einige Stücke, die ich gerne zugleich anbringen möchte.

Zu der Stelle S. 16 Ihres angeführten Werks, wo Sie von dem Geschmacke alles Interesse absondern, kann ich Ihnen ein merkwürdiges Beispiel anführen, von einem ehemaligen hiesigen Küchenmeister, dem ein Philosoph, der hiesige Herr Justizrat TREDE, das Zeugnis gibt, daß er über den Sinn des Geschmacks sehr richtig philosophiert habe; derselbe Mann pflegte über gewisse kunstmäßige Tafelgerichte das Urteil zu fällen: sie schmecken gut, aber mir nicht angenehm.

Folgende Nachricht kann dem Herzen des Mannes, der die Grundlegung zur Metaphysik der Sitten und die Kritik der praktischen Vernunft geschrieben hat, nicht gleichgültig sein. Der hiesige Konrektor an der lateinischen Schule Herr BOIE, ein Bruder des Herausgebers vom Deutschen Museum, und Schwager des hiesigen Rektors Herrn Hofrats VOSS, studiert Ihre Schriften, besonders die eben genannten, und nahm Gelegenheit von dem, was er Ihnen verdankt, in einer Predigt über Ap. Gesch. 10, 34 Gebrauch zu machen: es war hier nichts von der der Kanzel unwürdigen *ars oratoria,* und doch machte die Predigt auf mehrere, die nicht, wie ich, die Quelle davon kannten, einen ungewöhnlichen Eindruck, und mir war es, als wenn ich eine solche Predigt noch nie gehört hätte. Sie hatte aber auch den Charakter, den sie nach der Note S. 33 Ihrer Grundlegung zur Metaph. d. Sitten haben mußte.

Ich schätze mich glücklich, an TREDE und BOIE zwei Freunde zu besitzen, mit denen ich mich über Ihre Schriften bisweilen unterhalten kann.[1])

Nun eine Beobachtung über synthetische und analytische Sätze: nämlich solche Sätze, die sich umkehren lassen, werden aus synthetischen zu analytischen und umgekehrt. Das Subjekt im synthetischen Satze faßt zwei Begriffe in sich, deren Synthesis die Bedingung des Prädikats ist; nach dem Umkehren vertreten diese beiden Begriffe die Stelle des Prädikats, und können als einzelne Prädikate dienen in zweien Sätzen, weil die Synthesis dem Prädikate nicht notwendig zukommt, außer in Definitionen,

---

[1]) Der Justizrat Ludwig Bendix Trede (1739—1819) in Eutin; Heinrich Christian Boie (1744—1806), der bekannte Dichter, Herausgeber des Göttinger Musenalmanachs.

wo das Definitum Subjekt ist. Wird ein analytischer Satz umgekehrt, dessen Prädikat nicht beide Begriffe, die zusammengehören, enthält, so wird in dem Subjekte des umgekehrten nunmehr synthetischen Satzes der fehlende Begriff durch einen Beisatz bemerkt, wie durch x die unbekannte Größe in der Buchstabenrechnung. Zum Beispiel: alle physische Körper sind schwer ist ein synthetischer Satz: die Synthesis von physisch und Körper ist Bedingung des Prädikats: schwer; denn nicht alles Physische ist schwer, ein Regenbogen ist physisch; nicht alle Körper in der weitern Bedeutung sind schwer, der geometrische Körper ist auch ein Körper. Durch Umkehrung ergeben sich hieraus zwei von einander unabhängige analytische Sätze: alles Schwere ist ein physischer Körper; nämlich alles Schwere ist physisch; alles Schwere ist Körper. Kehrt man jeden Satz für sich um, so bekömmt das Subjekt des umgekehrten nunmehr synthetischen Satzes einen Zusatz: nämlich gewisse physische Dinge sind schwer; gewisse Körper sind schwer. Ein anderes Beispiel: alle Körper sind ausgedehnt, ist ein analytischer Satz; dazu gehört noch einer: alle Körper haben drei Dimensionen; daraus durch Umkehrung der vollständige synthetische Satz: alles Ausgedehnte mit drei Dimensionen ist Körper; die Verbindung der beiden Begriffe im Subjekte ist Bedingung des Prädikats; denn nicht alles Ausgedehnte ist Körper; Flächen sind auch ausgedehnt; nicht alle Größen von drei Dimensionen sind Körper; Kubikzahlen sind auch Größen von drei Dimensionen, wenn man den Begriff der Dimension nicht auf ausgedehnte Größen einschränkt. Wenn also in einem synthetischen Satze die synthetische Hinzufügung des Prädikats zum Subjekte auf einer Verknüpfung von Begriffen im Subjekte beruht, so darf ich hoffen, daß diese meine Bemerkung Ihrer Erklärung vom synthetischen Satze gemäß sei.

Noch eine Frage möchte ich gerne vornehmen, wenn ich nicht beschwerlich falle. Wie geht es zu, daß ein bewegter Körper seine Bewegung fortsetzt, wofern ihn nichts daran hindert, und daß ein Körper dem, was seinen Bewegungszustand zu verändern strebt, widersteht? Ein Körper sei in einem abgesonderten leeren Raume außer aller Verbindung mit andern Körpern: er werde nun durch einen andern ihm näher kommenden Körper, der mit andern Körpern außer dem leeren Raume in gehöriger Verbindung steht, fortgeschoben: ich kann mir den Erfolg nicht anders vorstellen, als der isolierte Körper werde dem forttreibenden Körper keinen mechanischen Widerstand leisten, und sobald das Forttreiben aufhört, in Ruhe sein. Denn, was durch das Fortschieben verändert wird, ist nicht der isolierte Körper, auch nicht der leere Raum, sondern das Ganze, das der geschobene Körper mit dem umgebenden Leeren ausmacht: nun ist aber dieses Ganze nichts Reales, weil ein Teil desselben, das Leere, nichts Reales ist. Jede Wirkung setzt aber etwas Reales voraus, dem die Kraft zu wirken zugeschrieben wird, also findet bei dem Mangel des Realen keine Wirkung statt, nämlich der Körper und das umgebende Leere können miteinander keine Bewegung unterhalten, und keiner bewegenden Ursache widerstehen. Wenn also im freien Raume ein Körper seine Bewegung von selbst fortsetzt, und ohne offenbare sinnliche Ursache dem, was seinen Bewegungszustand verändern will, widersteht, so ist etwas Reales, mit dem er im Raume gemeinschaftlich beides bewirkt. Diese ungenannte reale Ursache aller freien Bewegung und alles mechanischen Widerstandes gegen bewegende Kräfte muß schlechterdings durch den Spielraum aller möglichen Bewegungen stetig und gleichmäßig verbreitet, und jedem bewegten oder ruhenden Punkte jedes realen stetigen Körpers gleich gegenwärtig sein. Sie ist unbeweglich, weil sie keiner Bewegung bedarf, um auf bewegliche Dinge zu wirken; sie ist für alle bewegliche Dinge vollkommen durchdringlich, um allen Punkten derselben gegenwärtig zu sein; sie macht von den 4 Lehrsätzen der Mechanik in Ihren metaphysischen Anfangsgründen der Naturwissenschaft S. 108. 116. 119. 121 den Hauptgrund aus, ihre Vorstellung macht den mechanischen Begriff von der Quantität der Bewegung möglich; sie tut bei aller unmittelbaren Einwirkung auf jeden Punkt des Beweglichen, das heißt, bei ihrer Durchdringlichkeit, der Quantität der Materie keinen Eintrag; ihre Wirkung wird durch Ursachen außer ihr und außer dem bewegten Körper verändert; sie erhält den Körper in seinem Zustande der Ruhe oder der Bewegung (in seinem Bewegungszustande) in derselben Richtung, und mit derselben Geschwindigkeit, wenn er nicht durch eine Ursache außer ihm und außer ihr genötigt wird, diesen Zustand zu verlassen; sie ist es, die in aller Mitteilung der Bewegung Wirkung und Gegenwirkung einander gleich macht. Diese Betrachtungen hatte ich für mich schon so weit vollendet, als mir neulich LAMBERTs Beiträge zum Gebrauche der Mathematik und

deren Anwendung[1]) in die Hände kamen, wo ich das unerwartete
Vergnügen hatte, einen neuern Philosophen zu finden, dessen
Spekulationen über die Trägheit der Körper mit meinen Gedanken
so sehr übereinstimmen. Die Hauptstelle darüber findet sich im
§ 121 der Abhandlung von den Grundlehren des Gleichgewichts
und der Bewegung im zweiten Bande des angeführten Werks.
Ich will meinen langen Brief nicht mit Abschreibung dieser Stelle
weiter ausdehnen, da ich voraussetzen kann, daß Sie Gelegenheit
haben, das Buch selbst nachzulesen; ich führe nur an, daß mein
freier Raum bei LAMBERT von aller Materie, aber nicht von
immateriellen Substanzen leer ist; und meine ungenannte Ursache
der freien Bewegung und des Widerstandes freier Massen heißt
bei ihm ein Vehikulum zur Fortsetzung der Bewegung, welche
er durch eine fortgepflanzte Undulation erklärt, vermittelst welcher
die bewegte Materie fortgeführt wird. Der Widerstand erfodert
ihm ein Haften der Materie an dem Orte, wo sie ist; und
dieses Haften erklärt er sich auch durch sein sogenanntes Vehikulum. Er läßt es § 125 unentschieden, ob dieses Vehikulum
nicht an verschiedenen Orten verschiedene Intensität habe. Außer
LAMBERT ist mir von neuern Philosophen keiner vorgekommen,
der diese Idee verfolgt hätte. In STURMs Physica electiva T. I[2])
werden hierüber verschiedene Meinungen zusammengestellt, und
am Ende, Seite 757, der Wille Gottes zur unmittelbaren Ursache
des Gesetzes der Bewegung und des Widerstandes freier Körper
angegeben. Auch MALEBRANCHE begnügt sich mit diesem
Prinzip in seinen *Recherches de la Verité T. II. L. 6. C. 9.*
Hingegen BACO VON VERULAM, der Erweiterer der Naturwissenschaft seines Zeitalters, eifert über die unbefriedigende Abfertigungen dieser Frage, besonders von ARISTOTELES und dessen
Schülern und Nachbetern: die Hauptstelle hievon steht in seinem
Werke *Impetus philosophici;* im Abschnitte *cogitationes de nat rer.
VIII. de motu violento,* S. 722 ff. *Opp. omn. ed. Arnoldi 1694.*
Seine Erklärung — *fit continua & intentissima (licet minime visibilis) partium trepidatio & commotio* — finde ich übrigens auch
nicht befriedigend. In ihren schätzbaren Schriften finde ich von
meiner gegenwärtigen Frage keine ausdrückliche Erörterung: Ihre
Vergleichung des PLATO mit einer Taube, die, um freier fliegen

---

[1]) Teil 1—3, Berlin 1765—72.
[2]) Chr. Sturm, Physica electiva sive hypothetica (1697).

zu können, den luftleeren Raum suchen möchte, (Krit. der r. V. S. 9 d. 2. Ausg.) ließ es mich hoffen, sie noch zu entdecken. Daß Sie mit MALEBRANCHE und STURM nicht einstimmen, wußte ich gewiß, wenn Sie sich auch in der Krit. der r. V. S. 801 gegen das Prinzip der *ratio ignava* nicht erklärt hätten, und vermuten darf ich vielleicht, daß Sie mein allgemeines reales stetiges Medium, wodurch ich die Bewegung und den Widerstand freier Massen zu erklären suche, nicht verwerflich finden werden. Sie wollen zwar die Benennung *vis inertiæ* abgeschafft wissen (Anfgr. d. Nat. W. S. 132)[1]), aber ich habe mich derselben enthalten, weil ich ihrer vollkommen entbehren kann, und ihr die Schuld beimesse, warum ich glaube, daß man den Gegenstand meiner Frage so stillschweigend übergeht; und Ihre gerechten Vorwürfe gegen jenen Namen treffen, dünkt mich, meine Erklärung nicht.

Wo ich nicht irre, unterhielt ich mich einst in Göttingen mit dem Herrn Prof. KRAUSS über diese Materie. Ich nehme hier gerne Gelegenheit, von diesem würdigen Manne, der ohne Zweifel Ihr Freund ist, zu bezeugen, daß sein für Kopf und Herz mir damals so interessanter Umgang, dessen ich zeitlebens mich dankbar erinnern werde, manche noch lange nachher wohltätige Eindrücke bei mir hinterlassen hat, und sein Andenken erregt oft den Wunsch in mir, um ihn sein zu dürfen. Darf ich so frei sein, und bitten meinen besten Gruß ihn wissen zu lassen? Er wird Ihnen sagen, daß ich ein Württemberger bin. Ich kam im Jahr 1782 nach Oldenburg bei Bremen zu dem jetzigen Fürstbischof zu Lübeck und Herzog zu Oldenburg, der damals Koadjutor war, als Leibarzt; ich heuratete daselbst im Jahre 1784; und wurde im Jahr 1788 hieher nach Eutin versetzt, mit dem Charakter als Hofrat und Leibarzt, indem nach Oldenburg der berühmte Herr D. MARCARD als Leibarzt berufen wurde. Diese Nachrichten können vielleicht meinen ehmaligen Freund interessieren. Nun vergeben Sie mir meinen langen Brief; ich würde mich unaussprechlich freuen, wenn Sie mich mit einer auch noch so kurzen Antwort beehrten; aber ich bescheide mich gerne, wenn es auch nicht geschieht, weil viel wichtigere Dinge Anspruch auf Ihre Muße machen. Gott erhalte Ihr kostbares

---

[1]) Siehe Mechanik, Lehrs. 4, Zus. 2, Anmerk. 2.

Leben und Gesundheit noch lange: dieses ist der lebhafteste redlichste Wunsch
>
> Ihres
> aufrichtigen Verehrers
> Christoph Friederich Hellwag.
> Med. & Philos. Dr.

252.

Von Abraham Gotthelf Kästner.

Wohlgeborner Herr
Verehrungswürdiger Herr

Es ist eine starke Prüfung in praktischer Philosophie, der Ew. W. mich aussetzen: durch Ihre Zuschrift nicht stolz zu werden.

Ew. W. tiefe Einsichten und Scharfsinnigkeit zu kennen und zu verehren habe ich schon in meinen jüngern Jahren viel Veranlassung gehabt. Bei Ew. W. spätern philosophischen Bemühungen habe ich bedauert, daß meine gegenwärtige Bestimmung mir nicht gestattet hat davon den Nutzen, den ich wünschte, mir zu verschaffen.

In der WOLFischen Philosophie, die ich in meiner Jugend lernte, fand ich doch die Gewißheit nicht, die WOLF glaubte erreicht zu haben, als ich mathematische Gewißheit kennen lernte. Vielleicht ging ich damals in meiner Geringschätzung zu weit.

Neuere philosophische Schriften, z. E. der Engländer, die als große Beobachter gepriesen wurden, zu studieren, machte mir das eben nicht Lust, daß ich in einigen, die ich las, eben nichts fand, das mir unbekannt war, oder das ich nicht, wenn die Kenntnis davon mir wichtig schien, aus dem was ich zu wissen glaubte, herzuleiten unternommen hätte. So bin ich nach und nach von dem eigentlichen Fleiße auf Philosophie angewandt sehr abgekommen, und wage nicht darin etwas zu beurteilen.

So viel sah ich wohl, daß nach dem Verfall der WOLFischen Philosophie eine aufstand, die, um gerade das Gegenteil von ihr zu sein, im geringsten nicht systematisch sein wollte. Die schlechten WOLFianer hießen System: Definitionen und Beweise auswendig gelernt zu haben, ohne sie recht zu verstehen, oder prüfen zu können. Ihre Verächter nannten **eklektisch philosophieren** Worte ohne Erklärung, ohne bestimmte Begriffe brauchen, Meinungen zusammentragen ohne zu untersuchen, ob sie zusammen passen, und deklamieren, wo bewiesen werden soll.

LESSING war das letztemal auf seiner Rückreise aus der Pfalz hier, und bei unserm Gespräche über die itzige Philosophie äußerte er die Hoffnung, es müsse damit bald anders werden, denn sie sei so seicht geworden, daß die Seichtigkeit selbst bei Leuten, die nicht viel Nachdenken anwenden wollen, sich doch nicht in Ansehen erhalten könne.

Ew. Wohlgeb. haben das große Verdienst, die Erkenntnis dieser Seichtigkeit beschleunigt zu haben und die Philosophen auf Anstrengung des Verstandes und zusammenhängendes Denken wiederum zu führen. Werden Ihre Bemühungen mißverstanden, so dächte ich, durch deutliche Erklärung und Bestimmung der Wörter und Redensarten ließe sich solches heben. Es ist freilich die Sitte der itzigen Schriftsteller, Wörter nachzubrauchen, ohne recht zu wissen, was sie bedeuten, ein Fehler, über den man sonst bei dem gemeinen Mann lachte, wenn er französische Wörter mißhandelte, aber jetzo kann man ihn bei Gelehrten belachen. Und da ist dann natürlich, daß Leute über Wörter streiten, mit denen sie nicht die gehörigen Begriffe, manchmal gar keine verbinden. Ew. W. haben einmal, ich glaube in der Berliner Monatsschrift, eine vortreffliche Erläuterung gegeben, was **orientieren** heißt. Wollten Sie dergleichen mit mehrern Modewörtern vornehmen, so würden Sie sich um den jetzigen philosophischen Jargon viel Verdienst erwerben. Die Franzosen haben längst ihrem Witze die Freiheit gelassen, ein auch längst bekanntes Wort mit einem Nebenbegriffe zu brauchen, den man aus der Art, wie es gebraucht wird, erraten soll, und vielleicht nicht ganz richtig errät. Braucht nun ein Deutscher das Wort nach, natürlich in einem andern Zusammenhange als es zuerst gebraucht ward, so ist manchmal die Frage, was das Wort bedeutet, eine unbestimmte Aufgabe. So haben die tierischen Magnetisierer von desorganisieren, manipulieren ... geschwatzt, und jetzo ist Organisation, Manipulation bei den Statistikern gewöhnlich, da ich nicht verstehe, was sie damit haben wollen. Soviel sehe ich wohl, daß Frankreich durch die Manipulationen der Nationalversammlung ziemlich desorganisiert ist.

Ew. Wohlgeb. stellen auch sehr oft den Philosophen das Verfahren der Mathematikverständigen zum Beispiele vor, und werden mich also desto eher entschuldigen, wenn ich mich nur auf dieses Verfahren, mit dem ich am bekanntesten bin, einschränke; allenfalls manchmal die Philosophen frage, ob sie es nicht auch so machen könnten? Daß es ganz angeht, glaube ich nicht, weil die philosophischen Begriffe nicht so leicht gestatten, dem Verstande durch sinnliche Bilder zu Hülfe zu kommen.

Zu der Aufstellung der Metaphysik im Zusammenhange, wünsche Ew. W. Leben und Gesundheit, und hoffe die Ausführung zum Vorteile der Wissenschaft.

In einer Zeit, da die Philosophie Geschwätz geworden war, überhaupt alle Anstrengung des Verstandes vermieden ward, und die Gelehrten durch Schriften berühmt wurden, die man bei einer Pfeife Tabak verfertigen, lesen, und auch verbrauchen kann, gelang es Ew. W. auf tiefsinnige philosophische Untersuchungen Aufmerksamkeit zu erregen, und sie zu einer häufigen Beschäftigung von Schriftstellern zu machen. Das ist sicher ein Umstand, der Ew. W. besonders auszeichnet, und Sie in der Geschichte der Wissenschaften unvergeßlich machen wird.

Ich verharre mit vollkommenster Hochachtung
Ew. Wohlgeb.
gehorsamster Diener
A. G. Kästner.

Göttingen, 20. Dezbr. 1790.

253.

An Christoph Friedrich Hellwag.

Wohlgeborner
Hochzuverehrender Herr.

Der Ew. Wohlgeb. Gegenwärtiges zu überreichen die Ehre hat, Herr NICOLOVIUS, mein ehemaliger Zuhörer und sehr wohldenkender junger Mann, erbittet sich für die kurze Zeit seines Aufenthalts in Eutin einige Bekanntschaft mit dem schätzbaren Zirkel Ihrer Freunde, dergleichen man in großen Städten oft vergeblich zusammen zu bringen sucht und der für Kopf und Herz doch so wohltätig ist. Seine Bescheidenheit wird es verhüten, daß dieses sein Gesuch Ihnen nicht zur Beschwerde gereiche.¹)

Die scharfsinnige Bemerkungen, womit Sie Ihren angenehmen Brief angefüllet haben, werden mir noch manche Unterhaltung verschaffen. Für jetzt, da ich noch nicht die Zeit habe gewinnen können, denselben anhaltend nachzudenken, muß ich bitten mit meinem noch unreifen Urteile hierüber zufrieden zu sein.

Was erstlich die Analogie zwischen Farben und Tönen betrifft, so bringen Sie freilich die Aufgabe über ihr Verhältnis zum Geschmacksurteile (welches nicht ein bloßes Sinnenurteil des Angenehmen und Unangenehmen sein soll) der Entscheidung näher: wobei mir Ihre Stufenleiter der Vokalen, als der einzigen Laute, die für sich selbst einen Ton bei sich führen können, wenn sie weiter verfolgt würde, von Erheblichkeit zu sein dünkt; weil niemand Musik denken kann, die er nicht zugleich, so ungeschickt es auch sei, mit zu singen vermag; wobei denn zugleich der Unterschied zwischen dem Farben- und Tonspiele, von denen das erstere kein solches produktives Vermögen der Einbildungskraft voraussetzt, klar einleuchtet. Allein ich habe mich jetzt zu sehr in andere Materien hinein gedacht, als daß ich vor der Hand mich in die gegenwärtige Untersuchung gehörig versetzen könnte. Nur muß ich anmerken: daß, wenn ich in der Krit. d. UKr. von Personen redete, die bei dem besten Gehör doch nicht Töne unterscheiden konnten, ich dadurch nicht sagen wollte, daß sie nicht einen Ton vom anderen, sondern schlechterdings nicht den Ton vom bloßen Schalle zu unterscheiden imstande waren; wobei mir mein vor 4 Jahren verstorbener bester Freund, der engl. Kaufmann Herr GREEN, in Gedanken war, an welchem seine Eltern in seiner Kindheit diesen Fehler bemerkten, ihn daher auch das Klavier nach Noten spielen lernen ließen, der aber weder da- noch nachmals es dahin gebracht hat, daß, wenn ein anderer nun auf dem Klavier ein ganz anderes Stück spielete oder sang, er den mindesten Unterschied dazwischen hätte bemerken

---

¹) Georg Heinrich Ludwig Nicolovius; geb. 1767 in Königsberg, gest. 1839; vgl. über ihn „Denkschrift auf G. H. L. N." von Alfred Nicolovius, Bonn 1841. N. ging im Januar 1791 auf Einladung des Grafen Friedrich Leopold von Stolberg nach Eutin und begleitete ihn später auf seiner bekannten Reise durch Deutschland, die Schweiz und Italien.

können, so daß ihm Töne ein bloßes Geräusch waren, so wie ich von einer Familie in England irgendwo gelesen habe, daß es darin Personen gegeben habe, die in der ganzen Natur nichts als Licht und Schatten antrafen und bei den gesundesten Augen alle Gegenstände nur wie in einem Kupferstiche sahen. Merkwürdig war es bei meinem Freunde GREEN, daß dieses Unvermögen sich auch auf die Poesie erstreckte, deren Unterschied von der Prose er niemals woran anderes als, daß die erstere eine gezwunge[ne] und geschrobene Silbenstellung sei, erkennen konnte; daher er des POPE *Essays on Man* wohl gerne las, es aber unangenehm fand, daß sie in Versen geschrieben waren.

Ihren Betrachtungen über das, was aus dem Unterschiede der synthetischen und analytischen Sätze für die Logik, nämlich in Ansehung der Inversionen folgt, werde ich gelegentlich nachgehen. Für die Metaphysik, die nicht so wohl auf das sieht, was in Ansehung der Stellung der Begriffe in einem Urteile, mithin aus der bloßen Form folgt, als vielmehr ob durch eine gewisse Art zu urteilen den gegebenen Begriffen etwas (der Materie nach) zuwachse oder nicht, gehörte jene Untersuchung eben nicht.

Was aber die Frage betrifft: welcher Grund sich wohl von dem Gesetze der Abhängigkeit der Materie in Ansehung aller ihrer Veränderungen von einer äußeren Ursache, imgleichen von der Gleichheit der Wirkung und Gegenwirkung in dieser Veränderung durch äußere Ursache geben lasse, so hätte ich freilich wohl in meinen Met. Anf. Gr. d. N. W. auch den allgemeinen transszendentalen Grund der Möglichkeit solcher Gesetze a priori angeben können, der etwa mit folgendem in der Kürze vorgestellt werden kann.

Alle unsere Begriffe von Materie enthalten nichts als bloß Vorstellungen von äußeren Verhältnissen (wie dann der Raum auch nichts anders vorstellig macht); das aber, was wir im Raume als existierend setzen, bedeutet nichts weiter, als ein Etwas überhaupt, woran wir uns auch keine andre Prädikate, als die eines äußeren Verhältnisses vorstellen müssen, so fern wir es als bloße Materie betrachten, mithin nichts, was schlechterdings innerlich ist (Vorstellungskraft, Gefühl, Begierde). Hieraus folgt: daß, da alle Veränderung eine Ursache voraussetzt und eine schlechthin innerliche Ursache der Veränderung äußerer Verhältnisse (kein Leben) in der bloßen Materie nicht gedacht werden muß, die Ursache aller Veränderung (aus der Ruhe in Bewegung und umgekehrt, zusamt den Bestimmungen der letzteren) in der Materie außerhalb liegen müsse, mithin ohne eine solche keine Veränderung stattfinden könne; woraus folgt, daß kein besonderes **positives** Prinzip der Beharrlichkeit der Bewegung, in der ein Körper einmal ist, erforderlich sei, sondern bloß das **negative**, daß keine Ursache der Veränderung da ist. — Was das zweite Gesetz betrifft, so gründet es sich auf dem Verhältnisse der **wirkenden Kräfte im Raume** überhaupt, welches Verhältnis notwendig wechselseitig einander entgegengesetzt und jederzeit gleich sein muß (*actio est aequalis reactioni*), weil der Raum keine einseitige, sondern jederzeit wechselseitige Verhältnisse, mithin auch die Veränderung derselben d. i. die Bewegung und die Wirkung der Körper auf einander sie hervorzubringen lauter wechselseitige und gleiche einander entgegengesetzte Bewegungen möglich macht. Ich kann mir keine Linien von dem Körper A zu allen Punkten des Körpers B gezogen denken, ohne auch umgekehrt ebensoviel gleiche Linien von Körper A zu B zu ziehen und die Veränderung dieses Verhältnisses eines Körpers (B) durch den Stoß des andern (A) zu diesem als wechselseitig und gleich zu denken. Es bedarf hier also ebensowenig einer positiven besonderen Ursache der Gegenwirkung des Körpers, in den gewirkt wird, als beim obigen Gesetze der Trägheit; im Raume und der Eigenschaft desselben, daß in ihm die Verhältnisse wechselseitig entgegengesetzt und **zugleich** sind (welches beim Verhältnisse successiver Zustände in der Zeit nicht der Fall ist) liegt der alleinige hinreichende Grund dieser Gesetze. Übrigens werde ich LAMBERTs Meinung über diesen Punkt in seinen Beiträgen nachsehen.

Ew. Wohlgeb. freundschaftliche Erinnerung an Herrn Prof. KRAUS ist an diesen würdigen Mann, der eine Zierde unserer Universität ist, wohl bestellet worden. Die Weitläufigkeit unseres Orts vermindert gar sehr die Vereinigung des Umgangs auch bei den freundschaftlichsten Gesinnungen, daher ich den Gegengruß desselben jetzt noch nicht melden kann.

An den Zirkel Ihrer vortrefflichen Freunde Herrn J. R. TREDE, Herrn H. R. VOSS und beide Herrn BOIE bitte mich zu empfehlen. Was Sie mir von dem jüngeren der letzteren gemeldet haben, ist mir überaus angenehm gewesen. Eine solche Methode zu predigen wird aber nicht eher allgemein werden, als

bis die Rechtschaffenheit der Gesinnungen bei Lehrern (die nicht damit zufrieden ist, daß gute Handlungen, gleich gut aus welchen Gründen, ausgeübt werden: sondern auf die Reinigkeit des Bewegungsgrundes alles anlegt) gleichfalls allgemein wird. — Übrigens wünsche ich Zufriedenheit des häuslichen, Vergnügen im geselligen und gutes Gelingen in Ihrem geschäftigen Leben noch lange Jahre und bin mit vollkommener Hochachtung
       Ew. Wohlgeb.
        ganz ergebenster Diener
         I. Kant.

Königsberg, d. 3. Januar 1791.

254.

Von Jakob Sigismund Beck.

Wohlgeborner Herr,
Hochzuehrender Herr Professor!

Erlauben Sie, daß ich Ihnen ein Exemplar meiner Dissertation schicken darf. Dieses geschieht nicht, weil ich ihr einen Wert beilege; sondern weil ich wünsche, daß Sie sich an mich eines ihrer Wahrheit liebenden Schüler erinnern wollen. Mein eigenes Bewußtsein überführt mich, daß es auch solche Menschen gibt, die viel Gefühl für Wahrheit haben und die mit wahrer Wärme andern ihre Einsichten mitteilen mögen, die aber doch nur Pfuscher sind, wenn sie Schriftsteller sein wollen. Dieses letzte in meiner Rücksicht beweist meine Ihnen mitgeteilte Schrift. Ich habe nunmehr die Lizenz zu lesen. Da ich die Freundschaft des KLÜGELs[1]) besitze, so zweifele ich nicht Zuhörer zu meinen mathematischen Kollegien zu erhalten, und bin herzlich froh, daß ich jetzt auf einer Laufbahn bin, zu der ich glaube bestimmt zu sein. Bekomme ich Zuhörer zu philosophischen Vorlesungen, so werde ich im stillen die Überzeugung zu verbreiten suchen, die Ihr mündlicher und schriftlicher Unterricht in mir bewirkt hat. Ich bin mit einer herzlichen Hochachtung ganz

Halle,   der Ihrige
d. 19. April 1791.   Beck.

---

[1]) Über Klügel s. Bd. IX, S. 439.

255.

An Jakob Sigismund Beck.

Hochedelgeborner Herr Magister
Sehr wertgeschätzter Freund

Die Nachricht, die Sie mir von dem Antritt Ihrer neuen Laufbahn, nämlich der eines akademischen Lehrers, geben, ist mir, zusamt dem Geschenk Ihrer, die dazu erforderliche große Geschicklichkeit hinreichend beweisenden Dissertation, sehr angenehm gewesen: zugleich aber hat sie mich auch an eine Unterlassungssünde erinnert, die, wie ich hoffe, doch wieder gut gemacht werden kann.

Ich hatte Sie nämlich, als Sie das erstemal in Halle waren, an den Kanzler Herrn von HOFFMANN, mit welchem ich zufälligerweise in Korrespondenz kam, nach Möglichkeit empfohlen; erfuhr aber nachher, daß Sie Ihr damaliges Vorhaben der Promotion noch aufgeschoben hätten und nach Preußen auf ein Jahr zurückgegangen wären. Als ich nachdem hörete, daß Sie sich zum zweiten Male in Halle befänden, so schrieb ich abermal an den Herren v. HOFFMANN, um, was in seinem Vermögen wäre, zur Beförderung Ihres akademischen Fortkommens beizutragen. Dieser hochschätzungs-würdige Mann schrieb mir darauf: „Herrn Mag. BECK habe ich kennen lernen, als ich von meiner Schweizerreise zurück kam; ihm nützlich zu sein, soll mir Wonne werden". Er setzte hinzu: daß, ob er zwar seine wiederholentlich gebetene Dimission von der Kanzlerstelle erhalten und sein Wort also, weder bei der Universität Halle (von der er sagt, daß das Interesse derselben ihm jederzeit ins Herz geprägt bleibe und er stets bemüht sein werde, ihr nützlich zu sein) noch beim Oberschulcollegio viel Nachdruck haben könne, er sich doch für einen verdienten Mann verwenden wolle.

Nun wäre es notwendig gewesen, Ihnen hievon Nachricht zu geben, damit Sie gelegentlich selbst an Herrn v. HOFFMANN (Geheimen Rat) schreiben und etwas, was Ihnen nützlich sein könnte, vorschlagen möchten. Allein, gleich als ob ich voraussetzte, daß Sie das von selbst tun würden, oder ob ich mir es vorsetzte Ihnen jenes zu melden und es hernach vergessen habe, so habe ich es Ihnen zu melden unterlassen.

Meine Meinung war nämlich: daß, da die Subsistenz, die auf bloßer Lesung von Kollegien beruht, immer sehr mißlich ist, Sie gleich anderen Lehrern Ihres Orts eine Stelle beim Pädagogio und was dem ähnlich ist suchen möchten, die Ihnen Ihre Bedürfnis sicher verschaffte, wozu die Verwendung des Herrn Geheimen Rat v. HOFFMANN wohl beitragen könnte. — Ist es nun dieses, oder etwas anderes dem Ähnliches, dazu dieser würdige Mann Ihnen behülflich werden kann, so wenden Sie sich getrost an ihn, indem Sie sich auf mich berufen.

Aus den Ihrer Dissertation angehängten thesibus sehe ich, daß Sie meine Begriffe weit richtiger aufgefaßt haben, als viele andere, die mir sonst Beifall geben. Vermutlich würde bei der Bestimmtheit und Klarheit, die Sie als Mathematiker auch im metaphysischen Felde ihrem Vortrage geben können, die Kritik Ihnen Stoff zu einem Collegio geben, welches zahlreicher besucht würde, als es gemeiniglich mit den mathematischen, leider! zu geschehen pflegt. — Herrn Prof. JACOB bitte meine Empfehlung zu machen, mit Abstattung meines Danks für seine mir im vorigen Jahr zugeschickte Preisschrift. Den damit verbundenen Brief habe, leider! noch nicht beantwortet. Ich hoffe es nächstens zu tun und bitte, der wackere junge Mann wolle hierin dem 68. Lebensjahre, als in welches ich im vorigen Monat getreten bin, etwas nachsehen. Kürzlich vernahm ich von Herrn D. und Stabsmedikus CONRADI (einem herzlichen Freunde des Herrn Prof. JACOB) daß er eine Vokation auf die Universität Gießen bekommen habe; woran ich jetzt zu zweifeln anfange. — Wenn Sie einige Zeit übrig haben, so geben Sie mir, so wohl was die obige Angelegenheit betrifft, als auch sonst von literärischen Neuigkeiten gütige Nachricht; aber wohl zu verstehen, daß Sie Ihren Brief nicht frankieren, welches ich für Beleidigung aufnehmen würde.

Gelegentlich bitte meine Hochachtung an Herrn Prof. KLÜGEL zu versichern und übrigens versichert zu sein, daß ich mit Hochachtung und Freundschaft jederzeit sei

Ew. Hochedelgeb.

ergebenster Diener

Königsberg, d. 9. Mai 1791. I. Kant.

256.

Von Jakob Sigismund Beck.

Mein teuerster Lehrer!
Die freundschaftlichen Gesinnungen, die Sie in Ihrem Briefe gegen mich äußern, stärken mein Gemüt, das leider! manchmal wegen Zweifel an eignen Kräften und Tauglichkeit niedergeschlagen ist. Ich danke Ihnen herzlich dafür und auch für die Erlaubnis wieder an Sie schreiben zu dürfen. Beim Herrn Geheimen Rat V. HOFMANN bin ich gewesen und habe ihm für seine Geneigtheit gegen mich, die er in seinem Briefe an Sie hat blicken lassen, gedankt. Er begegnete mir sehr gütig und ich kann wohl glauben, daß er mir nützen werde, wenn er Gelegenheit dazu haben wird. Sonst genösse ich hier wirklich einen Vorteil und zwar durch die Fürsorge des Herrn Professor JAKOB, der, sobald ich nach Halle kam, mich dem Schulkollegium des hiesigen Gymnasiums so sehr dringend empfahl, daß es mich bei diesem Gymnasium, bei dem er selbst so lange Schulkollege gewesen, zum Kollaborator wählte. Dieser Vorteil beträgt etwa 90 oder 100 Taler und ist überdem mit der ziemlich sichern Hoffnung verknüpft, Schulkollege zu werden, wenn eine Vakanz vorfällt. Herr Professor JAKOB ist jetzt von der Schule abgegangen; allein ein anderer als ich, der ein älteres Recht dazu hatte, ist an seiner Stelle Lehrer geworden. Seit vorigen Montag sind hier die Collegia angegangen. Ich lese die reine Mathematik nach KLÜGELS Lehrbuch und habe etwa acht Zuhörer, die aber wahrscheinlich mir nichts bezahlen werden. Auch habe ich heute ein Publikum zu lesen angefangen, nämlich die mathematische Geographie, worin freilich eine ganze Menge Studenten waren, die sich aber, weil es Vorkenntnisse verlangt, wahrscheinlich bis auf wenige verlieren werden. Zur philosophischen Vorlesung hat sich niemand bei mir gemeldet. Ich bin dieses schlechten Anfangs wegen aber gar nicht mutlos. Denn ich meine es ehrlich und glaube, daß man die Absicht zu nutzen mir anmerken werde. Schelten Sie aber doch nicht, daß ich Sie von meinen Umständen so lange unterhalte.

Auch von literärischen Dingen haben Sie mir erlaubt Ihnen zu schreiben. Verehrungswürdiger Mann! Sie lieben die Sprache der Aufrichtigkeit, und verstatten es mir Ihnen herzlich zu beichten, was mir auf dem Herzen liegt. Die Kritik habe ich gefaßt. Es war mir Herzenssache sie zu studieren, und nicht Sache des Eigennutzes. Ich habe Ihre Philosophie liebgewonnen, weil sie mich überzeugt. Aber unter den lauten Freunden derselben kenne ich keinen einzigen, der mir gefällt. Soviel ich spüren kann, ist es eitel Gewinnsucht, welche die Leute belebt, und das ist unmoralisch und schmeckt wahrlich nicht nach Ihrer praktischen Philosophie. Herr Professor REINHOLD will durchaus alle Aufmerksamkeit an sich ziehen. Aber so viel ich auch aufgemerkt habe, so verstehe ich doch kein Wort und sehe nichts ein von seiner Theorie des Vorstellungsvermögens. Dem Professor JAKOB bin ich gut, bis auf seine Büchermacherei. Er ist wirklich ein Mann von guter Denkungsart. Aber er hat kritische Versuche seinem HUME angehängt, welche ein schlechtes Contrefait dazu sind. Er will hin und wieder Mathematiker darin scheinen, und da er es doch nicht ist, so begeht er außerordentliche Absurditäten. Im verlaufenen Winter halben Jahre hat er die Logik und Metaphysik, eine empirische Psychologie und einen moralischen Beweis des Daseins Gottes geschrieben. Auf die Art verdirbt man viel. Denn statt dem Publikum bei einer der Menschheit interessanten Angelegenheit behilflich zu sein, bringt man dem denkenden Teil desselben Verdacht gegen die gute Sache bei.[1]) Sonst ist JAKOB gewiß ein guter Mann, den ich aber noch weit mehr lieben würde, wenn Philosophie ihm mehr Herzenssache als Vorteilssache wäre. Ich halte mich lediglich an die Kritik und lese nichts mehr was von Gegnern oder Freunden derselben geschrieben ist.

Herr KIESEWETTER hat an JAKOB geschrieben, daß die Ostermesse Ihre Moral herauskommen würde. Auf diese bin ich begierig. Denn es schweben mir in diesem Felde noch manche Dunkelheiten vor, die eine Moral von Ihnen aufhellen wird.

Daß Herr Professor JAKOB jetzt hier Professor ordinarius geworden, werden Sie aus seinem Briefe an Sie wahrscheinlich schon erfahren haben. Die Gießener haben dem Magister SCHMIDT die Vokation angetragen. Er hat sie aber, wie mir JAKOB sagt,

---

[1]) Über Jakobs Hume s. S. 31; vgl. ferner Grundriß der allgem. Logik und kritische Anfangsgründe der Metaphysik, 2. umgearb. Aufl., Halle 1791; Grundriß der Erfahrungsseelenlehre, Halle 1791; Über den moralischen Beweis für das Dasein Gottes, Libau 1791.

ausgeschlagen, weil er in Jena eine Predigerstelle und sonst gute Aussichten hat.

Sie verlangten, daß ich unfrankiert an Sie schreiben sollte. Dann aber nehmen Sie es mir auch wohl nicht übel, daß ich einen Brief an Herrn Professor KRAUS einlege.

Herr Professor KLÜGEL empfiehlt sich Ihnen. Er sagt, die Ursache, warum Sie von Freunden und Gegnern nicht verstanden werden, ist, weil diese nicht Mathematiker sind.

Ich bin mit der lautersten Hochachtung
Halle, der Ihrige
den 1. Juni 1791. Beck.

257.

Von Johann Gottfried Carl Christian Kiesewetter.

Berlin, den 14. Juni 1791.

Teuerster Herr Professor,

Ich mache mir selbst die bittersten Vorwürfe, daß ich in so langer Zeit nicht an Sie geschrieben habe, und dies um so mehr, da ich fürchten muß, daß Sie böse auf mich sind; aber ich tröste mich dadurch, daß ich es von Ihrer Güte dreist erwarten kann, daß Sie mir vergeben werden, wenn ich Ihnen sage, daß mein Stillschweigen nicht aus Verminderung meiner Achtung und Liebe für Sie entsprungen ist. Es ist gewiß niemand in der Welt, der eine reinere und größere Liebe für Sie fühlt, wie ich, aber es ist gewiß auch niemand, der Ihnen so viel verdankt, als ich Ihnen verdanke.

Herr NICOLOVIUS, der es gütigst übernommen hat, Ihnen diesen Brief zu überbringen, wird Ihnen zugleich ein Exemplar der reinen allgemeinen Logik überreichen, die in dieser Messe von mir erschienen ist, und die ich Ihnen zugeeignet habe.[1]) Erschrecken Sie nur nicht über die Stärke des Werks, Sie erhalten ein Exemplar auf starkem Papier und das vergrößert das Volumen gewaltig. Ich habe aus der Logik alles Fremdartige abzuscheiden

---

[1]) Grundriß einer reinen allgemeinen Logik nach Kantischen Grundsätzen, Berlin 1791.

gesucht und die Sätze derselben, wie ich wenigstens glaube, in eine strenge systematische Ordnung gebracht. Dadurch ist nun freilich die Wissenschaft selbst sehr zusammengeschrumpft (denn das Kompendium ist, wie Sie sehen werden, nur sechs Bogen stark), aber ich glaube, daß nur allein durch eine solche Scheidung für die Wissenschaft selbst etwas gewonnen werden kann. Daß trotz aller angewandten Mühe noch immer vieles Mangelhafte an diesem Werke sich finden muß, bin ich überzeugt, und ich ersuche Sie daher recht sehr, wenn es Ihnen die Zeit erlaubt, die Schrift durchzulesen und mir Ihre Bemerkungen darüber gütigst mitzuteilen. — Eine Sache hat mir viel Freude gemacht; Herr Professor CÄSAR in Leipzig, der dort die kritische Philosophie vorträgt, wird über mein Kompendium Logik vortragen.

In Ansehung meiner Lage ist keine Veränderung vorgegangen. Für den Sommer habe ich Moral und eine Einleitung in die Ästhetik angekündigt; ob eins von beiden Kollegien zustande kommen wird, weiß ich noch nicht; auch werde ich nach WÖLLNERS Willen Logik unentgeltlich lesen.

Daß Ihre Moral diese Messe nicht erschienen ist, hat viel Aufsehen gemacht, weil man sie sicher erwartete. Man erzählte hier allgemein (die Sache ist freilich nur Erdichtung und kann nur Erdichtung sein), der neue O. C. R. WOLTERSDORF habe es beim Könige dahinzubringen gewußt, daß man Ihnen das fernere Schreiben untersagt habe, und ich bin selbst bei Hofe dieser Erzählung halber befragt worden. — Mit WÖLLNER habe ich neulich gesprochen, er machte mich durch Lobeserhebungen schamrot und stellte sich, als wäre er mir sehr gewogen, aber ich traue ihm gar nicht. Man ist jetzt beinahe überzeugt, daß er selbst als Instrument von andren gebraucht wird, die ihn zwingen, Dinge zu tun, die er sonst nicht tun würde.

Dem Könige ist der Herr Jesus schon einigemal erschienen, und man sagt, er werde ihm in Potsdam eine eigene Kirche bauen lassen. Schwach ist er jetzt an Leib und Seele, er sitzt ganze Stunden und weint. Die DEHNHOF ist in Ungnade gefallen und zu ihrer Schwägerin gereist, allein der König hat schon wieder an sie geschrieben und sie wird wahrscheinlich bald zurückkommen. Die RIETZ ist noch nicht ohne allen Einfluß. BISCHOFSWERDER, WÖLLNER und RIETZ sind diejenigen, die den König tyrannisieren. Man erwartet ein neues Religionsedikt und der Pöbel murrt, daß man ihn zwingen will, in die

Kirche und zum Abendmahl zu gehen; er fühlt hierbei zum ersten Male, daß es Dinge gibt, die kein Fürst gebieten kann, und man hat sich zu hüten, daß der Funke nicht zündet. Die Soldaten sind ebenfalls sehr unzufrieden. Im vergangenen Jahre haben sie keine neue Kleidung erhalten, denn die RIETZ erhielt das Geld, um nach Pyrmont zu gehen; ferner erhielten sie vom verstorbenen Könige gleich nach jeder Revue 3 gl. als ein don gratuit, jetzt haben sie nur 8 Pf. erhalten.

Wir bauen hier Modelle zu schwimmenden Batterien, setzen alles in marschfertigen Stand, allein ganz sicher wird man auch diesmal bloß mit unserer Schatzkammer Krieg führen. Der türkische Gesandte, einer der unbedeutendsten Menschen, den ich je gesehen habe, ist immer noch hier, zu seiner und aller Ennuye. Man spricht viel von einer Vermählung des HERZOGS VON YORK mit der Prinzessin FRIEDERIKE, allein die Nebenumstände, die man miterzählt, machen die Sache unwahrscheinlich; man sagt nämlich, der König wolle zwei Millionen zur Tilgung seiner Schulden geben, und ihr überdies jährlich 100000 Rhtlr. auszahlen lassen, da doch nach den Gesetzen jede Prinzessin nur 100000 Rhtlr. überhaupt zur Mitgift erhält. —

Aber was habe ich Ihnen doch alles vorgeschwatzt, Dinge, die Sie entweder zu wissen nicht begierig sind, oder die Sie schon wissen; aber nur die Mutmaßung, daß Sie dies interessieren könnte, hat mich vermocht, Ihnen dies zu schreiben.

Literärische Neuigkeiten weiß ich nicht, wenigstens keine solche, die Ihnen nicht durch die gelehrten Zeitungen bekannt sein sollten. SNELL hat eine Erläuterung Ihrer Kritik der ästhetischen Urteilskraft geliefert, die meines Erachtens vortrefflich ist. SPATZIER hat einen Auszug aus der Kritik der teleologischen Urteilskraft geliefert, die aber bei weitem nicht so gut geraten ist.[1])

Und nun, teuerster Herr Professor, leben Sie recht wohl und glücklich. Unendlich würde ich mich freuen, wenn Sie mir Nachricht von Ihrem Befinden erteilten. Herrn Dr. JACHMANN

---

[1]) F. W. D. Snell, Darstellung und Erläuterung der Kant. Kritik der Urteilskraft, 2 Th., Gießen und Mannheim 1791 f.; Spazier, Versuch einer kurzen und faßlichen Darstellung der teleolog. Prinzipien. Ein Auszug aus Kants Kritik der teleologischen Urteilskraft, Neuwied 1791.

und seinem Bruder machen Sie recht viel Empfehlungen von mir. — Ich umarme Sie in Gedanken und bin
Ihr
Sie innig liebender Freund und Diener
J. G. C. Kiesewetter.

258.

Von Johann Gottfried Carl Christian Kiesewetter.

Berlin, den 3. Juli 1791.

Teuerster Herr Professor,

Herr LA GARDE hat mir die unangenehme Nachricht hinterbracht, daß Sie, wie ihm Herr D. BIESTER erzählt, auf ihn und mich sehr ungehalten sind, daß ich diese Messe in seinem Verlage ein Lehrbuch einer reinen allgemeinen Logik nach Ihren Grundsätzen herausgegeben habe, und ich versichre Sie, daß diese Nachricht mich ganz erschüttert hat. — Ein Mann, den ich so aufrichtig verehre und liebe, ist mit meinem Betragen nicht zufrieden, ist sogar ungehalten auf mich — Sie können glauben, daß mich das schmerzen mußte. Allein ich bin mir keines Vergehens bewußt, und je länger ich über die Sache nachdenke, desto mehr leuchtet es mir ein, daß hier ein bloßes Mißverständnis, welches ich freilich trotz alles Nachdenkens nicht herausbringen kann, zum Grunde liegen muß. Erlauben Sie daher, daß ich Ihnen die ganze Sache vortrage, Sie als ein so billig denkender Mann werden sodann gewiß finden, daß mich auch nicht einmal der Schein eines Vergehens treffen kann.

Schon, als ich noch in Halle war, faßte ich den Entschluß, den Versuch zu machen, nach Ihrer Angabe eine reine allgemeine Logik zu schreiben und ich arbeitete auch schon damals über mehrere einzelne Gegenstände derselben etwas aus. Diese wenigen Blätter brachte ich nach Königsberg mit. Ich erzählte Ihnen, daß ich in Berlin Vorlesungen über Logik zu halten gesonnen sei und daß ich zu diesem Behuf in der Folge einige Bogen drucken lassen wollte; fragte Sie eben damals, was für ein Lehrbuch Sie wohl unterdessen für das Beste hielten, und Sie gaben mir (dies steht alles noch lebhaft in meinem Gedächtnis) zur Antwort, daß Sie, wie ich wüßte, Logik nach MAIER läsen, daß Sie aber mit diesem Lehrbuch nicht zufrieden wären. Ich arbeitete noch in Königsberg den größten Teil der Hefte zu diesen logischen Vorlesungen aus, las Ihnen mehremal Stücke derselben zur Beurteilung vor, und Sie waren so gütig, sich mit mir darüber zu unterhalten und meine Vorstellungen zu berichtigen, dies war zum Beispiel der Fall bei der Einteilung der Begriffe nach den Tafeln der Kategorien, bei der Einteilung der Schlüsse in Verstandesschlüsse, in Schlüsse der Urteilskraft und der Vernunft usw., ja Sie waren so gütig, mir Materialien zu einer Einleitung in die Logik zu diktieren. — Ich ging nach Berlin und las zweimal Logik nach meinen Heften; aber meine Zuhörer wollten einen Leitfaden haben, und ob ich ihnen gleich das Lehrbuch des Herrn Professor JAKOB dazu vorschlug und von diesem auch mehrere Exemplare von Halle kommen ließ, so waren sie doch nicht damit zufrieden, weil sein Gang und der meinige verschieden waren und lagen mich an, meine Hefte drucken zu lassen. Ich sprach vorläufig deshalb mit Herrn LA GARDE, ohne doch etwas Gewisses festzusetzen und daher kam es, daß mein Buch vergangene Michaelismesse nicht unter die zukünftigen Bücher angekündigt wurde. Als ich vergangene Michaelis nach Königsberg kam, um Sie zu besuchen, nahm ich meine Hefte mit, und legte Ihnen noch über mehrere Gegenstände, die ich bei der Ausarbeitung mir nicht ganz hatte entwickeln können, Fragen vor, die Sie mir gütigst beantworteten. — Konnte ich also nicht mit Wahrheit sagen, daß ich Ihnen einen großen Teil der Materialien zu dieser Schrift verdanke, daß Sie einen Teil dieser Arbeiten kennen und würde ich nicht undankbar gegen Sie gewesen sein, wenn ich das Bekenntnis nicht freimütig getan hätte, daß das wenige Gute, was etwa in dem Buche sei, Ihnen angehöre? — Heimlich habe ich die Herausgabe eines Lehrbuchs der r.[einen] a.[llgemeinen] Logik nie gehalten, ich habe mit Herrn Hofprediger SCHULZ und mit Herrn Mag. GENSICHEN oft über diesen Punkt gesprochen, und warum sollte ich auch ein Geheimnis daraus machen? Ist es denn etwa unerlaubt, den Versuch zu wagen, eine reine allg. Logik nach Ihren Grundsätzen zu verfertigen und dem Publico zur Prüfung vorzulegen, selbst wenn ich dergleichen auch nicht als Lehrbuch gebraucht hätte, hat Herr Professor JAKOB, Herr Adj. SCHMIDT, Herr Prof. HUFELAND mit mehreren Teilen des dogmatischen Teils Ihres Systems nicht dasselbe getan? Allein wenn ich auch annehme, daß Sie vergessen hätten, oder daß es

Ihnen entgangen sei, daß ich Ihnen gesagt habe, ich sei willens, dereinst einige Bogen über die r. a. Log. herauszugeben, so sehe ich doch noch nicht ein, was Sie ungehalten machen könnte. Ich habe ja nicht Hefte von Ihnen drucken lassen, dazu bedurfte ich Ihrer Erlaubnis, das Ganze ist ja meine Arbeit, wie können Sie über den Druck derselben böse sein? Ich wußte wohl, daß Sie nach Jahren den dogmatischen Teil Ihres Systems und also auch eine Logik herausgeben würden, aber das war nach Jahren, ich machte einen vorläufigen Versuch, wie Herr JAKOB dies bei der Log. und Metaph., Herr SCHMIDT bei der Moral und Herr HUFELAND beim Naturrecht[1]) getan hatte, müßte ich nicht der albernste Mensch sein, wenn ich mir einbilden könnte, ich könnte Ihnen vorgreifen? — Daß ich auch nicht entfernt etwas Unrechts in der Herausgabe meines Lehrbuchs gesehen habe, erhellt daraus, daß ich mich als Verfasser genannt, ja es Ihnen sogar zugeeignet habe; konnte ich das, wenn ich die Herausgabe des Werks für unrecht hielt?

Der einzige Fehler, den ich begangen habe, der mir aber wahrlich nicht zuzurechnen ist, besteht darin, daß ich Ihnen das Dedikationsexemplar so spät geschickt habe, daß Sie weit eher ein ander Exemplar in die Hände bekamen, aber ich erhielt das Dedikationsexemplar erst in der zweiten Meßwoche vom Herrn LA GARDE, das Binden nahm auch Zeit weg, darüber kam Herr NICOLOVIUS nach Berlin, und ich nutzte diese Gelegenheit, es ihm mitzugeben.

Dies die Erzählung des ganzen Vorfalls, und ich bin versichert, Sie werden überzeugt werden, daß auch kein Schein von Schuld für mich und Herrn LA GARDE übrigbleibt. — Ich ersuche Sie daher, würdiger Mann, ich beschwöre Sie, mir zu melden, wodurch Sie sich von mir beleidigt halten, damit ich mich rechtfertigen kann, denn ich will lieber alles in der Welt als Ihre Achtung, die mir unschätzbar ist, verlieren. Wie konnten Sie auch nur einen Augenblick voraussetzen, daß ich, der ich Ihnen so sehr verbunden bin, die Absicht haben konnte, Sie auch nur durch die geringste Kleinigkeit kränken zu wollen. — Ich muß Sie um so mehr um die Auflösung des Rätsels bitten, da mein

---

[1]) Über Jakob und Schmid s. früher; Hufelands Lehrsätze des Naturrechts und der damit verbundenen Wissenschaften sind Jena 1790 erschienen.

ganzer Ruf davon abhängt; Sie sind aber zu gerecht, als daß Sie wollen könnten, daß mir ohne Verteidigung etwas zuschulden käme.

Ich habe vom Herrn Kapellmeister REICHARD schon seit einiger Zeit den Auftrag, Ihnen ein Kästchen mit Landkarten zu schicken, und ich habe immer auf Gelegenheit gehofft, da ich aber keine finden kann, so sehe ich mich genötigt, sie Ihnen mit einem Frachtfuhrmann zu schicken, und ich denke, daß sie noch diese Woche abgehen werden.

Ich bitte Sie nochmals inständigst, mir Ihre Gewogenheit nicht zu entziehen, Sie können gewiß versichert sein, daß es mir nie, auch nur entfernt in den Sinn gekommen ist, etwas zu tun, was Ihnen mißfällig sein könnte. Ich werde gewiß so lange in einer ängstlichen Ungewißheit schweben, bis Sie mir gütigst antworten und mir sagen, daß Sie noch mein Freund sind. Ich bin mit aller Hochschätzung

Ihr
aufrichtiger Verehrer
J. G. C. Kiesewetter.

259.

Von Fräulein Maria von Herbert.

Großer Kant. [August 1791.]

Zu dir rufe ich wie ein gläubiger zu seinen Gott um Hilf, um Trost, oder um Bescheid zum Tod, hinlänglich waren mir deine Gründe in deinen Werken vor das künftige seyn, daher meine Zuflucht zu dir, nur vor dieses leben fand ich nichts, gar nichts, was mir mein verlohrnes Gut ersezen könnt, den ich liebte einen gegenstand der in meiner Anschauung alles in sich faste, so das ich nur vor ihn lebte er war mir ein gegensaz vor das übrüge, dan alles andere schien mir ein Tand und alle Menschen waren vor mich wie auch wirklich wie ein gwasch ohne inhalt, nun diesen gegenstand hab ich durch eine langwirige lug beleidigt, die ich ihn jezt entekte, doch war vür mein karakter nichts nachteihliges darin enthalten, dan ich habe kein laster in meinem leben zu verschweigen gehabt, doch die lug allein war ihn genug, und seine liebe verschwand, er ist ein Ehrlicher Mann, darum versagt er mir nicht Freindschaft und treu, aber dasjenige innige gefühl welches uns ungerufen zu einander fürte ist nicht mehr, o mein Herz springt in Tausend stük, wen ich nicht schon so viel von ihnen gelesen hätte, so häte ich mein leben gewis schon mit gewalt geändet, so aber haltet mich der schlus zurük den ich aus ihrer Tehorie ziehen muste, das ich nicht sterben soll, wegen meinen quelenden leben, sondern ich solt leben wegen meinen daseyn, nun sezen sie sich in meine lag und geben sie mir trost oder verdamung, metaphisik der Sitten hab ich gelesen samt den Kategorischen imperatif, hilft mir nichts, meine vernunft verlast mich wo ich sie am besten brauch eine antwort ich beschwöre dich, oder du kanst nach deinen aufgeseten imperatif selbst nich handln —

260.

Von Ludwig Ernst Borowski.

Euer Wohlgebornen händige ich in der Anlage den sonderbaren Brief der MARIA HERBERT aus Klagenfurt in gehorsamster Ergebenheit ein, den ich gestern, da das letzte Gespräch mit Euer Wohlgebornen mir so sehr interessant ward, aus Versehen in die Tasche gesteckt hatte, wo ich ihn beim Auskleiden fand. — — Und wenn Euer Wohlgebornen dem zerrissenen Herzen Ihrer Korrespondentin auch nur bloß durch Ihre Antwort einige Zerstreuung und Ablenkung ihres Herzens von dem Gegenstande, an den sie gefesselt ist, für einige Tage — vielleicht aber auch durch Ihre ernste Belehrungen für immer, gewähren: so bewirken Sie wahrlich schon sehr was Großes und Gutes. Eine Person, die doch auch nur Lust hat, Ihre Schriften zu lesen — die eine solche Stärke des Vertrauens, einen solchen Glauben an Sie hat — ist doch immer einiger Achtung von Ihnen und des Versuches, sie zu beruhigen, wert.

Ich bin mit der ausgezeichnetsten Verehrung
Euer Wohlgebornen

[*Das Übrige mit Unterschrift und Datum ist weggeschnitten.*]

261.

An F. Th. de la Garde.

Hochedelgeborner
Hochzuehrender Herr!

Zum Behuf der Revision der Kritik der U. Kr. für eine zweite Auflage haben mir Euer Hochedelgeboren in Ihrem Geehrtesten vom 5. Juli c. ein mit weißem Papier durchschossenes Exemplar versprochen, welches ich hiemit, so bald als möglich mir zukommen zu lassen, bitte.

Der Gedanke, daß Euer Hochedelgeboren vielleicht darum gewußt hätten, daß Herr M. KIESEWETTER, ohne mich um meine Einwilligung befragt zu haben, in Ihrem Verlage eine Logik herausgegeben, fällt dadurch gänzlich weg, daß Euer Hochedelgeboren von ihm, vor seiner Reise des vorigen Sommers nach Königsberg, vernommen haben, er wolle es mir bei seiner Anwesenheit allhier kommunizieren. Daß er es aber doch nicht getan hat, dient auch mir zu einiger Entschuldigung, wie wohl der Unwille sich leicht weiter verbreitet als er befugt ist. Sonst ist Ihr Charakter allgemein so rühmlich bekannt, daß ich auch hier keinen ihn treffenden Verdacht in Gedanken gehabt habe.

Ich beharre übrigens mit vollkommener Hochachtung
Euer Hochedelgeboren
Königsberg, ganz ergebenster Diener
den 2. Aug. 1791. I. Kant.

262.

Von Johann Gottlieb Fichte.

[18. August 1791.]

Verehrungswürdiger Mann,

Denn andre Titel mögen für die bleiben, denen man diesen nicht aus der Fülle des Herzens geben kann. — Ich kam nach Königsberg, um den Mann, den ganz Europa verehrt, den aber gewiß in ganz Europa wenig Menschen so lieben, wie ich, näher kennen zu lernen. Ich stellte mich Ihnen dar. Erst später bedachte ich, daß es Vermessenheit sei, auf die Bekanntschaft eines solchen Mannes Anspruch zu machen, ohne die geringste Befugnis dazu aufzuweisen zu haben. Ich hätte Empfehlungsschreiben haben können. Ich mag nur diejenigen, die ich mir selbst mache. Hier ist das meinige.

Es ist mir schmerzhaft, es Ihnen nicht mit dem frohen Bewußtsein übergeben zu können, mit dem ich mir's dachte. Es kann dem Manne, der in seinem Fache alles tief unter sich erblicken muß, was ist, und was war, nichts Neues sein, zu lesen, was ihn nicht befriedigt; und wir andern alle werden uns ihm, wie der reinen Vernunft selbst in einem Menschenkörper, nur mit bescheidner Erwartung seines Ausspruchs nahen dürfen. Es würde vielleicht mir, dessen Geist in mancherlei Labyrinthen herumirrte, ehe ich ein Schüler der Kritik wurde, der ich dies erst seit sehr kurzer Zeit bin, und dem seine Lage nur einen kleinen Teil dieser kurzen Zeit diesem Geschäfte zu widmen erlaubt hat, von einem solchen Manne und von meinem Gewissen verziehen werden, wenn meine Arbeit auch noch unter dem Grade der Erträglichkeit wäre, auf welchem der Meister das Beste erblickt. Aber kann es mir verziehen werden, daß ich sie Ihnen übergebe, da sie nach meinem eignen Bewußtsein schlecht ist? Werden die derselben angehängten Entschuldigungen mich wirklich entschuldigen? Der große Geist würde mich zurückgeschreckt haben, aber das edle Herz, das mit jenem vereint allein fähig war, der Menschheit Tugend und Pflicht zurückzugeben, zog mich an. Über den Wert meines Aufsatzes habe ich das Urteil selbst gesprochen: ob ich jemals etwas Besseres liefern werde, darüber sprechen Sie es. Betrachten Sie es als das Empfehlungsschreiben eines Freundes, oder eines bloßen Bekannten, oder eines gänzlich Unbekannten, oder als gar keins. Ihr Urteil wird immer gerecht sein. Ihre Größe, vortrefflicher Mann, hat vor aller gedenkbaren menschlichen Größe das Auszeichnende, das Gottähnliche, daß man sich ihr mit Zutrauen nähert.

Sobald ich glauben kann, daß Dieselben diesen Aufsatz gelesen haben, werde ich Ihnen persönlich aufwarten, um zu erfahren, ob ich mich ferner nennen darf

Euer Wohlgeboren
innigsten Verehrer
Johann Gottlieb Fichte.[1])

---

[1]) Fichte war auf der Rückreise von Warschau, wo er kurze Zeit als Hauslehrer tätig war, am 1. Juli 1791 in Königsberg eingetroffen.

263.

Von Johann Gottlieb Fichte.

Wohlgeborner Herr [2& September 1791.]
Höchstzuverehrender Herr Professor,
Euer Wohlgeborn verzeihen gütigst, daß ich abermals lieber schriftlich als mündlich mit Ihnen reden will.

Dieselben haben mich mit einer gütigen Wärme empfohlen, um die ich nicht gewagt hätte, Sie zu bitten; eine Großmut, die meine Dankbarkeit unendlich vermehrt, und mir Mut macht, mich Euer Wohlgeborn ganz zu entdecken; welches ich in Absicht Ihres Charakters zwar auch vorher wagen, aber ohne eine nähere Erlaubnis von Ihnen mir nicht verstatten durfte, ein Bedürfnis, das derjenige, der sich nicht gern jedermann entdeckt, gegen den ganz guten Charakter doppelt fühlt.

Zuerst erlauben mir Euer Wohlgeborn, zu versichern, daß mein Entschluß lieber nach Königsberg, als sogleich zurück nach Sachsen zu gehen, zwar insofern eigennützig war, daß ich das Bedürfnis, dem Manne, dem ich alle meine Überzeugungen und Grundsätze, dem ich meinen Charakter bis auf das Bestreben, einen haben zu wollen, verdanke, einen Teil meiner Empfindungen zu entdecken, befriedigen, so viel in kurzer Zeit möglich, Sie benutzen, und wenn es sein könnte, mich Ihnen für meine etwanige künftige Laufbahn vorteilhaft empfehlen wollte; daß ich aber ein so gegenwärtiges Bedürfnis Ihrer Güte nicht voraussetzen konnte, weil ich mir teils Königsberg so reich, und noch reicher an Hilfsmitteln, als zum Beispiel Leipzig vorstellte, teils im äußersten Falle durch einen Freund, der in einem angesehnem Amte in Riga steht, von hier aus in Livland unterzukommen glaubte. — Ich glaube diese Versicherung teils mir selbst schuldig zu sein, um auf Empfindungen, die rein aus meinem Herzen flossen, keinen Verdacht eines niedern Eigennutzes zu lassen; teils Ihnen, wenn ein freier offener Dank des durch Sie Unterrichteten und Gebesserten Ihnen lieb ist.

Über seinen dortigen Aufenthalt und sein Verhältnis zu Kant finden sich nähere Nachrichten in seinem Tagebuch aus dieser Zeit (Fichtes Leben und literarischer Briefwechsel, hrsg. von J. H. Fichte, I, 129 ff.). Die Schrift, die Fichte an Kant übersendet, ist sein „Versuch einer Kritik aller Offenbarung".

Ich habe das Geschäft des Hauslehrers fünf Jahre lang getrieben und die Unannehmlichkeit desselben, Unvollkommenheiten sehen zu müssen, die von wichtigen Folgen sind, und an dem Guten, das man stiften könnte, kräftig verhindert zu werden, so empfunden, daß ich es nunmehr vor einenhalb Jahre auf immer aufzugeben glaubte; und daß ich ängstlich werde, wenn ein wohlwollender Mann es übernimmt, mich zu diesem Geschäfte zu empfehlen, indem ich befürchten muß, daß es nicht ganz zu seinem Vergnügen ausschlagen möchte. Ich ließ mich durch die wenig gegründete Hoffnung, es einmal besser anzutreffen, und vielleicht unmerklich durch Aussicht auf Geldvorteil und Größe ohne gehörige Überlegung hinreißen, dies Geschäft noch einmal in Warschau zu übernehmen; ein Entschluß, dessen Vereitlung ich nach Entwicklung der Verlegenheiten, in denen ich jetzo bin, segnen werde. Ich fühle dagegen das Bedürfnis, alles das, was zu frühes Lob gütiger aber zu wenig weiser Lehrer, eine fast vor dem Übertritte ins eigentliche Jünglingsalter durchlaufene akademische Laufbahn, und seitdem die beständige Abhängigkeit von den Umständen mich versäumen ließen, nachzuholen, ehe die Jahre der Jugend vollends verfliegen, mit Aufgebung aller ehrgeizigen Ansprüche, die mich eben zurückgesetzt haben, mich zu allem zu bilden, wozu ich tüchtig werden kann, und das übrige den Umständen zu überlassen, täglich stärker. Diesen Zweck kann ich nirgends sicherer erreichen, als in meinem Vaterlande. Ich habe Eltern, die mir zwar nichts geben können, bei denen ich aber doch mit geringem Aufwand leben kann. Ich kann da mich mit schriftstellerischen Arbeiten beschäftigen (das wahre Mittel der Ausbildung für mich, der ich alles in mich hineinschreiben muß, und der ich zu viel Ehrliebe habe, um etwas zum Druck zu geben, worüber ich nicht selbst völlig gewiß bin) und eben beim Aufenthalte in meiner vaterländischen Provinz (der Ober-Lausitz) am ehsten und leichtesten durch eine Dorfpfarre die völlige literarische Muße erhalten, die ich bis zu meiner völligen Reife wünsche. Das Beste für mich scheint also, in mein Vaterland zurückzugehen. Hierzu aber sind mir die Mittel abgeschnitten. Ich habe noch zwei Dukaten, und diese sind nicht mein, denn ich habe sie für Miete und dergleichen zu bezahlen. Es scheint also kein Mittel übrig zu sein, mich zu retten, wenn sich nicht jemand findet, der mir Unbekannten, bis auf die Zeit, da ich sicher rechnen kann, wieder zu bezahlen, das ist bis Ostern künftigen Jahrs, gegen Verpfändung meiner Ehre, und im festen Vertrauen auf dieselbe, die Kosten der Rückreise vorstrecke. Ich kenne niemanden, dem man dieses Pfand, ohne Furcht, ins Gesicht gelacht zu bekommen, anbieten dürfte, als Sie, tugendhafter Mann.

Ich habe die Maxime, niemanden etwas anzumuten, ohne untersucht zu haben, ob ich selbst vernünftigerweise bei umgekehrtem Verhältnisse eben das für jemand tun könnte; und habe in gegenwärtigem Falle gefunden, daß ich, die physische Möglichkeit vorausgesetzt, es für jeden tun würde, dem ich die Grundsätze sicher zutrauen könnte, von denen ich wirklich durchdrungen bin.

Ich glaube so sicher an eine eigentliche Hingebung der Ehre zum Pfande, daß ich durch die Notwendigkeit etwas auf sie versichern zu müssen, einen Teil derselben zu verlieren glaube; und die tiefe Beschämung, die mich dabei betrifft, ist Ursache, daß ich einen Antrag von gegenwärtiger Art nie mündlich machen kann, da ich niemand zum Zeugen derselben wünsche. Meine Ehre scheint mir so lange, bis das bei derselben geschehene Versprechen erfüllt ist, wirklich problematisch, weil es dem andern Teile immer möglich ist, zu denken, ich werde es nicht erfüllen. Ich weiß also, daß, wenn Euer Wohlgeborn meinen Wunsch erfüllen sollten, ich zwar immer mit inniger Verehrung und Dankbarkeit, aber doch mit einer Art von Beschämung an Sie zurückdenken werde, und daß das völlig freudige Andenken einer Bekanntschaft, die ich bestimmte, mir lebenslang wohl zu machen, mir nur dann möglich sein wird, wenn ich mein Wort werde gelöst haben. Diese Gefühle kommen aus dem Temperamente, ich weiß es, und nicht aus Grundsätzen, und sie sind vielleicht fehlerhaft; aber ich mag sie nicht ausrotten, bis die völlige Festigkeit der letztern mir diese Ergänzung derselben ganz entbehrlich macht. Insoweit aber kann ich mich auch auf meine Grundsätze verlassen, daß, wenn ich fähig sein sollte, mir ein Ihnen gegebenes Wort nicht zu halten, ich mich zeitlebens verachten, und scheuen müßte, einen Blick in mein Inneres zu tun, Grundsätze, die mich stets an Sie, und an meine Ehrlosigkeit erinnerten, aufgeben müßte, um mich der peinlichsten Vorwürfe zu entledigen.

Dürfte ich eine solche Denkungsart bei jemanden vermuten, so würde ich das, wovon die Rede ist, sicher für ihn tun; wie aber, und durch welche Mittel ich mich, wenn ich an Ihrer

Stelle wäre, von der Anwesenheit einer solchen Denkungsart bei mir überzeugen könnte, ist mir nicht eben so klar.

Ich, verehrungswürdiger Mann, schloß, wenn es mir erlaubt ist, sehr Großes mit sehr Kleinem zu vergleichen, aus Ihren Schriften mit völliger Zuversicht auf einen mustermäßigen Charakter, und ich würde, auch noch ehe ich das geringste von Ihrer Handlungsart im bürgerlichen Leben wußte, alles verwettet haben, daß es so sei. Von mir habe ich Ihnen, jedoch zu einer Zeit, da es mir noch gar nicht einfiel, je so einen Gebrauch von Ihrer Bekanntschaft zu machen, nur eine Kleinigkeit vorgelegt, und mein Charakter ist wohl noch nicht fest genug, um sich in allem abzudrücken; aber dafür sind Euer Wohlgeborn auch ein ohne Vergleich größrer Menschenkenner, und erblicken vielleicht auch in dieser Kleinigkeit Wahrheitsliebe und Ehrlichkeit, wenn sie in meinem Charakter sind.

Endlich — und dies setze ich beschämt hinzu — ist, wenn ich fähig sein sollte, mein Wort nicht zu halten, auch meine Ehre vor der Welt in Ihren Händen. Ich denke unter meinem Namen Schriftsteller zu werden; ich werde Sie, wenn ich zurückreisen sollte, um Empfehlungsschreiben an einige Gelehrte bitten. Diesen, deren gute Meinung ich dann Ihnen dankte, meine Ehrlosigkeit zu melden, wäre, meiner Meinung nach, Pflicht, sowie es überhaupt, glaub ich, Pflicht wäre, die Welt vor einem so schlechterdings unverbesserlichen Charakter zu warnen, als darzu gehören würde, um zu dem Manne, in dessen Atmosphäre der Falschheit weh' werden sollte, zu kommen, und durch angenommene Miene der Ehrlichkeit seinen Scharfblick [zu] täuschen, und der Tugend und der Ehre so gegen ihn zu spotten.

Das waren die Betrachtungen, die ich anstellte, ehe ichs wagte, Euer Wohlgeborn diesen Brief zu schreiben. Ich bin, zwar mehr aus Temperament und durch meine gemachte Erfahrungen, als aus Grundsätzen, sehr gleichgültig über das, was nicht in meiner Gewalt ist. Ich bin nicht das erstemal in Verlegenheiten, aus denen ich keinen Ausweg sehe; aber es wäre das erstemal, daß ich in ihnen bleibe. Neugier, wie es sich entwickeln wird, ist meist alles, was ich in solchen Vorfällen fühle. Ich ergreife schlechtweg die Mittel, die mir mein Nachdenken als die besten zeigt, und erwarte dann ruhig den Erfolg. Hier kann ich es um desto mehr, da ich ihn in die Hände eines weisen und guten Mannes lege. Aber von einer andern Seite überschicke ich diesen Brief mit einem ungewohnten Herzklopfen. Ihr Entschluß mag sein, welcher es will, so verliere ich etwas von meiner Freudigkeit zu Ihnen. Ist er bejahend, so kann ich das Verlorne einst wieder erwerben; ist er verneinend, nie, wie es mir scheint.

Indem ich schließen will, fällt mir die Anekdote von jenem edlen Türken bei, der einem ganz unbekannten Franzosen einen ähnlichen Antrag machte. Der Türk ging gerader und offener; er hatte unter seiner Nation wahrscheinlich nicht die Erfahrungen gemacht, die ich unter der meinigen gemacht habe: aber er wußte auch nicht mit der Überzeugung, daß er mit einem edlen Mann zu tun habe, mit der ich es weiß. Ich schäme mich der Scham, die mich zurückhält, bei dieser Empfindung meinen Brief ins Feuer zu werfen, hinzugehen und Sie anzureden, wie der edle Türk den Franzosen.

Wegen des Tones, der in diesem Briefe herrscht, darf ich Euer Wohlgeborn nicht um Verzeihung bitten. Das ist eben eine Auszeichnung des Weisen, daß man mit [ihm] redet, wie ein Mensch mit einem Menschen.

Ich werde, sobald ich hoffen darf, Dieselben nicht zu stören, Ihnen aufwarten, um Ihren Entschluß zu wissen; und bin mit inniger Verehrung und Bewunderung

Euer Wohlgeborn
ganz gehorsamster
J. G. Fichte.

264.

An Ludwig Ernst Borowski.

Überbringer dieses, Herr FICHTE, hat aus der Unterredung, deren Euer Hochwohlehrwürden ihn teilhaftig gemacht haben, ein so großes Zutrauen zu Ihnen gefaßt, daß er wegen seiner Verlegenheit, davon er Ihnen selbst Eröffnung tun wird, auf Ihre gütige Vorsprache sich Rechnung macht. Es kommt darauf an, daß sein Manuskript: Versuch einer Kritik der Offenbarung hier einen Verleger bekomme und dieser dafür ein honorarium, und zwar bei Überlieferung desselben, sogleich bezahle. — Ich habe zwar nur Zeit gehabt, es bis S. 8 zu lesen, weil ich durch soviel andere Abhaltungen beständig unterbrochen werde; aber soweit ich gekommen bin, finde ich es gut gearbeitet und der gegenwärtigen Stimmung zum Untersuchen der Religionssachen wohl angemessen. Besser werden Euer Hochwohlehrwürden darüber urteilen können, wenn Sie sich die Bemühung geben wollen, es durchzulesen. Nun ist sein Wunsch, daß, wenn Sie dieser Schrift eine gute Abnahme zu prognostizieren sich getraueten, Sie Herrn HARTUNG dazu zu bewegen suchen möchten, ihm sie abzukaufen, um vor der Hand sich dafür das Unentbehrlichste zu verschaffen. Die weitern Aussichten wird er Ihnen selbst bekannt zu machen die Ehre haben.

Ich bitte mir die Zumutung nicht ungütig auszulegen, welche Ihnen eine Beschwerde macht, aber doch Ihrem wohlwollenden Charakter nicht zuwider ist und ich bin mit der vollkommensten Hochachtung

Euer Hochwohlehrwürden

ganz ergebenster Diener

Den 16. September 1791. I. Kant.

265.

Von Salomon Maimon.

Wohlgeborner Herr,
Hochzuehrender Herr Professor!

Ich weiß, wie ungerecht derjenige ist, der Ihnen das mindeste von Ihrer der Welt so schätzbaren Zeit raubet, weiß, daß es für Sie kein wichtigeres Geschäft geben kann, als Ihren so fest gegründeten Werken die höchste Vollkommenheit zu geben; doch konnte ich nicht umhin, dieses einzigemal Sie mit meinem Schreiben zu belästigen.

Ich habe mir seit einiger Zeit vorgenommen, außer Ihren Werken, nichts mehr zu lesen. Von dem skeptischen Teil Ihrer Kritik bin ich völlig überzeugt; der dogmatische kann auch hypothetisch angenommen werden, und obschon ich durch eine psychologische Deduktion die Kategorien und Ideen nicht dem Verstande und der Vernunft, sondern der Einbildungskraft beilege; so kann ich doch, das erste zum wenigsten, problematisch zugeben; und auf diese Art kann ich mit der Kritik recht gut fertig werden.

Da aber Herr REINHOLD (ein Mann, den ich wegen seines ungemeinen Scharfsinnes, nach Ihnen, am meisten schätze) in seinen Schriften vorgibt, nicht nur Ihrem Systeme die formelle Vollständigkeit gegeben, sondern auch, das einzige allgemeingültige und allgemeingeltende (*si diis placet*) Prinzip, worauf dieses aufgeführt werden kann, gefunden zu haben; so zog dieses meine ganze Aufmerksamkeit auf sich. Nach genauer Untersuchung aber fand ich mich in meiner Erwartung betrogen. Ich schätze ein jedes System nach seiner formellen Vollständigkeit; kann es aber nur nach seiner objektiven Realität gelten lassen, und nach dem Grade seiner Fruchtbarkeit anpreisen.

Nun finde ich zwar Herrn REINHOLDS Theorie des Vorstellungsvermögens in Ansehung ihrer systematischen Form unverbesserlich. Hingegen kann ich dieses so hoch gepriesene allgemeingültige und allgemeingeltende Prinzip (den Satz des Bewußtseins) keinesweges zugeben, und noch viel weniger mir von seiner Fruchtbarkeit große Erwartungen machen.

Ich leugne geradezu, daß in jedem Bewußtsein (auch einer Anschauung und Empfindung, wie sich Herr REINHOLD darüber erklärt) die Vorstellung durch das Subjekt vom Subjekt und Objekt unterschieden und auf beide bezogen wird. Eine Anschauung wird meiner Meinung nach auf nichts außer sich selbst bezogen; und nur dadurch, daß sie mit anderen Anschauungen in eine synthetische Einheit gebracht, wird sie zur Vorstellung, und beziehet sich als Bestandteil einer Synthesis auf dieselbe, das heißt, auf ihr Objekt. Die bestimmte Synthesis, worauf die Vorstellung bezogen wird, ist das vorgestellte Objekt; eine jede unbestimmte Synthesis, worauf die Vorstellung bezogen werden kann, ist der Begriff eines Objekts überhaupt. Wie kann also Herr REINHOLD den Satz des Bewußtseins für ein allgemeingültiges Prinzip ausgeben? Da, wie ich gezeigt habe, er nur von Bewußtsein einer Vorstellung, das heißt, auf eine Synthesis als Bestandteil bezogener Anschauung gelten kann. Ja! sagt Herr REINHOLD; man ist sich freilich diese Beziehung der Anschauung auf das Subjekt und Objekt nicht immer bewußt, sie ist dennoch immer in derselben anzutreffen. Aber woher weiß er dieses? Was in der Vorstellung nicht vorgestellt wird, gehört nicht zur Vorstellung. Wie kann er also dieses Prinzip als Faktum des Bewußtseins für allgemeingeltend ausgeben? Da es ein anderer aus seinem eigenen Bewußtsein geradezu leugnen kann. Daß man eine jede Anschauung auf irgendein Substratum beziehet, ist eine Täuschung der transszendenten Einbildungskraft, die, aus Gewohnheit, eine jede Anschauung als Vorstellung auf ein reelles Objekt (eine Synthesis) zu beziehen, endlich auf gar kein reelles Objekt, sondern auf eine an seiner Stelle untergeschobene Idee beziehet.

Das Wort Vorstellung hat viel Unheil in der Philosophie gestiftet, indem es manche veranlaßt hat, sich zu einer jeden Seelenmodifikation, ein objektives Substratum hinzuzudichten. LEIBNIZ vergrößerte noch das Unheil durch seine Lehre von den dunkeln Vorstellungen. Ich muß gestehen, daß es in der Anthropologie keine wichtigere Lehre geben kann. Aber in einer Kritik des Erkenntnisvermögens taugt sie gewiß nichts. Die dunkeln Vorstellungen sind keine Modifikation der Seele (deren Wesen im Bewußtsein bestehet), sondern vielmehr des Körpers. LEIBNIZ bedienet sich derselben, bloß um die Lücken in der Substantialität der Seele auszufüllen. Ich glaube aber nicht, daß irgend ein Selbstdenker sich im Ernste einfallen lassen wird, dadurch diese Lücken wirklich ausfüllen zu können. Die dunkeln Vorstellungen sind bloß die Brücken, worüber man von der Seele zum Körper, und wiederum von diesem zu jener übergeht (obschon LEIBNIZ gute Ursachen gehabt hat, diesen Durchgang zu verwehren).

Sogar mit Herrn REINHOLDS Erklärung der Philosophie kann ich nicht zufrieden sein. Er begreift unter Philosophie überhaupt, was Sie mit Recht unter dem besonderen Namen Transszendentalphilosophie (die Lehre von den Bedingungen der Erkenntnis eines reellen Objekts überhaupt).

Ich wünsche hierüber, wie auch etwas über mein Wörterbuch (das allem Anscheine nach entweder gar nicht, oder schlecht rezensiert werden wird,[1]) Ihre Meinung zu vernehmen. In Erwartung dieser verharre ich, ehrfurchtsvoll

Euer Wohlgeboren

ganz ergebenster
Salomon Maimon.

Berlin,
den 20. September 1791.

---

[1] Philosophisches Wörterbuch oder Beleuchtung der wichtigsten Gegenstände der Philosophie in alphabet. Ordnung, 1. Stück, Berlin 1791.

266.

An Carl Leonhard Reinhold.

Königsberg, den 21. September 1791.

Wie können Sie mich, teuerster Mann, auch nur einen Augenblick in Verdacht haben, daß meine Unterlassungssünden, deren ich viele auf meiner Rechnung habe, irgend einer Abneigung, ja gar auch nur der mindesten Kaltsinnigkeit gegen Sie, die mir, wer weiß wer meiner bloß nachbetenden Anhänger eingeflößt haben sollte, zuzuschreiben wären, da, wenn es auch nicht die Herzensneigung gegen einen so liebens- und hochachtungswürdigen Mann täte, mich schon das Verdienst, welches Sie um die Aufhellung, Bestärkung und Verbreitung meiner geringen Versuche haben, zu Dankbarkeit verbinden müßte und ich mich selbst verachten würde, wenn ich an dem Spiele der Eifersucht und Rechthaberei im Felde der Spekulation mehr Interesse nähme, als an den rechtschaffenen Gesinnungen der Mitwirkung zu allem, was gut und selbständig ist, wozu das volle Zutrauen und die Herzensvereinigung zwischen Wohldenkenden, selbst bei großer Verschiedenheit der Meinungen (welches zwischen uns doch der Fall nicht ist) notwendig gehört. Ach, wenn es für uns ein Verhältnis der wechselseitigen Mitteilung durch den Umgang gäbe, welche Süßigkeit des Lebens würde es für mich sein, mit einem Manne, dessen Geistes- und Seelenstimmung der seines Freundes ERHARD[1]) gleichförmig ist, uns über das Nichts menschlicher Eitelkeit wegzusetzen und unser Leben wechselseitig ineinander zu genießen? Aber nun durch Briefe! Lassen Sie mich Ihnen meine Saumseligkeit in Ansehung derselben, die Nachlässigkeit zu sein scheint, aber es nicht ist, erklären.

Seit etwa zwei Jahren hat sich mit meiner Gesundheit, ohne sichtbare Ursache und ohne wirkliche Krankheit (wenn ich einen etwa drei Wochen dauernden Schnupfen ausnehme) eine plötzliche Revolution zugetragen, welche meine Appetite in Ansehung

---

[1]) Kant hatte Erhard inzwischen persönlich kennen gelernt, da dieser ihn im Jahre 1791 in Königsberg besuchte (s. Erhards Autobiographie S. 33).

des gewohnten täglichen Genusses schnell umstimmte, wobei zwar meine körperlichen Kräfte und Empfindungen nichts litten, allein die Disposition zu Kopfarbeiten, selbst zu Lesung meiner Kollegien, eine große Veränderung erlitt. Nur zwei bis drei Stunden vormittags kann ich zu den ersteren anhaltend anwenden, da sie dann durch eine Schläfrigkeit (unerachtet des besten gehabten Nachtschlafs) unterbrochen wird und ich genötigt werde, nur mit Intervallen zu arbeiten, mit denen die Arbeit schlecht fortrückt und ich auf gute Laune harren und von ihr profitieren muß, ohne über meinen Kopf disponieren zu können. Es ist, denke ich, nichts, als das Alter, welches einem früher, dem andern später Stillstand auferlegt, mir aber desto unwillkommener ist, da ich jetzt der Beendigung meines Planes entgegenzusehen glaubte. Sie werden, mein gütiger Freund, hieraus leicht erklären, wie diese Benutzung jedes günstigen Augenblicks in solcher Lage manchen genommenen Vorsatz, dessen Ausführung nicht eben pressant zu sein scheint, dem fatalen Aufschub, der die Natur hat, sich immer selbst zu verlängern, unterwerfen könne.

Ich gestehe es gern und nehme mir vor, es gelegentlich öffentlich zu gestehen, daß die aufwärts noch weiter fortgesetzte Zergliederung des Fundaments des Wissens, sofern es in dem Vorstellungsvermögen als einem solchen überhaupt und dessen Auflösung besteht, ein großes Verdienst um die Kritik der Vernunft sei, sobald mir nur das, was mir jetzt noch dunkel vorschwebt, deutlich geworden sein wird; allein ich kann doch auch nicht, wenigstens in einer vertrauten Eröffnung gegen Sie nicht, bergen, daß sich durch die abwärts fortgesetzte Entwickelung der Folgen, aus den bisher zum Grunde gelegten Prinzipien, die Richtigkeit derselben bestätigen und bei derselben, nach dem vortrefflichen Talent der Darstellung, welches Sie besitzen, gelegentlich in Anmerkungen und Episoden so viel von Ihrer tieferen Nachforschung anbringen lasse, als zur gänzlichen Aufhellung des Gegenstandes nötig ist, ohne die Liebhaber der Kritik zu einer so abstrakten Bearbeitung als einem besonderen Geschäfte zu nötigen und eben dadurch viele abzuschrecken. — Dieses war bisher mein Wunsch, ist aber weder jetzt mein Rat, noch weniger aber ein darüber ergangenes und anderen, zum Nachteil Ihrer verdienstvollen Bemühungen, mitgeteiltes Urteil. — Das letztere werde ich noch einige Zeit aufschieben müssen, denn gegenwärtig bin ich mit einer zwar kleinen, aber doch Mühe machenden Arbeit, imgleichen dem Durchgehen der Kritik der Urteilskraft für eine zweite, auf nächste Ostern herauskommende, Auflage, ohne die Universitätsbeschäftigungen einmal zu rechnen, für meine jetzt nur geringen Kräfte mehr als zu viel belästigt und zerstreut.

Behalten Sie mich ferner in Ihrer gütigen Zuneigung, Freundschaft und offenherzigem Vertrauen, deren ich mich nie unwürdig bewiesen habe, noch jemals beweisen kann, und knüpfen Sie mich mit an das Band, welches Sie und Ihren lauteren, fröhlichen und geistreichen Freund ERHARD vereinigt, und welches die, wie ich mir schmeichle, gleiche Stimmung unserer Gemüter lebenslang unaufgelöst erhalten wird.

Ich bin mit der zärtlichsten Ergebenheit und vollkommener Hochachtung usw.

267.

An Jakob Sigismund Beck.

Aus beiliegendem Briefe HARTKNOCHS an mich werden Sie, wertester Freund, ersehen, daß, da jener einen tüchtigen Mann wünschte, der aus meinen kritischen Schriften einen nach seiner eigenen Manier abgefaßten und mit der Originalität seiner eigenen Denkungsart zusammenschmelzenden Auszug machen könnte und wollte, ich nach der Eröffnung, die Sie mir in Ihrem letzteren Briefe von Ihrer Neigung gaben, sich mit diesem Studio zu beschäftigen, keinen dazu geschickteren und zuverlässigern als Sie vorschlagen konnte und Sie daher ihm vorgeschlagen habe. Ich bin bei diesem Vorschlage freilich selber interessiert, allein ich bin zugleich versichert, daß, wenn Sie sich von der Reellität jener Bearbeitungen überzeugen können, Sie, wenn Sie sich einmal darauf eingelassen haben, einen unerschöpflichen Quell von Unterhaltung zum Nachdenken, in den Zwischenzeiten, da Sie von Mathematik (der Sie keinesweges dadurch Abbruch tun müssen) ausruhen, für sich finden werden und umgekehrt, wenn Sie von den ersteren ermüdet sind, an der Mathematik eine erwünschte Erholung finden können. Denn ich bin teils durch eigene Erfahrung, teils, und weit mehr, durch das Beispiel der größten Mathematiker überzeugt, daß bloße Mathematik die Seele eines denkenden Mannes nicht ausfülle, daß noch etwas anderes und wenn es auch, wie bei KÄSTNER, nur Dichtkunst wäre, sein muß, was das Gemüt durch Beschäftigung der übrigen Anlagen desselben teils nur erquickt, teils ihm auch abwechselnde Nahrung gibt und was kann dazu, und zwar auf die ganze Zeit des Lebens, tauglicher sein, als die Unterhaltung mit dem, was die ganze Bestimmung des Menschen betrifft; wenn man vornehmlich Hoffnung hat, daß sie systematisch durchgedacht und von Zeit zu Zeit immer einiger bare Gewinn darin gemacht werden kann. Überdem vereinigen sich damit zuletzt Gelehrte- sowohl als Weltgeschichte, auch verliere ich nicht die Hoffnung gänzlich, daß, wenn dieses Studium gleich nicht der Mathematik neues Licht geben kann, diese doch umgekehrt, bei dem Überdenken ihrer Methoden und heuristischen Prinzipien, samt den ihnen noch anhängenden Bedürfnissen und Desideraten, auf neue Eröffnungen für die Kritik und Ausmessung der reinen Vernunft kommen und dieser selbst neue Darstellungsmittel für ihre abstrakte Begriffe, selbst etwas der ars universalis characteristica combinatoria LEIBNIZENS Ähnliches, verschaffen könne. Denn die Tafel der Kategorien sowohl als der Ideen, unter welchen die kosmologische etwas den unmöglichen Wurzeln Ähnliches an sich zeigen,[1]) sind doch abgezählt und in Ansehung alles möglichen Vernunftgebrauchs durch Begriffe so bestimmt, als die Mathematik es nur verlangen kann, um es wenigstens mit ihnen zu versuchen, wie viel sie, wo nicht Erweiterung, doch wenigstens Klarheit hinein bringen könne.

Was nun den Vorschlag des Herrn HARTKNOCH betrifft, so ersehe ich aus Ihrem mir von ihm kommunizierten Briefe, daß Sie ihn nicht schlechterdings abweisen. Ich denke, es wäre gut, wenn Sie ungesäumt daran gingen, um allererst ein Schema im großen vom System zu entwerfen, oder, wenn Sie sich dieses schon gedacht haben, die Teile desselben, daran Sie sich noch etwa stoßen möchten, aussuchen und mir ihre Zweifel oder Schwierigkeiten von Zeit zu Zeit kommunizieren möchten (wobei mir lieb wäre, wenn Ihnen jemand, vielleicht Herr Professor JACOB, den ich herzlich zu grüßen bitte, behilflich wäre, aus allen Gegenschriften (als den Abhandlungen, vornehmlich Rezensionen im EBERHARDSCHEN Magazin, aus den älteren Stücken

---

[1]) Siehe Kritik der reinen Vernunft, 2. Aufl., S. 346 ff.

der Tübinger gel. Zeitung und wo sonst noch dergleichen anzutreffen sein mag), vornehmlich die mir vorgerückte Widersprüche in terminis aufzusuchen; denn ich habe den Mißverstand in diesen Einwürfen zu entwickeln so leicht gefunden, daß ich sie längstens alle insgesamt in einer Kollektion aufgestellt und widerlegt haben würde, wenn ich nicht vergessen hätte, mir die jedesmal bekannt gewordene aufzuzeichnen und zu sammeln). An die lateinische Übersetzung kann, wenn Ihr Werk im Deutschen herausgekommen wäre, immer noch gedacht werden.

Was die dem HARTKNOCH vorgeschlagene zwei Abhandlungen, nämlich die über REINHOLDS Theorie des Vorstellungsvermögens und die Gegeneinanderstellung der HUMESCHEN und K—tschen Philosophie betrifft (in Ansehung der letzteren Abhandlung bitte ich den Band von seinen Versuchen nachzusehen, darin sein — HUMES — moralisches Prinzip anzutreffen ist, um es auch mit dem meinigen zu vergleichen, mit welchem auch sein ästhetisches daselbst angetroffen wird), so würde, wenn letztere Ihnen nicht zu viel Zeit wegnähme, es allerdings der Bearbeitung des ersteren Thema vorderhand vorzuziehen sei. Denn REINHOLD, ein sonst lieber Mann, hat sich in seine mir noch nicht wohl faßliche Theorie so leidenschaftlich hineingedacht, daß, wenn es sich zutrüge, daß Sie in einem oder anderen Stücke, oder wohl gar in Ansehung seiner ganzen Idee, mit ihm uneins wären, er darüber in Unzufriedenheit mit seinen Freunden versetzt werden könnte. Gleichwohl wünsche ich wirklich, daß Sie nichts hinderte, jene Prüfung zu bearbeiten und heraus[zu]geben und tue dazu den Vorschlag: daß, wenn Sie mich mit Ihrer Antwort auf diesen meinen Brief beehren, Sie mir auch Ihre Meinung darüber sagen möchten: ob Sie wohl dazu einstimmeten, daß ich an REINHOLD schriebe, ihn mit Ihrem Charakter und jetziger Beschäftigung bekannt machte und zwischen Ihnen beiden, da Sie einander so nahe sind, eine literärische Korrespondenz, die ihm gewiß sehr lieb sein wird, veranstaltete, wodurch vielleicht eine freundschaftliche Übereinkunft in Ansehung dessen, was Sie über jene Materie schreiben wollen, zustande gebracht werden könnte.

Das Honorarium für Ihre Arbeiten (philosophische sowohl als mathematische) würde ich zwischen Ihnen und HARTKNOCH schon vermitteln, wenn Sie mir darüber nur einigen Wink geben; unter 5 oder 6 Rhtlr. den Bogen brauchen Sie Ihre Arbeit ihm nicht zu lassen.

Ich beharre mit der größten Hochachtung und freundschaftlichsten Zuneigung

der Ihrige

Königsberg, I. Kant.
den 27. September 1791.

N. S. Wegen des Postporto bitte ich nochmals, mich keinesweges zu schonen.

268.

Von Jakob Sigismund Beck.

Halle, den 6. Oktober 1791.
Teuerster Herr Professor!

Vor einiger Zeit erhielt ich einen Brief von dem Buchhändler Herrn HARTKNOCH aus Riga, der mich bat und zwar, wie er sagte, auf Ihren Rat, einen Auszug Ihrer sämtlichen Schriften lateinisch zu schreiben. Da ich keinesweges mir die dazu gehörige Fertigkeit des Ausdrucks in dieser Sprache zutraue, so lehnte ich ohne Bedenken diesen Antrag von mir ab. Ich tat ihm aber einen andern Vorschlag, den nämlich, Verleger zu werden von einer Prüfung der Theorie des Vorstellungsvermögens des Herrn REINHOLDS; oder auch von einer Vergleichung der HUMESCHEN Philosophie mit der Ihrigen, die ich nach und nach ausarbeiten wollte. Was mich nun auf einmal dazu brachte, was schreiben zu wollen, war in Wahrheit nicht Geniedrang, sondern eine behutsame Überlegung. Da ich nämlich bedachte, daß es um das Lesen eines neuen Magisters eine mißliche Sache ist, und mein anderweitiger Verdienst so geringe ist, daß bei aller Einschränkung ich dennoch davon nicht subsistieren kann, so fiel ich auf die, in unsern Tagen leider! von zuvielen zugesprochene, aber doch noch immer ergiebige Quelle, was zu schreiben. Nun muß ich freilich gestehen, daß ich nicht sehr gehindert werde, alle bloße Büchermacher als Betrüger anzusehen. Auch muß ich das gestehen, daß wegen meiner sehr langsamen Progressen in der Mathematik, ja deswegen, weil ich nichts Neues der Welt zu sagen habe, ich mich eben für keinen berufenen Skribenten ansehen kann. Da ich aber an die Theorie des Vorstellungsvermögens dachte, so schien der Vorwurf, darüber was zu schreiben, einen Teil meiner Bedenklichkeiten zu heben. Ich bin von der Nichtigkeit dieser Theorie so sehr überzeugt, daß ich imstande bin, gar Ihnen, mein Urteil darüber zu sagen, und da die Kritik mich überzeugt hat, so glaubte ich über diese Theorie, nach Anstrengung meiner Kräfte, was Gedachtes und nicht ganz Unnützes hervorzubringen. Um jedoch nichts zu unternehmen, das auch späterhin mich mit mir selbst unzufrieden machen dürfte, entschloß ich mich zu dem, Ihnen, bester Herr Professor, offenherzig mein Unternehmen anzuzeigen, und Ihren Rat mir darüber auszubitten.

Den 8. Oktober.

So weit war ich, da ich Ihren freundschaftlichen Brief vom 27. September erhielt. Nun darf ich mit etwas mehr Mut weiterschreiben. Zuerst muß ich Ihnen sehr danken für das Vertrauen, das Sie zu mir fassen. So gut ich nur immer kann, werde ich desselben mich wert zu machen suchen. Mit Freimütigkeit, aber auch mit Furchtsamkeit schicke ich Ihnen eine Probe meiner Aufsätze über die Theorie des Vorstellungsvermögens. Sie haben die Form der Briefe, weil ich sie wirklich an einen hiesigen Freund einen gewissen Magister RATH, der im stillen die Kritik beherzigt, und den ich sehr liebe, gerichtet habe, der mir auch ein paar Aufsätze dazu als Antworten versprochen hat, so daß die ganze Schrift vielleicht acht Bogen stark werden könnte. Aber Sie bitte ich vor allen Dingen, sie zu beurteilen. Das imprimatur oder non imprimatur soll ganz von Ihnen abhängen. Eigentlich habe ich wohl die Absicht, sie anonymisch zu schreiben. Wenn Sie aber Gelegenheit haben, mich mit Herrn REINHOLD bekannt zu machen, so würde das gleichwohl mir angenehm sein, und ich würde auch in dem Fall sehr sorgfältig alles, was selbst entfernt ihn böse machen könnte, meiner Schrift benehmen. Einen Auszug aus Ihren kritischen Schriften zu machen, wird vorzüglich daher mir ein angenehmes Geschäfte sein, weil Sie mir erlauben, meine Bedenklichkeiten grade Ihnen vorzulegen. Die Kritik der reinen Vernunft habe ich mit dem herzlichsten Interesse studiert, und ich bin von ihr wie von mathematischen Sätzen überzeugt. Die Kritik der praktischen Vernunft ist seit ihrer Erscheinung meine Bibel. Aber ich wünsche jetzt nicht so viel, Ihnen geschrieben zu haben, um einige mir vorkommende Schwierigkeiten, welche jedoch die eigentliche Moral betreffen, Ihnen vorlegen zu können.

An Herrn Professor KRAUS bitte ich inliegenden Brief abzugeben. Vor allen Dingen habe ich diesem vortrefflichen Mann die Ursache angeben müssen, warum ich schriftstellern will. Aber Sie habe ich noch ganz vorzüglich zu ersuchen, ihn zu bitten, daß er mir deshalb nicht böse sein wolle. Seinen Unwillen fürchte ich mehr als den Tadel der Rezensenten.

Da Sie so gütig sind, zu verlangen, daß ich meinen Brief nicht frankiere, so tue ich es auch diesesmal nicht. Da jedoch ich künftig was verdienen werde, so bitte ich für die Zukunft mir das Porto tragen zu lassen. Ich bin mit der herzlichsten Hochachtung

der Ihrige
Beck.

269.

An Theodor Gottlieb von Hippel.

Ew. Hochwohlgeboren nehme mir die Freiheit, Inliegendes zum Durchlesen zu kommunizieren. Herr NICOLOVIUS, der mir diesen Brief seines Bruders mitgeteilt hat, hat mir nicht verboten, einen solchen Gebrauch davon zu machen, und er enthält auch keine Heimlichkeit; indessen kann er Sie doch einige Augenblicke amüsieren.

Herr Hofprediger SCHULTZ hat mich auf übermorgen (den nächsten Mittwoch) zur Mittagsmahlzeit invitiert, und ich habe zugesagt. Zugleich aber hat die Frau Hofpredigerin mich ersucht, Sie durch meinen LAMPE zu eben derselben Mahlzeit inständigst zu invitieren. Warum durch diesen Umschweif weiß ich nicht. Indessen wünsche ich sehr, daß Sie durch diesen meinen Boten zusagen möchten, um die Ehre zu haben, Ihrer Gesellschaft zu genießen: der ich mit der vorzüglichsten Hochachtung jederzeit bin

Ew. Hochwohlgeboren
ganz ergebenster Diener
I. Kant.

Den 24. Oktober 1791.

270.

An F. Th. de la Garde.

Ew. Hochedelgeboren haben mich, bei Überschickung eines durchgeschossenen Exemplars von der Kritik der Urteilskraft, wissen lassen, daß Sie dasselbe, mit der Korrektur der Druckfehler und den sonst etwa dabei zu machenden Verbesserungen und Zusätzen, zu Ende des Oktobers zurück erwarteten. — Allein, da, vornehmlich was die letztere betrifft, ich notwendig meine ganze Zeit ununterbrochen dem Durchdenken der hier abgehandelten Sachen widmen muß, welche ich aber im vergangenen Sommer bis in den Oktober hinein, durch ungewohnte Amtsgeschäfte und auch manche literärische unvermeidliche Zerstreuungen abgehalten, nicht habe gewinnen können: so werden Sie sich bis zu Ende Novembers zu gedulden belieben, um welche Zeit, wie ich hoffe, das Exemplar wieder in Ihren Händen sein soll; welches ich hiemit habe melden wollen, damit der Buchdrucker darauf gefaßt sein könne.

Ich bleibe übrigens mit vollkommener Hochachtung
Ew. Hochedelgeboren

Königsberg, ganz ergebenster Diener
den 28. Oktober 1791. I. Kant.

271.

Von Georg Christoph Lichtenberg.

Vergeben Sie, verehrungswürdiger Herr, einem armen Nervenkranken, daß er die Zuschrift eines Mannes, den er schon so lange über alles schätzt, so spät beantwortet. Was mich bei dieser Schuld immer vor mir selbst wenigstens etwas rechtfertigt, wenn sie mich zu hart zu drücken anfing, war das Vertrauen auf die Freundschaft unsers vortrefflichen Herrn Dr. JACHMANNS, der Ihnen sowohl meine seltsamen Umstände erklärt, als Sie auch von dem Enthusiasmus überzeugt haben wird, womit ich Sie, teuerster Mann, verehre. Herrn Dr. JACHMANNS Schilderung von ersteren selbst etwas zuzusetzen, hindern mich eben diese Umstände selbst, etwa so wie beim LESSING dem Heldensänger der Faulheit, die Heldin selbst bei der zweiten Zeile dem Sänger den Mund stopft, und statt alles, was ich über letztern sagen könnte, empfangen Sie hier aus dem Innersten meines Herzens die Versicherung: daß es meine ganze Meinung von mir selbst nicht wenig erhöht hat, daß ich Ihre Schriften schon im Jahr 1767 mit einer Art von Prädilektion gelesen, und daß ich bei der Erscheinung Ihrer Kritik, sobald ich nur davon so viel gefaßt hatte, um zu sehen, wo alles hinaus wollte, gegen einige meiner Freunde schriftlich und mündlich erklärt habe: gebt acht, das Land, das uns das wahre System der Welt gegeben hat, gibt uns noch das befriedigendste System der Philosophie. Das waren meine Worte, ob ich gleich noch nicht alles übersah, und mit diesen Gesinnungen schrieb ich auch jene im Taschen-Kalender, die Ihnen zu Gesicht gekommen sind. Ich rechnete auf diesen Umstand nicht, sondern schrieb sie, weil ich glaubte, sie Ihren großen Talenten nach meiner Überzeugung schuldig zu sein. Soviel für jetzt.

Da Herr DIETERICH soeben ein Paket nach Königsberg abschickt, so habe ich mir die Freiheit genommen, ein Exemplar von meiner neuen Auflage von ERXLEBENS Physik beizulegen. Was ich in der Vorrede darüber gesagt habe, ist im strengsten Verstande wahr. Ich wünschte nun fast, daß ich dem Vorschlag des Verlegers gefolgt wäre, die vorletzte Ausgabe ohne Veränderung, weil es an Exemplaren fehlte, abdrucken zu lassen, denn ich finde nun fast täglich die traurigsten Spuren der Eile und des Mißmutes. Einige Verbesserungen habe ich auch noch hinter dem Register angezeigt. Zugleich erfolgen hierbei zwei Exemplare des Taschen-Kalenders, wovon ich das eine nach dessen Adresse, nebst meiner gehorsamsten Empfehlung gütigst bestellen zu lassen bitte. Sie werden diese heilige Christware mit den Augen ansehen, mit denen man überhaupt Nürnberger Ware ansieht. Der Goldschaum und die Farben und die unschuldige Absicht sind immer das beste daran. Ich schreibe diese Blätter deswegen immer ununterbrochen fort, weil ich damit meinen etwas schweren Hauszins bezahle, und mein gütiger Wirt, der Verleger diese Münze, ohne sie zu wägen oder selbst sie nur anzusehen, einsteckt, daher ich denn schlau genug bin, immer etwas Rechenpfennige und metallene Knöpfe mit darunter zu mischen. S. 199 unten ist eine Stelle, die mich in einige Verlegenheit gesetzt hat. Im Manuskript stund Freunde der neuen Philosophie, allein, als ich die Stelle im Druck las, kam sie mir so beleidigend für einige meiner besten Bekannte vor, und das so ganz wider meine Absicht, daß ich, um keine Partei zu beleidigen und um kurz abzukommen, Feinde setzte, da sie denn beide wohl mit mir eins sein werden.¹)

Nun leben Sie recht wohl, verehrungswürdiger Mann, und nehmen Sie mich in Ihren Schutz, denn auch ich habe meine Feinde, und sein Sie versichert, daß ich mit der größten Hochachtung und Verehrung bin

Ihr
gehorsamster Diener
Göttingen, den 30. Oktober 1791.   G. C. Lichtenberg.

272.

An Jakob Sigismund Beck.

Wertester Herr Magister!
Meine Antwort auf Ihr mir angenehmes Schreiben vom 8. Oktober kommt etwas spät, aber, wie ich hoffen will, doch nicht zu spät, um Sie in Ihren Arbeiten aufgehalten zu haben. Meine Dekanats- und andere Geschäfte haben mich zeither aufgehalten und selbst das Vorhaben, zu antworten, mir aus den Gedanken gebracht.

Ihre Bedenklichkeit, sich um bloßen Gewinns willen dem leidigen Troß der Büchermacher beizugesellen, ist ganz gerecht. Eben so vernünftig ist aber auch Ihr Entschluß, wenn Sie glauben, dem Publikum „etwas Gedachtes und nicht Unnützes" vorlegen zu können, auch ohne den Bewegungsgrund des Erwerbs zu dem öffentlichen Kapital der Wissenschaft gleich Ihren Vorfahren (deren hinterlassenen Fonds Sie benutzt haben) auch Ihren Beitrag zu tun.

---

¹) Vgl. Lichtenbergs Erklärung Hogarthischer Kupferstiche im Göttinger Taschen Calender für das Jahr 1792. Bei der Erklärung des achten Blattes, das ein Festmahl darstellt, bemerkt L. zu der Figur eines Gastes, der am Essen nicht teilzunehmen scheint: „Nur der arme, arme Nr. 3, was wird aus dem werden? Er geht zum Schmaus und ißt nicht. Oder zehrt er vielleicht an sich? Die Feinde der neueren Philosophie werden sagen: seht da das Ebenbild einer Metaphysik, die sich selbst auffrißt."

Zwar hätte ich gewünscht, daß Sie von den zwei Abhandlungen, die Sie Herrn HARTKNOCH in Vorschlag brachten, die erstere gewählt hätten, um damit zuerst aufzutreten; weil die Theorie des Vorstellungsvermögens des Herrn REINHOLD so sehr in dunkele Abstraktionen zurückgeht, wo es unmöglich wird, das Gesagte in Beispielen darzustellen, so, daß, wenn sie auch in allen Stücken richtig wäre (welches ich wirklich nicht beurteilen kann, da ich mich noch bis jetzt nicht habe hineindenken können), sie doch eben dieser Schwierigkeit wegen unmöglich von ausgebreiteter oder daurender Wirkung sein kann, vornehmlich aber auch Ihre Beurteilung, so sehr mich auch die mir gütigst zugeschickte Probe derselben von Ihrer Gabe der Deutlichkeit auf angenehme Art überzeugt hat, die der Sache selbst anhängende Dunkelheit nicht wohl wird vermeiden können. — Vor allem wünsche ich, daß Herr REINHOLD aus Ihrer Schrift nicht den Verdacht ziehe, als hätte ich Sie dazu aufgemuntert oder angestiftet, da es vielmehr Ihre eigene Wahl ist; auch kann ich, wenigstens jetzt noch nicht, Sie mit demselben, wie ich Sinnes war, bekannt machen, weil es ihm alsdann leichtlich falsche Freundschaft zu sein scheinen möchte. Übrigens zweifle ich gar nicht, daß der Ton Ihrer Schrift nichts für diesen guten und sonst aufgeweckten, jetzt aber, wie mir es scheint, etwas hypochondrischen Mann, Hartes oder Kränkendes enthalten werde.

Ihr Vorhaben, wertester Freund, aus meinen kritischen Schriften einen Auszug zu machen, da Sie von deren Wahrheit und Nützlichkeit überzeugt zu sein bezeugen, ist ein für mich sehr interessantes Versprechen; da ich meines Alters wegen dazu selbst nicht mehr wohl auferlegt bin und unter allen, die diesem Geschäfte sich unterziehen möchten, der Mathematiker mir der liebste sein muß. Die Ihnen, die eigene Moral betreffende, vorgekommene Schwierigkeiten bitte mir zu eröffnen. Mit Vergnügen werde ich sie zu heben suchen und ich hoffe es leisten zu können, da ich das Feld derselben oft und lange nach allen Richtungen durchkreuzt habe.

Die mir zugesandte Probe Ihrer Abhandlung behalte ich zurück, weil in Ihrem Briefe nicht angemerkt ist, daß ich sie zurückschicken solle.

Aber darin kann ich mich nicht finden; was Sie zum Schlusse Ihres Briefes anmerken, daß Sie ihn auf mein Verlangen für dasmal nicht frankierten und dennoch habe ich ihn frankiert bekommen. Tun Sie doch dieses künftig beileibe nicht. Der Aufwand bei unserer Korrespondenz ist für mich unerheblich, für Sie aber jetzt sowohl als noch eine ziemliche Zeit hin erheblich gnug, um die letztere deswegen bisweilen auszusetzen, welches für mich Verlust wäre.

Daß Herr Professor KRAUS alle Gelehrte gern zu Hagestolzen machen möchte, die, weil so viel Kinder bald nach der Geburt sterben, sich untereinander bereden, keine mehr zu zeugen, gehört zu seinen fest beschlossenen Grundsätzen, von denen unter allen Menschen wohl keiner weniger als ich imstande sein würde, ihn abzubringen. In Ansehung der Partei, die Sie in diesem Punkte zu nehmen haben, bleiben Sie, was mich betrifft, noch immer völlig frei. Ich verlange mich nicht einer Autorsünde teilhaftig zu machen und wegen der Gewissensskrupel, die Ihnen darüber etwa dereinst entspringen oder von andern erregt werden möchten, die Schuld zu tragen: und bleibe übrigens mit aller Hochschätzung und Freundschaft

Ihr

Königsberg, ergebenster Diener
den 2. November 1791. I. Kant.

273.

Von Johann Benjamin Erhard.

Jena, den 6. September 1791.

Teurster Lehrer!

Innig liebte und verehrte ich Sie, da ich es noch nicht wagen durfte, Sie mir unter einen andern Namen zu denken, aber viel hat diese Liebe und Achtung an frohen Genusse für mich und an Einfluß auf mein Leben gewonnen, seitdem mir das Glück zuteil wurde, Sie auch meinen Freund nennen zu dürfen.

Meine Reise von Königsberg hieher, wo ich bloß meine Freunde SCHILLER und REINHOLD, in dessen Hause ich nun wohne, besuche und dann meine Reise meinem Plan gemäß weiter fortsetze, machte ich ohne allen widrigen Zufall und mit den seligsten Rückerinnerungen. In Berlin fand ich bei Professor HERZ eine sehr gute Aufnahme und machte durch ihn viele angenehme Bekanntschaften. Er selbst hat zwar keine Zeit mehr, sich eigentlich mit Philosophie zu beschäftigen, aber er hat dafür sehr gute Köpfe um sich gesammelt. Ein gewisser BEN DAVID[1]) verspricht mir darunter sehr viel für die Zukunft. MAIMON lernte ich nicht persönlich kennen, ich suchte ihn ein paarmal auf und fand ihn nicht, aber da ich nun sein philosophisches Wörterbuch sah, so bedauere ich es nicht im geringsten, denn dieses verrät, was ich am wenigsten leiden mag, schrecklichen Hang zum Tiefsinn — ohne allen tiefen Sinn.

Eine meiner wertesten Bekanntschaften machte ich am Kammergerichtsrat KLEIN.[2]) Dies ist einer von den seltnen Männern, deren Enthusiasmus ihrer Einsicht untergeordnet ist, ohne erkaltet zu sein. Der vorzüglichste Gegenstand unserer Unterhaltung war das Kriminalrecht. Ich will die Hauptpunkte, in denen wir übereinkamen, Ihnen zu Ihrer Prüfung, die Sie mir wohl nicht versagen? vorlegen.

1. Die Übertretung der Gesetzen, nicht der Schaden der Gesellschaft bestimmt die Größe des Verbrechens.
2. Eigentlich Verbrechen (Crimina) können, da das moralische Gesetz nicht bedingt unter Drohung eines gewissen Verlustes gebietet, auch nicht bedingt verboten sein, so nämlich, daß durch die Erduldung der Strafe allein, ohne Buße der Verbrecher wieder eben so moralisch als vor den Verbrechen anzusehen sei.
3. Da das Gesetz absolut gebietet, so kann auch die Strafe nicht als ein Mittel zu einem andern Zweck, sondern einzig zur Heiligung (nicht zur Erfüllung auf eine andere Art) des Gesetzes gebraucht werden.
4. Sie ist also etwas Verwirktes, das ohne alle andere Erwartung oder Absicht erduldet werden muß.
5. Aber da nicht Genugtuung des Schadens, noch Besserung noch Beispiel die Absicht der Strafe sein kann, so kann man auch nicht sagen, daß sie die Erduldung eines physischen Übel, als solches, wegen eines moralischen Vergehens sei, sondern sie ist das Symbol der Strafwürdigkeit einer Handlung, durch eine denen Rechten, die der Verbrecher verwirkt hat, entsprechende Kränkung desselben.

---

[1]) Lazarus Bendavid s. Bd. IX, S. 367.
[2]) Ernst Ferdinand Klein (1744—1810), hervorragender Jurist, Kammergerichtsrat in Berlin.

6. Die Bestrafung setzt die Einsicht der Verbindlichkeit moralisch zu handeln, die Mündigkeit des Verbrechers voraus, Unmündige können nur gezüchtigt werden.
7. Die Bestrafung setzt die Fähigkeit der Reflexion während der Handlung voraus, im Falle diese bei dem Verbrecher nicht stattfand, kann er auch nicht gestraft werden, sondern er ist der Rechte der Mündigkeit verlustigt und wird gezüchtigt.
8. Meinen Rechten ist ihre Gültigkeit entweder durch die Gesellschaft allein gesichert, oder auch einesteils durch mich selbst, obgleich meine Macht nicht immer hinlänglich ist. Im ersten Fall macht sich der Verbrecher dieser Gültigkeit verlustigt, und im andern Falle ersetzt die Gesellschaft meine physische Macht und behandelt den Verbrecher nach dem Recht, das er mir durch seine Beleidigung über ihn gab. Zum Beispiel der Dieb macht sich seines Eigentums verlustigt. Der Mörder hätte dürfen von mir umgebracht werden, ehe er seine Absicht ausführte, die Gesellschaft übt also meinRecht über ihn aus.
9. Das moralische Gesetz gibt mir nicht allein die Vorschrift, wie ich andere behandeln soll, sondern auch, wie ich mich von andern soll behandeln lassen, es verbietet mir sowohl den Mißbrauch anderer Menschen, als die Erduldung desselben, die Wegwerfung meiner selbst.
10. Es ist mir daher ebensowohl befohlen, kein Unrecht zu leiden als keines zu tun. Aber ersteres ist mir allein ohne Hilfe zwar im Vorsatz aber nicht in der Ausführung möglich, und dadurch ist mir und allen Menschen die Aufgabe gemacht, ein Mittel zu finden, durch welches meine physischen Kräfte meinen moralischen Forderungen gleich würden. Hieraus entspringt der moralische Trieb und die Verbindlichkeit zur Geselligkeit,
11. Durch die Gesellschaft wird nun das Erlaubte zum Recht, und die Übertretung der Sittengesetze zum Verbrechen. Nur nach der Entwicklung der Rechte lassen sich die Verbrechen richtig ihrer Größe nach bestimmen.
12. Die Gesellschaft, insofern sie den Schutz der Rechte und die Bestrafung der Verbrechen zur Hauptabsicht hat, heißt bürgerliche Gesellschaft. Sie ist daher nicht bloß nützlich, sondern heilig.

13. Verachtung und Zerstörung der bürgerlichen Gesellschaft, Hochverrat ist daher das größte Verbrechen, und seine Strafe darf durch keine andere irgend eines Verbrechens übertroffen werden.

Ich bleibe hier stehen, weil ich einige Anmerkungen über diese 13 Sätze beifügen will. Die Ordnung, in der ich sie stellte, mag wohl nicht die beste sein, aber ich folgte meinem Ideengang, der immer halb analytisch und halb synthetisch ist. Dann machte es mir auch einige Mühe, aufrichtig zu sein, weil ich hier schon den Anfang eines Aufsatzes meines Freundes über die Prinzipien des Naturrechts las, worinnen ich manche Begriff viel besser entwickelt und ausgedrückt fand, als sie bei mir waren, da ich mit KLEIN sprach, und ich Ihnen doch unsere gemeinschaftlichen Grundsätze vorlegen wollte. Der 13. Satz gehört auch eigentlich nicht mehr hinzu, aber ich fügte ihn bei, weil er mir eine Bestätigung meiner Lieblingshypothese scheint, daß die Menschen nie etwas hervorbrachten, glaubten, liebten oder verabscheueten, wozu sich nicht eine Veranlassung in den edlern Teil ihrer Natur findet. Ihre Verirrungen kommen immer daher, daß sie ihre eigenen Geschöpfe für ihre Götter ansehen. Ich stelle mir die Sache so vor. Bei der Philosophie (worunter ich hier alles verstehe, was sich auf das moralische Interesse der Menschen bezieht, auch die Theologie) ist es nicht wie mit andern Wissenschaften und Künste, deren Stoffe sich nur nach und nach darbieten, deren Beobachtung oft Werkzeuge erfordert, sondern aller Stoff der Philosophie war von jeher dem Menschen ganz gegeben, und von seiner Kraft und Willen hing es ab, wie viel er zum klaren oder deutlichen Bewußtsein davon brachte. Für den, dessen reine Moralität ihn fähig machte, in sich zu kehren, waren diese Kenntnisse das, was sie sind, Entdeckungen des edlern Teil des Menschen, und keine außer uns hypostasierte Ideale, aber für den, der diese Entdeckungen nicht selbst machte, waren sie etwas, das der Erkenntnis, die einen objektiven Stoff fordert, ganz analog war, und sie setzten einen erdichteten objektiven Stoff voraus, ja selbst die ersten Entdecker konnten, da sie oft schon in Rücksicht anderer Erkenntnisse zu dieser Verfahrungsart gewöhnt waren, endlich selbst in Rücksicht auf ihre eigene Lehren in diesen Irrtum verfallen. War nun einmal ein hypostasiertes Ideal angenommen, so wurde es, da ihm kein Objekt korrespondierte und doch jeder eine neue Entdeckung daran machen wollte, zum Phantom, und in dieser Gestalt blieb es den Scharfsichtigen und Boshaften nicht mehr heilig genug, um nicht zu betrügerischen Absichten gebraucht zu werden. Ein gleiches Schicksal hatte auch der Begriff von Hochverrat und seine gerechteste Bestrafung die Achtserklärung.

Gleiches Schicksal werden alle philosophische Kenntnisse noch immer haben, bis sich die Menschen an dem behutsamen Geist des Philosophierens allgemein gewöhnen, den Sie ihnen zeigten. Ich weiß nicht, ob ich mich deutlich über meine letzte Meinung ausdrücken konnte, ich zweifle selbst daran, aber ich hoffe, daß Ihre Erinnerung mir dazu verhelfen werden.

Leben Sie noch lange wohl.

Ihr
Sie innigst verehrender
Jo. Benj. Erh.

N. S. Meine Adresse ist an Herrn FRANZ PAUL Baron VON HERBERT in Klagenfurt.

274.

Von Jakob Sigismund Beck.

Halle, den 11. November 1791.

Teuerster Herr Professor!

Bald nachdem ich den Brief vom 2. Oktober an Sie geschrieben hatte, und noch täglich an der Prüfung der Theorie des Vorstellungsvermögens etwas arbeitete, wurde der Gedanke mir immer auffallender, daß ich doch im Grunde für kein Publikum schriebe. Da ich nun gestern Ihren mir sehr lieben Brief vom 2. November erhielt, so beschloß ich gleich, diese Arbeit ganz beiseite zu legen. Aber, obgleich dem so ist, so liegt mir doch daran, Sie zu versichern, daß ich weit entfernt gewesen, etwas in meine Schrift zu setzen, was Herrn REINHOLD auf den Gedanken bringen könnte, daß Sie was darum wüßten. Auch hätte ich mir nichts Hartes gegen diesen Mann erlaubt, der des Wahrheitgefühls wegen, das er in seiner Schrift äußert, mir immer sehr schätzbar ist. Ganz unnütze für mich ist auch meine Beschäftigung mit seiner Theorie nicht gewesen, indem ich vieles mehr nachgedacht und mir auch geläufiger gemacht habe.

Ich wende mich nun zu der mir weit interessanteren Arbeit, einen Auszug aus Ihren kritischen Schriften zu verfertigen, und schiebe die dem Herrn HARTKNOCH angebotene Schrift über HUME noch etwas auf. Mit dem mir möglichen Fleiß will ich arbeiten und werde, bester Herr Professor, da Sie es mir ja erlauben, Ihnen das schreiben, was ich noch nicht tief genug bis zur eigenen Beruhigung einsehe. Wenn Sie nun so gütig sein wollen, deswegen an Herrn HARTKNOCH zu schreiben, so wird mir das sehr angenehm sein. Er wird aber auch so gut sein müssen, mir aus seinem Lager in Leipzig einige Sachen, besonders Journäle, die ich mir ausbitten werde, zu schicken.

Und nun, erlauben Sie mir zu fragen, ob ich in folgendem Ihren Sinn treffe. Nur muß ich Sie vorher bitten, doch nicht verdrüßlich zu werden, wenn bei der Versicherung die Kritik beherzigt zu haben, ich doch vielleicht zu fehlerhaft schreibe.

Die Kritik nennt die Anschauung eine Vorstellung, die sich unmittelbar auf ein Objekt bezieht. Eigentlich aber wird doch eine Vorstellung allererst durch Subsumtion unter die Kategorien objektiv. Und da auch die Anschauung diesen, gleichsam objektiven Charakter, auch nur durch Anwendung der Kategorien auf dieselbe erhält, so wollte ich gern jene Bestimmung der Anschauung, wonach sie eine auf Objekte sich beziehende Vorstellung ist, weglassen. Ich finde doch in der Anschauung nichts mehr, als ein vom Bewußtsein (oder dem einerlei Ich denke) begleitetes und zwar bestimmtes Mannigfaltige, wobei noch keine Beziehung auf ein Objekt stattfindet. Auch den Begriff will ich nicht gern eine Vorstellung, die sich mittelbar auf ein Objekt bezieht, nennen; sondern unterscheide ihn darin von der Anschauung, daß diese durchgängig bestimmt, und jener nicht durchgängig bestimmt ist. Denn Anschauung und Begriff erhalten ja erst durch das Geschäfte der Urteilskraft, die sie dem reinen Verstandesbegriff subsumiert, das Objektive.†)

---

†) *Anmerkung Kants:* „Die Bestimmung eines Begriffs durch die Anschauung zu einer Erkenntnis des Objekts gehört für die Urteilskraft, aber nicht die Beziehung der Anschauung auf ein Objekt überhaupt; denn das ist bloß der logische Gebrauch der Vorstellung, dadurch diese als zum Erkenntnis gehörig gedacht wird, dahingegen wenn diese einzelne Vorstellung bloß aufs Subjekt bezogen wird, der Gebrauch ästhetisch ist (Gefühl) und die Vorstellung kein Erkenntnisstück werden kann."

Unter dem Worte verbinden in der Kritik verstehe ich nichts mehr noch minder, als das Mannigfaltige von dem identischen Ich denke, begleiten, wodurch überhaupt eine Vorstellung entsteht. Nun meine ich, daß die ursprüngliche Apperzeption eben um dieser einen Vorstellung willen, die dadurch nur zustande kommen kann, von der Kritik die Einheit der Apperzeption genannt wird. Aber habe ich auch darin recht, daß ich beide verwechsele, oder vielmehr darin lediglich den Unterschied finde, daß das reine Ich denke, obgleich es nur an der Synthesis des Mannigfaltigen erhalten wird, doch überhaupt (da es selbst nichts Mannigfaltiges in sich schließt) als etwas Unabhängiges von demselben gedacht wird; hingegen die Einheit des Bewußtseins in der Identität desselben bei den Teilen des Mannigfaltigen zu setzen sei? Diese Einheit erhält nun in meinen Augen den Charakter der objektiven Einheit, wenn die Vorstellung selbst unter die Kategorie subsumiert wird. Herr REINHOLD spricht von einer Verbindung und einer Einheit im Begriff, einer zweiten Verbindung und einer zweiten Einheit (von der zweiten Potenz, wie er sich ausdruckt) im Urteil. Auch hat er noch eine dritte im Schluß. Davon verstehe ich zwar nicht ein Wort, indem ich unter Verbinden nichts mehr als das Mannigfaltige vom Bewußtsein begleiten, verstehe, aber doch macht es mich mißtrauisch gegen mich selbst.

Mein teuerster Lehrer, Ihnen Zeit rauben ist nicht meine Sache. Aber, indem ich für diesesmal nichts weiteres Ihnen vorlegen will, muß ich Sie inständigst bitten, mit wenigen Worten mich über das Vorgelegte zu beruhigen. Denn wenn ich irre, so würden doch wohl nur einige Winke hinlänglich mich auf die rechte Bahn führen. Es verhält sich mit diesem Studium darin ganz anders wie mit dem der Mathematik. Sätze der letztern, einmal deutlich eingesehen, können wohl an Deutlichkeit nichts mehr gewinnen. Dies letztere findet doch in der Philosophie statt. KLÜGEL, dessen Scharfsinn ich oft zu bemerken Gelegenheit habe, versichert mich, daß, obgleich gar einmal er ein Kollegium über die Metaphysik der Natur gelesen, er lange nachher erst ein einigermaßen widriges Vorurteil sowohl gegen jene Metaphysik, als auch wohl gegen die Kritik bis auf den Punkt, daß er sie schätze, indem er sie immer mehr verstehe, abgelegt habe. Ich erinnere mich noch gar wohl, wie er, um die Zeit, da ich hier angekommen war, über die Bestimmung, wonach die Mathematik eine Wissenschaft durch Konstruktion der Begriffe sei, urteilte. Ich konnte lange nicht erraten, was er damit haben wollte, daß sie eine Wissenschaft der Formen der Größen sei, und erfuhr erst, da ich disputierte, daß seine Erklärung genau mit der Ihrigen kongruiere. Die Kritik der Urteilskraft befriedigt mich ganz. Nur müssen Sie nicht zürnen, daß ich jetzt erst mit dem ästhetischen Teil fertig bin. Ich bin mit der reinsten Hochachtung

der Ihrige
Beck.

275.

An Jakob Sigismund Beck.

Wertester Freund 20. Januar 1792.

Ich habe Sie auf Ihren Brief vom 9. Dezember vorichten Jahres lange warten lassen, doch ohne meine Schuld, weil mir dringende Arbeiten auf dem Halse lagen, das Alter mir aber eine sonst nicht gefühlte Notwendigkeit auferlegt, über einen Gegenstand, den ich bearbeite, das Nachdenken durch keine allotria zu unterbrechen, bis ich mit diesem zu Ende bin; weil ich sonst den Faden nicht mehr wohl auffinden kann, den ich einmal aus den Händen gelassen habe. Künftig soll es, wie ich hoffe, keinen so langen Aufschub mehr geben.

Sie haben mir Ihre gründliche Untersuchung von demjenigen vorgelegt, was gerade das schwerste von der ganzen Kritik ist, nämlich die Analysis einer Erfahrung überhaupt und die Prinzipien der Möglichkeit der letzteren. — Ich habe mir sonst schon einen Entwurf gemacht in einem System der Metaphysik diese Schwierigkeit umzugehen und von den Kategorien nach ihrer Ordnung anzufangen (nachdem ich vorher bloß die reine Anschauungen von Raum und Zeit, in welchen ihnen Objekte allein gegeben werden, vorher exponiert habe, ohne noch die Möglichkeit derselben zu untersuchen) und zum Schlusse der Exposition jeder Kategorie, zum Beispiel der Quantität und aller darunter enthaltenen Prädikabilien, samt den Beispielen ihres Gebrauchs, nun beweise: daß von Gegenständen der Sinne keine Erfahrung möglich sei, als nur, sofern ich a priori voraussetze, daß sie insgesamt als Größen gedacht werden müssen und so mit allen übrigen; wobei dann immer bemerkt wird, daß sie uns nur als in Raum und Zeit gegeben vorgestellt werden. Woraus dann eine ganze Wissenschaft der Ontologie als immanenten Denkens das ist desjenigen, dessen Begriffen man ihre objektive Realität sichern kann, entspringt. Nur nachdem in der zweiten Abteilung gezeigt worden, daß in derselben alle Bedingungen der Möglichkeit der Objekte immer wiederum bedingt seien und gleichwohl die Vernunft unvermeidlich aufs Unbedingte hinauszugehen antreibt, wo unser Denken transszendent wird, das ist den Begriffen derselben als Ideen die objektive Realität gar nicht verschafft werden und also kein Erkenntnis der Objekte durch dieselbe stattfinden kann: in der Dialektik der reinen Vernunft (der Aufstellung ihrer Antinomien) wollte ich zeigen, daß jene Gegenstände möglicher Erfahrung als Gegenstände der Sinne die Objekte nicht als Dinge an sich selbst, sondern nur als Erscheinungen zu erkennen geben und nun allererst die Deduktion der Kategorien in Beziehung auf die sinnliche Formen von Raum und Zeit als Bedingungen der Verknüpfung derselben zu einer möglichen Erfahrung vorstellig machen, den Kategorien selbst aber als Begriffen, Objekte überhaupt zu denken (die Anschauung mag von einer Form sein welche sie wolle) dann den auch über die Sinnengrenzen erweiterten Umfang, der aber kein Erkenntnis verschafft, ausmachen. Allein hievon gnug.

Sie haben es ganz wohl getroffen, wenn Sie sagen: „Der Inbegriff der Vorstellungen ist selbst das Objekt und die Handlung des Gemüts, wodurch der Inbegriff der Vorstellungen vorgestellt wird, heißt sie auf das Objekt beziehen." Nur kann man noch hinzufügen: wie kann ein Inbegriff: Complexus der Vorstellungen vorgestellt werden? Nicht durch das Bewußtsein, daß er uns gegeben sei; denn ein Inbegriff erfordert Zusammensetzen (synthesis) des Mannigfaltigen. Er muß also (als Inbegriff) gemacht werden und zwar durch eine innere Handlung, die für ein gegebenes Mannigfaltige überhaupt gilt und a priori vor der Art, wie dieses gegeben wird, vorhergeht, das ist er kann nur durch die synthetische Einheit des Bewußtseins desselben in einem Begriffe (vom Objekte überhaupt) gedacht werden und dieser Begriff, unbestimmt in Ansehung der Art, wie etwas in der Anschauung gegeben sein mag, auf Objekt überhaupt bezogen, ist die Kategorie. Die bloß subjektive Beschaffenheit des vorstellenden Subjekts, sofern das Mannigfaltige in ihm (für die Zusammensetzung und die synthetische Einheit desselben) auf besondere Art gegeben ist, heißt Sinnlichkeit und diese Art der Anschauung a priori gegeben die sinnliche Form der Anschauung. Beziehungsweise auf sie werden vermittelst der Kategorien die Gegenstände bloß als Dinge in der Erscheinung und nicht nach dem, was sie an sich selbst sind, erkannt; ohne alle Anschauung werden sie gar nicht erkannt, aber doch gedacht, und wenn man nicht bloß von aller Anschauung abstrahiert, sondern sie sogar ausschließt, so kann den Kategorien die objektive Realität (daß sie überhaupt etwas vorstellen und nicht leere Begriffe sind) nicht gesichert werden.

Vielleicht können Sie es vermeiden, gleich anfänglich Sinnlichkeit durch Rezeptivität, das ist die Art der Vorstellungen, wie sie im Subjekte sind, sofern es von Gegenständen affiziert wird, zu definieren und es in dem setzen, was in einem Erkenntnisse bloß die Beziehung der Vorstellung aufs Subjekt ausmacht, so, daß die Form derselben in dieser Beziehung aufs Objekt der Anschauung nichts mehr als die Erscheinung desselben erkennen läßt. Daß aber dieses Subjektive nur die Art, wie das Subjekt durch Vorstellungen affiziert wird, mithin bloß Rezeptivität desselben ausmache, liegt schon darin, daß es bloß die Bestimmung des Subjekts ist.

Mit einem Worte: da diese ganze Analysis nur zur Absicht hat, darzutun: daß Erfahrung selbst nur vermittelst gewisser synthetischer Grundsätze a priori möglich sei, dieses aber alsdann, wenn diese Grundsätze wirklich vorgetragen werden, allererst recht faßlich gemacht werden kann, so halte ich für ratsam, ehe diese aufgestellt werden, so kurz wie möglich zu Werke zu gehen. Vielleicht kann Ihnen die Art, wie ich hiebei in meinen Vorlesungen verfahre, wo ich kurz sein muß, hiezu einigermaßen behülflich sein.

Ich fange damit an, daß ich Erfahrung durch empirische Erkenntnis definiere. Erkenntnis aber ist die Vorstellung eines gegebenen Objekts als eines solchen durch Begriffe; sie ist empirisch, wenn das Objekt in der Vorstellung der Sinne (welche also zugleich Empfindung und diese mit Bewußtsein verbunden, das ist Wahrnehmung enthält) Erkenntnis aber a priori, wenn das Objekt zwar, aber nicht in der Sinnenvorstellung (die also doch nichtsdestoweniger immer sinnlich sein kann) gegeben ist. Zum Erkenntnis werden zweierlei Vorstellungsarten erfordert: 1. Anschauung, wodurch ein Objekt gegeben, und 2. Begriff, wodurch es gedacht wird. Aus diesen zwei Erkenntnisstücken nun ein Erkenntnis zu machen, wird noch eine Handlung erfordert: das Mannigfaltige in der Anschauung Gegebene der synthetischen Einheit des Bewußtseins, die der Begriff ausdrückt, gemäß, zusammenzusetzen. Da nun Zusammensetzung durch das Objekt oder die Vorstellung desselben in der Anschauung nicht gegeben, sondern nur gemacht sein kann, so beruht sie auf der reinen Spontaneität des Verstandes in Begriffen von Objekten überhaupt (der Zusammensetzung des mannigfaltigen Gegebenen). Weil aber auch Begriffe, denen gar kein Objekt korrespondierend gegeben werden könnte, mithin ohne alles Objekt nicht einmal Begriffe sein würden (Gedanken, durch die ich gar nichts denke), so muß ebensowohl a priori ein Mannigfaltiges für jene Begriffe a priori gegeben sein und zwar, weil es a priori gegeben ist, in einer Anschauung ohne Ding als Gegenstand, das ist in der bloßen Form der Anschauung, die bloß subjektiv ist (Raum und Zeit), mithin der bloß sinnlichen Anschauung, deren Synthesis durch die Einbildungskraft unter der Regel der synthetischen Einheit des Bewußtseins, welche der Begriff enthält, gemäß; da dann die Regel auf Wahrnehmungen (in denen Dinge den Sinnen durch Empfindung gegeben werden) angewandt, die des Schematismus der Verstandesbegriffe ist.

Ich beschließe hiemit meinen in Eile abgefaßten Entwurf und bitte, sich durch meine Zögerung, die durch zufällige Hindernisse verursacht worden, nicht abhalten zu lassen, Ihre Gedanken mir, bei jeder Veranlassung durch Schwierigkeiten, zu eröffnen und bin mit der vorzüglichsten Hochachtung

Der Ihrige
Königsberg, I. Kant.
den 20. Januar 1792.

N. S. Inliegenden Brief bitte doch sofort auf die Post zu geben.

276.

Von Johann Gottlieb Fichte.

Wohlgeborner Herr,
Höchstzuverehrender Herr Professor,

Ich habe ohnlängst die meinem Herzen sehr erfreuliche Nachricht erhalten, daß Euer Wohlgeborn mit der liebevollsten Besorgsamkeit bei jener unerwarteten Zensurverweigerung[1]) und Herrn HARTUNGS darauf gefaßten Entschlusse in Ihrem Rate dabei auf mein mögliches künftiges Wohl bedacht gewesen sind. Das Andenken und die Besorgsamkeit eines Mannes, der meinem Herzen über alles ehrwürdig ist, ist mir teuer, und ich versichere Dieselben hierdurch meiner wärmsten Dankbarkeit dafür; eine Versicherung, die ich, um Ihrer Zeit zu schonen, erst später würde gegeben haben, wenn ich nicht zugleich Ihres Rats bedürfte.

Ein Gönner nämlich, den ich verehre, bittet mich in einem Briefe über diesen Gegenstand, der mit einer Güte geschrieben ist, die mich rührt, bei einer durch diesen Aufschub des Drucks vielleicht möglichen Revision der Schrift doch noch ein paar Punkte in ein ander Licht zu stellen, die zwischen ihm und mir zur Frage gekommen sind. Ich habe nämlich gesagt, daß der Glaube an eine gegebene Offenbarung vernunftmäßig nicht auf Wunderglauben gegründet werden könne, weil kein Wunder, als solches, zu erweisen sei; habe aber in einer Note hinzugesetzt, daß man, nach anderweitigen guten Gründen, daß eine Offenbarung als göttlich annehmbar sei, sich allenfalls der Vorstellung von bei ihr geschehnen Wundern bei Subjekten, die so etwas bedürfen, zur Rührung und Bewunderung bedienen könne; die einzige Milderung, die ich diesem Satze geben zu können glaubte. Ich habe ferner gesagt, daß eine Offenbarung weder unsre dogmatischen noch moralischen Erkenntnisse ihrer Materie nach erweitern könne; aber wohl zugestanden, daß sie über transszendente Gegenstände, über welche wir zwar das Daß glauben, über das Wie aber nichts erkennen können, etwas bis zur Erfahrung

---

[1]) Der Dekan der theologischen Fakultät in Halle hatte die Druckerlaubnis für Fichtes „Versuch einer Kritik aller Offenbarung" verweigert; doch konnte die Schrift erscheinen, nachdem er von seinem Amt zurückgetreten war (s. Fichtes Leben I, 138 f.).

provisorisch, und für die, die es sich so denken wollen, subjektiv Wahres hinstellen könne, welches aber nicht für eine materielle Erweiterung, sondern bloß für eine zur Form gehörige verkörpernde Darstellung des schon a priori gegebnen Geistigen zu halten sei. Ohnerachtet fortgesetzten Nachdenkens über beide Punkte habe ich bis jetzt keine Gründe gefunden, die mich berechtigen könnten, jene Resultate abzuändern. Dürfte ich Euer Wohlgeborn, als den kompetentesten Richter hierüber, ersuchen, mir auch nur in zwei Worten zu sagen, ob, und auf welchem Wege andere Resultate über diese Punkte zu suchen seien, oder ob eben jene die einzigen seien, auf welche eine Kritik des Offenbarungsbegriffes unausweichlich führen müsse? Ich werde, wenn Euer Wohlgeborn die Güte dieser zwei Worte für mich haben sollten, keinen andern Gebrauch davon machen, als den, der mit meiner innigen Verehrung gegen Sie übereinkommt. Auf oben gedachten Brief habe ich mich schon dahin erklärt, daß ich der Sache weiter nachzudenken nie ablassen und stets bereit sein würde, zurückzunehmen, was ich als Irrtum anerkennen würde.

Über die Zensurverweigerung an sich habe ich, nach den so deutlich an den Tag gelegten Absichten des Aufsatzes, und nach dem Tone, der durchgängig in ihm herrscht, [mich] nicht anders als wundern können. Auch sehe ich schlechterdings nicht ein, woher die theologische Fakultät das Recht bekam, sich mit der Zensur einer solchen Behandlung einer solchen Frage zu befassen.

Ich wünsche Euer Wohlgeborn die unerschüttertste Gesundheit, empfehle mich der Fortdauer Deroselben gütiger Gesinnungen, und bitte Sie zu glauben, daß ich mit der innigsten Verehrung bin

Euer Wohlgeborn

Krockow, p. Neustadt
den 23. Januar 1792.

ganz gehorsamster
J. G. Fichte.

277.

An Johann Heinrich Kant.

Lieber Bruder!

Bei dem Besuche, den Überbringer dieses, Herr REIMER, ein Verwandter von Deiner Frau, meiner werten Schwägerin, bei mir abgelegt hat, ermangle ich nicht, was sich meiner überhäuften Beschäftigungen wegen nur in außerordentlichen Fällen tun läßt, mich bei Dir durch einen Brief in Erinnerung zu bringen. Unerachtet dieser scheinbaren Gleichgültigkeit habe ich an Dich, nicht allein so lange wir beiderseitig leben, oft genug, sondern auch für meinen Sterbefall, der in meinem Alter von 68 Jahren doch nicht mehr sehr entfernt sein kann, brüderlich gedacht. Unsere zwei übrige, beides verwitwete Schwestern sind, die älteste, welche fünf erwachsene und zum Teil schon verheiratete Kinder hat, gänzlich durch mich, die andere, welche im Sankt Georgenhospital eingekauft ist, durch meinen Zuschuß versorgt. Den Kindern der ersten habe, bei ihrer anfänglichen häuslichen Einrichtung, meinen Beistand, und auch nachher, nicht versagt; so, daß, was die Pflicht der Dankbarkeit, wegen der uns von unseren gemeinschaftlichen Eltern gewordenen Erziehung fordert, nicht versäumt wird. Wenn Du mir einmal von dem Zustande Deiner eigenen Familie Nachricht geben willst, so wird es mir angenehm sein.

Übrigens bin ich, in Begrüßung meiner mir sehr werten Schwägerin, mit unveränderlicher Zuneigung

Königsberg,
d. 26. Januar
1792

Dein
treuer Bruder
I. Kant.

278.

An Johann Gottlieb Fichte.

Ew. Wohlgeboren verlangen von mir belehrt zu werden, ob nicht für Ihre in der jetzigen strengen Zensur durchgefallene Abhandlung eine Remedur gefunden werden könne, ohne sie gänzlich zur Seite legen zu dürfen. Ich antworte: Nein! soviel ich nämlich, ohne Ihre Schrift selbst durchgelesen zu haben, aus dem, was Ihr Brief als Hauptsatz derselben anführt, nämlich „daß der Glaube an eine gegebene Offenbarung vernunftmäßig nicht auf Wunderglauben gegründet werden könne", schließen kann.

Denn hieraus folgt unvermeidlich, daß eine Religion überhaupt keine andern Glaubensartikel enthalten könne, als die es auch für die bloße reine Vernunft sind. Dieser Satz ist nun meiner Meinung nach zwar ganz unschuldig und hebt weder die subjektive Notwendigkeit einer Offenbarung, noch selbst das Wunder auf (weil man annehmen kann, daß, ob es gleich möglich ist, sie, wenn sie einmal da sind, auch durch die Vernunft einzusehen, ohne Offenbarung aber die Vernunft doch nicht von selbst darauf gekommen sein würde, diese Artikel zu **introduzieren**, allenfalls anfangs Wunder vonnöten gewesen sein können, die jetzt der Religion zugrunde zu legen, da sie sich mit ihren Glaubensartikeln nun schon selbst erhalten kann, nicht mehr nötig sei); allein nach den, wie es scheint, jetzt angenommenen Maximen der Zensur würden Sie damit doch nicht durchkommen. Denn nach diesen sollen gewisse Schriftstellen so nach dem Buchstaben in das Glaubensbekenntnis aufgenommen werden, wie sie von dem Menschenverstande schwerlich auch nur gefaßt, viel weniger durch Vernunft als wahr begriffen werden können, und da bedürfen sie allerdings zu allen Zeiten der Unterstützung durch Wunder und können nie Glaubensartikel der bloßen Vernunft werden. Daß die Offenbarung dergleichen Sätze nur aus Akkommodation für Schwache in einer sinnlichen Hülle aufzustellen die Absicht hege, und dieselbe insofern auch, ob zwar bloß subjektive Wahrheit haben könne, findet bei jenen Zensurgrundsätzen gar nicht statt; denn diese fordern Anerkennung der objektiven Wahrheit derselben nach dem Buchstaben.

Ein Weg bliebe Ihnen aber doch noch übrig, Ihre Schrift mit den (doch nicht völlig bekannten) Ideen des Zensors in Übereinstimmung zu bringen: wenn es Ihnen gelänge, ihm den Unterschied zwischen einem **dogmatischen**, über allen Zweifel erhabenen Glauben und einem **bloß moralischen**, der freien, aber auf moralische Gründe (der Unzulänglichkeit der Vernunft, sich in Ansehung ihres Bedürfnisses selbst Genüge zu leisten) sich stützenden Annehmung begreiflich und gefällig zu machen; da alsdann der auf Wunderglauben durch moralisch gute Gesinnung gepfropfte Religionsglaube ungefähr so lauten würde: „Ich glaube, lieber Herr! (d. i. ich nehme es gern an, ob ich es gleich weder mir noch andern hinreichend beweisen kann); hilf meinem Unglauben!" Das heißt den moralischen Glauben in Ansehung alles dessen, was ich aus der Wundergeschichtserzählung zu innerer Besserung für Nutzen ziehen kann, habe ich und wünsche auch den historischen, sofern dieser gleichfalls dazu beitragen könnte, zu besitzen. Mein unvorsätzlicher **Nichtglaube** ist kein vorsätzlicher **Unglaube**. Allein Sie werden diesen

Mittelweg schwerlich einem Zensor gefällig machen, der, wie zu vermuten ist, das historische Credo zur unnachläßlichen Religionspflicht macht.

Mit diesen meinen in der Eile hingelegten, ob zwar nicht unüberlegten Ideen können Sie nun machen, was Ihnen gut deucht, ohne jedoch auf den, der sie mitteilt, weder ausdrücklich noch verdeckt Anspielung zu machen; vorausgesetzt, daß Sie sich vorher von deren Wahrheit selbst aufrichtig überzeugt haben.

Übrigens wünsche ich Ihnen in Ihrer gegenwärtigen häuslichen Lage Zufriedenheit und im Falle eines Verlangens, sie zu verändern, Mittel zu Verbesserung derselben in meinem Vermögen zu haben, und bin mit Hochachtung und Freundschaft
Ew. Wohlgeboren
ergebenster Diener
Königsberg, den 2. Febr. 1792. I. Kant.

279.

Von Johann Heinrich Kant.

Lieber Bruder!
Dein Brief vom 26. Januar a. c. ward mir von REIMERS den 3. Februar eingehändigt; es war mir ein festlicher Tag, an dem ich einmal wieder die Hand meines einzigen Bruders, und den Ausdruck seines gegen mich wahrhaftig brüderlich gesinneten Herzens sah und mit rechten Freudengefühl genoß: mein gutes Weib, die Dich, obgleich persönlich unbekannt, recht innig liebet und ehret, trat ganz in meine Empfindungen ein; die sich auch meinen guten, Dich aufrichtig liebenden und ehrenden Kindern recht lebhaft mitteilte.

Deine liebreiche Versicherung, Du habest auf den künftigen Sterbefall — ferne möge er noch sein — brüderlich an mich gedacht, bewegte uns alle bis zu Tränen. Dank — herzlicher Dank Dir mein Bruder, für diese Erklärung Deines Wohlwollens; meinem treuen Weibe und meinen wahrhaftig gut gearteten Kindern möge das, was Du uns von Deinem Vermögen so gütig zugedacht hast, dereinst zuteil werden, wenn ich einmal der wahrscheinlichen Regel nach sie hinter mich gelassen habe. Glaube mir — wenn ich Dir noch ein recht langes Leben wünsche; — so ist dieser Wunsch wahr — er liegt lebendig in meiner Seelen.

Ich genieße freudenvoll den Ruhm mit, den Du Dir als Weltweiser erster Größe, als Schöpfer eines neuen philosophischen Lehrgebäudes erwirbst; Gott lasse Dich doch die Vollendung Deines Werks, und seine Ausbreitung auch außer Deutschland, über den Rhein und über den Pas de Calais erleben. Im 68. Jahre scheint man freilich schon nahe am Ziel zu stehen — aber so oft ich ein Gelehrten-Lexikon durchblättere, finde ich auf allen Seiten so viele Schriftsteller, die über 80 hinausgegangen sind, daß ichs als bekannt annehme, ein hohes Alter sei caeteris paribus das glückliche Los der Denker, — und Gelehrten, und dabei hoffe, dieses Los werde auch Dir mein Bruder zuteil werden: daß Du schwächlich und valetudinair bist, irrt mich in meiner Hypothese nicht — Fontenelle war es von Kindheit an, und erreichte doch beinahe 90.[1])

Ich jetzt in meinem 57. Lebensjahre, bei einer Gesundheit, die nie wankte, noch in voller Lebenskraft, wünsche, noch etwa 15 bis 20 Jahre zu leben, damit die Meinigen bei meinem Tode nicht ganz leer ausgehen mögen. Im vorigen Jahre endigte ich die Bezahlung der Schulden, die ich als Rektor in dem teuern — teuern Mitau machen mußte — und nun soll der Überschuß der Einkünfte meines Amtes, das mich nähret, Weib und Kindern aufgespart werden.

Meine Lage war nie so gut, daß ich etwas für meine armen Schwestern tun konnte, um desto lebhafter danke ich Dir mein Bruder, daß Du alles für sie getan hast. Du willst, mein Bruder — und das ist sehr liebreich von Dir — meine Familiengeschichte wissen. — Hier ist sie. Seit 1775 mit einem guten Mädchen ohne Vermögen verheiratet, habe ich fünf lieben Kinder gezeuget — mein guter Sohn Eduard ward nur 1 Jahr alt. Vier leben noch, und versprechen mir lange zu leben, und herzlich gute Menschen zu werden. Meine älteste Tocher Amalia Charlotte, seit dem 15. Januar 16 Jahr alt: ein lebhaftes, aber wißbegieriges Mädchen und emsige Buchleserin. Minna wird den

---

[1]) Fontenelle, geb. 11. Februar 1657, ist am 9. Januar 1757, also fast hundert Jahre alt, gestorben.

24. Aug. 13 Jahre haben — sie verbindet mit einem stillen Charakter gute Naturgaben, und eine unverdrossene Emsigkeit.

Friedrich Wilhelm — den 27. Novbr. 11 Jahre — bieder und gutartig — ein Israelite in dem kein Falsch ist — er wird gewiß nie eine andere Linie betreten, als die gerade von einem Punkte zum andern.

Henriette d. 5. Aug. 9 Jahre — voller Feuer bei dem besten Herzen.

Diese guten Kinder unterrichte ich jetzt selbst. Denn der Versuch adelige Kostgänger, und mit ihnen zwei Hauslehrer hintereinander zu halten, mißlang mir gänzlich. — Leider sieht nichts in Kurland so schlecht aus als die Erziehung der Jugend. — Die Leute — die sich als Hauslehrer durch Empfehlung einschleichen — sind oft wahre Adepten — sie versprechen goldene Berge und zeigen sich am Ende als unwissende Betrüger. So gings mir auch.

Lebe ich, und schenkt mir Gott die Mittel dazu, so wird mein Junge ein Wundarzt — aber studieren soll er die Chirurgie, und nicht in einer *tonstrina* handwerksmäßig erlernen — dieses Fach kann ihm noch in seinem Vaterlande Brod geben, denn mit der Theologie wäre es zu mißlich für ihn, da hier so viele auf der Expektanten-Bank sitzen — davon über ein Drittel im Schulstaube verschmachtet. Onkel und Tante RICHTER — werden wohl beide schon in der Ewigkeit sein. — Sie waren mir väterl. und mütterl. Wohltäter und Pfleger, ich segne ihr Andenken — *Sit illis Terra levis* — gelegentlich bitte ich ihren nachgelassenen Sohne meinen Vetter LEOPOLDEN herzlich von mir zu grüßen, und ebenso aufrichtig meine guten Schwestern und ihre Kinder, meine Frau und Kinder vereinigen sich in diesem Gruß mit mir — jede Nachricht, daß es ihnen wohlgeht, wird mir erfreulich sein. Meine Frau ist nicht wenig stolz darauf, daß Du sie in Deinem Briefe als Deine werte liebe Schwägerin begrüßest, sie umarmet dich — und danket nochmals recht lebhaft für das große ökonomische Werk Die Hausmutter, das Du ihr vor einigen Jahren zum Geschenke überschicktest — das Buch ist ihre Enzyklopädie. Meine Kinder wollen sich durchaus dem Gedächtnis ihres Onkels einverleiben — ehe Du Dich versiehst, hast Du einen Brief von ihnen, der Dir freilich zum Durchlesen nicht so viel Zeit stehlen wird als der meinige — er wird kürzer sein. — Verzeihe mir diese weitläuftige Schreiberei — mein Herz riß meine Feder fort — und dieses Herz saget Dir — daß ich aufrichtig bin Dein dich

Altrahden,
d. 8. Febr.
1792.

liebender treuer
Bruder
I. H. Kant.

280.

Von Johann Gottlieb Fichte.

Wohlgeborner Herr,
Höchstzuverehrender Herr Professor!

Ew. Wohlgeborn gütiges Schreiben hat mir, sowohl um der Güte willen, mit der Sie meine Bitte so bald erfüllten, als um seines Inhalts willen, innige Freude gemacht. Ich fühle jetzt über die in Untersuchung gekommenen Punkte ganz die Ruhe, welche nächst eigner Überzeugung auch noch die Autorität desjenigen Mannes geben muß, den man über alles verehrt.

Wenn ich Ew. Wohlgebor. Meinung richtig gefaßt habe, so bin ich den durch Sie vorgeschlagenen Mittelweg der Unterscheidung eines Glaubens der Behauptung von dem eines durch Moralität motivierten Annehmens in meinem Aufsatze wirklich gegangen. Ich habe nämlich die meinen Grundsätzen nach einzig mögliche vernunftmäßige Art eines Glaubens an die Göttlichkeit einer gegebnen Offenbarung, welcher (Glaube) nur eine gewisse Form der Religionswahrheiten zum Objekte hat, von demjenigen, der diese Wahrheiten an sich als reine Vernunftpostulate annimmt, sorgfältig zu unterscheiden gesucht. Es war nämlich eine auf Erfahrung von der Wirksamkeit einer als göttlichen Ursprungs gedachten Form dieser Wahrheiten zur moralischen Vervollkommnerung sich gründende freie Annahme des göttlichen Ursprungs dieser Form, den man jedoch weder sich noch andern beweisen kann, aber eben so sicher ist, ihn nicht widerlegt zu sehen; eine Annahme, welche, wie jeder Glaube, bloß subjektiv, aber nicht, wie der reine Vernunftglaube, allgemeingültig sei, da er sich auf eine besondere Erfahrung gründe. — Ich glaube diesen Unterschied so ziemlich ins Licht gesetzt zu haben, und ganz zum Beschlusse suchte ich die praktischen Folgen dieser Grundsätze darzustellen; daß sie nämlich zwar alle Bemühungen, unsre subjektive Überzeugungen andern aufzudringen aufhöben, daß sie aber auch jedem den unstörbaren Genuß alles dessen, was er aus der Religion zu seiner Besserung brauchen kann, sicherten, und den Bestreiter der positiven Religion nicht weniger als ihren dogmatischen Verteidiger zur Ruhe verwiesen, usw. — Grundsätze, durch die ich bei wahrheitsliebenden Theologen keinen Zorn zu verdienen glaubte. Aber es ist geschehen, und ich bin jetzt entschlossen den Aufsatz zu lassen, wie er ist, und dem Verleger zu überlassen, damit zu verfahren, wie er will. Euer Wohlgeborn aber, denen ich alle meine Überzeugungen überhaupt, als besonders die Berichtigung und Befestigung in denen, wovon hier vorzüglich die Rede war, verdanke, bitte ich die Versicherung der Hochachtung, und vollkommensten Ergebenheit gütig aufzunehmen, mit der ich die Ehre habe zu sein

Krockow,
d. 17. Februar
1792.

Euer Wohlgeborn
inniger Verehrer
J. G. Fichte.

281.

An Christian Gottlieb Selle.

Wohlgeborner
hochzuverehrender Herr!

Es sind nun schon beinahe drei Monate, seit denen ich mit Ihrer tiefgedachten Abhandlung De la Réalité et de l'idéalité etc. beschenkt worden und ich habe diese Gütigkeit noch durch nichts erwidert; sicherlich ist es aber nicht aus Mangel an Achtung für die mir bezeugte Aufmerksamkeit oder aus Geringschätzung der wider mich gerichteten Argumente geschehen. Ich wollte im Drucke antworten und würde es vielleicht in der über diesen Vorsatz verflossenen Zeit ausgerichtet haben, wenn mich nicht allerlei einander durchkreuzende Störungen immer davon abgebracht hätten, zumal es mir mein Alter höchst schwer macht, einen einmal verlassenen Faden des Nachdenkens wieder aufzufassen und unter öfteren Unterbrechungen doch planmäßig zu arbeiten.

Neuerdings aber eröffnet sich eine neue Ordnung der Dinge, welche diesen Vorsatz wohl gar völlig vereiteln dürfte, nämlich Einschränkung der Freiheit, über Dinge, die auch nur indirekt auf Theologie Beziehung haben möchten, laut zu denken. Die

Besorgnisse eines akademischen Lehrers sind in solchem Falle viel dringender als jedes anderen zunftfreien Gelehrten und es ist der gescheuten Vorsicht gemäß, alle Versuche dieser Art so lange wenigstens aufzuschieben, bis sich das drohende Meteor entweder verteilt, oder für das, was es ist, erklärt hat. — Es wird bei dieser Friedfertigkeit auf meiner Seite Ihnen deswegen doch nicht an Gegnern von der dogmatischen Partei, obwohl nach einem andern Stil, fehlen, denn den Empirism können diese ebenso wenig einräumen, ob sie es zwar freilich auf eine so schale und inkonsequente Art (da er nicht halb auch nicht ganz angenommen werden soll) tun, daß Ihre determinierte Erklärung für dieses Prinzip dagegen sehr zu Ihrem Vorteil absticht.

Ich bitte daher, teuerster Herr, ergebenst mir diese Verbindlichkeit zu erlassen, oder den Anspruch auf dieselbe und meine Erwiderung Ihrer Einwürfe weiter hinaus zu setzen, indem diese Arbeit vorjetzt allem Ansehen nach auf reinen Verlust unternommen werden würde.

Mit der größten Hochachtung für Ihr Talent und mannigfaltige Verdienste bin ich übrigens

Ihr

Königsberg, ergebenster Diener
den 24. Febr. 1792. I. Kant.

282.

Von Johann Erich Biester.

Verehrungswerter Mann!
Sie tun in der Tat den gewöhnlichen politischen Einrichtungen zu viel Ehre an, wenn Sie nach einer Maxime dabei fragen, und gar Konsequenz bei Befolgung derselben verlangen. Man findet sich oft veranlaßt — vielleicht auch genötigt, irgendeine Verfügung zu geben; an den ganzen Zusammenhang aber hat man dabei nicht gedacht. Und wohl oft der Menschheit, daß eine so wohltätige Inkonsequenz bei den Regenten stattfindet! Sie ist ein sicherer Beweis, daß man nicht im Ganzen, und planvoll, das Böse will; sondern sich nur bei einzelnen Dingen irrt.

Um indes unserer Frage näher zu kommen, so ließe sich doch wohl eine Maxime herausfinden, welche in der höchsteigenen Entscheidung bei der Villaume'schen Sache zum Grunde lag, und deutlich darin ausgedrückt war. Man hat nämlich die Idee: Bewilligung der Zensur sei Billigung aller in einer Schrift vorgetragenen Grundsätze: nun aber könnten doch keine Grundsätze gebilligt werden, deren Gegenteil man vorher gebilligt, oder gar selbst bekannt gemacht habe. Darum sei nur der Druck hier unter den Augen nicht zu leiden; auswärts gedruckt und hereingebracht könnte ein solches Buch aber werden, wie alle andern (nicht offenbar gotteslästerlichen oder schändlichen) Bücher ja von Leipzig kommen, und keiner Durchsicht und Erlaubnis zum Verkauf erst bedürfen.[1])

Was nun m i c h insbesondere betrifft, so ist meine strenge Regel: mich genau in den Schranken des Gesetzes zu halten. Auswärts drucken zu lassen, ist nie hier verboten gewesen. Dennoch aber würde ich es für unrecht halten, ein Blatt, welches die hiesige Kgl. Zensur gestrichen hätte, gleichsam zum Trotz derselben, auswärts drucken zu lassen (obgleich auch dies nicht verboten ist). Dies aber würde ich für eine unanständige und meiner unwürdige Neckerei halten, — oder es müßte ein ganz sonderbarer Umstand mich dazu nötigen. Dies ist aber gar nicht mein Fall; ich habe nie mit der hiesigen Zensur Händel gehabt; sondern bloß: ich habe bis 1791 die Berl. Monatsschr. in Berlin bei Spener drucken lassen, und lasse sie seit 1792 bei Mauke in Jena drucken. Oder vielmehr, mein Verleger tut dies. Aus welchen Gründen wir das tun? ist eine andere Frage; welche wahrscheinlich niemand, bei einer unverbotenen Handlung, aufzuwerfen das Recht hat.

So ist die Sache, teurester Mann; und ich glaube nicht, daß Sie einigen Grund haben, mit dieser Einrichtung unzufrieden zu sein, oder sie gar für gesetzwidrig und unrechtmäßig zu erklären.

Um indes jeder Forderung eines Mannes wie Sie zu genügen; habe ich Ihren vortrefflichen Aufsatz[2]) — welcher nicht in den

---

[1]) Eine Schrift von Villaume (1746—1806), Vorleser Friedrichs des Großen, später Professor am Joachimsthalschen Gymnasium), „Über das Verhältnis der Religion zur Moral und zum Staate" ist 1791 in Libau erschienen; wie aus der obigen Stelle hervorgeht, war ihr die Druckerlaubnis für Preußen verweigert, dagegen für das Ausland erteilt worden.

[2]) Der Aufsatz „Über das radikale Böse", der später als erstes Stück von Kants „Religion innerhalb der Grenzen der bloßen Vernunft" erschien.

März kommen konnte, aber den April zieren wird — sogleich nach Empfang Ihres letzten Briefes bei der hiesigen Zensur eingereicht. Weil er moralischen Inhalts ist, so fällt er dem Herrn Geh. und Ob. Konsist. Rat HILLMER anheim. Dieser schickte ihn mir auch, Tages darauf, mit seinem Imprimatur zu; und schrieb mir dabei folgenden weisen Bescheid: er habe den Druck vergönnt, „weil er, nach sorgfältiger Durchlesung, diese Schrift, wie die übrigen Kantischen, nur nachdenkenden, untersuchungs- und unterscheidungsfähigen Gelehrten, nicht aber allen Lesern überhaupt, bestimmt und genießbar finde."

Ich würde mich schämen, gegen einen Mann wie Sie die geringste Unredlichkeit zu begehen. Ob Sie also gleich selbst glaubten, Ihr Aufsatz sei schon nach Jena geschickt, und ich Sie bei diesem Glauben lassen konnte; so habe ich dennoch, da er durch einen Zufall noch hier lag, Ihrem Begehren genüget; am 3. ist er nun nach Jena abgegangen. — Hier haben Sie den ganzen Verlauf der Sache. Sehr angesehene und gelehrte Männer haben mir seitdem, wie vorher, Beiträge mitgeteilt. Ich hoffe, Sie werden hierin nicht anders denken. Auch erwarte ich Ihre bestimmte Entscheidung: ob ich noch künftig Ihre Aufsätze für die Berl. Monatsschrift hier zur Zensur einreichen soll?

Daß ich, was Sie auch entscheiden, genau Ihren Willen erfüllen werde, versteht sich von selbst.

Die Vorsehung erhalte Sie noch lange den Wissenschaften, der Aufklärung, und der edlen bessern moralischen Denkart!

Biester.
d. 6. März 1792.

Ihr Brief an Herrn Selle ist sogleich abgegeben.

283.

An F. Th. de la Garde.

Ew. Hochedelgeb.!

Danke ergebenst für die mir den 17. hujus durch Ihren Herrn Bruder ausgezahlte 200 Reichstaler, worüber er Ihnen meine Quittung zugesandt haben wird. Ich werde bald nach Ostern das korrigierte Exemplar der Krit. d. Urth. Kr. zu überschicken bedacht sein, wobei ich doch glaube: daß, wenn mich unvermeidliche Störungen in der Durchsicht und Nachfeilung derselben aufhalten sollten, es, wenn es nur vor Pfingsten in Berlin ankommt, nicht zu spät eintreffen werde.

Wegen des Gesuchs, von dem Sie dafür halten, daß es nicht unschicklich wäre, wenn unsere Universität ihn der Zensurfreiheit halber höheren Orts anbrächte, bin ich der Meinung, daß er nicht allein dort fruchtlos, sondern auch hier die Gesinnung so verschiedener Köpfe hiezu zusammenstimmend zu machen, ein vergeblicher Versuch sein würde. Indessen kömmt es mir vor: als ob die angedrohte Strenge der Zensur vielleicht nicht so ganz, als befürchtet wird, in Ausübung kommen dürfte: zumal darüber noch kein bestimmtes Edikt ergangen ist. Sollte es Sie nicht inkommodieren, mir einmal von dem Zustande der Zensursache, so weit er öffentlich bekannt ist, wovon wir aber hier nur widersprechende Nachrichten haben, mir einige Nachricht (auch nur durch die Feder eines Ihrer Leute) zu erteilen, so würde es mir angenehm, zum Teil auch nützlich sein.

Ich beharre übrigens mit vollkommener Hochachtung zu sein
Ew. Hochedelgeb.

Königsberg,   ganz ergebenster Diener
d. 30. Mart.   I. Kant.
1792.

284.

An Fräulein Maria von Herbert.[1)]

(Entwurf.)

[Frühjahr 1792.]

Ihr affektvoller Brief aus einem Herzen entsprungen, das für Tugend und Rechtschaffenheit gemacht sein muß, weil es für eine Lehre derselben so empfänglich ist, die nichts Einschmeichelndes bei sich führt, reißt mich dahin fort, wo Sie mich hin verlangen, nämlich mich in Ihre Lage zu versetzen und so über das Mittel einer reinen moralischen und dadurch allein gründlichen Beruhigung für Sie nachzudenken. Ihr Verhältnis zu dem geliebten Gegenstande, dessen Denkungsart eben so wohl echt und achtungsvoll für Tugend und den Geist derselben, die Redlichkeit, sein

---

[1)] Vgl. oben Nr. 259 (S. 83 f.).

muß, ist mir zwar unbekannt, ob es nämlich ein eheliches oder bloß freundschaftliches Verhältnis sein mag. Ich habe das letztere aus ihrem Briefe als wahrscheinlich angenommen; allein das macht in Ansehung dessen, was Sie beunruhigt, keinen erheblichen Unterschied; denn die Liebe, es sei gegen einen Ehemann oder gegen einen Freund, setzen gleiche gegenseitige Achtung für Ihrer beiden Charakter voraus, ohne welche sie nur eine sehr wandelbare sinnliche Täuschung ist.

Eine solche Liebe, die allein Tugend (die andere aber bloß blinde Neigung) ist, will sich gänzlich mitteilen und erwartet von seiten des anderen eine eben solche Herzensmitteilung, die durch keine mißtrauische Zurückhaltung geschwächt ist. So sollte es sein und das fordert das Ideal der Freundschaft. Aber es hängt dem Menschen eine Unlauterkeit an, welche jene Offenherzigkeit, hier mehr, dort weniger, einschränkt. Über dieses Hindernis der wechselseitigen Herzensergießung, über das geheime Mißtrauen und die Zurückhaltung, welche machen, daß man selbst in seinem innigsten Umgange mit seinem Vertrauten doch einem Teile seiner Gedanken nach immer noch allein und in sich verschlossen bleiben muß, haben die Alten schon die Klage hören lassen: meine lieben Freunde, es gibt keinen Freund! Und doch wird Freundschaft aber als das Süßeste, was das menschliche Leben nur immer enthalten mag, kann nur in der Offenherzigkeit stattfinden und von wohlgearteten Seelen mit der Sehnsucht gewünscht.

Von jener Zurückhaltung aber als dem Mangel dieser Offenherzigkeit, die man, wie es scheint, in ihrem ganzen Maße der menschlichen Natur nicht zumuten darf (weil jedermann besorgt, wenn er sich völlig entdeckte, von dem andern gering geschätzt zu werden) ist doch der Mangel der Aufrichtigkeit als eine Unwahrhaftigkeit in wirklicher Mitteilung unserer Gedanken noch gar sehr unterschieden. Jene gehört zu den Schranken unserer Natur und verdirbt eigentlich noch nicht den Charakter, sondern ist nur ein Übel, welches hindert, alles Gute, was aus demselben möglich wäre, daraus zu ziehen. Diese aber ist eine Korruption der Denkungsart und ein positives Böse. Was der Aufrichtige, aber Zurückhaltende (nicht Offenherzige) sagt, ist zwar alles wahr, nur er sagt nicht die ganze Wahrheit. Dagegen der Unaufrichtige etwas sagt, das dessen er sich als falsch bewußt ist. Die Aussage von der letzteren Art heißt in der Tugendlehre

Lüge. Diese mag auch ganz unschädlich sei, so ist sie darum doch nicht unschuldig; vielmehr ist sie eine schwere Verletzung der Pflicht gegen sich selbst und zwar einer solchen, die ganz unerläßlich ist, weil ihre Übertretung die Würde der Menschheit in unserer eigenen Person herabsetzt und die Denkungsart in ihrer Wurzel angreift, denn Betrug macht alles zweifelhaft und verdächtig und benimmt selbst der Tugend alles Vertrauen, wenn man sie nach ihrem Äußeren beurteilen soll.

Sie sehen wohl, daß, wenn Sie einen Arzt zu Rate gezogen haben, Sie auf einen solchen trafen, der, wie man sieht, kein Schmeichler ist, der nicht durch Schmeicheleien hinhält und wollten Sie einen Vermittler zwischen sich und Ihrem Herzensfreunde meine Art das gute Vernehmen herzustellen der Vorliebe fürs schöne Geschlecht gar nicht gemäß sei, indem ich für den letzteren spreche und ihm Gründe an die Hand gebe, welche er als Verehrer der Tugend auf seiner Seite hat und die ihn darüber rechtfertigen, daß er in seiner Zuneigung gegen Sie von seiten der Achtung wankend geworden.

Was die erstere Erwartung betrifft, so muß ich zuerst anraten sich zu prüfen, ob die bittere Verweise, welche Sie sich wegen einer, übrigens zu keiner Bemäntelung irgendeines begangenen Lasters ersonnenen Lüge machen, Vorwürfe einer bloßen Unklugheit oder eine innere Anklage wegen der Unsittlichkeit, die in der Lüge an sich selbst steckt, sein mögen. Ist das erstere, so verweisen Sie sich nur die Offenherzigkeit der Entdeckung derselben, also reuet es Sie diesmal Ihre Pflicht getan zu haben; (denn das ist es ohne Zweifel, wenn man jemanden vorsätzlich obgleich in einen ihm unschädlichen Irrtum gesetzt und eine Zeitlang erhalten hat, ihn wiederum daraus ziehen); und warum reuet Sie diese Eröffnung? Weil Ihnen dadurch der freilich wichtige Nachteil entsprungen das Vertrauen ihres Freundes einzubüßen. Diese Reue enthält nun nichts Moralisches in Ihrer Bewegursache, weil nicht das Bewußtsein der Tat, sondern ihrer Folgen die Ursache derselben ist. Ist der Verweis, der Sie kränkt, aber ein solcher, der sich wirklich auf bloßer sittlicher Beurteilung Ihres Verhaltens gründet, so wäre das ein schlechter moralischer Arzt, der ihnen riete, weil das Geschehene doch nicht ungeschehen gemacht werden kann, diesen Verweis aus Ihrem Gemüte zu vertilgen und sich bloß fortmehr einer pünktlichen Aufrichtigkeit von ganzer Seele zu befleißigen, denn das Gewissen muß durchaus alle Übertretungen aufbehalten wie ein Richer, der die Akten wegen schon abgeurteilter Vergehungen nicht kassiert, sondern im Archiv aufbehält, um bei sich eräugnender neuen Anklage wegen ähnlicher oder auch anderer Vergehungen das Urteil der Gerechtigkeit gemäß allenfalls zu schärfen. Aber über jener Reue zu brüten und nachdem man schon eine andere Denkungsart eingeschlagen ist, sich durch die fortdauernde Vorwürfe wegen vormaliger nicht mehr herzustellender für das Leben unnütze zu machen, würde (vorausgesetzt, daß man seiner Besserung versichert ist) eine phantastische Meinung von verdienstlicher Selbstpeinigung sein, die, so wie manche vorgebliche Religionsmittel, die in der Gunstbewerbung bei höheren Mächten bestehen sollen, ohne daß man eben nötig habe, ein besserer Mensch zu sein, zur moralischer Zurechnung gar nicht gezählt werden müssen.

Wenn nun eine solche Umwandlung der Denkungsart Ihrem geliebten Freunde offenbar geworden — wie denn Aufrichtigkeit ihre unverkennbare Sprache hat — so wird nur Zeit dazu erfordert, um die Spuren jenes rechtmäßigen selbst auf Tugendbegriffe begründeten Unwillens desselben nach und nach auszulöschen und den Kaltsinn in eine noch fester gegründete Neigung zu verändern. Gelingt aber das letztere nicht, so war die vorige Wärme der Zuneigung desselben auch mehr physisch als moralisch und würde nach der flüchtigen Natur derselben auch ohne das mit der Zeit von selbst geschwunden sein; ein Unglück, dergleichen uns im Leben mancherlei aufstößt und wobei man sich mit Gelassenheit finden muß, da überhaupt der Wert des letzteren, sofern es in dem besteht, was wir Gutes genießen können von Menschen, überhaupt viel zu hoch angeschlagen wird, sofern es aber nach dem geschätzt wird, was wir Gutes tun können, der höchsten Achtung und Sorgfalt es zu erhalten und fröhlich zu guten Zwecken zu gebrauchen würdig ist. — Hier finden Sie nun, meine liebe Fr., wie es in Predigten gehalten zu werden pflegt, Lehre, Strafe und Trost, bei deren ersterer ich etwas länger als bei letzterem ich Sie zu verweilen bitte, weil, wenn jene ihre Wirkung getan haben, der letztere und verlorene Zufriedenheit des Lebens sich sicherlich von selber finden wird.

285.

An Heinrich Christian Reichsgraf von Keyserling.

Hochgeborner Reichsgraf
Hochzuverehrender Herr

Die Ursache, wodurch die Ausrichtung des mir gewordenen Auftrages verspätet worden, werden Ew. Hochgebornen aus der Einlage zu ersehen und meiner Schuld nicht beizumessen geruhen, die auch in einem Falle, da es um die Beförderung einer großmütigen wohlwollenden Absicht zu tun ist, unverzeihlich sein würde.

Meine Erkundigung nach dem Fleiße und den Sitten des Herrn SCHMIDT, während seines Aufenthalts auf unserer Universität, ist zu seinem Vorteile ausgefallen, welches mich auch bewogen hat, ihn in die Kondition des Herrn Baron v. LINGK zu empfehlen. Mein eigenes Zeugnis wegen seines in meinen Vorlesungen angewandten Fleißes hat darum nicht zu denen der anderen Professoren hinzukommen können, weil ich, außer den Lehrstunden, nicht leicht Gelegenheit habe, meine Zuhörer, mithin nicht persönlich, nach ihrem Talent und Fleiße kennen zu lernen. — Herrn SCHMIDTs angeschlossener Brief war, allem Ansehen nach, nicht in der Meinung geschrieben, daß er Ew. Hochgeb. vor Augen kommen sollte. Desto besser und unverstellter wird er seine Gedanken und Absichten in gegenwärtiger Situation zu erkennen geben.

Ich habe nichts weiter hinzuzusetzen, als den Wunsch, daß der Himmel Ew. Hochgeb., sowie die edle wohltätige Gesinnung, samt den Mitteln der Befriedigung derselben, fernerhin erhalten, also auch die Zufriedenheit, aus dem Gelingen dieser großmütigen Absichten in reichem Maße wolle genießen lassen.

Mit der größten Verehrung bin ich jederzeit
Ew. Hochgeboren

Königsberg, untertäniger Diener
d. 8. Mai 1792. I. Kant.

286.

Von Jakob Sigismund Beck.

Halle d. 31ten Mai 1792.

Teuerster Herr Professor,

Heute habe ich das Vergnügen gehabt, Herrn HARTKNOCH persönlich kennen zu lernen. Er sagt, Sie erlauben es mir, in die Vorrede des Auszugs aus Ihren kritischen Schriften zu setzen, daß er mit Ihrem Wissen geschrieben sei. Das ist nun wohl sehr gut, aber ich bin dadurch noch nicht ganz beruhigt. Ich trete zum erstenmal ins Publikum, und muß, wenn ich auch nur auf meinen Vorteil bedacht sein will, alle Vorsicht und Fleiß anwenden, um mit einigem Anstand zu erscheinen. Wollen Sie mir erlauben, Ihnen das Manuskript zu schicken, und darf ich Sie bitten, entweder selbst es durchzulaufen, oder, da ich dieses wohl nicht erwarten kann, wollen Sie den Herrn Hofprediger SCHULTZ in meinem Namen darum ersuchen? Er kennt mich sehr wohl, und würde vielleicht auch aus Freundschaft für mich, und wenigstens wenn Sie insbesondere ihn darum bitten, es wohl tun.

Ich wünsche gar sehr zu wissen, ob ich in folgenden Ihre Gedanken treffe. Ich meine, daß man in der transszendentalen Ästhetik die Anschauung gar nicht erklären dürfe, durch die Vorstellung, die sich unmittelbar auf einen Gegenstand bezieht, und die da entsteht, indem der Gegenstand das Gemüt affiziert. Denn in der transszendentalen Logik kann erst gezeigt werden, wie wir zu objektiven Vorstellungen gelangen. Die reine Anschauung verbietet jene Erklärung schon von selbst. Ich sehe doch in Wahrheit nicht, daß ich irre, wenn ich sage: die Anschauung ist eine durchgängig bestimmte Vorstellung in Ansehung eines gegebenen Mannigfaltigen. Auch wird es mir so recht deutlich, daß die Mathematik eine Wissenschaft durch Konstruktion der Begriffe sei. Denn auch die Algeber kann nicht anders als vermittelst durchgängig bestimmter Vorstellungen ihre Sätze beweisen. Auch muß man meiner Meinung nach gar sehr bedacht sein, das Subjektive der Sinnlichkeit von dem Objektiven zu scheiden, um nachher desto besser das eigene Geschäfte der Kategorien, welche die Objektivität den Vorstellungen geben, ins Auge zu fassen.

Zweitens ist es mir sehr begreiflich, daß die Gegenstände der Sinnenwelt, den Grundsätzen der transszendentalen Urteilskraft unterworfen sein müssen. Um dieses im hellen Lichte zu sehen, so subsumiere man die empirische Anschauung unter die Schemate der Kategorien: so sieht man sofort, daß sie nur dadurch Objektivität erhält, da dann die Frage, wie es zugeht, daß die Gegenstände sich nach jenen synthetischen Sätzen a priori richten müssen, aufhört. Sie sind ja nur darum Gegenstände, so fern ihre Anschauung der synthetischen Verknüpfung des Schema unterworfen gedacht wird. Zum Beispiel sehe ich die Gültigkeit der Analogie, daß allen Erscheinungen was Beharrliches zum Grunde liege, daher ein, weil, wenn ich das Schema der Substantialität auf die empirische Anschauung beziehe, diese eben hiedurch Objektivität erhalte, mithin muß der Gegenstand selbst, dieser synthetischen Verknüpfung der Substanz und Akzidenz unterworfen sein. Aber wenn ich bis zu dem Prinzip der ganzen Sache hinaufsteige, dann treffe ich doch eine Stelle an, wo ich sehr gern mir mehr Licht wünsche. Ich sage, die Verbindung der Vorstellungen im Begriff ist von derjenigen im Urteil verschieden, so daß in der letzten noch über jene Verknüpfung die Handlung der objektiven Beziehung vorgehe, also die nämliche Handlung, durch welche man einen Gegenstand denkt. In der Tat ist es doch ganz was Verschiedenes, wenn ich sage, der schwarze Mensch, oder, der Mensch ist schwarz*), und ich meine, daß man sich nicht fehlerhaft ausdrücke, wenn man sagt, die Vorstellungen im Begriff sind zur subjektiven Einheit, dagegen im Urteil zur objektiven Einheit des Bewußtseins verbunden. Aber ich gebe viel darum, wenn ich tiefer in die Sache greifen könnte, und eben diese Handlung der objektiven Beziehung dem Bewußtsein besser darstellen könnte. In meinem letzten Briefe berührte ich diesen Punkt als eine mir vorkommende Dunkelheit, und bester Herr Professor, aus Ihrem Schweigen darauf, argwöhnte ich, daß ich Unsinn darin verraten haben dürfte. Aber ich mag die Sache um und um ansehen, so sehe ich nicht, daß ich grade was Ungereimtes getan, wenn ich Belehrung darüber mir ausgebeten und Sie noch darum ganz inständigst ersuche.

---

*) *Kant hat hierzu auf derselben Seite unten bemerkt:* „Der Ausdruck: der schwarze Mensch bedeutet den Menschen, sofern der Begriff von ihm in Ansehung der Schwärze bestimmt gegeben ist, aber der: der Mensch ist schwarz, bedeutet die Handlung meines Bestimmens."

Drittens, ist mir das Verfahren der Kritik der praktischen Vernunft außerordentlich einleuchtend und fürtrefflich. Sie hebt von objektiv-praktischen Prinzipien an, welche die reine Vernunft ganz unabhängig von aller Materie des Willens, für verbindend anerkennen muß. Dieser anfänglich problematische Begriff erhält unwiderlegbare objektive Realität durch das Faktum des Sittengesetzes. Aber ich gestehe, daß so einleuchtend wie der Übergang der synthetischen Grundsätze der transszendentalen Urteilskraft zu Gegenständen der Sinnenwelt, die ihnen unterworfen sind vermittelst der Schemate, mir vorkömmt, mir der des Sittengesetzes vermittelst des Typus desselben, nicht erscheint, und ich würde wie von einer Last befreiet sein, wenn Sie freundschaftlich, die Nichtigkeit folgender Frage mir zeigen wollten. Ich frage nämlich, kann man sich nicht denken, daß das Sittengesetz etwas geböte, das seinem Typus zuwider wäre, mit andern Worten: kann es nicht Handlungen geben, bei denen eine Naturordnung nicht bestehen kann, und die doch das Sittengesetz vorschreibt? Es ist ein bloß problematischer Gedanke, aber ihm liegt doch das Wahre zum Grunde, daß die strenge Notwendigkeit des kategorischen Imperativs keinesweges von der Möglichkeit des Bestehens einer Naturordnung herzuleiten ist; aber darin werde ich irren, wenn ich die Übereinstimmung beider für zufällig erkläre.

Und nun, lieber teurer Lehrer, werden Sie mir doch nicht abgeneigt, wegen meines vielleicht ungestümen Anhaltens mit meinen Briefen. Ich liebe und verehre Sie unaussprechlich, und bin mit Herz und Seele der

Ihrige
Beck.

287.

An F. Th. de la Garde.

Ew. Hochedelgeb. habe ich den 10. Juni das korrigierte Exemplar der Kritik der Urt. Kr. in einem Pack, sign. D. L. G., mit der fahrenden Post zugeschickt. — Die Korrektur fängt vom Buchstaben A, mit Ausschließung der Vorrede und der Einleitung, an und es ist, außer der Note (*) S. 462, von mir nichts zum Text hinzugetan worden; weil ich es nicht nötig fand. — Die

Korrektur der Vorrede und Einleitung werde, wenn sich darin Errata finden, oder Einschiebsel nötig wären, in kurzem nachschicken; weshalb ich bitte, den Druck mit dem Bogen A anzufangen.

Beiliegenden Brief bitte an Herrn D. BIESTER gütigst abgeben zu lassen und versichert zu sein, daß ich jederzeit mit vollkommener Hochachtung sei

Königsberg,
d. 12. Juni
1792.

Ew. Wohlgebornen
ganz ergebenster Diener
I. Kant.

N. S. Darf ich bitten, beikommenden Brief an Herrn Kandidat NITSCH gütigst zu bestellen?

288.

Von Christian Garve.

Teuerster Mann,

Da der Sohn eines ehemaligen würdigen Arztes unsrer Stadt und Neffe eines Rats Ihres Königsbergischen obersten Justizkollegiums, Herr KRUTGE, selbst ein Jüngling von den besten Anlagen und einem liebenswürdigen Charakter, Ihre Universität bezieht, und wünscht, durch einen Brief, den er von einem Bekannten an Sie mitbringt, einen nähern Zutritt zu Ihnen zu bekommen: so habe ich ihm diese kleine Gefälligkeit um desto weniger abschlagen wollen, da ich selbst mit Vergnügen eine sich darbietende Gelegenheit ergreife, Sie von meiner Hochachtung zu versichern. Ich kenne Sie gnugsam aus Ihren Schriften, und selbst aus dem einzigen Briefe, den ich vor einigen Jahren von Ihnen erhalten habe, um überzeugt zu sein, daß Sie jungen lehrbegierigen Leuten, die durch ihre gute Aufführung sich Ihrer Freundschaft würdig machen, sich gerne mitteilen, und was Sie können, zu deren Ausbildung beitragen. Für den jungen Mann, den ich Ihnen empfehle, kann ich stehen, daß er gesittet und fleißig ist, und sich so, auch als akademischer Bürger, zeigen wird. Erzeigen Sie ihm also, auch um meinetwillen, alle die Gefälligkeiten, deren er in dem Laufe seiner Studien benötigt sein könnte; erlauben Sie ihm insbesondre den Zutritt zu Ihrem

Umgange, wenn Sie ihn, nach genauerer Prüfung, fähig finden, davon einen nützlichen Gebrauch zu machen.

Von wissenschaftlichen Gegenständen erlaubt mir die Kürze der Zeit und des Raums nicht zu reden. Sie sind auch mein Lehrer, in vielen Punkten, sowie der Lehrer von Deutschland. Da Sie keine nachsprechende Schüler verlangen, so werden Sie meinen Dank, den ich Ihnen hier von neuem für Ihren philosophischen Unterricht sage, nicht weniger wahr und aufrichtig finden, wenn ich hinzusetze, daß ich nicht über alle von Ihnen behandelten Materien mit Ihnen gleichförmig denke. Es ist die größte Belohnung des Selbstdenkers, wenn er die Denkkräfte andrer in Tätigkeit setzt. Wenige Schriftsteller haben diesen Endzweck durch ihre Werke in einem so hohen Grade erreicht, wenige noch bei ihrem Leben eine so ausgebreitete Wirkung davon gesehen als Sie. Aber eben mit dieser Erweckung des eignen Nachdenkens bei den Lesern, ist eine solche Gelehrigkeit derselben, welche in alle Sätze und Formen des Schriftstellers einstimmt, unverträglich. — Wie sehr wünschte ich, daß unsre Wohnplätzen weniger voneinander entfernt wären. Wie sehr wünschte ich auch als Mensch, Ihnen bekannt zu sein, und aller Schätze Ihres Geistes in vertraulichem Umgange zu genießen. Da die Vorsicht unsre Laufbahnen anders gezeichnet hat, so wollen wir, zufrieden mit derjenigen unsichtbaren Verbindung, die zwischen Wahrheit liebenden Denkern an den entferntesten Orten vorhanden ist, uns, ohne uns gesehen zu haben, lieben, und uns einander mitteilen, so weit es unsre örtliche Entfernung erlaubt. Ich bin von Herzen Ihr Verehrer und Freund

Breslau, d. 18. Juni
1792.

Garve.

289.

Von Johann Erich Biester.

Ich habe es nie recht begreifen können, warum Sie, mein verehrter Freund, durchaus auf die hiesige Zensur drangen. Aber ich gehorchte Ihrem Verlangen und schickte das Manuskript[1]) an

---

[1]) Das Manuskript der Abhandlung „Von dem Kampf des guten Prinzips mit dem bösen etc", später als zweites Stück von Kants „Religion" erschienen.

Herrn HILLMER. Dieser antwortete mir dann zu meinem nicht geringen Erstaunen: „da es ganz in die biblische Theologie einschlage, habe er es, seiner Instruktion gemäß, mit seinem Kollegen Herrn HERMES gemeinschaftlich durchgelesen, und da dieser sein Imprimatur verweigere, trete er diesem bei." Ich schrieb nun an Herrn HERMES und erhielt zur Antwort: „Das Religionsedikt sei hierin seine Richtschnur, weiter könne er sich nicht darüber erklären."

Es muß wohl jeden empören, daß ein HILLMER und HERMES sich anmaßen wollen, der Welt vorzuschreiben, ob sie einen Kant lesen soll oder nicht. — Es ist dies erst soeben passiert; ich weiß nun durchaus noch nicht, was weiter zu tun ist. Aber ich glaube es mir und den Wissenschaften in unserm Staate schuldig zu sein, etwas dagegen zu tun.

Leben Sie recht wohl, wenn ein solcher Verfall unserer Literatur anders Ihnen keine unangenehme Stunde macht!

Berlin, 18. Juni 1792. Biester.

290.

An Fürst von Beloselsky.

(Entwurf.)

[Sommer 1792.]

Das schätzbare Geschenk, welches Ew. Erlaucht mir im vergangenen Sommer mit Ihrer vortrefflichen Dianiologie usw.[1]) zu machen geruheten, ist mir richtig zu Handen gekommen, von welchem ich zwei Exemplare an Männer, die den Wert desselben zu schätzen imstande sind, ausgeteilt habe. Meinen schuldigen Dank dafür abzustatten habe die darüber verflossene Zeit hindurch keineswegs vergessen, wohl aber überhäufter Hinderungen wegen immer aufschieben müssen, um dabei auch zugleich etwas

---

[1]) Dianyologie ou Tableau Philosophique de l'Entendement. A Dresde 1790. Das Werk versucht den Verstand (l'intelligence universelle) in fünf „Tätigkeitskreise" (cercles d'activité) einzuteilen. Über seinen näheren Inhalt und seinen Verfasser, den Fürsten Alexander Beloselsky Beloselsky (1757—1809), russischen Gesandten in Dresden, s. Arthur Warda, Altpreußische Monatsschr. XXXVII, 316 ff.

von der Belehrung zu sagen die ich daraus gezogen habe, wovon ich aber auch jetzt nur einige Hauptzüge anführen kann.

Ich bin seit einigen Jahren damit beschäftigt, die Grenze des menschlichen spekulativen Wissens überhaupt auf das bloße Feld aller Gegenstände der Sinne einzuschränken, da alsdann die spekulative Vernunft, wenn sie sich über diese Sphäre hinauswagt, in jene in Ihrem Tableau bezeichneten *espaces imaginaires* fällt, wo für sie nicht Grund, nicht Ufer d. i. schlechterdings kein Erkenntnis möglich ist. — Es war aber Ew. Erl. aufbehalten jene metaphysische Grenzbestimmung der menschlichen Erkenntnisvermögen, womit ich mich seit einigen Jahren beschäftigt habe, der menschlichen Vernunft in ihrer reinen Spekulation auch auf einer anderen nämlich anthropologischen Seite zu bewerkstelligen, welche (die) für jedes Individuum die Grenzen der ihm angemessenen Sphäre zu unterscheiden lehrt, und zwar vermittelst eines Demarculum, welche sich auf sicheren Prinzipien gründet und ebenso neu und scharfsinnig als schön und einleuchtend ist.

Es ist eine herrliche, nie gehörig eingesehene, noch weniger aber so gut ausgeführte Bemerkung, daß einem jeden Individuum für seinen Verstandesgebrauch die Natur eine eigentümliche Sphäre bestimmt habe, in der er sich erweitern kann, daß es deren vier gebe und niemand die seinige überschreiten könne, ohne in die Intervalle zu fallen, welche insgesamt denen benachbarten Sphären sehr angemessen benannt sind (wenn man die Sphäre, welche der Mensch mit den Tieren gemein hat, nämlich die des Instinkts, beiseite setzt). Wenn es mir erlaubt ist, unter dem Allgemeinen Gattung des Verstandes (*l'intelligence universelle*) den Verstand in besonderer Bedeutung (*l'entendement*) die Urteilskraft und die Vernunft, alsdann aber die Verbindung dieser drei Vermögen mit der Einbildungskraft, welche das Genie ausmacht [*bricht ab.*]

Zuerst die Einteilung des Vorstellungsvermögens in die der bloßen Auffassung der Vorstellungen *apprehensio bruta* ohne Bewußtsein, ist lediglich für das Vieh und die Sphäre der *apperceptio*, d. i. der Begriffe, die letztere nicht*) die Sphäre des Verstandes überhaupt. Diese ist die Sphäre 1. der *intelligence* des Verstehens, d. i. des Vorstellens durch allgemeine Begriffe *in abstracto* 2 des Beurteilens der Vorstellung des Besonderem als unter dem Allgemeinen enthalten *subsumtis* unter Regeln allgemein *in*

---

*) Ist (?)

concreto der Urteilskraft 3. des Einsehens *perspicere* der Ableitung des Besonderen aus dem Allgemeinen, d. i. die Sphäre der Vernunft. — Über diese die Sphäre der Nachahmung, es sei der Natur selbst nach ähnlichen Gesetzen *apprentissage* oder der *originalitaet transscendance* der Ideale. Diese ist entweder die der transszendenten Imagination, d. i. der Ideale der Einbildungskraft *genie* Geist — *esprit*, welche, wenn die Formen der Einbildung der Natur widersprechen die Sphäre der Hirngespenster *monstren* Phantasterei oder der transszendenten Vernunft, d. i. der Ideale der Vernunft, welche, wenn sie auf bloße Erweiterung der Spekulation über das, was gar nicht Gegenstand der Sinne sein, mithin nicht zur Natur gehören kann, lauter leere Begriffe sind. Die Sphäre der Schwärmerei *qui cum ratione insaniunt* und den Verstand dahin zurückbringen, wo die *betise* war, nämlich nichts von seiner Idee zu verstehen.

Folgendes ist die Belehrung, die ich für mich aus dieser vortrefflichen Zeichnung [ziehe?]. Verstand (*l'entendement*) in allgemeiner Bedeutung, das, was man sonst das obere Erkenntnisvermögen benennt, dem die *sensualité* entgegengesetzt ist. Er ist überhaupt das Vermögen zu denken, da die letzte ist das Vermögen der gedankenlosen anzusehen oder zu empfinden ist. Die Sphäre der letzteren haben Sie sehr wohl (wenn der Verstand darin fällt) die Sphäre der *betise* genannt. Unter jener ist der Verstand in besonderer Bedeutung die Urteilskraft und die Vernunft enthalten. Der erste ist das Vermögen zu verstehen (*intelligence*), die zweite das Vermögen zu beurteilen (*jugement*), die dritte einzusehen (*perspica[ci]té*), der Vernunft durch Vernachlässigung kann der Mensch bisweilen aus der Sphäre des Verstandes in das Leere der *betise* zurückfallen oder durch Überspannung in die der leeren Vernünftelei *espace imaginaire*. Daher Ihre Einteilung in fünf Sphären, wo denn für den Verstand (*l'entendement*) eigentlich nur drei übrig bleiben. Mit Recht haben Sie Verstand *l'intelligence* und Urteilskraft, ob sie zwar ganz verschiedene Vermögen sind, in eine Sphäre zusammengezogen, weil die Urteilskraft nichts weiter ist als das Vermögen, seinen Verstand *in concreto* zu beweisen und die Urteilskraft nicht neue Erkenntnisse schafft, sondern nur wie die vorhandenen anzuwenden sind, unterscheidet. Der Titel ist *bon sens*, der in der Tat hauptsächlich auf der Urteilskraft ankommt. Man könnte sagen, durch Verstand sind wir imstande, zu erlernen (das ist Regeln zu fassen), durch Urteilskraft vom Erlernten Gebrauch zu machen (Regeln *in concreto* anzuwenden), durch Vernunft zu erfinden, Prinzipien für mannigfaltige Regeln auszudenken. Daher, wenn beide erstere Vermögen unter dem Titel *bon sens* (eigentlich *intelligence* und *jugement* zusammen vereinigt) die erste eigentliche Sphäre des Verstandes ausmachen, so ist die Sphäre der Vernunft, etwas einzusehen, mit Recht die zweite. Alsdann aber ist die Sphäre, zu erfinden (*de transscendance*), die dritte. Die vierte gehört zur Verbindung der Sinnlichkeit mit dem oberen Vermögen, das ist der Erfindung dessen, was zur Regel dient, ohne Leitung der Regeln vermittelst der *imagination*, das ist die Sphäre des Genie, welche wirklich nicht zum bloßen Verstande gezählt werden kann.

[*Am Rande.*] Die Sphäre der *perspicacité* ist die der systematischen Einsicht des Zusammenhanges der Vernunft der Begriffe in einem System. Die des Genie die der Verbindung der ersten mit der Originalität der Sinnlichkeit.

291.

An Jakob Sigismund Beck.

Es ist, hochgeschätzter Freund, ganz gewiß nicht Geringschätzung Ihrer mir vorgelegten Fragen gewesen, was mich gehindert hat, Ihren letzten Brief zu beantworten, sondern es waren andere Arbeiten, auf die ich mich damals eingelassen hatte, und mein Alter, welches mir es jetzt notwendig macht, mein Nachdenken über eine Materie, mit der ich mich beschäftige, durch nichts Fremdartiges zu unterbrechen, indem ich sonst den Faden, den ich verlassen hatte, nicht wohl wieder auffinden kann. — Der Unterschied zwischen der Verbindung der Vorstellungen in einem Begriff und der in einem Urteil, zum Beispiel der schwarze Mensch und der Mensch ist schwarz, (mit andern Worten: der Mensch, der schwarz ist und der Mensch ist schwarz) liegt meiner Meinung nach darin, daß im ersteren ein Begriff als bestimmt, im zweiten die Handlung meines Bestimmens dieses Begriffs gedacht wird. Daher haben Sie ganz recht zu sagen, daß in dem zusammengesetzten Begriff die Einheit des Bewußtseins, als subjektiv gegeben, in der Zusammensetzung der Begriffe aber die Einheit des Bewußtseins, als objektiv gemacht, das ist im ersteren der Mensch bloß als schwarz gedacht (problematisch vorgestellt), im zweiten als ein solcher erkannt werden solle. Daher die Frage, ob ich sagen kann: der schwarze Mensch (der schwarz ist zu einer Zeit) ist weiß (das ist er ist weiß, ausgebleicht, zu einer anderen Zeit) ohne mir zu widersprechen? Ich antworte nein; weil ich in diesem Urteile den Begriff des Schwarzen in den Begriff des Nichtschwarzen mit herüberbringe, indem das Subjekt durch den ersteren als bestimmt gedacht wird, mithin, da es beides zugleich sein würde, sich unvermeidlich widerspräche. Dagegen werde ich von eben demselben Menschen sagen können, er ist schwarz und auch eben dieser Mensch ist nicht schwarz (nämlich zu einer anderen Zeit, wenn er ausgebleicht ist), weil in beiden Urteilen nur die Handlung des Bestimmens, welches hier von Erfahrungsbedingungen und der Zeit abhängt, angezeigt wird. In meiner Krit. d. r. V. werden Sie da, wo vom Satz des Widerspruchs geredet wird, hievon auch etwas antreffen.

Was Sie von Ihrer Definition der Anschauung, sie sei eine durchgängig bestimmte Vorstellung in Ansehung eines gegebenen Mannigfaltigen, sagen, dagegen hätte ich nichts weiter zu erinnern, als daß die durchgängige Bestimmung hier objektiv und nicht als im Subjekt befindlich verstanden werden müsse (weil wir alle Bestimmungen des Gegenstandes einer empirischen Anschauung unmöglich kennen können), da dann die Definition doch nicht mehr sagen würde als: sie ist die Vorstellung des einzelnen Gegebenen Da uns nun kein Zusammengesetztes als ein solches gegeben werden kann, sondern wir die Zusammensetzung des mannigfaltigen Gegebenen immer selbst machen müssen, gleichwohl aber die Zusammensetzung als dem Objekte gemäß nicht willkürlich sein kann, mithin, wenngleich nicht das Zusammengesetzte doch die Form, nach der das mannigfaltige Gegebene allein zusammengesetzt werden kann, a priori gegeben sein muß, so ist diese das bloß Subjektive (Sinnliche) der Anschauung, welches zwar a priori, aber nicht gedacht (denn nur die Zusammensetzung als Handlung ist ein Produkt des Denkens), sondern in uns gegeben sein muß (Raum und Zeit), mithin eine einzelne Vorstellung und nicht Begriff (*repraesentatio communis*) sein muß. — Mir scheint es ratsam, sich nicht lange bei der allersubtilsten Zergliederung der Elementarvorstellungen aufzuhalten, weil der Fortgang der Abhandlung durch ihren Gebrauch sie hinreichend aufklärt.

Was die Frage betrifft: Kann es nicht Handlungen geben, bei denen eine Naturordnung nicht bestehen kann und die doch das Sittengesetz vorschreibt, so antworte ich: allerdings! nämlich eine bestimmte Naturordnung, zum Beispiel die der gegenwärtigen Welt, zum Beispiel ein Hofmann muß es als Pflicht erkennen, jederzeit wahrhaft zu sein, ob er gleich alsdann nicht lange Hofmann bleiben wird. Aber es ist in jenem Typus nur die Form einer Naturordnung überhaupt, das ist der Zusammenhang der Handlungen als Begebenheiten nach sittlichen Gesetzen gleich als Naturgesetzen bloß ihrer Allgemeinheit nach; denn dieses geht die besondere Gesetze irgend einer Natur gar nicht an.

Doch ich muß schließen. — Die Übersendung Ihres Manuskripts wird mir angenehm sein. Ich werde es für mich und auch in Gemeinschaft mit Herrn Hofprediger SCHULTZ durchgehen. — Herrn Professor JACOB bitte ich für die Übersendung, imgleichen die mir erzeigte Ehre seiner Zuschrift gar sehr zu danken; imgleichen dem Herrn Magister HOFFBAUER, der mir seine Analytik zugeschickt hat,[1] dafür zu danken und beiden zu sagen, ich würde nächstens ihre Briefe zu beantworten die Ehre haben. — Leben Sie übrigens recht glücklich — und ich verbleibe

Der Ihrige

Königsberg,
d. 3. Juli 1792.

I. Kant.

292.

An Johann Erich Biester.

Königsberg, d. 30. Juli 1792.

Ihre Bemühungen, geehrtester Freund, die Zulassung meines letzten Stücks in der Berliner Monatsschrift durchzusetzen, haben allem Vermuten nach die baldige Zurückschickung derselben an mich, warum ich gebeten hatte, gehindert. — Jetzt wiederhole ich diese Bitte, weil ich einen anderen Gebrauch, und zwar bald,

---

[1] Joh. Christ. Hofbauer, Analytik der Urteile und Schlüsse Halle 1792.

davon zu machen gesinnet bin, welches um desto nötiger ist, da die vorhergehende Abhandlung, ohne die nachfolgende Stücke, eine befremdliche Figur in Ihrer Monatsschrift machen muß; der Urteilsspruch aber Ihrer drei Glaubensrichter unwiderruflich zu sein scheint. — Es ist also mein dringendes Gesuch, mein Manuskript mir, auf meinen Kosten, sobald als möglich, mit der fahrenden Post wieder zuzusenden; weil ich von verschiedenen unter den Text eigenhändig geschriebenen Anmerkungen keine Abschrift aufbehalten habe, sie aber auch nicht gern missen wollte. Den Grund, warum ich auf die Berliner Zensur drang, werden Sie sich aus meinem damaligen Briefe leicht erinnerlich machen. Solange nämlich die Abhandlungen in Ihrer Monatsschrift, sowie bis jetzt, sich in den engen Schranken halten, nichts, was der Privatmeinung Ihrer Zensoren in Glaubenssachen einigermaßen zuwider zu sein scheinen könnte, einfließen zu lassen, macht es keinen Unterschied, ob sie innerhalb den königlichen Landen oder auswärts gedruckt würde. Da ich aber in Ansehung meiner Abhandlung des letzteren wegen etwas besorgt sein mußte, so war die natürliche Folge, daß, wenn sie dennoch, wider ihre Einstimmung, in der Monatsschrift erschienen wäre, diese Zensoren darüber Klage erheben, den Umschweif, den sie nimmt, fernerhin verhindern und meine Abhandlung, die sie alsdann ohne Zweifel weidlich anzuschwärzen nicht ermangeln würden, zur Rechtfertigung ihres Gesuchs (um Verbot dieses Umschweifs) anführen möchten, welches mir Unannehmlichkeiten zuziehen würde. Ich werde demungeachtet nicht unterlassen, anstatt dieser Abhandlung Ihnen, wenn Sie es verlangen, eine andere, bloß moralische, nämlich über Herrn GARVE in seinen Versuchen, I. Teil, neuerdings geäußerte Meinung von meinem Moralprinzip,[1]) bald zuzuschicken und bin übrigens mit unwandelbarer Hochschätzung und Freundschaft der Ihrige

Kant.

---

[1]) Chr. Garve, Versuche über verschiedene Gegenstände aus der Moral, Litteratur und dem gesellschaftlichen Leben, Berlin 1792 ff., vgl. Kants Abhandlung „Über den Gemeinspruch: das mag in der Theorie richtig sein, taugt aber nicht für die Praxis" (Berl. Monatsschr., September 1793)., s. Bd. VI, S. 357 ff.

293.

Von Johann Gottlieb Fichte.

Wohlgeborner Herr,
Höchstzuverehrender Herr Professor,
Durch einen Umweg, weil ich selbst die Literaturzeitung sehr spät erhalte, bekomme ich eine unbestimmte Nachricht, daß in dem Intelligenzblatte derselben meine Schrift für eine Arbeit von Euer Wohlgeborn ausgegeben worden, und daß Dieselben sich genötigt gesehen, dagegen zu protestieren.[1]) In welchem Sinne es möglich war, so etwas zu sagen, sehe ich nicht ein; und kann es um so weniger einsehen, da ich die Sache nur unbestimmt weiß. — So schmeichelhaft ein solches Mißverständnis an sich für mich sein müßte, so erschreckt es mich doch sehr, wenn ich es mir als möglich denke, daß Euer Wohlgeborn oder ein Teil des Publikum glauben könnten, ich selbst habe durch eine Indiskretion diejenige Art der Hochachtung, die Ihnen jedermann um desto mehr schuldig ist, da sie fast die einzige bleibt, die wir Ihnen erweisen dürfen, verletzt, und dadurch auch nur die entfernteste Veranlassung zu diesem Vorfalle gegeben.

Ich habe sorgfältig alles zu vermeiden gesucht, was Dieselben die eigentlich wohltätige Verwendung — ich weiß das, und anerkenne es — um meinen ersten schriftstellerischen Versuch bereuen machen könnte. Ich habe nie gegen irgend jemand etwas gesagt, das Ihrer Äußerung, daß Sie nur einen kleinen Teil meines Aufsatzes gelesen, und aus diesem auf das übrige nur geschlossen, widerspräche; ich habe vielmehr eben das mehrmals gesagt. Ich habe in der Vorrede den kaum merklichen Wink, daß ich so glücklich gewesen bin, wenigstens zum Teil gütig von Ihnen beurteilt zu werden, vertilgt. (Ich wünschte jetzt, leider zu spät, die ganze Vorrede zurückbehalten zu haben.)

Dies ist die Versicherung, die ich Euer Wohlgeboren nicht aus Furcht, daß Sie ohne gegebene Veranlassung mich für indiskret halten würden, sondern um Denenselben meine Teilnahme an dem unangenehmen Vorfalle, die sich auf die reinste Verehrung gegen Sie gründet, zu erkennen zu geben, machen wollte. Sollte, wie ich vor völliger Kunde der Sachen nicht beurteilen

---

[1]) Vgl. hierzu die öffentlichen Erklärungen Kants Nr. II.

kann, und worüber ich mir Euer Wohlgeboren gütigen Rat erbitte, noch eine öffentliche Erklärung von meiner Seite nötig sein, so werde ich sie ohne Anstand geben.

Werden Euer Wohlgeboren der Frau Gräfin von KROCKOW, in deren Hause ich so glückliche Tage verlebe, welche mir aufträgt, Ihnen Ihre Hochachtung zu versichern, und welche selbst die aller Welt verdient, eine kleine Neugier für gut halten? Sie findet ohnlängst im bischöflichen Garten zu Oliva an der Statüe der Gerechtigkeit Ihren Namen angeschrieben, und wünscht zu wissen, ob Sie selbst dagewesen sind. Ohngeachtet ich ihr nun vorläufig zugesichert habe, daß aus dem angeschriebnen Namen sich gar nichts schließen lasse, weil Sie es sicher nicht gewesen, der ihn hingeschrieben; so hat sie sich doch schon zu sehr mit dem Gedanken familiarisiert, an einem Orte gewesen zu sein, wo auch Sie einst waren, und besteht auf ihrem Verlangen, Sie zu fragen. Ich finde aber, daß dieser Neugier noch etwas anders zum Grunde liegt. „Sind Sie in Oliva schon einmal gewesen, denkt sie, so könnten Sie wohl einst in Ihren Ferien wieder dahin, und von da aus wohl auch nach Krockow kommen" — und es gehört unter ihre Lieblingswünsche, Sie einmal bei sich zu sehen und Ihnen ein paar vergnügte Tage oder auch Wochen zu machen; und ich glaube selbst, daß sie den zweiten Teil ihres Wunsches sicher erreichen würde, wenn sie den ersten erreichen könnte.

Ich bin mit warmer Verehrung
Euer Wohlgeborn

Krockow, d. 6. August 1792.

gehorsamster Diener
J. G. Fichte.

294.

Von Friedrich Viktor Lebrecht Plessing.

Wohlgeborner Herr
Hochzuehrender Herr Professor.

Süß ist mir dieser so lange gewünschte Augenblick, wo ich einer Pflicht Gnüge tun kann, wegen deren Nichterfüllung, die bisher nicht in meiner Gewalt stand, ich von manchem innern Kummer gedrückt worden bin. Ich entschuldige mich hier nicht weiter. Denn bloße Worte, die sich leicht finden lassen, sind noch keine würklichen Gründe. Wenn ich einigen Glauben bei Ihnen habe, so wird die simple Versicherung von meiner Seite: daß es nicht in meiner Gewalt gestanden, diese Pflicht eher zu erfüllen, für Sie hinreichend sein. Es sind nunmehr neun Jahre, da Euer Wohlgeboren 30 Rhtlr. (ich hoffe, in der Summe mich nicht zu irren) für mich ausgelegt hatten. Eine so lange Zeit schuldig gebliebene Summe muß zugleich mit den Zinsen, die sie während dieser neun Jahre getragen, abbezahlt werden. Dies gebührt sich nach der Ordnung der Dinge, und ist mir daher Pflicht. Ich übersende acht Friedrichsdor, die mit dem Agio (das auf jedes Stück, zehn bis elf Ggl., nach sächsischen Münzfuß, beträgt) die Summe ausmachen werden, die ich Ihnen (nämlich die 30 Rhtlr., nebst neunjährigen Zinsen, fünf vom Hundert) schuldig bin. Ich begleite den Abgang dieses Geldes mit meinem herzlichsten und innigsten Dank, den ich Ihnen, nicht bloß für die so lange bewiesene gütige Nachsicht, sondern noch für mehr als dies, für das widme, was Sie mir vor zehn Jahren (in dieser für mich so merkwürdigen und traurigen Periode meines Lebens, deren Andenken mit unauslöschlichen Zügen in mein Innerstes gegraben ist) waren. Nochmals meinen innigsten Dank Ihnen dafür, edler Mann! meinen innigsten Dank, von dem das Herz eines Mannes erfüllt ist, das seine Verbindlichkeit und Ihr Verdienst ganz fühlt. Noch bleibt mir aber etwas zu erfüllen übrig, das Sie vermutlich erraten werden. Es betrifft nämlich jenen großmütigen Mann, dessen Namen ich noch nicht kenne. Allein noch zu sehr unter dem harten Gesetz zwingender äußerer Umstände gehalten — die ich zwar seit neun Jahren, durch anhaltendes Ankämpfen und Anstrengung aller meiner Kräfte, gegen die vorigen Zeiten gerechnet, um ein Großes erträglicher gemacht habe, aber doch noch nicht so zu verbessern imstande gewesen bin (wozu ich noch einige Jahre brauche, und mir daher nur noch so lange das Leben wünsche, um auch diese Pflichten noch erfüllen zu können), um alles ins reine bringen zu können — ist es mir bis gegenwärtig nicht möglich, mich von dieser mir auf dem Herzen liegenden Verbindlichkeit zu befreien. Allein ich ersuche Euer Wohlgeboren (auf Lebens- und Sterbensfall), mir irgend eine Adresse zu übermachen, wohin oder an wen, sobald ich dazu vermögend bin, ich die bewußte Summe übermachen kann. — Ich habe ein hartes Tagewerk gehabt. Doch fühle ich in dem Bewußtsein: mit Mühe und Arbeit, im Schweiß meines Angesichts mich durchgedrungen zu haben, zugleich Beruhigung und Belohnung.

Itzt muß ich Euer Wohlgeboren doch noch einige Nachrichten von mir selbst mitteilen. Was meine individuelle Lage, als Mensch und akademischer Lehrer hier an diesem Ort betrifft, so lebe ich, gewisse Rücksichten ausgenommen, zufrieden, mit meinen Kollegen*) in Ruhe und Einigkeit, sowie mit allen übrigen Menschen. Bei Führung meines Lehramts suche ich, soviel ich kann, und soviel es der Geist der hiesigen Denkart zu ertragen imstande ist, Nutzen zu stiften. Freilich ist in diesen Gegenden, die sich durch so manche Eigenheiten vor andern auszeichnen, Philosophie eine ziemlich fremde Wissenschaft; Herrn JACOBI in Düsseldorf ausgenommen, sonst weiß ich keinen, mit dem ich mich mündlich über dergleichen Gegenstände unterhalten könnte. Wäre meine Einnahme etwas ansehnlicher und herrschte hierzulande, wol wegen des starken Handels und der ansehnlichen Geldmasse, die im Umlauf ist, nicht eine große Teuerung, so würde — da ich einsam und abgezogen lebe, und mich soviel möglich von äußern Bedürfnissen unabhängig zu machen suche — auch in noch einer andern Rücksicht, meine Lage erträglicher sein. Man hatte mir vorm Jahr eine Zulage gegeben, aber mit der Bedingung, die lutherische Dogmatik zu lesen. Überrascht anfänglich nahm ich diesen Antrag an. Allein aus Gründen, die mir's zur Pflicht machten, habe ich dieses Amt, nebst der Zulage, schon vor einiger Zeit wieder niedergelegt.

Meine in einem ungewöhnlichen Grade vormals lebhafte Einbildungskraft, die in meinen jüngeren Jahren die Herrschaft führte, mir, bei der ansehnlichen Rolle, die sie spielte, so viele Übel schuf, ist gegenwärtig erkaltet, so daß ich itzt die Dinge ziemlich so sehe, wie sie sind. Zurückgekommen von so manchen Prätensionen, könnte ich daher wohl in der Folge negativ glücklicher leben; allein ich fürchte, unter den fortdauernden Geistesanstrengungen (denen ich noch zurzeit, wegen ökonomischer Verhältnisse, keine engern Schranken setzen darf), die baldige Abstumpfung meines Körpers und Geistes. Möge aber alsdann auch nur das Ende meiner Tage nicht mehr fern sein! Ein kurzes Lebensziel und baldige Befreiung des Vernunftmenschen von der Herrschaft der sinnlichen Natur und aus dem Leibe dieses Todes

---

*) *Die mit* *) *angedeutete Fußnote ist weggeschnitten.*

ist in dieser gegenwärtigen Zeit mehr zu wünschen, als zu fürchten. Mir fällt hierbei eine herrliche an BRUTUS gerichtete Stelle, aus dem ersten Buch der Tuscul. quaest. (am Ende desselben) ein, die CICERO, während der Stürme, die sein Vaterland zerrütteten, und das Menschengeschlecht in ein länger als tausendjähriges Elend stürzten, schrieb: Magna eloquentia est utendum, atque ita velut superiore e loco concionandum, ut homines mortem vel optare incipiant, vel certe timere desistant. Nam si supremus ille dies non exstinctionem, sed commutationem affert loci, quid optabilius? sin autem perimit ac delet omnino, quid melius, quam in mediis vitæ laboribus obdormiscere, & ita conniventem somno consopiri sempiterno? — Nos vero, si quid tale acciderit, ut a Deo denuntiatum videatur, ut exeamus e vita, læti, & agentes gratias pareamus; emittique nos e custodia & levari vinculis arbitremur, ut aut in æternam, & plane in nostram domum remigremus, aut omni sensu, molestiaque careamus. Sin autem nihil denuntiabitur, eo tamen simus animo, ut diem illum, horribilem aliis, nobis faustum putemus; portum paratum nobis & perfugium putemus. Quo utinam velis passis pervehi liceat! sin restantibus ventis rejiciemur, tamen eodem, paulo tardius, referamur necesse est.

Die Geschichte unserer Tage zeugt von einem traurigen Verfall der Menschheit und weissagt derselben Schicksale, die zittern machen; alle Anstalten sind wenigstens da, um es zu bereiten. Die heilige αιδως scheint ganz den Erdboden verlassen zu wollen. Ein sich selbst zerstörender Egoismus entartet die Europäer und verschlingt alle edle Gefühle bei ihnen. In gewissen bedrängenden Augenblicken des tiefsten Seelenschmerzes und innerlichsten Unwillens wird einem der Gedanke denkbar: Gott könne die Menschen wegen moralischer Verderbnis aus freiwilliger Bestimmung vom Erdboden vertilgen, um ihn von den Verschuldungen zu reinigen und einer bessern Menschenart Platz zu machen. Es geschehen itzt Dinge auf Erden, die das moralische Gefühl so empören, daß es ihm zum äußersten Bedürfnis wird: Strafe und Verdammnis in einem andern Leben zu wünschen, um die Vernunft durch diesen zum Glauben gewordnen Wunsch vor der Verzweiflung zu retten: sich selbst für ein Unding und die Welt für ein Irrenhaus zu halten, wo die Tollhäusler einander die Köpfe zerschlagen.

Doch ich muß hier abbrechen. Sie haben in letzter Messe ein neues Werk ohne Ihren Namen herausgegeben; aber ich habe den Verfasser bald erkannt. Möge dieses Buch viel Segen stiften! — Teilnehmend begleiten meine Blicke Sie auf Ihrer glänzenden Laufbahn, und der Ruhm, der Sie am Abend Ihrer Tage krönt, ist für mich ein erhebender Anblick! Widmen Sie, ehrwürdiger Greis, Ihr noch übriges Leben dazu, den Menschen Wahrheiten zu sagen, die sie itzt am meisten bedürfen. Es wird so wenig für die gute Sache der Menschheit geschrieben; und das, was darüber geschrieben wird, ist meistens zweckwidrig. Mehrere unserer, in andern Fächern guten, Schriftsteller scheinen, wenn sie über diesen Punkt schreiben, den Kopf zu verlieren. Ich vermisse Überzeugung, Nachdruck, Würde, Ernst, männliche Kraft, ruhige Fassung, Weisheit und Klugheit, bei dem Inhalt und Gepräge ihrer Schriften. Wie sehr kann ein Mann wie Sie itzt ein Wort zu rechter Zeit reden!

Ob ich gleich diesen Sommer zum dritten Male meine Metaphysik, die ich dieses halbe Jahr wieder lese, ausarbeite, so bin ich mit meinem System doch nicht aufs reine. Ihre Werke liegen auf meinem Schreibtisch mir immer zur Hand. Zuvor aber, ehe ich mich diesen Untersuchungen ganz und gar widme, werde ich noch eine Wallfahrt ins Altertum tun. Mein Hauptzweck mit bei diesem Studium ist, die Nichtigkeit des der menschlichen Vernunft gemachten Vorwurfs zu zeigen, als wenn sie nur erst seit jüngern Zeiten auf die Idee eines Göttlichen Wesens gekommen wäre, und hiezu einer andern als ihrer eignen Hilfe bedurft hätte; ferner, die Geschichte, den Zusammenhang und alten entfernten Ursprung jenes merkwürdigen Systems zu entwickeln, das auf die Schicksale und die Denkart der Menschen einen so unermeßlichen Einfluß gehabt und daher genauer untersucht zu werden doch wohl verdient. Es ergeben sich hieraus Wahrheiten, als Resultate, die, wenn sie, so wie sie schon philosophisch erkannt sind, auch historisch anschauend gemacht, recht verstanden und beherzigt werden, die menschliche Erkenntnis über verschiedene wichtige Gegenstände sehr berichtigen können. Ehe der Satz nicht als allgemein wahr anerkannt wird: daß keine Vernunftwahrheit offenbart werden kann, ist kein daurendes Heil und Wohl für die Menschen zu hoffen. Allein das Publikum, das, da ich einige Jahre zu spät kam, schon Partei ergriffen hatte, kann oder will mich zum Teil nicht verstehn. Ich habe zeither noch einmal die Alten studiert, auch zum Teil die Astronomie derselben (als mit welcher die alte Metaphysik in Verbindung steht), vorzüglich aber ganz von vorn, den PLATO und ARISTOTELES, wo ich manchen Fund wieder getan und zum bessern Verständnis der ELEATISCHEN und ARISTOTELISCHEN Philosophie gelangt bin; in deren Darstellung, wie sie im zweiten Bande meiner Versuche zur Aufklärung der Philosophie des ältesten Altertums enthalten ist, ich manches verändern, und ein neues Werk, unter dem vermutlichen Titel: Resultate aus der Geschichte der Menschheit im ältesten Altertum, herausgeben werde. Aus der Vergleichung und Vereinigung der Entdeckungen der neuern Naturgeschichte mit den Resultaten der ältesten Urkunden der Geschichte über eine große Erdrevolution ist es mir zur höchsten Wahrscheinlichkeit gediehen: daß eine große physische Revolution vormals einen großen Teil der Oberfläche des Erdbodens ins Meer versenkt, dadurch neues Land hervorgebracht und die physische und klimatische Beschaffenheit desselben ganz verändert und verschlimmert habe. Diese große Weltbegebenheit, glaube ich, ist der erste feste Standpunkt, von dem man bei der Geschichte der Menschheit ausgehn muß. Indem man seine Untersuchungen hier anknüpft, gewinnen sie durch diese Verbindung mehr Licht über den Ursprung und die Natur gewisser Lehrsätze jenes alten Systems; über die dann auch, aus der Natur der Vernunft selbst, wenn man dem natürlichen Gange nachspürt, den sie in jenen Zeiten und unter jenen Umständen nehmen mußte, mancher Aufschluß geschöpft werden kann.

Doch ich muß hier abbrechen, schon zu lange habe ich Sie hiemit unterhalten. — Leben Sie wohl, ehrwürdiger Mann! Lassen Sie mich Ihrem Andenken von neuem empfohlen sein, und nehmen Sie das herzliche Bekenntnis meiner Verehrung und H[och]achtung an, mit der ich bin

Duisburg am Rhein,
den 6. August 92.

Dero
treugehorsamster
Plessing.

Königsberg ist mir ganz unbekannt geworden. Ist Herr BRAHL noch am Leben oder noch in Königsberg, und sollten Sie Gelegenheit haben, ihn zu sehen, so haben Sie die Güte, ihm mein Andenken zu bezeugen.

295.

An die theologische Fakultät in ✶✶✶.[1]

(Entwurf.)

[Ende August 1792.]

Ich habe die Ehre, Euer Hochehrwürden drei philosophische Abhandlungen, die mit der in der Berl. Monatsschrift ein Ganzes ausmachen sollen, nicht sowohl zur Zensur, als vielmehr zur Beurteilung, ob die theologische Fakultät sich die Zensur derselben anmaße, zu überreichen, damit die philosophische ihr Recht über dieselbe gemäß dem Titel, den diese Schrift führt, unbedenklich ausüben könne. — Denn da die reine philosophische Theologie hier auch in Beziehung auf die biblische vorgestellt wird, wie weit sie nach ihren eigenen Versuchen der Schriftauslegung sich ihr anzunähern getraut, und wo dagegen die Vernunft nicht hinreicht oder auch mit der angenommenen Auslegung der Kirche nicht folgen kann, so ist dieses eine unstreitige Befugnis derselben, bei der sie sich in ihren Grenzen hält und in die biblische Theologie keinen Eingriff tut, ebensowenig, als man es der letzteren zum Vorwurfe des Eingriffs in die Rechtsame einer anderen Wissenschaft macht, daß sie zu ihrer Bestätigung oder Erläuterung sich so vieler philosophischer Ideen bedient, als sie zu ihrer Absicht tauglich glaubt. — Selbst da, wo die philosophische Theologie der biblischen entgegengesetzte Grundsätze anzunehmen scheint, zum Beispiel in Ansehung der Lehre von den Wundern, gesteht und beweist sie, daß diese Grundsätze von ihr nicht als objektive, sondern nur als subjektive geltend, das ist als Maximen verstanden werden müssen, wenn wir bloß unsere (menschliche) Vernunft in theologischen Beurteilungen zu Rate ziehen wollen, wodurch die Wunder selbst nicht in Abrede gezogen, sondern dem biblischen Theologen, sofern er bloß als ein solcher urteilen will und alle Vereinigung mit der Philosophie verschmäht, ungehindert überlassen werden.

---

[1] Das Schreiben ist wahrscheinlich an die Königsberger theolog. Fakultät gerichtet; ihr Votum ging dahin, daß sie die philosophische Fakultät für die Beurteilung von Kants „Religion innerhalb der Grenzen der bloßen Vernunft" als zuständig erklärte. Kant wandte sich hierauf an die philosophische Fakultät in Jena, deren Dekan J. Chr. Hennigs das Imprimatur erteilte.

Da nun seit einiger Zeit das Interesse der biblischen Theologen als solcher zum Staatsinteresse geworden, gleichwohl aber auch das Interesse der Wissenschaften ebensowohl zum Staatsinteresse gehört, welches eben dieselben Theologen als Universitätsgelehrte (nicht bloß als Geistliche) nicht zu verabsäumen und einer der Fakultäten, zum Beispiel der philosophischen, zum vermeinten Vorteil der anderen zu verengen, sondern vielmehr jeder sich zu erweitern befugt und verbunden sind, so ist einleuchtend, daß, wenn ausgemacht ist, eine Schrift gehöre zur biblischen Theologie, die zur Zensur derselben bevollmächtigte Kommission über sie das Erkenntnis habe, wenn das aber noch nicht ausgemacht, sondern noch einem Zweifel unterworfen ist, diejenige Fakultät, auf einer Universität (welche diesen Namen darum führt, weil sie auch darauf sehen muß, daß eine Wissenschaft nicht zum Nachteil der andern ihr Gebiet erweitere), für die das biblische Fach gehört, allein das Erkenntnis habe, ob eine Schrift in das ihr anvertraute Geschäfte Eingriffe tue oder nicht, und im letzteren Fall, wenn sie keinen Grund findet, Anspruch darauf zu machen, die Zensur derselben derjenigen Fakultät anheimfallen müsse, für die sie sich selbst angekündigt hat.

296.

Von Jakob Sigismund Beck.

Halle, den 8. September 1792.

Teuerster Herr Professor,

Sie haben mir erlaubt, Ihnen mein Manuskript zu schicken, und ich benutze hiemit dieses gütige Anbieten. Da ich es mit Sorgfalt aufgesetzt und kein Nachdenken in dieser Arbeit mir erspart habe, so gibt mir dieses einigen Mut, dieselbe Ihnen vorzulegen. Was die Schwierigkeiten betrifft, die mich bisweilen quälten, und die ich zum Teil Ihnen vorgelegt habe, so habe ich großenteils und nach und nach aus eigenem fundo sie mir selbst gehoben. Daß der grade Gang auch in Wissenschaften der beste ist, erfahre ich täglich, indem jedesmal, daß ich mich überredete, auch in der Kritik was eingesehen zu haben, das ich doch nicht hatte, ich mich nur vom Ziel auf längere Zeit entfernt habe. Der Auszug aus der Kritik der reinen Vernunft geht in diesen

Heften bis zur transszendentalen Dialektik. Ich habe ihn schon einmal ganz fertig gehabt; aber der Fortschritt in diesem Studium und die dadurch erhaltene Aufklärung hat mich vermocht, die ganze Arbeit umzuwerfen und von neuem den Aufsatz zu machen. Aber um eine Unart muß ich um Verzeihung bitten. Ich habe zwar das Manuskript so leserlich als ich konnte geschrieben, aber es war mir unmöglich, es abschreiben zu lassen, weil die Leute, die man hier dazu braucht, Soldaten sind, und diese sich jetzt in Frankreich befinden.

Und nun, lieber, teurer Lehrer, darf ich freilich nicht wähnen, daß Sie mein ganzes Geschreibe selbst durchgehen werden. Nur um die Gefälligkeit muß ich Sie wirklich ersuchen, die einige Blätter von der Deduktion der Kategorien und den Grundsätzen durchzugehen, woran mir am meisten gelegen ist und mir zu zeigen, was ich wohl gar falsch dürfte gefaßt, oder Ihrem Wunsche nicht gemäß dargestellt haben. Der Buchdrucker verlangt aber das Manuskript in einer Zeit von acht Wochen und ich bin daher genötigt, es mir gegen Ende des Novembers zurückzuerbitten.

Noch eine Privatfrage möchte ich gern tun, wozu mir Ihre Kritik durch die mir außerordentlich einleuchtende Bemerkung, daß man einen Raum durchweg erfüllt mit Materie sich denken und gleichwohl das Reale desselben durch unendlich viele Grade verschieden setzen könne. Ich habe mich niemals in die Vorstellungsart KÄSTNERS, KARSTENS usw., daß man die Materie aus gleichförmigen Moleculis von einerlei Schwere bestehend sich denken müsse, um die verschiedenen Gewichte gleicher Volumina sich zu erklären, finden können. Die kritische Philosophie hat bis zum Ergötzen mich hierüber belehrt. Um nun jene Erscheinung mir zu erklären, stelle ich mir die Sache so vor. Die Erde zieht jeden Körper auf ihrer Oberfläche an, so wie sie auch von ihm angezogen wird. Aber die Wirkung des Körpers gegen die Erde ist unendlich klein gegen die, welche die Erde auf ihn hat, und daher kommt es, daß die Fallhöhe im luftleeren Raum aller Körper ganz gleich ist. Hänge ich aber zwei Körper von gleichem Volumen, in denen kein Teil leer sein mag, an die Wage, so wird die Wirkung, welche die Erde auf beide äußert, gegeneinander aufgehoben, aber die Kräfte, womit beide Körper die Erde anziehen, bleiben und sind es nun allein, welche ein Verhältnis gegeneinander haben. Im luftleeren Raum ist das Verhältnis der Kräfte, womit beide Körper zur Erde fallen $= a+dx : a+dy$ $= a : a$ also ein Verhältnis der Gleichheit; aber an der Wage $= dx : dy$ ein Verhältnis der Ungleichheit. Würden beide Körper auf eine Mondesweite etwa von der Erde erhoben, so würden gewiß ihre Fallhöhen nicht mehr gleich sein. Ob ich darin wohl recht habe?

Inliegenden Brief an Sie zu bestellen, hat mich Herr M. RATH gebeten. Er hat Lust, die Kritik ins Latein zu übersetzen, und will Sie darum befragen. Da Ihnen dieser Mann gänzlich unbekannt ist, so darf ich wohl einige Worte, die ihn kenntlich machen sollen, hersetzen. Er ist kein junger Mensch, sondern ein Mann zwischen dreißig und vierzig. Wirklich reine Liebe zu den Wissenschaften hat ihn vom schriftstellerischen Pfad, und diese sowohl als eine grade aufrichtige Denkungsart von dem Bestreben, das andern manchmal schnell Ehren bringt, abgehalten. Daß er die alten Sprachen kenne, habe ich aus dem Munde derjenigen, die hierselbst ein Ansehen deshalb haben. Daß er aber die kritische Philosophie mit glücklichem Erfolg studiere, davon überführt mich mein vertrauter Umgang mit ihm, der mir das seltene Glück gewährt, meine Gedanken einer menschlichen Seele mit Wohlgefallen mitteilen zu können.

Künftiges Winterhalbejahr werde ich ein Publicum lesen der praktischen Philosophie, worauf ich mich herzlich freue, indem ich gewiß viel belehrter es schließen, als ich es anfangen werde.

Ich schließe hiemit und empfehle mich Ihrer Gewogenheit, der ich mit Hochachtung und Liebe bin

der Ihrige
Beck.

Bemerkungen Kants zu vorstehendem Briefe.

Die größte Schwierigkeit ist, zu erklären, wie ein bestimmtes Volumen von Materie durch die eigene Anziehung seiner Teil[e] in dem Verhältnis des Quadrats der Entfernung inverse, bei einer Abstoßung, die aber nur auf die unmittelbar berührenden Teile (nicht auf die entfernten) gehen kann, im Verhältnis des Kubus derselben (mithin des Volumens selber) möglich sei. Denn das Anziehungsvermögen kommt auf die Dichtigkeit, diese aber wieder aufs Anziehungsvermögen an. Auch richtet sich die Dichtigkeit nach dem umgekehrten Verhältnis der Abstoßung, das ist des

Volumens. — Nun frägt sich, ob, wenn ich eine Quantität Materie, darin ihre Teile einander in allen Entfernungen nach obigem Gesetz anziehen, aber ders[elben] Zurückstoßung doch größer ist, sich selbst überlasse, ob es eine gewisse Grenze der ferneren Ausdehnung gebe, da die Anziehung mit der Zurückstoßung im Gleichgewicht ist, oder ob nicht, wenn die Zurückstoßung bei einer Dichtigkeit größer ist als die Anziehung, sie es nicht ins Unendliche bei größerer Ausdehnung bleibe. Die Abnahme nach dem Kubus der Entfernungen aber scheint das erstere zu bestätigen. Nun kann man viele solche aggregata außer einander denken, darin jedes gleichsam einen Dienst für sich ausmacht und die sich einander anziehen, wodurch sie sich mehr verdichten, welche Nähertretung aber, von einer gewissen ursprünglichen Dünnigkeit des Universum durch plötzliche Loslassung geschehen, eine immerwährende Konkussion zuwege bringen würde, wodurch die Materie[n] bestimmte für sich beharrliche Klumpen ausmachen könnten, die einen Zusammenhang, das ist eine Anziehung haben, die nicht von den anziehenden Kräften aller Teile derselben, sondern nur von der berührenden herrührete, als im Grunde nicht dem Zug, sondern dem Druck beizumessen wäre.

Die Kräfte, womit jene zwei Körper die Erde anziehen würden, geben immer gleiche Geschwindigkeit derselben, weil, so viel ihre Masse grösser ist, indem sie insgesamt die Erde ziehen, sie zwar so viel größere Sollizitation der Erde eindrücken, aber um so viel auch ihre eigene Annäherung zur Erde vermindert wird (wegen ihrer größern Masse) mithin immer dieselbe bleibt, so lange das gemeinschaftliche Zentrum der Schwere von dem Zentrum der Erde nur unendlich wenig entfernt bleibt. — Man muß, um den Unterschied der Dichtigkeit zu erklären, annehmen, daß dieselbe Anziehungskraft einer gegeben[en] Quantität Materie gegen eine unendliche verschiedene Zurückstoßungskraft wirke, dieser aber das Ge[gen]gewicht (oder die Gegenwirkung die zur bestimmten Einschränkung des Raumes der isolierten Materie) nicht leisten könne, ohne vermittelst der Anziehung aufs ganze Universum. Da aber diese mit den Quadraten der Entfernung abnimmt, so würde sie durch den Druck der auf solche Weise angezogenen Materie dieses Gleichgewicht einer bestehenden Zusammendrückung nicht leisten, wenn nicht die Zurückstoßung als wie der Kubus der Entfernung umgekehrt abnähme. Hiedurch wird nicht der Zusammenhang (denn der läßt sich durch keine drückende Kräfte erklären), sondern bloß der Unterschied der Materien ihrer Qualität, nämlich der Zurückstoßung nach erklärt; den[n] die Zurückstoßung läßt sich ohne eigene Bewegung des Abstoßenden, folglich auch ohne Verschiedenheit der Masse in demselben Volumen verschieden denken. Daher die Verschiedenheit der Quantität derselben nur durch Stoß oder Zug und vermittelst eines gemeinschaftlichen Maßstabes, nämlich den Zug der Erde, gemessen werden kann und nicht die Mehrheit der Teile ungleichartiger Materien, sondern ihr Gewicht die Dichtigkeit unter demselben Volumen messen kann.

Die Schwierigkeit ist hier, daß man das, was sich bewegt, in Gedanken haben muß, in der Erfahrung aber nur die an einem Ort oder von einem Orte aus wirkenden Kräfte, von denen nur ein Grad den Raum erfüllt oder die Entfernung des Mittelpunkts der einen Kraft von der andern bestimmt. Da aber Punkte nicht einen Raum einnehmen können (nicht einzelne also auch nicht viele zusammen), so kann man die Körper nicht nach der Menge der Teile in Vergleichung mit andern der Quantität der Substanz nach schätzen und dennoch muß man sie sich als gleichartig und nur durch die Menge der Teile unterschieden vorstellig machen, weil wir auf andere Art kein Verhältnis der Massen uns begreiflich machen können.

Die Quantität der Materie in demselben Volumen ist nicht nach dem Widerstand der expansiven Kraft gegen die Kompression, auch nicht nach dem Widerstande der Attraktion eines Fadens durch den Schleuderstein gegen die Zentrifugalkraft zu schätzen. Das erste darum nicht, weil eine kleine Quantität der Materie eben so viel Widerstand durch ausdehnende Kraft leistet als eine große: das [andere] darum nicht, weil das Volumen nichts in Ansehung der Bewegung eines Körpers von seiner Stelle bestimmt. Sondern die lokomotive Kraft in einer Wage (bei gleichem Volumen) oder die in der Dehnung oder Zusammendrückung eines zusammenhängenden oder elastischen Körpers und also die Überwältigung eines Moments der toten Kraft bei demselben Volumen und zwar durch die Bewegungsbestrebung des Körpers und aller seiner Teile in derselben Richtung kann das Maß abgeben.

Weil die Erfüllung des Raumes nur durch Räume, nicht durch Punkte, weder durch ihre bloße Nebeneinanderstellung noch aus jedem Punkt umher in einem Raume verbreitete Kraft, in der keine andere gleichartige Zentralpunkte wären, möglich ist, so enthält die Undurchdringlichkeit der Materie eigentlich nicht die Substanzen als eine Menge außer einander befindlicher für sich bestehender Dinge, sondern nur einen Umfang von Wirkungen der Dinge außer einander, die in allen Punkten eines gegebenen Raumes nicht durch Erfüllung desselben gegenwärtig sind. Die Punkte der Anziehung enthalten eigentlich die Substanz. Die Anziehungskräfte sind in allen Punkten gleich, in jedem Punkte aber wird sie (in Vergleichung mit andern) durch das Abstoßungsvermögen, welches in ihm verschieden sein kann, bestimmt, und desto größer, je kleiner die abstoßende Kräfte derselben Materie sind, mithin die Dichtigkeit der Materie desto größer. — Es ist aber eigentlich nur der Körper, sofern er den Raum erfüllt, die den Sinnen unmittelbar gegebene Substanz. Weil aber dieses Erfüllen selbst nicht wirklich sein würde (es wäre durch die bloße Abstoßung im leeren Raume) die Anziehung doch für sich alles in einen Punkt bringen würde, so ist das Maß der Quantität der Materie die Substanz, sofern sie anziehend ist, weil darin alles innerlich in einem Punkt sein würde und das außerhalb nicht wieder durch etwas Äußeres, sondern zuletzt durch das Innere gemessen werden muß, dessen äußere Wirkung jener äußern gleich ist.

Wenn in einem Raume keine Zurückstoßungskraft wäre, so würde auch gar keine Substanz da sein, die da zöge, denn sie würde keinen Raum einnehmen. Man könnte sich aber doch eine Abstoßungskraft, die einen Raum erfüllete, denken, die nicht durch eigne Anziehungskraft ihrer Teile, sondern durch äußern Druck zurückgehalten würde, obzwar dieses nicht ins Unendliche ginge. Also wird das Volumen nur durch Zurückstoßungskraft bestimmt. — Wenn wir also die Dichtigkeit unterscheiden wollen, so müssen die Volumina zuvor als durch die Abstoßung bestimmt vorgestellt werden. Aber dadurch wird der Widerstand, den eine Materie der andern, sofern sie von dieser aus ihrem Orte bewegt werden soll, tut, nicht bekannt. Mithin nur durch die Anziehung, welche die darin enthaltene Materie auf andere außer ihr (die Erde) und dadurch zu ihrer eignen Bewegung (durch die Schwere) ausübt. Je größere Zurückstoßung dazu gehört, um diese Annäherung (zur Erde) zu hindern, desto mehr Substanz in demselben Volumen. Man muß aber die Anziehung nur als durch die Zurückstoßung eingeschränkt auf ein Volumen mithin als an sich gleich denken. Das Volumen selbst braucht nicht von etwas anderm außer ihm: es kann durch die Anziehung seiner eignen Teile eingeschränkt gedacht werden — der Grund davon, daß die Abstoßung in einem Volumen, ohne daß die innern Teile sich ziehen, von außen bewirkt werde, liegt darin, daß die Teile sich nicht in der Entfernung abstoßen, da hingegen sie sich in der Entfernung unmittelbar anziehen können: dagegen ist es unmöglich, daß sich die Teile bloß in der Berührung anziehen sollten, weil diese schon eine Zurückstoßung, mithin ein Volumen erfordert, mithin keine bloße Fläche voraussetzt.

Der Grad der Zurückstoßung wird bei gleichartiger Vergrößerung des Volumens nicht vermehrt, aber wohl der Grad der Anziehung. — Weil im ersten die Teile innerhalb eine die andere Bewegung aufheben und die ausdehnende Kraft nur auf der Oberfläche ist (die Abstoßung geht nicht quer durch in die Weite), dagegen die Anziehungen durch Hinzufügung die äußere Kraft vermehren. Daher ist die ganze Kraft der Substanz nach der Anziehung zu schätzen. Sie muß aber auch als gleichartig angesehen werden, weil sie für sich gar keine Materie geben würde, und da sie nur durch die Zusammendrückung bestimmt wird, diese aber durch das Ganze eines Volumens allenthalben gleich ist, so muß auch die daraus entspringende Dichtigkeit gleich sein. Die Abstoßung aber kann ursprünglich ungleich sein in einem gewissen Volumen. Denn da die Dichtigkeit ins Unendliche muß verschieden sein können, dieses aber nicht auf der ursprünglichen Verschiedenheit der Anziehung beruhen kann, muß sie auf der der Abstoßung beruhen. Man kann auch so sagen, weil die Stärke der Abstoßung auf der Verschiedenheit des äußern Zusammendrucks beruht, so ist innerlich der Grad derselben nicht bestimmt, kann also nach Belieben größer oder kleiner sein.

[*Am oberen Rande.*] Man kann keinen Grund angeben, warum die Materie ursprünglich eine gewisse Dichtigkeit in einer gegebenen Quantität haben müsse. — Man [kann] diese Frage nicht wegen der Anziehung unter einem gewissen Volumen tun, denn daß sie nicht größer, ja so groß oder klein ist, wie man will, kommt nicht auf sie, sondern auf die Zurückstoßung an: je kleiner diese, desto größer die Dichtigkeit aus jener. Die verschiedene Dichtigkeit einer gegebenen Quantität Materie rührt aber nicht von dieser ihrer Anziehung, denn die ist zu klein, sondern von der des ganzen Universi her.

297.

Von F. Bouterwek.[1])

Wohlgeborner Herr Professor!
Verehrungswürdigster Mann!

Ein Opfer der Verehrung, sei es auch noch so klein, ist Bedürfnis für den, der es darbringt, wenn es aus freier Seele dargebracht wird. Dies ist alles, was ich zu meiner Entschuldigung sagen kann, da ich einem innern Aufruf gehorche, Ew. Wohlgeb. die einliegende Kleinigkeit mit einem Zutrauen zu überschicken, als ob im Ernst auch Ihnen etwas daran gelegen sein könne.[2]) Ich bin der erste, der es wagt, auf dieser Georg-Augusts-Universität, wo so ein Unternehmen in mehr als einer Rücksicht gewagt heißen kann, Kritik der reinen Vernunft nach Ihrem System öffentlich vorzutragen. Eigner — ich darf es ja hier wohl sagen — Enthusiasmus für dies System und Unwillen über die Koalitionsversuche derjenigen, mit denen ich übrigens im besten, friedlichsten Vernehmen gern fortleben möchte, weil ich doch mit ihnen lebe, gaben mir den Mut und äußere Umstände die Veranlassung, meine Vorlesung (mit Erlaubnis der philosophischen Fakultät) wirklich anzukündigen. Der ganze Ton dieser Ankündigung gleicht deswegen, wie das Ohr des Meisters auch ohne meine Erklärung hören wird, dem Ton eines gedämpften Instruments. Das Lokal wollte dies so. Leichter wurde mir die Bemühung, den freien Schwung der Saiten zu hemmen, weil ich mich selbst nicht befugt halte, mein Votum zu geben in der Versammlung der Wahrheitsprüfer. Von den ersten Zeiten der Selbsttätigkeit meines Geistes an, waren Schönheit und Wahrheit seine Idole; aber die Schönheit riß ihn mit ihren Zauberkräften so gewaltig fort, daß ihr Dienst sein Geschäft mehrere Jahre hindurch einzig und ausschließlich war. Als determinierter Allesbezweifler wagte ich mich vor vier Jahren an Ihre Kritik, sträubte mich, lernte mich meiner Vernunft erfreuen und wurde,

---

[1]) Friedrich Bouterwek (1766—1828).
[2]) Anzeige einer Vorlesung über die Kantische Philosophie, Göttingen 1792.

was ich seitdem geblieben bin und ewig bleiben werde, Ihr dankbarer Schüler. Wer Ihr System in seiner ganzen majestätischen Einfalt umfaßt hat oder umfaßt zu haben glaubt, der kann unmöglich auf den betrübten Einfall geraten, es zu zerstückeln, um die Fragmente mit diesem oder jenem andern System zusammenzupfuschen. Sollte er auch hier und da eine abweichende Meinung für sich haben, so wird er diese um so ruhiger für sich behalten, wenn er jedem andern ein gleiches Recht gönnt. Mag, wer es nicht ändern kann, sein Wohnzimmer im Gebäude der Wahrheit mit Tapeten bekleiden; mag ein andrer die weißgetünchten Wände vorziehen; genug, daß das Gebäude in seinen Fugen auf einer unerschütterlichen Grundfeste steht. Wer aber andern den Grundriß erklären will, der ist es der Wahrheit schuldig, seine Grillen beiseite zu setzen und nichts zu lehren, als was der ehrwürdige Baumeister lehrt. Dies wird aber demjenigen am besten gelingen, dessen produktive Geisteskräfte, so gering sie auch sein mögen, eine andre Richtung genommen haben, als die metaphysische und der sich doch zugleich des Gedankens erfreut, die ganze Vernunftkritik vollkommen verstanden zu haben. So habe ich mir meine Befugnis deduziert, die Kritik der reinen spekulativen und praktischen Vernunft strenge nach Ihren Grundsätzen vorzutragen.

Die Anordnung des Plans, so wie ich ihn aufgestellt habe, gründet sich auf meine Überzeugung von der Geneigtheit des ungeübten Verstandes, in der Erweiterung seiner Begriffe am liebsten diesen Gang zu gehen. Ob die Erfahrung mich künftig anders belehren wird, muß sich im kurzen zeigen.

Was ich zum Beschluß gesagt habe, ist nicht so gemeint, daß ich nicht gern auf die Ehre in dieser Rücksicht der dreizehnte unter den kleinen Propheten zu sein, Verzicht tun möchte. Was aber vorher zur Erläuterung oder, besser gesprochen, zur Andeutung des Begriffs von einem synthetischen Grundsatze a priori dasteht, ist mit Fleiß κατ' ἀνϑρωπον stümperhaft und halbwahr ausgedrückt. Daß der Begriff einer Figur nicht in dem Begriffe von drei Linien steckt, davon überzeugt man sich im Augenblick. Daß aber der Begriff von 9 nicht in 7 + 2 steckt, leuchtet nicht so geschwind ein. Deswegen erwähnte ich der Arithmetik gar nicht und nahm das Exempel aus der Geometrie allein. Fast aber gereut es mich denn doch, mich so ausgedrückt zu haben, als wenn nicht die ganze reine Mathematik auf synthetischen Grundsätzen a priori beruhte. Aber so geht es, wenn man popularisiert! †)

Wüßte ich, daß mein Skelett zu einer populären Vernunftkritik den Beifall des Meisters hätte, so führte ich wohl einen Gedanken aus, der sich mir angeschmeichelt hat — in der Form platonischer Dialogen Ihr System denen in die Hände zu spielen, die zurückbeben vor dem festen Schritte der systematischen Darstellung.[1]) Wie es nun auch damit werden mag, so werde ich leben und sterben mit dem Gefühl der Verehrung, mit dem ich itzt bin

Ew. Wohlgeb.
ganz gehorsamster Dr.
F. Bouterwek,
dem Titel nach Rath, dem
Wesen nach privatisierender Freibürger der Gelehrten-Republik.
Göttingen, d. 17. Sept. 1792.

298.

Von Johann Erich Biester.

Berlin, 22. Septemb. 1792.

Ihr letzter Brief mit der Aufforderung um Ihr Manuskript muß meinem Pakete, welches dasselbe enthielt, begegnet sein. Sie werden es itzt erhalten haben, und mein Bedauren, daß ich es nicht drucken durfte. Ihr gütiges Versprechen eines andern Aufsatzes über eine Äußerung des Herrn GARVE tröstet mich wieder. Ich stelle Ihnen selbst anheim, ob es nicht geratener ist, bei der hiesigen Zensur nichts mehr einzureichen.

Leben Sie herzlichst wohl und bleiben meiner Verehrung gewiß.

Biester.

[Am Rande:] †) Da sehe ich eben itzt noch, daß mir das Wort Realität, worunter ich die objektive (den Erscheinungen notwendig anpassende) Realität des Raums durchaus nicht verstanden haben will, häßlich gemißdeutet werden könnte.

[1]) Daß dieser Plan von Kant mit großer Freude aufgenommen wurde, berichtet Borowski S. 92.

299.

An Theodor Gottlieb von Hippel.

Ew. Hochwohlgebornen
haben bisher die Gewogenheit gehabt, mich Ihres Zutrauens, in Ansehung meines Vorschlags junger Studierenden zu einem Magistratsstipendio zu würdigen. Dürfte ich mich dasselbe jetzt für den Studiosus LEHMANN erbitten, der einer der fleißigsten und fähigsten ist, die ich je unter meinen Auditoren gehabt habe?

Mit der größten Hochachtung und Dienstwilligkeit bin ich jederzeit
Ew. Hochwohlgeboren
ganz ergebenster treuer Diener
I. Kant.
Den 28. Sept. 1792.

300.

An F. Th. de la Garde.

Ew. Hochedelgeb.
überschicke hiemit die Korrektur der Einleitung der Kritik der Urth. Kr., worin die Note zu S. XXII wohl das einzige Wichtige ist.

Auf den Titel den Ausdruck: zweite verbesserte Ausgabe zu setzen halte ich nicht für schicklich, weil es nicht ganz ehrlich ist; denn die Verbesserungen sind doch nicht wichtig genug, um sie zum besonderen Bewegungsgrunde des Ankaufs zu machen: deshalb ich jenen Ausdruck auch verbitte.

Ich bin jetzt in Eil und kann nichts hinzusetzen, als daß ich mit Hochachtung beharre
Ew. Hochedelgeb.
ergebenster Diener
I. Kant.

Königsberg,
d. 2. Okt.
1792.

301.

Von Ludwig Ernst Borowski.

Es ist, sehr verehrungswürdiger Mann! wiederum die Reihe an mir, in der deutschen Gesellschaft eine öffentliche Vorlesung zu halten. Ich habe diesesmal — Sie selbst zum Thema gewählt und es hat mir in den Tagen der abgewichenen Woche recht sehr frohe Stunden gemacht, mich von Ihnen und über Sie zu unterhalten. — Hier ist's, was ich darüber unter der Aufschrift: Skizze zu einer künftigen Biographie u. f. zu Papier gebracht habe. Verurteilen Sie es ja nicht gleich, indem Sie diese Aufschrift lesen, zum Nichtanblick — dieses würde mir wehe tun. Ich sage am Anfange meine Gründe zu einem Aufsatze dieser Art, die ich wenigstens für hinreichend halte. Bei dem übrigen hab ich beinahe jedes Wort sorgfältig abgewogen.

Aber ich wollte doch nicht gerne auch nur ein Wort, nur einen Buchstaben sagen, den Sie etwa — nicht wollten gesagt haben. Deswegen habe ich's auf gebrochnen Bogen geschrieben und Sie haben nun völlige Freiheit, zu — streichen, oder hinzuzusetzen, zu berichtigen u. f. Ich halte es für schickliche Diskretion — und noch mehr, ich halte es meiner alten und sich immer gleichbleibenden Verehrung für Sie gemäß, Ihnen diese wenigen Blätter zuvor, ehe noch irgendein Gebrauch davon für mehrere gemacht wird, einzuhändigen und erbitte mir, da Sie, wie ich wohl einsehe, kein notwendigeres Geschäft um dieses Aufsatzes willen versäumen können, ihn etwa Mittwochs in Ergebenheit zurück. — Mit der entschiedensten Hochachtung verharre ich u. f.

Königsberg, 12. Oktober 1792.

302.

An Rudolph Gotthold Raht.[1])

Hochedelgeborner Herr,
hochzuehrender Herr Magister!

Es ist längst mein Wunsch gewesen, daß sich jemand finden möchte, der Sprach- und Sachkenntnis gnug hätte und die Kritik

---

[1]) R. G. Raht in Halle, ein Freund Becks, hatte sich in einem

ins Lateinische zu übertragen Belieben trüge. Ein gewisser Professor in Leipzig, ein auf beide Art geschickter Mann, hatte sich vor einigen Jahren von selbst dazu verstanden; aber vermutlich (wie der selige HARTKNOCH dafür hielt) wegen überhäufter anderer Beschäftigung, um seine schmale Einkünfte zu ergänzen, es wieder liegen lassen. Herr Professor SCHÜTZ in Jena, dem dies Vorhaben damals kommuniziert wurde, hielt dafür, daß von seiner (des Leipziger Professors) Feder, durch Geflissenheit der echtlateinischen Eleganz, wider die Faßlichkeit leicht verstoßen werden könnte, und wollte damals es übernehmen, die Übersetzung in dieser Rücksicht selbst durchzugehen, welches dann durch obige Ursache zugleich unterblieben ist.

Aus der Probe, welche Sie die Güte gehabt haben, Ihrem Briefe beizufügen, ersehe ich: daß Sie die letztere Schwierigkeit gar wohl vermeiden und doch zugleich durch Germanismen, wie es durch Deutsche oft geschehen ist, den Auswärtigen nicht unverständlich sein würden und, wegen des zu treffenden Sinnes, setze ich in Ihre Einsicht, nach einem so beharrlichen Studium, dessen Sie dieses Werk gewürdigt haben, ebensowohl völliges Vertrauen.

Fangen Sie also, würdiger Mann, diese Arbeit getrost an. Vielleicht rückt sie mit der Bekanntschaft, die sich mit diesen Sachen durch die Beschäftigung selbst hervorfinden wird, schneller, als Sie jetzt vermuten, fort, so daß ich ihre Herausgabe noch erleben kann.

Hiezu wünsche ich gute Gesundheit und sonst gutes Gedeihen aller Ihrer übrigen guten Absichten und bin mit der vollkommensten Hochachtung

1792, Königsberg,
d. 16. Oktober.

Ew. Hochedelgeboren
ergebenster Diener
I. Kant.

Briefe an Kant erboten, die Kritik der reinen Vernunft ins Lateinische zu übersetzen; der Plan kam jedoch nicht zur Ausführung.

303.

An Jakob Sigismund Beck.

Königsberg den 17. Oktober 1792.
Hochgeschätzter Freund!

Ich habe vorgestern den 15. Oktober Ihr Manuskript in grau Papier eingepackt, besiegelt und A. M. B. signiert und auf die fahrende Post zur retour gegeben, aber, wie ich jetzt sehe, zu eilig; indem ich durch einen Erinnerungsfehler statt des Novembers, vor dessen Ablauf Sie Ihre Handschrift zurück erwarteten, mir das Ende Oktober, als den gesetzten Termin, vorstellte und, bei der schnell gefaßten Entschließung den eben nahe bevorstehenden Abgang der Post nicht zu verfehlen, es unterließ, Ihren Brief nochmals darüber nachzusehen, und, da ich im Durchsehen der ersten Bogen nichts Erhebliches anzumerken fand, Ihre Deduktion der Kategorien und Grundsätze ihrem Schicksal in gutem Vertrauen überließ.

Dieser Fehler kann indessen, wenn Sie es nötig finden, doch dadurch eingebracht werden: daß Sie diejenigen Blätter, worauf jene befindlich, in der Eile abschreiben lassen, sie mir durch die reitende Post eilig (versteht sich unfrankiert) überschicken und so noch vor Ablauf der Zeit die Antwort von mir zurück erhalten. — Meinem Urteile nach kommt alles darauf an: daß, da im empirischen Begriffe des Zusammengesetzten die Zusammensetzung nicht vermittelst der bloßen Anschauung und deren Apprehension, sondern nur durch die selbsttätige Verbindung des Mannigfaltigen in der Anschauung gegeben und zwar in ein Bewußtsein überhaupt (das nicht wiederum empirisch ist) vorgestellt werden kann, diese Verbindung und die Funktion derselben unter Regeln a priori im Gemüte stehen müssen, welche das reine Denken eines Objekts überhaupt (den reinen Verstandesbegriff) ausmachen, unter welchem die Apprehension des Mannigfaltigen stehen muß, so fern es eine Anschauung ausmacht, und auch die Bedingung aller möglichen Erfahrungserkenntnis vom Zusammengesetzten (oder zu ihm Gehörigen) ausmacht, (d. i. darin eine Synthesis ist) die durch jene Grundsätze ausgesagt wird. Nach dem gemeinen Begriffe kommt die Vorstellung des Zusammengesetzten als solchen mit unter den Vorstellungen des Mannigfaltigen, welches apprehendiert wird, als gegeben vor und sie gehört sonach nicht, wie es doch sein muß, gänzlich zur Spontaneität usw.

Was Ihre Einsicht in die Wichtigkeit der physischen Frage: von dem Unterschiede der Dichtigkeit der Materien betrifft, den man sich muß denken können, wenn man gleich alle leeren Zwischenräume, als Erklärungsgründe derselben, verbannt, so freut sie mich recht sehr; denn die wenigsten scheinen auch nur die Frage selbst einmal recht zu verstehen. Ich würde die Art der Auflösung dieser Aufgabe wohl darin setzen: daß die Anziehung (die allgemeine, Newtonische,) ursprünglich in aller Materie gleich sei und nur die Abstoßung verschiedener verschieden sei und so den spezifischen Unterschied der Dichtigkeit derselben ausmache. Aber das führt doch gewissermaßen auf einen Zirkel, aus dem ich nicht herauskommen kann und darüber ich mich noch selbst besser zu verstehen suchen muß.

Ihre Auflösungsart wird Ihnen auch nicht genug tun; wenn Sie folgendes in Betrachtung zu ziehen belieben wollen. — Sie sagen nämlich: Die Wirkung des kleinen Körpers der Erde auf die ganze Erde ist unendlich klein, gegen die, welche die Erde durch ihre Anziehung auf ihn ausübt. Es sollte heißen: gegen die, welcher dieser kleine Körper gegen einen anderen ihm **gleichen (oder kleineren)** ausübt; denn so fern er die ganze Erde zieht, wird er durch dieser ihren Widerstand eine Bewegung (Geschwindigkeit) erhalten, die gerade derjenigen gleich ist, welche die Anziehung der Erde ihm allein erteilen kann: so, daß die Geschwindigkeit desselben doppelt so groß ist, als diejenige, welche eben der Körper erhalten würde, wenn er selbst gar keine Anziehungskraft hätte, die Erde aber durch den Widerstand dieses Körpers, den sie zieht, eben so eine doppelt so große Geschwindigkeit, als sie, wenn sie selbst keine Anziehungskraft hätte, von jenem Körper allein würde bekommen haben. — Vielleicht verstehe ich aber auch Ihre Erklärungsart nicht völlig und würde mir darüber nähere Erläuterung recht lieb sein.

Könnten Sie übrigens Ihren Auszug so abkürzen, ohne doch der Vollständigkeit Abbruch zu tun, daß Ihr Buch zur Grundlage für Vorlesungen dienen könnte, so würden Sie dem Verleger und hierdurch auch sich selbst sehr viel Vorteil verschaffen; vornehmlich, da die Kritik der praktischen Vernunft mit dabei ist. Aber ich besorge die transszendentale Dialektik wird ziemlich

Raum einnehmen. Doch überlasse ich dieses insgesamt Ihrem Gutdünken und bin mit wahrer Freundschaft und Hochachtung

Königsberg
d. 16. Oktober
1792.

Ihr
ergebenster Diener
I. Kant.

304.

Von Johann Gottlieb Fichte.

Verehrungswürdigster Gönner,
Schon längst würde ich Euer Wohlgeboren meine Dankbarkeit für Ihr letztes gütiges Antwortschreiben bezeigt haben, wenn ich nicht vorher, um ganz übersehen zu können, wie viel ich Ihnen schuldig sei, Ihre Anzeige im Intelligenz-Blatte der A. L. Z. zu lesen gewünscht hätte. Das gütige Privat-Urteil eines Mannes, den ich unter allen Menschen am meisten verehre, und liebe, war mir das beruhigendste, und das mir nun bekannte öffentliche Urteil eben des Mannes, den der ehrwürdigere Teil des Publikums wohl nicht viel weniger verehrt, das rühmlichste, was mir begegnen konnte. Die erste ehrenvolle Folge eines so gewichtvollen Urteils war die ohnlängst erhaltene Einladung zur Mitarbeit an der A. L. Z.: eine wichtige Zunötigung zum Fortstudieren, der ich mich, nach Erhaltung einiger mir notwendigen Nachrichten, um die ich gebeten habe, wohl unterwerfen dürfte.

Der Frau GÄFIN VON KROCKOW, die Sie ihrer fortdauernden Hochachtung versichert, tat es weh, einen schönen Traum vernichtet zu sehen; und mich hat die Stelle Ihres Briefes, wo Sie von der Reise in eine andere Welt reden, innigst gerührt.

Ich bitte Sie, mir das Schätzbarste, was mir der Aufenthalt in Königsberg geben konnte, Ihre gute Meinung, zu erhalten, und mir gern zu vergönnen, mich zu nennen

Euer Wohlgeboren

Krockow bei Neustadt,
d. 17. Oktober 1792.

dankbarsten Verehrer
Johann Gottlieb Fichte.

305.

An Ludwig Ernst Borowski.

Eur. Hochw. freundschaftlicher Einfall, mir eine öffentliche Ehre zu bezeugen, verdient zwar meine ganze Dankbarkeit; macht mich aber auch zugleich äußerst verlegen, da ich einerseits alles, was einem Pomp ähnlich sieht, aus natürlicher Abneigung (zum Teil auch, weil der Lobredner gemeiniglich auch den Tadler aufsucht) vermeide und daher die mir zugedachte Ehre gerne verbitten möchte, andererseits aber mir vorstellen kann, daß Sie eine solche ziemlich weitläuftige Arbeit ungerne umsonst übernommen haben möchten. — Kann diese Sache noch unterbleiben, so werden Sie mir dadurch eine wahre Unannehmlichkeit ersparen und Ihre Bemühung, als Sammlung von Materialien zu einer Lebensbeschreibung nach meinem Tode betrachtet, würde denn doch nicht ganz vergeblich sein. — In meinem Leben aber sie wohl gar im Drucke erscheinen zu lassen, würde ich aufs inständigste und ernstlichste verbitten.

In jener Rücksicht habe ich mich der mir gegebenen Freiheit bedient, einiges zu streichen oder abzuändern, wovon die Ursache anzuführen, hier zu weitläuftig sein würde, und die ich bei Gelegenheit mündlich eröffnen werde. — Die Parallele, die auf der von den drei letzten Blättern vorhergehenden Seite (wo ein Ohr eingeschlagen ist) zwischen der christlichen und der von mir entworfenen philosophischen Moral gezogen worden, könnte mit wenigen Worten dahin abgeändert werden, daß statt derer Namen, davon der eine geheiliget, der andere aber eines armen ihn nach Vermögen auslegenden Stümpers ist, diese nur eben angeführten Ausdrücke gebraucht würden, weil sonst die Gegeneinanderstellung etwas für einige Anstößiges in sich enthalten möchte. — Ich beharre übrigens mit der vollkommensten Hochachtung und Freundschaft zu sein

Eur. Hochw.

Königsberg, 24. Oktober 1792.

ganz ergebenster, treuer Diener
I. Kant.

306.

Von Ludwig Ernst Borowski.

Eben kehre ich, edler, verehrungswürdiger Mann! von einer Mahlzeit außer meinem Hause zurück und finde Ihre gütige Zuschrift nebst meinem Ihnen eingehändigten Manuskripte. — Auch nicht eine einzige unangenehme Minute sollen Sie — durch mich haben; deswegen schreibe ich, nachdem ich Ihre Deklaration gelesen habe, augenblicklich zurück. Die Handschrift soll weder vorgelesen und noch weniger bei Ihrem Leben abgedruckt werden; sie soll zu derjenigen Bestimmung, die Sie selbst ihr zu geben gewürdiget haben, aufbehalten bleiben. Sie hatten, Teuerster! keine inständige und ernstliche Bitte an mich nötig, denn Ihr kleinster Wink ist mir so heilig und wert, daß ich ihn sogleich befolge.

Tausend Dank für Ihr Beigeschriebenes! Die übrigen mir zum künftigen Gebrauch zugesandten Materialien remittiere ich morgen zu Ihren Händen. — Das Manuskript wird nun gänzlich an die Seite gelegt. Wie freu' ich mich, daß Sie meine wahrlich gute Intention doch nicht verkannt haben! Ich fange gleich diesen Abend an, über einer andern Vorlesung, da ich doch eine halten muß, zu brüten. Etwa „Über die Veränderungen des Geschmacks in philosophischen und theologischen Wissenschaften in Preußen u. s. f." oder, was ich der Notbroschüre für einen Namen geben werde. Und nun, gütigster Freund! leben Sie noch lange und recht wohl. Sie müssen, wenn ich vor Ihnen heimgehe, einen Ihrer würdigen Biographen finden, und Sie werden ihn auch gewiß finden. Mir hat der weggelegte Aufsatz, da ich ihn entwarf, frohe Stunden gemacht, weil ich mich mit Ihnen beschäftigte — und mit gehorsamer und gegen Sie dankvoller Empfindung lege ich diesen, durch Ihre Beischriften bereicherten und nun von Ihnen autorisierten biographischen Entwurf an die Seite, weil ich dadurch Ihren Willen erfülle. Mit wahrer und herzlicher Ehrerbietung bin u. f.

Königsberg, 24. Oktober 1792.

307.

Von Carl Leonhard Reinhold.

Erlauben Sie, mein höchstverehrter Lehrer und Freund, daß ich durch den gegenwärtigen zweiten Band meiner Briefe über Ihre Philosophie mein Andenken bei Ihnen erneure; und mich der Fortsetzung Ihrer unschätzbaren Gewogenheit empfehle.

Jena, den 29. Oktober 1792.   Reinhold.

N. S.
Sie werden mich durch eine Zeile Nachricht über den Empfang dieses Buches ungemein verbinden.

308.

Von Jakob Sigismund Beck.

Halle, den 10. November 1792.
Bester Herr Professor!

Ich habe Ihren freundschaftlichen Brief vom 17. Oktober und einige Tage später auch mein Manuskript zurück erhalten. Sie erlauben mir Ihnen die einige Bogen, worauf die Deduktion der Kategorien steht, noch einmal zu schicken. Ich habe sie abschreiben lassen und lege sie hier bei, indem ich Sie ergebenst ersuche, die Freundschaft für mich zu haben, mir zu zeigen, was ich vielleicht nicht nach Ihrem Sinn getroffen haben möchte. Der Druck geht erst gegen Ende des Novembers an und ich werde Ihren Brief noch zeitig genug erhalten, wenn ich ihn nach vier Wochen erhalten.

Der Professor GARVE war vor einiger Zeit hier und Herr Pr. EBERHARD hat mir einiges von seinen Gesprächen mit ihm, in Beziehung auf die kritische Philosophie mitgeteilt. Er sagt, daß so sehr auch GARVE die Kritik verteidigt, so habe er doch gestehen müssen, daß der kritische Idealismus und der BERKLEYsche gänzlich einerlei sein. Ich kann mich in die Gedankenstimmung dieser achtungswürdigen Männer nicht finden und bin fürwahr! vom Gegenteil versichert. Gesetzt auch daß die Kritik der Unterscheidung der Dinge an sich der Erscheinungen gar nicht hätte erwähnen dürfen, so hätte sie doch zum mindesten erinnern müssen, daß man die Bedingungen, unter denen uns etwas ein Gegenstand ist, ja nicht aus der Acht zu lassen habe, weil zu besorgen ist, daß man auf Irrtum gerate, wenn man diese Bedingungen aus dem Sinne läßt. Erscheinungen sind die Gegenstände der Anschauung und jedermann meint dieselbe, wenn er von Gegenständen spricht, die ihn umgeben, und eben dieser Gegenstände Dasein leugnete BERKELEY, welches die Kritik gegen ihn dargetan hat. Wenn man nun eingesehen hat, daß der Raum und die Zeit die Bedingungen der Anschauung der Gegenstände sind und nun nachsinnt, welches wohl die Bedingungen des Denkens der Gegenstände sein mögen, so sieht man doch leicht, daß die Dignität, welche die Vorstellungen, in der Beziehung auf Objekte, erhalten, darin bestehe, daß dadurch die Verknüpfung des Mannigfaltigen als notwendig gedacht wird. Diese Gedankenbestimmung ist aber eben dieselbe, welche die Funktion in einem Urteil ist. Auf diesem Wege ist mir der Beitrag, den die Kategorie zu unserm Erkenntnis tut, faßlich geworden, indem durch diese Untersuchung es mir einleuchtet, daß sie derjenige Begriff ist, durch welchen das Mannigfaltige einer sinnlichen Anschauung als notwendig (für jedermann gültig) verbunden vorgestellt wird. Einige Epitomatoren haben sich hierüber, so viel ich einsehe, falsch ausgedrückt. Diese sagen: urteilen heiße objektive Vorstellungen verbinden. Ganz etwas anderes ist es, wenn die Kritik lehrt: urteilen ist Vorstellungen zur objektiven Einheit des Bewußtseins bringen, wodurch die Handlung einer als notwendig vorgestellten Verknüpfung ausgedrückt wird.

Wenn ich von meiner Überzeugung darauf schließen kann, daß ich in meinem Auszuge Ihren Sinn getroffen, dann müßte ich mich beruhigen. An der Darstellung der Deduktion der Kategorien ist mir vorzüglich gelegen, und eine Musterung derselben von Ihnen, lieber Lehrer, würde mir die wünschenswerteste Sache sein. Mittlerweile werde ich mich noch selbst über die ganze Ausarbeitung hermachen, um ein so vernünftiges Buch hervorzubringen, als ich es noch vermag.

Nun erlauben Sie mir noch meine neuliche physische Frage zu berühren. Ich habe lange, noch ehe ich recht eigentlich die Kritik studierte, in meiner mathematischen Lektüre, den zwar gegebenen, aber mir immer sehr unverständlich vorgekommenen Begriff von Masse, mit dem des Wirksamen vertauscht. EULER gibt nun den bestimmten Begriff von Masse, indem er sie *vis inertiae* nennt, *qua corpus in statu suo perseverare, quaque omni mutationi reluctari conatur,* und indem er eine verschiedene *vis inertiae* den Partikeln der Materie gibt, scheint er die ungleichen Gewichte zweier Körper von gleichem Volumen zu erklären, ohne zu leeren Räumen flüchten zu dürfen. Dagegen scheint es doch auch, daß alle Teile der Materie mit einer gleichen *quantitas inertiae* versehen sein, weil die Fallhöhen derselben, in gleichen Zeiten im widerstandsfreien Raum gleich sind. Dann aber ist man wohl genötigt, zu den leeren *poris* seine Zuflucht zu nehmen um die verschiedenen Gewichte gleicher Volumina sich zu erklären. Ich habe mir auf folgende Art zu helfen gesucht. Man setze die anziehende Kraft der Erde in einer bestimmten Gegend ihrer Oberfläche und gegen ein bestimmtes Volumen, das ich durchweg von Materie erfüllt sein lasse, sei $= a$; die anziehenden Kräfte zweier Körper, von einem Volumen das dem vorigen gleich und durchweg erfüllt ist, gegen die Erde seien dx und dy, die ich als Differentiale ansehen kann, weil ich sie im Verhältnis gegen a betrachte.[1]) Weil ich nun die wechselseitige Anziehung dieser Körper gegen die Erde und der Erde gegen sie, im Sinn habe, so kann ich die Kräfte addieren und sagen, daß die Erde den einen Körper anziehe mit der Kraft $a + dx$, den andern mit $a + dy$. Daraus aber folgt, daß die Fallhöhen beider Körper im widerstandsfreien Raum gleich sein müssen, weil das Verhältnis von $a + dx : a + dy$ ein Verhältnis der Gleichheit ist. Aber an der Wage würde sich a gegen a aufheben und es würde das Verhältnis bleiben wie $dx : dy$, welches allerdings ein Verhältnis der Ungleichheit sein kann, wenngleich $a + dx : a + dy = 1 : 1$. Sollte ich auf eine grobe Art mich irren, so bitte ich Sie mir es schon nachzusehen.

HARTKNOCH hat mich durch den Buchdrucker GRUNERT bitten lassen, die Anzeige von meinem Buch in der Literaturzeitung zu besorgen. Nun kann es weder ihm noch mir gleichgültig sein, ob in dieser Anzeige es erwähnt wird, daß Sie um diese Schrift wissen, da der Auszüge aus der Kritik unter vielerlei Titeln so

---

[1]) Den Gedanken dieser Kräfte wird man woran knüpfen müssen. Ich knüpfe ihn an die Wege die in der Zeit 1 beschrieben werden.

viele sind, daß auf eine bloße Anzeige unter meinem Namen auch ganz und gar nicht geachtet werden möchte. Es könnte der Fall sein, daß Sie es mir erlauben wollten, Ihren Namen in der Anzeige zu nennen. Wenn das ist, dann ersuche ich Sie so gütig zu sein, mir die Worte anzugeben, die auf Sie Beziehung haben sollen. Ich möchte dieser Schrift den Titel geben: Erläuternder Auszug aus den kritischen Schriften des Herrn Pr. Kant und zum zweiten Bande desselben, den Auszug aus der Kritik der Urteilskraft und eine erläuternde Darstellung der metaphysischen Anfangsgründe der Naturwissenschaft bestimmen. Was meinen Sie dazu?

Ich bin übrigens mit der größten Hochachtung und Liebe
der Ihrige
Beck.

309.

Von Salomon Maimon.

Berlin, 30. November 1792.

Würdigster Mann!

Obschon ich auf meine letzte zwei Briefe keine Antwort von Ihnen erhalten habe, so soll dieses mich doch nicht abhalten, jetzt, da ich bloß Belehrung von Ihnen erwarte, die Feder aufs neue zu ergreifen. Denn außerdem, daß Ihr Verfahren hierin sich durch Ihr ehrwürdiges der Welt so schätzbares Alter, und Ihren überhauften wichtigen Geschäften, Ihre unsterblichen Arbeiten, der kritischen Forderungen gemäß, zu vollenden [erklärt], so vermute ich noch eine Art des Mißfallens an mein[em] Verfahren, die ich mir erst jetzt begreiflich machen kann.

Der erste Brief betraf die von mir angestellte Vergleichung zwischen BACONS und Ihren unsterblichen Bemühungen um die Reformation der Wissenschaften. Ich glaube nicht nur, sondern bin völlig überzeugt, daß ich hierin unparteiisch verfahren bin; obschon diese Vergleichung selbst in mancher Rücksicht genauer und ausführlicher hätte angestellt werden können. Ich bemerke darin, daß beide Methoden zwar an sich einander entgegengesetzt, daß aber beide zur Vollständigkeit unsrer wissenschaftlichen Erkenntnis unentbehrlich sind. Die eine nähert sich immer, durch eine immer vollständigere

Induktion, zu den durchgängig bestimmten notwendigen und allgemeingültigen Prinzipien, ohne sich Hoffnung zu machen, sie auf diesem Wege völlig zu erreichen.

Die andere sucht diese Prinzipien in der ursprünglichen Einrichtung unsres Erkenntnisvermögens, und stellet sie zum künftigen Gebrauch auf; gleichfalls ohne sich Hoffnung zu machen, diesen Gebrauch bis auf empirischen Objekten (als solchen) auszudehnen.

Die kritische Philosophie ist, meiner Überzeugung nach (Herr REINHOLD mag sagen, was er will) durch Sie, sowohl als eine reine Wissenschaft an sich, als eine angewandte Wissenschaft (wie weit sich ihr Gebrauch erstrecket) schon vollendet.

Die Methode der Induktion hingegen wird, bei all ihre Wichtigkeit im praktischen Gebrauch nie als Wissenschaft vollendet werden.

In meinem zweiten Brief äußerte ich ein Mißfallen an das Verfahren des Herrn Professor REINHOLD. Dieser scharfsinnige Philosoph sucht überall zu zeigen, daß Ihre Prinzipien nicht durchgängig bestimmt und völlig entwickelt sind, und muß sich durch seine Bemühungen, diesem vermeinten Mangel abzuhelfen, im beständigen Zirkel herumdrehen.

Sein Satz des Bewußtseins setzt schon Ihre Deduktion voraus, kann folglich nicht als ein ursprüngliches Faktum unseres Erkenntnisvermögens dieser Deduktion zum Grunde gelegt werden; wie ich dieses (Magazin zur Erfahrungsseelenkunde 9. Band. 3. Stück) gezeigt habe. Auch jetzt, da ich den zweiten Teil seiner Briefe gelesen habe, bemerke ich, daß sein Begriff von dem freien Willen auf das allerunerklärbarste Indeterminismus führe.

Sie setzen die Freiheit des Willens in der hypothetisch angenommene Kausalität der Vernunft. Nach ihm hingegen wäre die Kausalität der Vernunft an sich Naturnotwendigkeit. Er erklärt daher den freien Willen als „ein Vermögen der Person, sich selbst, in Rücksicht auf die Befriedigung oder Nichtbefriedigung des eigennützigen Triebs, der Forderung des Uneigennützigen gemäß oder derselben zuwider zu bestimmen." Ohne sich um den Bestimmungsgrund im mindstn zu bekümmern. Aber ich will Sie hiemit nicht länger aufhalten.

Mein jetziger Wunsch gehet bloß dahin, eine Belehrung

von Ihnen zu erhalten, über den wichtigen Punkt ihrer transszendentalen Ästhetik, nämlich über die Deduktion der Vorstellungen von Zeit und Raum. Alles, was Sie darin gegen die dogmatische Vorstellungsart anführen, hat mich völlig überzeugt. Es kann aber, wie ich dafür halte, noch eine skeptische, sich auf psychologischen Gründen stützende Vorstellungsart gedacht werden, die auch von der Ihrigen in etwas abweicht, obschon die daraus zu ziehenden Resultate vielleicht von den Ihrigen nicht verschieden sein möchten.

Nach Ihnen sind die Vorstellungen von Zeit und Raum Formen der Sinnlichkeit, das heißt notwendige Bedingungen von der Art wie sinnliche Objekte in uns vorgestellt werden.

Ich behaupte hingegen (aus psychologischen Gründen), daß dieses nicht allgemein wahr sei. Die einartigen sinnlichen Objekte werden von uns unmittelbar weder in Zeit noch in Raum vorgestellt. Dieses kann nur mittelbar durch Vergleichung derselben mit den verschiedenartigen Objekten, mit welchen sie eben durch Zeit und Raum verknüpft sind, geschehen. Zeit und Raum sind also keine Formen der Sinnlichkeit an sich, sondern bloß ihrer Verschiedenheit. Die Erscheinung des Roten oder des Grünen an sich wird, so wenig als irgendein Verstandesbegriff an sich, in Zeit oder Raum vorgestellt. Dahingegen das Rote und das Grüne miteinander verglichen, und in einer unmittelbarn Koexistenz oder Succession aufeinander bezogen, nicht anders als in Zeit und Raum vorgestellt werden können.

Zeit und Raum sind also keine Vorstellungen von den Beschaffenheiten und Verhältnissen der Dinge an sich, wie schon die kritische Philosophie gegen die dogmatische bewiesen hat. Sie sind aber ebensowenig Bedingungen von der Art wie sinnliche Objekte an sich vor ihrer Vergleichung untereinander in uns vorgestellt werden, wie ich schon bemerkt habe. Was sind sie also? Sie sind Bedingungen von der Möglichkeit einer Vergleichung zwischen den sinnlichen Objekten, das heißt eines Urteils über ihr Verhältnis zueinander. Ich will mich hierüber näher erklären.

1. Verschiedene Vorstellungen können nicht zu gleicher Zeit (in eben demselben Zeitpunkt) in eben demselben Subjekt koexistieren.

2. Ein jedes Urteil über das Verhältnis der Objekte zuein-

ander setzt die Vorstellung eines jeden an sich im Gemüte voraus. Dieses vorausgeschickt, so ergibt sich diese wichtige Frage: **Wie ist ein Urteil über ein Verhältnis der Objekte zueinander möglich?** Ich nehme dieses an sich so evidente Urteil: zum Beispiel **das Rote ist vom Grünen verschieden.** Diesem müßte die Vorstellung des Roten und Grünen an sich im Gemüte vorausgehen. Da aber diese Vorstellungen in eben demselben Zeitpunkt, in eben demselben Subjekt einander ausschließen, und das Urteil sich doch auf beide zugleich bezieht und beide im Bewußtsein vereinigt, so kann die Möglichkeit desselben auf keinerlei Weise begreiflich gemacht werden. Die Zuflucht, die einige Psychologen hier zu den zurückgelassenen Spuren nehmen, kann zu nichts helfen. Denn die zurückgelassenen Spuren verschiedener Vorstellungen können ebensowenig als diese Vorstellungen selbst (wenn sie nicht in eine einzige zusammenfließen sollen) zugleich im Gemüte stattfinden.

Dieses Urteil ist also nur durch die Vorstellung einer **Zeitfolge** möglich.

Zeitfolge ist schon an sich ohne Beziehung auf die darin vorgestellten Objekten, eine Einheit im Mannigfaltigen. Der vorhergehende Zeitpunkt ist, als ein solcher, vom folgenden unterschieden. Sie sind also nicht analytisch einerlei; und doch können sie nicht ohne einander vorgestellt werden; das heißt sie machen zusammen eine synthetische Einheit aus. Die Vorstellung einer Zeitfolge ist also eine notwendige Bedingung, nicht von der Möglichkeit der (wenn auch sinnlichen) **Objekten an sich,** sondern der Möglichkeit eines **Urteils über ihre Verschiedenheit,** welche ohne Zeitfolge kein Gegenstand unsrer Erkenntnis sein kann.

Von der andern Seite aber ist wiederum die **objektive Verschiedenheit** eine Bedingung von der Möglichkeit einer **Zeitfolge,** nicht bloß als Gegenstand unsrer Erkenntnis, sondern auch als Objekt der Anschauung an sich (indem Zeitfolge nur dadurch, daß sie Gegenstand unsrer Erkenntnis wird, an sich vorstellbar ist). Die Form der Verschiedenheit (wie auch die **objektive Verschiedenheit selbst**) und die Vorstellung einer **Zeitfolge** stehen also in einer wechselseitigen Verhältnis zueinander. Wäre das Rote nicht vom Grünen, als Erscheinung an sich, verschieden, so könnten sie von uns nicht in einer Zeitfolge vorgestellt werden. Hätten wir aber nicht die Vorstellung einer Zeitfolge, so könnten immer das Rote und das Grüne verschiedene Objekte der Anschauung sein, wir könnten aber sie nicht als solche erkennen.

Eben dieses Verhältnis findet auch statt zwischen der Form der **Verschiedenheit** und der Vorstellung des **Außereinanderseins im Raume**. Diese kann, ohne daß jene in den Objekten anzutreffen ist, nicht stattfinden. Jene ist ohne diese für uns nicht **erkennbar**.

Die Verschiedenheit der **äußeren** Erscheinungen wird nur alsdann in Zeit vorgestellt, wenn sie in Raum nicht vorgestellt wird, und so auch umgekehrt. Eine und eben dieselbe sinnliche Substanz (dieser Baum zum Beispiel) wird nicht im Raume, sondern in der Zeit, als **von sich selbst verschieden** (verändert) vorgestellt. Verschiedene sinnliche Substanzen werden als **solche** nicht in der Zeit (indem das Urteil über ihre Verschiedenheit sie in eben demselben Zeitpunkt zusammenfaßt), sondern im Raume vorgestellt.

Die Form der Zeit kömmt also nicht allen Objekten der äußern Anschauung ohne Unterschied zu, sondern nur solchen, die nicht in Raum vorgestellt werden, und so auch umgekehrt, die Form des Raums kömmt nur denjenigen äußern Objekten zu, die nicht in Zeit (in einer **Zeitfolge**, denn das Zugleichsein ist, wie ich dafür halte, keine **positive Zustimmung, sondern bloß Verneinung einer Zeitfolge**) vorgestellt werden.

Diese Betrachtungen grenzen an meine Erörterung der **transszendentalen Täuschungen** (Philosophisches Wörterbuch Art. **Fiktion**), deren Beurteilung ich von Ihnen mit dem größten Verlangen erwarte, womit ich Sie aber hier nicht länger aufhalten will.

Würdigster Mann! Da die von Ihnen zu erwartende Beantwortung dieses Schreiben[s] mir von der äußersten Wichtigkeit ist, indem sie mir die **skeptischen Hindernisse im Fortschritt des Denkens** benehmen, und eine bestimmte Richtung verschaffen wird; da ich mein ganzes Leben bloß der Erforschung der Wahrheit widme, und sollte ich auch zuweilen auf Abwege geraten, so sind doch wenigstens meine Fehler einer **Zurechtweisung** wert; so bitte ich Sie ergebenst, ja ich beschwöre Sie bei der Heiligkeit Ihrer Moral, mir diese Beantwortung nicht zu verweigern. In deren Erwartung ich verbleibe mit den

Gesinnungen der größten Hochachtung und innigsten Freundschaft

Ihr ergebenster
Salomon Maimon.

P. S. Sollte Ihre Beantwortung auch nicht ausführlich geschehen, so sind mir doch einige Fingerzeige von Ihnen wichtig genug. Ihr Brief kann gradezu an mich adressiert werden.

310.

An Jakob Sigismund Beck.

4. Dezember 1792.

Da Sie mir, würdiger Mann, in Ihrem Briefe vom 10. November einen Aufschub von vier Wochen bis zu meiner Antwort gelassen haben, welchen dieser Brief nur um wenig Tage übersteigen wird, so glaube ich, beigehende kleine Anmerkungen werden nicht zu spät anlangen. — Hiebei muß ich vorläufig erinnern: daß, da ich nicht annehmen kann, daß in der mir zugeschickten Abschrift die Seiten und Zeilen mit Ihrer in Händen habenden eben korrespondieren werden, Sie, wenn Sie die Seite der Abschrift, die ich zitiere, nach den Anfangsworten eines Perioden, die ich hier durch Häckchen „ " bemerke, nur einmal aufgefunden haben, Sie, wegen der Gleichformigkeit der Abschrift, die korrespondierende Seiten in Ihrem Manuskript wohl auffinden werden. — Denn das mir zugeschickte mit der fahrenden Post an Sie zurückzusenden würde die Antwort an Sie gar zu sehr verweilen, Sie aber mit der reitenden Post abzusenden ein wenig zu kostbar sein: indem Ihr letzter Brief mit dem Manuskript mir gerade zwei Reichstaler Postporto gekostet hat, welche Kosten der Abschreiber leicht um Dreiviertel hätte vermindern können, wenn er nicht so dick Papier genommen und mehr kompreß geschrieben hätte.

Seite 5 heißt es von der Einteilung: „Ist sie aber synthetisch, so muß sie notwendig Trichotomie sein"; dieses ist aber nicht unbedingt notwendig, sondern nur, wenn die Einteilung 1. a priori, 2. nach Begriffen (nicht, wie in der Mathematik, durch Konstruktion der Begriffe) geschehen soll. So kann man zum Beispiel die reguläre Polyedra in fünferlei Körper a priori einteilen, indem man den Begriff des Polyedri in der Anschauung darlegt. Aus dem bloßen Begriffe desselben aber würde man nicht einmal die Möglichkeit eines solchen Körpers, viel weniger die mögliche Mannigfaltigkeit derselben ersehen.

S. — 7. Anstatt der Worte (wo von der Wechselwirkung der Substanzen und der Analogie der wechselseitigen Bestimmung der Begriffe in disjunktiven Urteilen mit jener geredet wird) „Jene hängen zusammen indem sie": Jene machen ein Ganzes aus mit Ausschließung mehrerer Teile außer demselben; im disjunktiven Urteil usw.

S. — 8. Statt der Worte am Ende des Absatzes „das Ich denke muß alle Vorstellungen in der Synthesis derselben begleiten" begleiten können.

S. — 17. Statt der Worte „Ein Verstand, dessen reines Ich denke" Ein Verstand, dessen reines Ich bin usw. (denn sonst würde es ein Widerspruch sein zu sagen, daß sein reines Denken ein Anschauen sein würde).

Sie sehen, lieber Freund, daß meine Erinnerungen nur von geringer Erheblichkeit sein; übrigens ist Ihre Vorstellung der Deduktion richtig. Erläuterungen durch Beispiele würden manchem Leser zwar das Verständnis erleichtert haben; allein auf die Ersparung des Raums mußte auch gesehen werden.

Herrn EBERHARDS und GARVEN Meinung von der Identität des BERKLEYSCHEN Idealism mit dem kritischen, den ich besser das Prinzip der Idealität des Raumes und der Zeit nennen könnte, verdient nicht die mindeste Aufmerksamkeit; denn ich rede von der Idealität in Ansehung der Form der Vorstellung: jene aber machen daraus Idealität derselben in Ansehung der Materie, das ist des Objekts und seiner Existenz selber. — Unter dem angenommenen Namen ÄNESIDEMUS aber hat jemand einen noch weitergehenden Skeptizism vorgetragen[1]: nämlich, daß wir gar nicht wissen können, ob überhaupt unserer Vorstellung irgend etwas Anderes (als Objekt) korrespondiere, welches etwa soviel sagen möchte, als: Ob eine Vorstellung wohl Vorstellung sei (Etwas

---

[1] Gottlob Ernst Schulze (1761—1833), Aenesidemus oder über die Fundamente der von dem H. Prof. Reinhold in Jena gelieferten Elementarphilosophie, o. O. 1792.

vorstelle). Denn Vorstellung bedeutet eine Bestimmung in uns, die wir auf etwas Anderes beziehen (dessen Stelle sie gleichsam in uns vertritt).

Was Ihren Versuch betrifft, den Unterschied der Dichtigkeiten (wenn man sich dieses Ausdrucks bedienen kann) an zweien Körpern, die doch beide ihren Raum ganz erfüllen, sich verständlich zu machen, so muß das Moment der Acceleration aller Körper auf der Erde hiebei, meiner Meinung nach, unter sich doch als gleich angenommen werden, so: daß kein Unterschied derselben, wie zwischen dx und dy, angetroffen wird, wie ich in meinen vorigen Briefe angemerkt habe und die Quantität der Bewegung des einen mit der des andern verglichen (das ist die Masse derselben), doch als ungleich können vorgestellt werden, wenn diese Aufgabe gelöset werden soll; so daß man sich sozusagen die Masse unter demselben Volumen nicht durch die Menge der Teile, sondern durch den Grad spezifisch verschiedenen Teile, womit sie, bei eben derselben Geschwindigkeit ihrer Bewegung, doch eine verschieden[e] Größe derselben haben könne, denken könne. Denn, wenn es auf die Menge ankäme, so müßten alle ursprünglich als gleichartig, folglich in ihrer Zusammensetzung unter einerlei Volumen nur durch die leere Zwischenräume unterschieden gedacht werden (quod est contra hypothesin). — Ich werde Ihnen gegen Ende dieses Winters meine Versuche, die ich hierüber während der Abfassung meiner Metaph. Anf.-Gründe der N. W. anstellete, die ich aber verwarf, mitteilen, ehe Sie an die Epitomierung derselben gehen. — Zum Behuf Ihres künftigen Auszugs aus der Kritik der U. Kr. werde Ihnen nächstens ein Pack des Manuskripts von meiner ehedem abgefaßten Einleitung in dieselbe, die ich aber bloß wegen ihrer für den Text unproportionierten Weitläuftigkeit verwarf, die mir aber noch manches zur vollständigeren Einsicht des Begriffs einer Zweckmäßigkeit der Natur Beitragendes zu enthalten scheint, mit der fahrenden Post zu beliebigem Gebrauche zuschicken.[1]) — Zum Behuf dieser Ihrer Arbeit wollte ich auch raten, SNELLS, noch mehr aber SPAZIERS Abhandlungen, oder Kommentarien über dieses Buch in Überlegung zu ziehen.

---

[1]) Diese Abhandlung ist später unter dem Titel „Über Philosophie überhaupt, zur Einleitung in die Kritik der Urteilskraft" von Beck auszugsweise veröffentlicht worden, vollständig erschien sie zum ersten Mal in dieser Ausgabe, Bd. V, S. 177—231.

Den Titel, den Sie Ihrem Buche zu geben denken: Erläuternder Auszug aus den krit. Schriften des K. Erster Band, der die Krit. der spekul. und prakt. Vernunft enthält, billige ich vollkommen.

Übrigens wünsche Ihnen zu dieser, sowie zu allen Ihren Unternehmungen, den besten Erfolg und bin mit Hochachtung und Ergebenheit

der Ihrige
I. Kant.

Königsberg,
den 4. Dezember 1792.

311.

An F. Th. de la Garde.

Euer Hochedelgeboren

sage den ergebensten Dank für die mir überschickte acht Exemplar der Krit. d. U. Kr. und was die zwölf übrige betrifft, die ich mir gütigst aufzubehalten bitte, so werde darüber nächstens die Bestimmung erteilen.

Was die Benennung auf dem Titel, verbesserte Auflage betrifft, so hat das im Grunde wenig zu bedeuten; denn unwahr ist es wenigstens nicht, wenn es mir gleich ein wenig prahlend zu sein schien.

Für den vortrefflichen Druck und das Korrekte dieser Auflage danke gar sehr und wünsche mit einem solchen Manne mehrmalen in Geschäfte zu kommen.

Inliegenden Brief bitte gütigst auf die Post zu geben und versichert zu sein, dass ich jederzeit mit Hochachtung und Freundschaft sei

Euer Hochedelgeboren

ergebenster Diener
I. Kant.

Königsberg,
den 21. Dezember 1792.

312.

An Johann Benjamin Erhard.

21. Dezember 1792.

Innigstgeliebter Freund!

Daß Sie das Ausbleiben meiner über ein Jahr schuldigen Antwort mit einigem Unwillen vermerken, verdenke ich Ihnen gar nicht, und doch kann ich es mir nicht als verschuldet anrechnen; weil ich die Ursachen desselben, welche zu entfernen nicht in meinem Vermögen ist, mehr fühlen als beschreiben kann. Selbst Ihre Freundschaft, auf die ich rechne, macht mir den Aufschub von Zeit zu Zeit zulässiger und verzeihlicher, der aber durch den Beruf, den ich zu haben glaube, meine Arbeiten zu vollenden und also den Faden derselben nicht gern, wenn Disposition dazu da ist, fahren zu lassen (diese Indisposition aber, welche mir das Alter zuzieht, kommt oft), und durch andere unumgängliche Zwischenarbeiten, ja viele Briefe, deren Verfassern ich soviel Nachsicht nicht zutrauen darf, mir fast abgedrungen wird. — Warum fügte es das Schicksal nicht, einen Mann, den ich unter allen, die unsere Gegend je besuchten, mir am liebsten zum täglichen Umgang wünschte, mir näher zu bringen?

Die mit Herrn KLEIN verhandelte Materien aus dem Kriminalrecht betreffend, erlauben Sie mir nur einiges wenige anzumerken; da das meiste vortrefflich und ganz nach meinem Sinn ist; wobei ich voraussetze, daß Sie eine Abschrift der Sätze mit eben denselben Nummern, als in Ihrem Briefe bezeichnet[1]) vor sich haben.

Ad. N. 5. Die Theologen sagten schon längst in ihrer Scholastik von der eigentlichen Strafe (poena vindicativa): sie würde zugefügt, nicht ne peccetur, sondern quia peccatum est. Daher definierten sie die Strafe durch malum physicum ob malum morale illatum. Strafen sind in einer Welt, nach moralischen Prinzipien regiert (von Gott), kategorisch notwendig (sofern darin Übertretungen angetroffen werden). Sofern sie aber von Menschen regiert wird, ist die Notwendigkeit derselben nur hypothetisch und jene unmittelbare Verknüpfung der Begriffe von Übertretung und Strafwürdigkeit dienen den Regenten nur zur Rechtfertigung,

---

[1]) S. oben S. 108 f.

nicht zur Vorschrift in ihren Verfügungen, und so kann man mit Ihnen wohl sagen: daß die poena mere moralis (die darum vielleicht vindicativa genannt worden ist, weil sie die göttliche Gerechtigkeit rettet), ob sie zwar der Absicht nach bloß medicinalis für den Verbrecher, aber exemplaris für andere sein möchte, doch, was jene Bedingung der Befugnis betrifft, ein Symbol der Strafwürdigkeit sei.

Ad. N. 9, 10. Beide Sätze sind wahr, obgleich in den gewöhnlichen Moralen ganz verkannt. Sie gehören zu dem Titel von den Pflichten gegen sich selbst, welche in meiner unter Händen habenden Metaphysik der Sitten besonders, und auf andere Art als wohl sonst geschehen, bearbeitet werden wird.

Ad. N. 12. Auch gut gesagt. Man trägt im Naturrecht den bürgerlichen Zustand als auf ein beliebiges pactum sociale gegründet vor. Es kann aber bewiesen werden, daß der status naturalis ein Stand der Ungerechtigkeit, mithin es Rechtspflicht ist, in den statum civilem überzugehen.

Von Herrn Professor REUSS aus Würzburg, der mich diesen Herbst mit seinem Besuch beehrte, habe Ihre Inauguraldissertation und zugleich die angenehme Nachricht erhalten, daß Sie in eine Ehe, die das Glück Ihres Lebens machen wird, getreten sind, als wozu ich von Herzen gratuliere.

Mit dem Wunsch, von Ihnen dann und wann Nachricht zu bekommen, untern anderm wie Fräulein HERBERT durch meinen Brief erbauet worden,[1]) verbinde ich die Versicherung, daß ich jederzeit mit Hochachtung und Ergebenheit sei

Königsberg,   der Ihrige
den 21. Dezember 1792.   I. Kant.

313.

An Carl Leonhard Reinhold.

21. Dezember 1792.

Eine jede Zeile von Ihnen, teuerster Mann! ist für mich ein aufmunterndes Geschenk, vornehmlich wenn es durch ein solches begleitet wird, als Sie mir mit dem zweiten Teil Ihrer geist- und anmutsvollen Briefe machen. Wie sehr wünschte ich durch

---

[1]) S. oben Brief Nr. 284.

Schriftwechsel öfters dieses Vergnügens teilhaftig zu werden, aber auch an der neueren Bearbeitung zur Erörterung der höchsten Prinzipien der Erkenntnis, welche nur jetzt eine zur Wegräumung aller Schwierigkeiten gegen das System der Kritik dienliche Wendung genommen zu haben scheinen, tätigen Anteil nehmen zu können: wenn ich nicht, außer anderen Hindernissen, noch durch die Bemühung, meinen Plan noch vor dem Toresschlusse zu beendigen, zurückgehalten würde, als wovon Sie mit der nächsten Ostermesse ein Stück erhalten werden, wovon ich den Titel jetzt noch nicht melden will, wovon Sie die Ursache zu derselben Zeit auch erfahren werden.[1])

Ich weiß keinen besseren Kanal, inneliegenden Brief an unseren gemeinschaftlichen Freund Herrn D. ERHARD in Nürnberg sicher überkommen zu lassen, als durch Ihre gütige Bestellung, die ich mir hiemit erbitte.

Mit der größten Hochachtung und Ergebenheit bin ich jederzeit
Koenigsberg, der Ihrige
d. 21. Dez. 1792 I. Kant.

314.
Von Maria von Herbert.

[Januar 1793.]

Lieber ehrenwerter Herr.

Daß ich so lange säumte, Ihnen von jenen Vergnügen was zu sagen, welches mir Ihr Schreiben verursachte, ist, weil ich Ihre Zeit für so kostbar schätze, daß ich mir nur dann getrau, Ihnen eine zu entwenden, wenn sie nicht einzig für meine Lust, sondern auch zugleich zur Erleichterung meines Herzens dienen kann, welche Sie mir schon einst verschafften, als ich im größten Affekt meines Gemüts bei Ihnen Hilfe suchte, Sie erteilten mir selbe meinen Gemüt so angemessen, daß ich sowohl durch Ihre Güte, als durch Ihre genaue Kenntnüs des menschlichen Herzens aufgemuntert, mich nicht scheue, Ihnen den fernern Gang meiner Seele zu schildern. Die Lug, wegen der ich mich bei Ihnen anklagte, war keine Bemäntlung eines Lasters, sondern nur in Rücksicht der dazumal entstandenen Freindschaft (noch in Liebe

---

[1]) Die Schrift über die „Religion", näheres s. unten Brief Nr. 326 und 329.

verhüllt), ein Vergehn, der Zurückhaltung, daß ich's aber meinen Freind so spat, und doch entdeckte, war der Kampf der vorhersehenden meiner Leidenschaft kränkenden Folgen, mit dem Bewußtsein der an Freindschaft schuldigen Aufrichtigkeit Ursach endlich gewann ich so viel Kraft, und vertauschte den Stein meines Herzens durch die Entdeckung, mit der Beraubung seiner Liebe, dann ich genoß im Besitz dieses von mir selbst nicht vergönnten Vergnügen so wenig Ruh, als nachdem, von der verwundeten Leidenschaft, welche mein Herz zerrissen, und mich so marterte, wie ich's keinen Menschen wünsch, der auch seine Bosheit mit einen Prozeß behaupten wollte. Indessen verharrte mein Freind in seinen Kaltsinn, so wie Sie es in Ihren Brief mir wahrsagten, doch ersetzte er mir's in der Folge, doppelt, durch die innigste Freindschaft, welche mich seinerseits glücklich, mich aber doch nicht zufrieden macht, weil's nur vergnügt, und nicht nutzt, welches mir, meine hellen Augen jetzt immer vorwerfen und mich dabei eine Leere fühlen machen, die sich in und außer mir erstreckt, so daß ich mir fast selbst überflüssig bin. Vor mich hat nichts einen Reiz, auch könnte mich die Erreichung aller möglichen mich betreffenden Wünsche, nicht vergnügen, noch erscheint mir eine einzige Sache der Mühe wert, daß sie getan werde, und dies alles nicht aus Mißvergnügen, sondern aus der Abwägung, wie viel bei was guten Unlauteres mitlauft, überhaupt möchte ich das zweckmäßige Handln vermehren, und das unzweckmäßige vermindern können, welches letztere die Welt allein zu beschäftigen scheint, denn mir ist, als wenn ich den Trieb zur reelln Tätigkeit nur um ihm zu ersticken in mir fühlte, wenn ich auch von keinem Verhältnüs gehindert, doch den ganzen Tag nichts zu handln hab, so quält mich eine Langeweile, die mir das Leben unerträglich macht, obwohlen ich doch tausend Jähr so leben wollt, wenn ich denken könnt, daß ich, Gott, in solcher Untätigkeit, auch gefällig bin. Rechnen Sie mir's nicht als Hochmut zu, wenn ich Ihnen sage, daß mir die Aufgaben der Moralität zu gering sind, denn ich wollt mit größten Eifer noch einmal so viel erfühlen, indem sie ihr Ansehen so nur durch eine gereizte Sindlichkeit erhaltet, wegen der es mich fast keine Überwündung kostet, solcher Abbruch zu tun, daher es mir auch scheint, daß, wem das Pflichtgebot einmal recht klar geworden, dem steht es gar nicht mehr frei, selbes zu übertreten, dann ich müßte selbst mein sindliches Gefühl beleidigen, wenn ich pflichtwidrig handln müßte, es kommt mir so instinktartig vor, daß ich gewiß nicht das geringste Verdienst hab, moralisch zu sein. Ebensowenig, glaub ich, kann man jene Menschen der Zurechnung fähig halten, welche in ihren ganzen Leben nicht zum wahren Selbstbewußtsein kommen, stets durch ihre Sinnlichkeit überrascht können sie sich auch nie Rechenschaft geben, warum sie etwas tun oder lassen, und wär Moralität vor die Natur nicht am zuträglichsten, so würden ihr diese Menschen wohl noch mehr kontrachiern.

Zum mein Trost denk ich mir oft, weil die Ausübung der Moralität so fest auf die Sinnlichkeit gebunden ist, sie darum nur vor diese Welt taugen kann, und somit hätte ich doch Hoffnung, nach diesen Leben nicht noch einmal ein so leeres vegetierendes mit so wenig und leichten Aufgaben der M. zu führen, Erfahrung will mir zwar diese böse Laune gegen mein Hiersein, damit zurechtweisen, daß es fast jedermann zu fruh ist, seine Laufbahn zu schließen und alle so gern leben, um also nicht in der Regl eine so seltne Ausnahm zu machen, will ich eine entfernete Ursach dieser meiner Abweichung angeben, nämlich meine stets unterbrochne Gesundheit, schon seit der Zeit, da ich Ihnen das erstemal geschrieben. Genoß ich sie nie mehr, die doch manchmal einen Sinnenrausch gestattet, welches Vernunft nicht allein verschaffen kann, und ich also entbehre. Was ich sonst noch genüßen könnt, intressiert mich wieder nicht, denn alle Wissenschaften der Natur und Könntnüssen der Welt studier ich nicht, weil ich kein Genie in mir fühl, sie zu erweitern, und vor mich allein hab ich kein Bedürfnüs, es zu wissen, was nicht den kategorischen Imperativ und mein transszendentales Bewußtsein betrifft, ist mir alles gleichgültig, obwohlen ich mit diese Gedanken auch schon längst firtig bin. Alls dies zusammen genommen, könnt ihnen vielleicht den Wunsch in mir wohl anschaulich machen, der einzige, den ich habe, nämlich mir dieses so unnütze Leben, in welchen ich fest überzeugt bin, weder besser, noch schlimmer zu werden, zu verkürzen, wenn Sie erwägen, daß ich noch jung bin, und kein Tag ein anders Interesse vor mich hat, als daß er mich meinen Ende näher bringt, so werden Sie auch abmessen können, welch ein Wohltäter Sie mir werden könnten, und wie sehr Sie dadurch aufgemuntert werden, diese Frage genau zu untersuchen, daß ich sie aber an Sie machen darf, ist, weil mein Begriff von Moralität hier schweigt, wo er doch sonst überall den entschiedensten Ausspruch macht. Können Sie aber dieses von mir gesuchte negative Gut nicht geben, so fodere ich Ihr Gefühl des Wohlwollens auf, mir etwas an die Hand zu geben, womit ich diese unerträgliche Leere aus meiner Seele schaffen könnt, wenn ich dann, ein tauglichers Glied der Natur werde, und meine Gesundheitsumstände mirs vergönnen, so bin ich willens, in etlichen Jahren eine Reise nach Königsberg zu machen, wozu ich jedoch im voraus um die Erlaubnus bei Ihnen vorzukommen ansuchen will, da müßten Sie mir Ihre Geschichte sagen, dann ich möchte wissen, zu welcher Lebensweise Ihre Philosophie Sie führte, und ob es Ihnen auch nicht der Mühe wert war, sich ein Weib zu nehmen oder sich irgend wem von ganzen Herzen zu widmen, noch Ihr Ebenbild fortzupflanzen, ich hab Ihr Porträt von Leipzig bei Bause in Stich bekommen, in welchen ich wohl einen moralischen, ruhigen, tiefen, aber keinen Scharfsinn entdecke, den mir die Kritik der reinen Vernunft doch vor allen andern versicherte, auch bin ich nicht zufrieden, daß ich Sie nicht ins mitte Gesicht sehen kann — erraten Sie meinen einzigen sinnlichen Wunsch, und erfüllen Sie ihm, wenn es Ihnen nicht zu unbequem ist, werden Sie nur nicht unwillig, wenn ich erst mit der sehnlichsten Bitte um eine Antwort heran rucke, die Ihnen auf mein Kauderwelsch nur zu beschwerlich fallen wird, doch scheint's mir notwendig, Sie zu erinnern, daß, wenn Sie mir aber doch den großen Gefallen erweisen und sich mit einer Antwort bemühen wollen, sie so einzurichten, daß sie nur das Einzelne, nicht das Allgemeine betrifft, welches ich schon in Ihren Werken an der Seite meines Freinds glücklich verstanden und mit ihm gefühlt hab, welcher Ihnen gewiß gefallen würde, dann sein Charakter ist grad, sein Herz gut und sein Verstand tief, daneben glücklich genug, in diese Welt zu passen, auch ist er selbständig und stark genug, alles zu meiden, drum trau ich mich auch, mich ihn zu rauben, haben Sie auf Ihre Gesundheit acht, dann Sie können der Welt noch vieles nutzen, daß ich Gott wäre und Sie dafür belohnen könnt, was Sie an uns getan, ich bin mit tiefster Hochachtung, auch Wahrheit, ehrende

Maria Herbert.

315.

An F. Th. de la Garde.

In meinem letzten Schreiben habe vergessen, Euer Hochedelgeboren für das herrlich gebundene Exemplar meiner Krit. d. U. Kr. meinen Dank abzustatten.

Gegenwärtige wenige Zeilen gehen dahin, um Ihnen wegen der Disposition über die für mich bestimmte Exemplare die Mühe zu machen, solche noch einige Zeit, bis ich mir die Freiheit nehmen werde, etwas Näheres deshalb zu verfügen, für mich aufzubehalten, außer daß Sie die Güte haben wollen, ein Exemplar an Herrn Rat REINHOLD in Jena und eines an Herrn Magister BECK in Halle zu überschicken, zugleich auch einliegende Briefe gütigst zu bestellen. — Der ich übrigens mit vollkommener Hochachtung jederzeit bin

Euer Hochedelgeboren
ganz ergebenster Freund und Diener

Königsberg, I. Kant.
den 4. Januar 1793.

316.

Von Johann Benjamin Erhard.

Nbg., d. 17. Jan. 1793.

Mein Lehrer und mein Freund!

Ihr Brief war mir eine Quelle des Trostes. Er traf mich in einer melancholischen Stimmung, die mich öfters anwandelt und gewöhnlich bald besiegt ist, diesmal aber durch einen Haufen kleiner Umstände sehr mächtig wurde. Ihr Brief schlug einen großen Teil dieser Gründe meines Mißmuts in die Flucht, dadurch, daß er mir zeigte, ich hätte in Ihren Augen einigen Wert, und meine Hoffnung wieder belebte, daß ich auch bei andern denkenden und redlichen Menschen noch etwas gelten könnte. Die Ebbe und Flut meiner Selbstachtung und meines Vertrauens auf andere Menschen ist die Seelenkrankheit, der ich von Jugend auf unterworfen war. Ich wüßte sie mir nicht besser als durch den Ausdruck moralisches Fieber zu charakterisieren, und das meinige gehörte dann unter die Wechselfieber. Mein Trost ist auf diese Vergleichung gegründet, denn ich hoffe, so wie das Fieber, wenn es gut kuriert wird, keine nachteilige Spur im Körper zurückläßt, so wird auch diese Krankheit keinen Nachteil in der Seele zurücklassen, wenn es mir gelingen sollte, sie zu kurieren. Die Mittel, die ich gebrauchen will, sind folgende: 1. Schmiegung unter Konvenienz, wenn es mir nicht mein Gewissen verbietet; 2. Arbeit nach Vorsatz, nicht bloß nach meinen Hang, ich will daher mir eine medizinische Praxin zu erwerben suchen und mich in das hiesige Kollegium aufnehmen lassen; 3. mich manchmal zwingen, seichten Gesprächen zuzuhören. Sollten diese Mittel gut sein, so brauche ich keine weitere Antwort, wo nicht, so bitte ich Sie, mir bessere zu raten. Hier erlauben Sie mir eine Gewissensfrage an Sie, deren Beantwortung mich trösten könnte. Hat es Ihnen nicht sehr viele Mühe gekostet, nichts als Professor in Königsberg zu werden? das heißt, wie ich es verstehe, Ihre Talente für die Welt allein, und nicht auch für sich selbst zu gebrauchen? Mir kostet es viele Anstrengung, in der Welt mein Glück nicht zu machen, das heißt die Schwächen, die ich an den Menschen bemerke, nicht zu benutzen.

Nun wieder zu Ihrem Brief. Ich freue mich, daß ich bald die Metaphysik der Sitten werde zu sehen bekommen. Sie werden, hoffe ich, die Vollendung Ihrer Arbeiten noch erleben und dann mit Freuden sterben. Ich für meinen Teil sehe gerade in meinen heitersten Stunden den Tod als ein Glück an, das ich mir wünschen würde, wenn ich nur schon so viel nach meinen Kräften getan hätte, daß ich mit gutem Gewissen verlangen könnte, schon wieder vom Schauplatz abtreten zu dürfen. Dieses Gefühl des Verlangens nach dem Tode finde ich wesentlich von der Stimmung zum Selbstmord, der ich öftrer ausgesetzt war, unterschieden. Auffallend ist es mir, daß unter den neuern Schriftstellern dieses moralische Sehnen nach dem Tode fast ganz unberührt geblieben ist. Der einzige Schwift in seinen vermischten Gedanken hat unter den mir bekannten Schriftstellern folgenden Gedanken „Niemand, der sein inneres Bewußtsein aufrichtig fragt, wird seine Rolle auf der Welt wiederholen mögen". Am ersten fand ich diesen Gedanken bei Ihnen und er hatte sogleich volle Evidenz für mich. Für Ihre Erinnerung über meine Gedanken bin ich Ihnen herzlich verbunden.

Von Fräulein Herbert kann ich wenig sagen. Ich hatte in

Wien bei einigen ihrer Freunde meine Meinung über einige mir erzählte Schritte von ihr freimütig gesagt, und es dadurch mit ihr so verdorben, daß sie mich nicht sprechen mochte; als einen Menschen, der nach bloßer Weltklugheit urteilte, und kein Gefühl für das bloß individuell moralisch Richtige und Wahre hätte. Ich weiß nicht, ob es sich mit ihr derzeit gebessert hat. Sie ist an der Klippe gescheitert, der ich vielleicht mehr durch Glück als durch Verdienst entkam, an der romantischen Liebe. — Eine idealische Liebe zu realisieren, hat sie sich zuerst einem Menschen übergeben, der ihr Vertrauen mißbrauchte, und wiederum einer solchen Liebe zu Gefallen hat sie dies einen zweiten Liebhaber gestanden — dies ist der Schlüssel zu ihren Brief. Wenn mein Freund Herbert mehr Delikatesse hätte, so glaube ich, wäre sie noch zu retten. Ihr jetziger Gemütszustand ist kurz dieser: Ihr moralisches Gefühl ist mit der Weltklugheit völlig entzweit, und dafür mit der feinern Sinnlichkeit der Phantasie im Bündnis. Für mich hat dieser Gemütszustand etwas Rührendes und ich bedaure solche Menschen mehr, als eigentlich Verrückte, und leider ist die Erscheinung häufig, daß Personen der Schwärmerei und den Aberglauben nur dadurch entfliehen, daß sie sich der Empfindelei, den Eigendünkel und den Traumglauben (fester Entschluß, seine Chimären, die man für Ideale hält, zu realisieren) in die Arme werfen, und glauben, sie tun der Wahrheit einen Dienst dadurch.

Mit meiner Frau kann ich mit Recht zufrieden sein.

Nun leben Sie diesmal wohl. Ich werde nächstens Ihnen über einige Gegenstände meiner jetzigen Untersuchungen konsultieren, wo ich in Ihren künftigen Schriften Belehrung zu erwarten habe, darüber verlange ich keine Antwort. Ich kann mich so gut den Ihrigen nennen, als wenn Sie mein leiblicher Vater wären; denn Sie taten mehr an mir.

Ihr

Erhard.

N. S. GIRTANNER will immer wissen, ob Sie seine Chemie gelesen haben, und was Sie davon halten.

317.

Von Karl Leonhard Reinhold.

Mein höchstverehrungswürdiger Lehrer!
Ihre überaus gütige Zuschrift, durch welche Sie mir den Empfang des zweiten Teiles meiner Briefe über Ihre Philosophie berichten, und das Exemplar der zweiten Ausgabe Ihrer Kritik der Urteilskraft, das vermutlich in Leipzig eine Zeitlang aufgehalten wurde, und mich daher bereits in Gesellschaft und im Genusse eines früher eingetroffenen gefunden hat, sind mir vor drei Wochen fast zugleich zu Handen gekommen. Beide sind mir unschätzbare Beweise Ihrer fortdaurenden Gewogenheit, und nur die Unpäßlichkeit, die mich diesen Winter um so manche gute Stunde gebracht und zumal diesen Monat über meine Gemütskräfte untätig gemacht hat, hat mich bis itzt abgehalten, Ihnen meinen wärmsten Dank zu sagen.

Dies ist nun das viertemal, daß ich die Kritik der Urteilskraft lese und studiere. Jedesmal überrascht sie mich im eigentlichsten Verstande mit einer solchen Menge neuer Aufschlüsse, daß ich zumal bei der Menge meiner Arbeiten mich immer in Verlegenheit befinde, wie ich die reiche Ausbeute, ohne das meiste davon wieder einzubüßen, unterbringe. Noch nie hat wohl ein Mensch einem andern so viel, so unermeßlich viel zu danken gehabt als ich Ihnen.

Da mein Geist täglich mit dem Ihrigen beschäftigt ist, da mir kein Mensch, selbst von denen, die um mich herum leben, so sehr gegenwärtig ist als Sie, so wird mir die Pflicht, Ihre der ganzen Menschheit heilige Zeit durch ehrerbietiges Stillschweigen zu schonen, um so leichter; und da meine Lebensjahre schwerlich zureichen werden, um mir die Schätze der Belehrung, die in Ihren Schriften für mich enthalten sind, zu Nutzen zu machen; so kann ich den Versuchungen, die mich sehr oft anwandeln, mir für meine schriftstellerischen Versuche neue und besondere Belehrungen auszubitten, ohne sonderliche Selbstverleugnung widerstehen. Je mehr sich die Arbeiten Ihrer Schüler vervielfältigen, desto weniger können Sie Muße haben, dieselben zu lesen, geschweige denn verbessernde Hand daran zu legen. Ich wünsche es nicht nur nicht, daß Sie die meinigen lesen; sondern ich glaube sogar, dadurch selbst einzubüßen, wenn Sie von der Zeit, die Sie Ihren doktrinalen Werken gewidmet haben, auch nur eine Stunde auf die Lektüre von denjenigen Ausarbeitungen verwenden, durch welche ich die ewigen Wahrheiten, die sie mich gelehrt haben, gegen Mißverständnisse zu sichern suche.

Wenn ich aber diesfalls irgend eine Ausnahme mir zu wünschen erlaubte, so würde dieselbe die Briefe über Ihre Philosophie treffen, die mir durch Ihren Beifall (den diejenigen des ersten Bandes, welche der Merkur vorläufig bekannt machte, zu erhalten das Glück hatten) besonders lieb geworden sind. Sollten Sie unbeschäftigte Zeittrümmerchen über kurz oder lang übrig haben, und dieselben dem zweiten Teile der gedachten Briefe zuwenden können — auch dann würde ich Sie bitten, keineswegs das ganze Buch, sondern aus den zwölf Briefen nur fünf, nämlich den sechsten, siebenten, achten, eilften und zwölften zu lesen. Der sechste versucht es, die Begriffe von Sittlichkeit, Pflicht, Recht und Naturrecht, der siebente von Begehren und Wollen, der achte von der Freiheit zu entwickeln; der eilfte enthält eine Skizze zur Geschichte der Moralphilosophie; und der zwölfte enthält meine Erwartungen von dem Erfolg Ihrer Bemühungen. Wenn ich nicht unrecht berichtet bin, so sind sie eben mit der Metaphysik der Sitten und folglich mit Ideen beschäftiget, bei denen ich nicht fürchten darf, durch den Inhalt jener Briefe Veranlassung zu einer Unterbrechung Ihres Geschäftes zu werden — und Sie haben dasjenige, was Sie etwa mir zur Berichtigung meiner Versuche zu sagen für gut finden dürften, eben bei der Hand.

Ihr Urteil über den Inhalt besonders des siebenten und achten Briefes würde mir, dasselbe möchte nun für meine Theorie von Willen und Freiheit günstig oder ungünstig ausfallen, zum Behuf meines Versuches einer Theorie des Begehrungsvermögens, den ich schon seit einigen Jahren in meiner Seele herumtrage, die größte Wohltat sein. Ein paar Winke in ein paar Zeilen hingeworfen, werden mich entweder über das Protonpseudos belehren und gegen das Unglück auf einem unrichtigen Wege weiter fortzugehen bewahren, oder falls der Weg nicht verfehlt ist, Herzstärkung zur Überwindung der großen Schwierigkeiten sein, die ich bereits aus Erfahrung kenne, und die mir noch auf demselben bevorstehen.

Die Kantische Philosophie wird hier sehr eifrig studiert. Ich lese jedes Winterhalbjahr über die Kritik, aus der ich einen

Auszug diktiere. Im Jahr 1790 hatte ich in diesem Kollegium 95, im Jahr 1791 107 und diesen Winter 158 Zuhörer.

Wenn Ihnen meine schriftlichen Besuche nicht ungelegen kämen, wenn die Mitteilung kleiner Notizen zur Literargeschichte Ihrer Philosophie Ihnen einiges Vergnügen machte, wie gerne wollte ich auf Erwiderung meiner Briefe Verzicht tun, und mich glücklich schätzen, Ihnen monatlich oder vierteljährig schreiben zu dürfen. Geben Sie hierüber nur einen Wink

Jena, den 21. Jänner 1792. *(verschrieben statt 1793.)*

Ihrem ewig verpflichteten
Verehrer
Reinhold.

Mit lebhafter Sehnsucht sehe ich dem neuen Werke entgegen, das Sie mir unter einem so strengen Inkognito ankündigen — und freue mich auf die Überraschung, die ich von seinem Inhalt erwarte.

318.

An Elisabeth Motherby.

Die Briefe, die ich Ihnen, meine geehrteste Mademoiselle, hiemit zuzuschicken die Ehre habe[1]), habe ich von außen, nach der Zeit, wie sie eingelaufen sind, numeriert. Die kleine Schwärmerin hat daran nicht gedacht, ein Datum beizusetzen. — Der dritte Brief von der Hand eines andern ist nur beigelegt worden, weil eine Stelle in demselben wegen ihrer seltsamen Geistesanwandlungen einigen Aufschluß gibt. Mehrere Ausdrücke, vornehmlich im ersten Briefe, beziehen sich auf meine von ihr gelesene Schriften und können ohne Ausleger nicht wohl verstanden werden.

Das Glück Ihrer Erziehung macht die Absicht entbehrlich, diese Lektüre als ein Beispiel der Warnung vor solchen Verirrungen

---

[1]) Die beiden Briefe Maria v. Herberts (Nr. 259 und 314), denen Kant wohl den Brief Erhards (Nr. 316) beigelegt hat.

einer sublimierten Phantasie anzupreisen, aber sie kann doch dazu dienen, um dieses Glück desto lebhafter zu empfinden.
  Mit der größten Hochachtung bin ich
                    meine geehrteste Mademoiselle
                              Ihr
                        ergebenster Diener
                            I. Kant.
                      d. 11. Febr. 1793.

319.

An Johann Christoph Linck.

Ew. Wohlgebornen
        habe die Ehre, hiemit den Überbringern dieses, Herrn KRÜGER aus Pommern, meinen bisherigen, soviel ich weiß, wohlgesitteten Zuhörer, für Ihre Wahl zum Hofmeister bei Herrn Major v. STUTTERHEIM vorzustellen. Herr Geheimrat SCHLEMÜLLER und Herr Hofrat ESPANHIAC würden von seiner *conduite* weitere Auskunft geben können; womit ich mich Ihrer Freundschaft und Gewogenheit ferner empfehle und mit vollkommener Hochachtung jederzeit bin
    Ew. Wohlgeb.
              ganz ergebenster treuer Diener
                            I. Kant.
                      d. 15. Febr. 1793.

320.

An Karl Spener.[1]

Hochgeschätzter Mann!
  Ihr den 9. März an mich abgelassener, den 17. angelangter Brief hat mich dadurch erfreut, daß er mich an Ihnen einen Mann hat kennen lernen, dessen Herz für eine edlere Teilnahme, als bloß der des Handlungsvorteils, empfänglich ist. Allein in

---

[1] Spener, der Verleger der Berliner Monatsschrift.

den Vorschlag einer neuen abgesonderten Auflage des Stücks der B. Monatsschrift „über die Abfassung einer allgemeinen Geschichte in weltbürgerlicher Absicht", am wenigsten mit auf gegenwärtige Zeitumstände gerichteten Zusätzen, kann ich nicht entrieren. — Wenn die Starken in der Welt im Zustande eines Rausches sind, er mag nun von einem Hauche der Götter, oder einer Mufette herrühren, so ist einem Pygmäen, dem seine Haut lieb ist, zu raten, daß er sich ja nicht in ihren Streit mische, sollte es auch durch die gelindesten und ehrfurchtvollsten Zureden geschehen; am meisten deswegen, weil er von diesen doch gar nicht gehört, von andern aber, die die Zuträger sind, mißgedeutet werden würde. — Ich trete von heute über vier Wochen in mein 70. Lebensjahr. Was kann man in diesem Alter noch Sonderliches, auf Männer von Geist wirken zu wollen, hoffen? und, auf den gemeinen Haufen? Das wäre verlorene, ja wohl gar zum Schaden desselben verwandte Arbeit. In diesem Reste eines halben Lebens ist es Alten wohl zu raten, das „*non defensoribus istis tempus eget*" und das Kräftemaß in Betrachtung zu ziehen, welches beinahe keinen andern Wunsch, als den der Ruhe und des Friedens übrig läßt.

In Rücksicht hierauf werden Sie mir, wie ich hoffe, meine abschlägige Antwort nicht für Unwillfährigkeit auslegen; wie ich denn mit der vollkommensten Hochachtung jederzeit bin

Ihr

ganz ergebenster Diener

Königsberg, den 22. März 1793.   I. Kant.

321.

Von Johann Gottlieb Fichte.

Wohlgeborner Herr,
    Höchstzuverehrender Herr Professor,

Schon längst hat mein Herz mich aufgefordert, an Euer Wohlgeborn zu schreiben; aber ich habe diese Aufforderungen nicht befriedigen können. Euer Wohlgeborn verzeihen auch jetzt, wenn ich mich allenthalben so kurz fasse als möglich.

Da ich mir — schmeichelt mir das eine jugendliche Eitelkeit, oder ist es in der Erhabenheit Ihres Charakters, sich auch zum

Kleinen herabzulassen? — da ich mir einbilde, daß Euer Wohlgeborn einigen Anteil an mir nehmen, so lege ich Ihnen meine Pläne vor. — Jetzt habe ich vors erste meine Offenbarungstheorie zu begründen. Die Materialien sind da; und es wird nicht viel Zeit erfordern, sie zu ordnen. — Dann glüht meine Seele von einem großen Gedanken: die Aufgabe, S. 372—74 der Kritik d. r. Vft. (3. Auflage) zu lösen.[1]) — Zu allem diesen bedarf ich sorgenfreie Muße; und sie gibt mir die Erfüllung einer unerläßlichen aber süßen Pflicht. Ich genieße sie in einem mir sehr zuträglichen Klima, bis jene Aufgaben gelöst sind.

Ich habe zu meiner Belehrung und zu meiner Leitung auf meinem weitern Wege das Urteil des Mannes, den ich unter allen am meisten verehre, über meine Schrift gewünscht. Krönen Sie alle Ihre Wohltaten gegen mich damit, daß Sie mir dasselbe schreiben. Ich habe jetzt keine bestimmte Adresse. Kann nicht etwa Ihr Schreiben mit einem der Königsberger Buchhändler nach Leipzig zur Messe abgehen (in welchem Falle ich es abholen werde), so hat die Frau Hofpredigerin SCHULZ eine sichere, aber in etwas verspätende Adresse an mich. — Der Rec. der N. D. A. B. setzt mich in den krassesten Widerspruch mit mir selbst; doch, das weiß ich zu lösen: aber er setzt mich in den gleichen offenbaren Widerspruch mit dem Urheber der kritischen Philosophie. Auch das wüßte ich zu lösen, wenn es nicht nach seiner Relation, sondern nach meinem Buche gehn soll.

Und jetzt, wenn die Vorsehung nicht das Flehen so vieler erhören, und Ihr Alter über die ungewöhnlichste Grenze des Menschenalters hinaus verlängern will, jetzt, guter, teurer, verehrungswürdiger Mann, nehme ich auf diese Welt für persönliches Anschauen Abschied; und mein Herz schlägt wehmütig, und mein Auge wird feucht. In jener Welt, deren Hoffnung Sie so manchem, der keine andre hatte, und auch mir gegeben haben, erkenne ich gewiß Sie, nicht an den körperlichen Zügen, sondern an Ihrem Geiste wieder. Wollen Sie mir aber auch in meiner künftigen weiteren Entfernung erlauben, schriftlich — nicht Ihnen zu sagen, was ewig unabänderlich ist, daß ich Sie unaussprechlich verehre —

---

[1]) Die Aufgabe des Entwurfs „einer Verfassung nach Gesetzen, welche machen, daß jedes Freiheit mit der anderen ihrer zusammenbestehen kann."

sondern mir Ihren Rat, Ihre Leitung, Ihre Beruhigung vielleicht zu erbitten, so werde ich eine solche Erlaubnis bescheiden nützen.

Ihrer Gunst empfiehlt sich

Eurer Wohlgeborn

Berlin, innigster Verehrer
d. 2. April Johann Gottlieb Fichte.
1793.

322.

An Johann Christoph Linck.

Ew. Wohlgeborn
kann ich jetzt ein für die vakante Kondition taugliches Subjekt in Vorschlag bringen. Es ist Herr Magister JACOBI, der vor kurzem hier ein Institut zur Unterweisung junger Leute, die sich dem Handel widmen wollen, öffentlich ankündigte, diesen Anschlag aber, wegen Mangel an Liebhabern, jetzt aufgegeben hat. — Ich hatte ihm nämlich, bei den Besuchen, die er mir abstattete, von dem Auftrage, den ich habe, einen Erzieher für einen jungen Menschen von etwa 7 Jahren mit 200 Reichstaler jährlichem Gehalt zu suchen, doch unter Verschweigung aller Namen, Eröffnung getan und er setzte mich vorgestern in Verwunderung, als er sich gegen mich erklärte, eine solche Stelle wohl selbst annehmen zu wollen, wenn vornehmlich dabei einige Aussicht zur Versorgung mit einer Priesterstelle verbunden wäre; denn er hat sich uranfänglich zur Theologie habilitiert und ist nur auf jenen Plan gekommen, weil er dabei einen kürzeren Weg zur Versorgung zu finden hoffte. — Sonst ist er auch als Autor einiger in die Geographie einschlagender und nicht übel aufgenommener Schriften bekannt geworden.

Sollten Euer Wohlgeboren nun noch keinen Kandidaten in Bereitschaft haben, so glaube ich, dieser würde zu dieser Stelle recht gut sein. Denn ob er gleich für einen Patron, der ein Vergnügen daran fände, sich an dem Hofmeister seines Hauses zu reiben, vielleicht nicht gewaffnet gnug sein dürfte: so wird er doch auf sich auch nicht Prise geben, indem er gutmütig, überlegt und von Natur gefällig ist.

Wenn Sie ihn also schon kennen, so würde ich ihn, im Fall daß Sie diesen Vorschlag acceptieren, heute nachmittag nach 3 Uhr zu Ihnen schicken; sollten Sie ihn aber noch nicht, wenigstens nicht nahe genug kennen, so schlage ich vor: mich heute um dieselbe Zeit mit Ihrem gütigen Besuch, der als von ungefähr so zutreffend angesehen werden könnte, zu beehren, weil Sie ihn alsdann bei mir finden würden und ich das Gespräch darauf lenken könnte.

Es ist nicht mehr nötig, als Überbringern mündlich durch Ja oder Nein von Ihrem Vorsatz zu belehren.

Übrigens bin mit der vollkommensten Hochachtung
Euer Wohlgeboren
K., ganz ergebenster Diener
den 15. April 1793. I. Kant.

323.

Von Jakob Sigismund Beck.

Halle, den 30. April 1793.

Teuerster Lehrer.

Ich bin mit dem Druck des ersten Bandes meines Auszugs fertig und ich werde das Vergnügen haben, Ihnen ein Exemplar mit den nach Königsberg gehenden Meßwaren zu überschicken. Herr HARTKNOCH setzte mich aber vor einiger Zeit durch eine Bitte in einige Verlegenheit. Er wollte auf dem Titel gesetzt wissen, daß Sie um meine Arbeit etwas gewußt haben, um sie dadurch den Buchhändlern auf der Messe zu empfehlen. Er schrieb mir, daß Sie ihm dieses mündlich zugestanden hätten. Ich wollte deshalb an Sie schreiben; aber es sahe mir nach Zudringlichkeit aus, und ich unterließ es. Das Wort: mit Ihrer Bewilligung, schien mir bedeutungsleer; das aber: mit Ihrer Billigung, wäre nicht allein widerrechtlich gewesen, sondern ich hätte Sie auch damit kompromittieren können. Ich habe auf das Titelblatt gesetzt: auf Ihr Anraten. Ich habe hin und her überlegt, ob ich auch damit etwas Ihnen Mißfälliges tue, aber keinen Grund dazu auffinden können, weil, wenn sogar das Publikum mein Buch für schlecht halten sollte, auf Sie nichts weiter fallen kann, als daß Sie in der Wahl des Subjekts, das Sie dem HARTKNOCH vorgeschlagen, sich geirrt haben. Den Brief aber, worin mir dieser Mann schreibt, daß Sie, so etwas auf den Titel zu setzen ihm bewilligt haben, habe ich in Händen und kann deshalb mich bei Ihnen rechtfertigen. Vielleicht sage ich unnützerweise darüber soviel; es kömmt aber lediglich daher, weil ich nicht will, daß Sie einigen Unwillen gegen mich haben.

Und nun, mein teuerster Lehrer, danke ich Ihnen für die Güte, daß Sie diese Arbeit mir wirklich zugewandt haben. Denn nicht allein, daß meine äußere Umstände dadurch sehr sind verbessert worden; so habe ich mir sehr viel mehr Einsicht in die kritische Philosophie, als ich vorhin hatte, und eine sehr gegründete und starke Überzeugung davon verschafft. Diese Philosophie ist mein größtes Gut, und in der gegenwärtigen Beschäftigung mit ihr erkenne ich mehr als jemals die wichtige Wohltat, die Ihre Bearbeitungen der Menschheit erweisen und preise mich glücklich, weil ich in dieser Periode und in Umständen lebe, da ich daran Anteil nehmen kann. Dieses Geständnis einer Seele, die so spricht wie sie denkt, erlauben Sie mir, Ihnen zu machen, und mich dadurch gewissermaßen von einer Last zu entledigen: Es gehört nur ein unermüdetes Nachdenken dazu, um Ihren Sinn richtig zu fassen und sich sodann auch davon zu überzeugen, wozu der Mut keinem Menschen entfallen darf, und zwar wegen der Verwandtschaft dieser Wissenschaft mit der Mathematik, in dem Punkte, daß die Sache doch nicht außer uns liegt. Die Beschäftigung mit der Kritik der Urteilskraft gibt mir einen abermaligen Beweis davon. Ehe ich die Feder ansetzte, habe ich sie mehrmals durchgelesen und durchgedacht. Die vielen Schwierigkeiten, die ich anfänglich antraf, verschwinden mir zusehends. Ich nehme mir die Freiheit, Ihnen mein Manuskript, welches den Auszug der Einleitung und der Exposition eines reinen Geschmacksurteils enthält, zu überschicken, und bitte Sie, die Freundschaft für mich zu haben, die Einleitung anzusehen und die Stellen zu bemerken, wo ich Ihren Sinn dürfte verfehlt, oder wenigstens nicht deutlich dargestellt haben. Sie erlauben mir aber wohl, Sie an das Versprechen zu erinnern, das Sie mir in Ihrem letzten Briefe taten, mir zur Benutzung ein paar Manuskripte zuzuschicken, eins, welches die Kritik der Urteilskraft und ein anderes, welches die Metaphysik der Natur angeht. Sie sind so gütig gewesen, mir ein Exemplar der neuen Auflage Ihrer Kritik der Urteilskraft, durch Herrn LAGARDE zuschicken zu lassen, wofür ich Ihnen ergebenst danke, und mit innigster Hochachtung hin

der Ihrige
Beck.

N. S. Die im vorigen Jahr Ihnen zugeschickte Abschrift meines Manuskripts war mit der reitenden Post nach Königsberg gegangen und dieses konnte nach einem Mißbrauch Ihrer Güte aussehen. Den Fehler, den ich dabei begangen, war aber eigentlich der, daß ich mich nicht genau auf dem hiesigen Postamte erkundigte, wenn eigentlich von Berlin aus die fahrende Post abgeht, da von Halle aus keine andere als die fahrende abgeht. In dieser Rücksicht bitte ich, über die begangene Unart nicht zu schelten. Ein Mensch, dem ich das beikommende Manuskript zum Abschreiben gegeben, hat mich getäuscht, und ich muß es so schicken, wie ich es geschrieben habe. Ich glaube aber doch, daß Sie die Einleitung leserlich finden werden und eigentlich liegt mir nur daran, daß Sie die Güte haben möchten, diese zu lesen.

324.

An Abraham Gotthelf Kästner.

[Mai 1793.]

Nehmen Sie, verehrungswürdiger Mann! meinen Dank für Ihren aufgeweckten und belehrenden Brief gütigst an (den mir eine, dem durch Göttingen durchreisenden Doktor JACHMANN mitgegebene, Empfehlung erwarb), zu dessen Bezeugung ich nicht eher eine schickliche Gelegenheit als die Übersendung einer bis jetzt verspäteten Abhandlung, die hiemit erfolgt, habe auffinden können.

Die Gründlichkeit der Erinnerung, die Sie mir damals gaben, die neugemodelte, in der Kritik und ihren Grundzügen kaum vermeidliche rauhe Schulsprache gegen eine populäre zu vertauschen, oder wenigstens mit ihr zu verbinden, habe ich oft, vornehmlich bei Lesung der Schriften meiner Gegner, lebhaft gefühlt; hauptsächlich den dadurch unschuldigerweise veranlaßten Unfug der Nachbeter, mit Worten um sich zu werfen, womit sie keinen, wenigstens nicht meinen Sinn verbinden; zu dessen Verhütung ich die nächste Gelegenheit ergreifen werde, die eine trockene Darstellung erfordert und mit jener Schulsprache die gemeine zu verbinden Anlaß gibt.

Was Sie, vortrefflicher Mann, mir und jedermann bewundernswürdig macht, ist, daß Ihre in so viele Fächer, der Wissenschaften sowohl als des Geschmacks, eingreifende, durch ihre Eigentümlichkeit, auch ohne Namensnennung, kennbare Schriften, noch immer den kraftvollen Geist und die Leichtigkeit der Jugend atmen; wobei Sie denn auch der Himmel bis in die Jahre eines FONTENELLE, des Lieblings der Musen, erhalten wolle, ohne welches das letztere für einen Gelehrten auch kein sonderlich wünschenswertes Glück sein würde. Das erstere scheint mir die Natur nicht beschieden zu haben, indem ich nach dem Antritt meines 70. Jahres, ohne krank zu sein, doch schon die Last des Alter und die Beschwerlichkeit der Kopfarbeiten in demselben zu fühlen anfange.

Mit der innigsten Verehrung bin ich jederzeit
   Euer Wohlgebornen
       gehorsamster Diener
       I. Kant.

325.

An Georg Christoph Lichtenberg.

(Entwurf.)

[Mai 1793.]

Es sind nun beinahe anderthalb Jahre, daß ich den Gedanken bei mir herumtrage, Ihren seelenstärkenden liebevollen Brief, verehrungswürdiger Herr, zusamt dem ihn begleitenden Geschenke der Erxleb. Physik und dem Taschenkalender von 92 durch irgend etwas dem Ähnliches zu erwidern. Aber der sich mir aufdringende öftere Wechsel der Arbeiten samt der schon drückend werdenden Last der Lebensjahre, in deren 70. ich vor kurzem eingetreten (wovon beigehende kleine Abhandlung auch reichlich die Spuren an sich zeigen wird), haben mir immer den Aufschub abgenötigt. — Ihre als eines so geistvollen Mannes Nervenbeschwerden sind gewöhnlich von nicht so schlimmer Bedeutung, als die mit dem Alter, bei einem früher, bei dem andern später, eintretende Abstumpfung und Unbelebtheit derselben und lassen von Ihnen noch eine lange der gelehrten sowohl als geschmackvollen Welt erwünschte Lebensdauer hoffen.

Was kann aufmunternder sein, als der Beifall eines einzigen Mannes [der] nur die Natur [als] echten Maßstab des Werts der Dinge selbst gelegt hat, wogegen die einander durchkreuzende, oft im Lob sowohl als Tadel gleich unvernünftige öffentliche Urteile leicht übersehen werden können. — Herr D. JACHMANN, der von Bewunderung und Dankbarkeit für Ihre gütige Aufnahme voll ist, läßt für diese und das ihm von Ihnen zuteil gewordene Geschenk hiedurch beides durch mich versichern.

326.

An Carl Friedrich Stäudlin.

Königsberg, den 4. Mai 1793.

Sehen Sie, verehrungswürdiger Mann, die Verspätung meiner, auf Ihr mir schon den 9. November 1791 gewordenes Schreiben und wertes Geschenk Ihrer Ideen einer Kritik usw. schuldigen Antwort nicht als Ermangelung an Aufmerksamkeit und Dankbarkeit an; ich hatte den Vorsatz, diese in Begleitung mit einem, jenem gewissermaßen ähnlichen Gegengeschenk an Sie ergehen zu lassen, welche aber durch manche Zwischenarbeiten bisher aufgehalten worden.[1]) — Mein schon seit geraumer Zeit gemachter Plan der mir obliegenden Bearbeitung des Feldes der reinen Philosophie ging auf die Auflösung der drei Aufgaben: 1. Was kann ich wissen? (Metaphysik). 2. Was soll ich tun? (Moral). 3. Was darf ich hoffen? (Religion); welcher zuletzt die vierte folgen sollte: Was ist der Mensch? (Anthropologie; über die ich schon seit mehr als 20 Jahren jährlich ein Kollegium gelesen habe). — Mit beikommender Schrift: Religion innerhalb den Grenzen usw. habe die dritte Abteilung meines Plans zu vollführen gesucht, in welcher Arbeit mich Gewissenhaftigkeit und wahre Hochachtung

---

[1]) C. Th. Stäudlin (1761—1826), Professor in Göttingen, hatte an Kant seine „Ideen zur Critik des Systems der christlichen Religion" (Göttingen 1791) gesandt; das „Gegengeschenk" Kants bestand in der Widmung seines „Streites der Fakultäten".

für die christliche Religion, dabei aber auch der Grundsatz einer
geziemenden Freimütigkeit geleitet hat, nichts zu verheimlichen,
sondern, wie ich die mögliche Vereinigung der letzteren mit der
reinsten praktischen Vernunft einzusehen glaube, offen darzulegen.
— Der biblische Theolog kann doch der Vernunft nichts anderes
entgegensetzen, als wiederum Vernunft oder Gewalt, und will er
sich den Vorwurf der letzteren nicht zu schulden kommen lassen
(welches in der jetzigen Krisis der allgemeinen Einschränkung
der Freiheit im öffentlichen Gebrauch sehr zu fürchten ist), so
muß er jene Vernunftgründe, wenn er sie sich für nachteilig
hält, durch andere Vernunftgründe unkräftig machen und nicht
durch Bannstrahlen, die er aus dem Gewölke der Hofluft auf
sie fallen läßt; und das ist meine Meinung in der Vorrede S. XIX
gewesen, da ich zur vollendeten Instruktion eines biblischen Theologen in Vorschlag bringe, seine Kräfte mit dem, was Philosophie ihm entgegenzusetzen scheinen möchte, an einem System
aller ihrer Behauptung (dergleichen etwa gegenwärtiges Buch
ist), und zwar gleichfalls durch Vernunftsgründe zu messen, um
gegen alle künftige Einwürfe gewaffnet zu sein. — Die auf gewisse Art geharnischte Vorrede wird Sie vielleicht befremden;
die Veranlassung dazu ist diese. Das ganze Werk sollte in vier
Stücken in der Berliner Monatsschrift, doch mit der Zensur der
dortigen Kommission herauskommen. Dem ersten Stück gelang
dieses (unter dem Titel: vom radikalen Bösen in der m. N.);
indem es der philosophische Zensor, Herr G. R. HILLMER, als
zu seinem Departement gehörend annahm. Das zweite Stück aber
war nicht so glücklich, weil Herr HILLMER, dem es schien, in
die biblische Theologie einzugreifen (welches ihm das erste, ich
weiß nicht, aus welchem Grunde, nicht zu tun geschienen hatte),
es für gut fand, darüber mit dem biblischen Zensor, Herrn
O. C. R. HERMES, zu konferieren, der es alsdann natürlicher-
weise (denn welche Gewalt sucht nicht ein bloßer Geistlicher
an sich zu reißen?) als unter seine Gerichtsbarkeit gehörig in
Beschlag nahm und sein legi verweigerte. — Die Vorrede sucht
nun zu zeigen, daß, wenn eine Zensurkommission über die Rechtsame dessen, dem die Zensur einer Schrift anheimfallen sollte, in
Ungewißheit ist, der Autor es nicht auf sie dürfe ankommen
lassen, wie sie sich untereinander einigen möchten, sondern das
Urteil einer einheimischen Universität aufrufen könne; weil da
allein eine jede Fakultät verbunden ist, auf ihre Rechtsame zu

halten und eine der anderen Ansprüche zurückzuhalten, ein akademischer Senat aber in diesem Rechtsstreit gültig entscheiden kann. — Um nun alle Gerechtigkeit zu erfüllen, habe ich diese Schrift vorher der theologischen Fakultät zu ihrer Beurteilung vorgelegt, ob sie auf dieselbe, als in biblische Theologie eingreifend, Anspruch mache oder vielmehr ihre Zensur, als der philosophischen zuständig, von sich abweise, und diese Abweisung, dagegen Hinweisung zu der letzteren auch erhalten.

Diesen Vorgang Ihnen, würdigster Mann, mitzuteilen, werde ich durch Rücksicht auf den möglichen Fall, daß darüber sich etwa ein öffentlicher Zwist ereignen dürfte, bewogen, um auch in Ihrem Urteil wegen der Gesetzmäßigkeit meines Verhaltens, wie ich hoffe, gerechtfertigt zu sein. — Wobei ich mit der aufrichtigsten Hochachtung jederzeit bin

Euer Hochehrwürden
gehorsamster Diener
I. Kant.

327.

An Matern Reuß.

(Entwurf in zwei Bruchstücken.)

[Mai 1793.]

1.

Nehmen Sie, Ehrwürdiger Mann, nochmals meinen Dank für den Besuch und eine Bekanntschaft an, die jederzeit unter die angenehmste Erinnerungen meines Lebens gehören wird. Ich füge diesem Bekenntnisse eine kleine Abhandlung philosophisch-, nicht eigentlich biblisch-theologischen Inhalts bei, mit welcher keiner Kirche einen Anstoß zu geben bedacht gewesen, indem darin nicht die Rede ist, welches Glaubens der Mensch überhaupt, sondern nur der, welcher sich bloß auf die Vernunft fußt, allein sein könne, die mithin gänzlich auf Gründen a priori beruht, die ihre Gültigkeit unter allen Glaubensarten behauptet, was das Objektive der Gesinnung betrifft, was aber die Ausführung dieser Absicht betrifft als Gegenstand der Erfahrung, dadurch die allgemeine Weltregierung jene Ideen in der Ausführung hat darstellen wollen, das Herz nicht vor dem empirischen Glauben in

Ansehung irgendeiner Offenbarung verschließt, sondern, wenn sie in Einstimmung mit jenem stehend befunden wird, es für dieselbe offen erhält [*bricht ab*].

2.

Reuß

Ich sage hier nicht, daß die Vernunft in Sachen der Religion sich selbst gnug zu sein zu behaupten wage, sondern nur, wenn sie sich nicht sowohl in Einsicht, als im Vermögen der Ausübung gnug ist, sie alles übrige, was über ihr Vermögen noch hinzukommen muß, ohne daß sie wissen darf, worin es bestehe, von dem übernatürlichen Beistande des Himmels erwarten muß [*bricht ab*].

328.

An Friedrich Bouterwek.

Sie haben, vortrefflicher Mann! mir durch die Nachricht von Ihrem Vorsatz, Vorlesungen über die Kritik d. r. V. in Göttingen zu halten, und durch die damit verbundene Übersendung eines dazu entworfenen wohl ausgedachten Plans, eine unerwartete Freude gemacht. Es war in der Tat ein dichterischer, die den reinen Verstandesbegriffen korrespondierende Darstellung in Gewalt habender Kopf, den ich immer wünschte, aber zu hoffen mir nicht getraute, um die Mitteilung dieser Grundsätze zu befördern, denn die scholastische Genauigkeit in Bestimmung der Begriffe, mit der Popularität einer blühenden Einbildungskraft vereinigen können, ist ein zu seltenes Talent, als daß man so leicht darauf rechnen könnte, es bald wo anzutreffen. — Um desto mehr und, da mich Ihr, eine gründliche Einsicht in das Wesen und die Artikulation des Systems verratender Abriß, von Ihrer Geschicklichkeit in Ausführung desselben überzeugt hat, so gratuliere ich den Teilnehmern an demselben und mir selbst zu dem Beitritt eines so würdigen Mitarbeiters. Die frohe geistvolle Laune, dadurch mich Ihre Gedichte oft vergnügt haben, hatten mich nicht erwarten lassen, daß die trockene Spekulation auch für Sie Reiz bei sich führen könnte. Aber sie führt doch unausbleiblich zu einer gewissen Erhabenheit der Idee, welche die Einbildungskraft mit ins Spiel ziehen und, obzwar durch diese unerreichbar, doch das Gemüt durch analogische Vorstellungsart in Bewegung setzen und für sie einnehmen [kann]. — Das Übel, wovon mir Hr. Hofrat Kaestner in seinem Schreiben merken ließ, daß die neue Terminologien von Nachbetern öfters gebraucht würden, ohne ihren Sinn zu fassen, kann durch Ihren Reichtum und Gewandtheit der Sprache auch großenteils gehoben werden. Wobei ich unter Anwünschung des besten Fortgangs Ihrer Unternehmung, mit der vollkommensten Hochachtung und Zuneigung jeder Zeit bin

Königsberg, d. 7. Mai 1793.

Ew. Wohlgeboren
ganz ergebenster Diener
I. Kant.

329.

An Carl Leonhard Reinhold.

Königsberg, d. 8. Mai 1793.

Ihren liebevollen Brief vom 21. Januar, teuerster Herzensfreund, werde ich jetzt noch nicht beantworten. Ich habe Ihrer gütigen Besorgung noch Briefe an D. ERHARD und BARON VON HERBERT anzuempfehlen, die ich, samt meiner schuldigen Antwort, innerhalb 14 Tagen abgehen zu lassen gedenke.

Bei dem Empfang der Abhandlung, die ich die Ehre habe diesem Briefe beizufügen, wird es Sie befremden, welche Ursache ich damals, als ich deren erwähnte, haben konnte, damit geheim zu tun. Diese bestand darin, daß die Zensur des zweiten Stücks derselben, das in die Berliner M. S. hatte kommen sollen, dort Schwierigkeiten fand, welche mich nötigten, sie, ohne weiter davon zu erwähnen, anderwärts drucken zu lassen.

Ihr gütiges Versprechen der gelegentlichen Mitteilung einiger literärischer Geschichten, nehme ich mit sehr großem Dank an, worunter mir die von dem starken Anwachs der Zahl Ihrer, die Philosophie lernenden, Zuhörer schon viel Vergnügen macht, welches aber durch die Nachricht von Ihrer befestigten Gesundheit sehr erhöht werden würde. Doch Ihre Jugend gibt mir dazu die beste Hoffnung, wenn sich damit die philosophische Gleichgültigkeit gegen das, was nicht in unserer Gewalt ist, verbindet, die allein in das Bewußtsein seiner Pflichtbeobachtung den wahren Wert des Lebens setzt, zu welcher Beurteilung uns endlich die lange Erfahrung von der Nichtigkeit alles anderen Genusses zu bringen nicht ermangelt.

Indem ich das übrige, was noch zu sagen wäre, meinem nächsten Briefe vorbehalte, empfehle ich mich jetzt Ihrem ferneren Wohlwollen etc.

330.

An Johann Gottlieb Fichte.

Zu der der Bearbeitung wichtiger philosophischer Aufgaben geweihten, glücklich erlangten Muße gratuliere ich Ihnen, würdiger Mann, von Herzen, ob Sie zwar, wo und unter welchen Umständen Sie solche zu genießen hoffen, zu verschweigen gut finden.

Die Ihnen Ehre machende Schrift „Kritik aller Offenbarung" habe ich bisher nur teilweise und durch dazwischenlaufende Geschäfte unterbrochen gelesen. Um darüber urteilen zu können, müßte ich sie in einem stetigen Zusammenhange, da das Gelesene mir immer gegenwärtig bleibt, um das Folgende damit zu vergleichen, ganz durchgehen, wozu ich aber bis jetzt weder die Zeit noch die Disposition, die einige Wochen her meinen Kopfarbeiten nicht günstig ist, habe gewinnen können. Vielleicht werden Sie durch Vergleichung Ihrer Arbeit mit meiner neuen Abhandlung: „Religion innerhalb usw.", am leichtesten ersehen können, wie meine Gedanken mit den Ihrigen in diesem Punkte zusammenstimmen oder voneinander abweichen.

Zu Bearbeitung der Aufgabe: „Kritik der reinen Vernunft", S. 372 flg., wünsche und hoffe ich gutes Glück von Ihrem Talent und Fleiße. Wenn es nicht jetzt mit allen meinen Arbeiten sehr langsam ginge, woran wohl mein vor kurzem angetretenes siebzigstes Lebensjahr schuld sein mag, so würde ich in der vorhabenden „Metaphysik der Sitten" schon bei dem Kapitel sein, dessen Inhalt Sie sich zum Gegenstande der Ausführung gewählt haben, und es soll mich freuen, wenn Sie mir in diesem Geschäfte zuvorkommen, ja es meinerseits entbehrlich machen könnten.

Wie nahe oder wie fern auch mein Lebensziel ausgesteckt

sein mag, so werde ich meine Laufbahn nicht unzufrieden endigen, wenn ich mir schmeicheln darf, daß, was meine geringen Bemühungen angefangen haben, von geschickten, zum Weltbesten eifrig hinarbeitenden Männern der Vollendung immer näher gebracht werden dürfte.

Mit dem Wunsche, von Ihrem Wohlbefinden und dem glücklichen Fortgange Ihrer gemeinnützigen Bemühungen von Zeit zu Zeit Nachricht zu erhalten, bin ich mit vollkommener Hochachtung und Freundschaft usw.

Königsberg, den 12. Mai 1793.   I. Kant.

331.
An Georg Heinrich Ludwig Nicolovius.

Ew. Hochedelgeb. Vorsatz, von Ihren erworbenen Kenntnissen in Ihrem Vaterlande Gebrauch zu machen, vorher aber meine Meinung von der Art, wie dieses auf eine sichere Ihnen selbst vorteilhafte Art geschehen könne, zu erfahren, ist mir ein Beweis von Ihrer gründlichen, durch Reisebelustigung nicht — wie es wohl sonst geschieht — für Amtsgeschäfte verdorbenen Denkungsart. — Ihr Vorsatz die letztere, auf und für unsere Universität, zu suchen, hat auch meinen ganzen Beifall. Erlauben Sie mir aber die Ihnen wohlbekannte jetzt herrschende Grundsätze des Studierens der Jugend auf unserer Akademie in Erinnerung zu bringen; die darin bestehen, sie gleichsam kuriermäßig zu durchlaufen, um sich, so früh als möglich, um ein Amt bewerben zu können; da es dann von denjenigen, welche an der eleganten Literatur und Kultur Interesse nehmen möchten, nicht eine zu Eröffnung eines sich hinreichend belohnenden Kollegiums nötige Zahl der Zuhörer, wenigstens gleich anfangs geben dürfte; wiewohl ich, wenn die Sache einmal in Gang gebracht worden, desfalls am meisten auf den Adel und, im Winterhalbenjahr, auf die Offiziere rechne. — Indessen ist dieser Anschlag nicht bei Seite zu setzen, weil er, was noch nicht Mode ist, wohl dazu machen kann.

Was ich, nach der von Ihnen erklärten Abneigung gegen ein theologisches Amt, zur Basis eines sicheren, obgleich anfänglich kleinen Einkommens, vorschlage, ist ein Schulamt. — Erschrecken Sie darüber nicht; das Bedürfnis des Publikums, die

Schulen dem Fortrücken in der Kultur des Geschmackvollen angemessener zu machen, wird immer stärker gefühlt, und ein Mann, wie Sie, würde hierin bald Epoche machen und überdem haben Sie den Mann, welcher in Besetzung der Lehrstellen auf unseren Stadtschulen den größten Einfluß hat, zu Ihrem Freunde; da Ihnen eine Rektorstelle nicht so leicht entgehen dürfte; bei der noch Zeit gnug für Sie übrig bleiben würde, um jene schöne Kenntnisse und Wissenschaften als Universitätsglied zu betreiben.

Wenn Sie in diesen Vorschlag einwilligen, so würde ich raten, so bald als möglich sich nach Berlin zu verfügen und sich an den Hrn. Oberschulrat MEIEROTTO,[1]) mit welchem ich hier (bei seiner ihm aufgetragenen allgemeinen Schulvisitation) Bekanntschaft gemacht habe, zu schlagen, wozu ich Ihnen meine beste Empfehlung mitgeben würde. Er würde Sie gewiß in die dortige Schulanstalten als Auskultator einführen, vielleicht Sie selbst einige Versuche in der Methode machen lassen und so durch seinen vielvermögenden Einfluß, vielleicht gar nach einem neuen, von ihm zu entwerfenden Plan, hier ansetzen.

Vor allem scheint mir zu Ihrer Absicht ratsam zu sein, um die hiesigen Formalitäten des Eintritts in die Universität als Lehrer zu umgehen, den Magistergrad, es sei in Frankfurt a. d. O., oder Erlangen, oder Halle, zu erwerben. Mittlerweile würde die Bekanntschaft mit dem Staatsminister, Hrn. VON WÖLLNER, Ihnen auch vorteilhaft sein; weil es sich wohl zutragen könnte, daß irgend eine Professur, die Ihnen konvenierte, hier vakant würde. Hierzu habe ich zwar keinen Weg einer unmittelbaren Empfehlung, ich würde sie aber doch durch den in Berlin wohnenden Hrn. Geheimen Rat SIMPSON (den ich gelegentlich zu besuchen und ihn in meinem Namen zu komplimentieren bitte) versuchen. — Das Weitere hängt von der Eröffnung ab die Sie mir wegen meines Vorschlages tun werden.

Die Anfrage wegen des Konciompax war ein bloßer Einfall und kann zur Seite gelegt beiben.

Mit aufrichtiger Teilnehmung an allem, was Sie interessiert und vollkommener Hochachtung bin ich jederzeit

Ew. Hochedelgeb.

Königsberg, d. 16. August 1793.   ergebenster Diener

I. Kant.

---

[1]) Joh. Heinr. Ludwig Meierotto (1742—1800), Direktor des Joachimsthalschen Gymnasiums und Oberschulrat in Berlin.

332.

An Jacob Sigismund Beck.

Königsberg, den 18. August 1793.

Ich übersende Ihnen, wertester Mann, hiermit, meinem Versprechen gemäß, die vordem zur Vorrede für die Kritik der U. Kr. bestimmte, nachher aber ihrer Weitläuftigkeit wegen verworfene Abhandlung, um nach Ihrem Gutbefinden, Eines oder das Andere daraus, für Ihren konzentrierten Auszug aus jenem Buche zu benutzen — zusamt dem mir durch Herrn Hofprediger SCHULTZ zugestellten Probestück desselben.

Das Wesentliche jener Vorrede (welches etwa bis zur Hälfte des Manuskripts reichen möchte) geht auf die besondere und seltsame Voraussetzung unserer Vernunft: daß die Natur in der Mannigfaltigkeit ihrer Produkte, eine Akkommodation zu den Schranken unserer Urteilskraft, durch Einfalt und spürbare Einheit ihrer Gesetze, und Darstellung der unendlichen Verschiedenheit ihrer Arten (*species*), nach einem gewissen Gesetz der Stetigkeit, welches uns die Verknüpfung derselben, unter wenig Gattungsbegriffe, möglich macht, gleichsam willkürlich und als Zweck für unsere Fassungskraft beliebt habe, nicht weil wir diese Zweckmäßigkeit, als an sich notwendig erkennen, sondern ihrer bedürftig, und so auch a priori anzunehmen und zu gebrauchen berechtigt sind, so weit wir damit auslangen können. — Mich werden Sie freundschaftlich entschuldigen, wenn ich bei meinem Alter, und manchen sich durchkreuzenden vielen Beschäftigungen, auf das mir mitgeteilte Probestück die Aufmerksamkeit nicht habe wenden können, die nötig gewesen wäre, um ein gegründetes Urteil darüber zu fällen. Ich kann aber hierüber Ihrem eigenen Prüfungsgeiste schon vertrauen. — Übrigens verbleibe ich in allen Fällen, wo ich Ihren guten Wünschen mein ganzes Vermögen leihen kann,

Ihr

dienstwilligster
I. Kant.

333.

Von Jakob Sigismund Beck.

Halle, den 24. August 1793.

Sehr teurer Lehrer,

In meinem Auszuge aus Ihrer Kritik der Urteilskraft bin ich bis zu der Dialektik der teleologischen Urteilskraft gekommen. Eine Folge von der sehr großen Deutlichkeit, mit der ich diese Materie einsehe, und der sehr festen Überzeugung, die ich davon habe, ist die gewesen, daß ich lange Ihnen mit meinen Briefen nicht habe beschwerlich sein dürfen. Auch ist das Licht, welches das Studium dieser Kritik der Urteilskraft auf die Transszendentalphilosophie überhaupt und auf die Kritik der praktischen Vernunft für meine Augen zurückgeworfen hat, beträchtlich. Erlauben Sie mir, Ihnen sagen zu dürfen, daß meine Seele noch nie einem Gelehrten sich so verbunden gefühlt hat, als Ihnen, ehrwürdiger Mann. Ich habe seit der Zeit, da ich Ihren mündlichen Vortrag anhörte, sehr viel Vertrauen zu Ihnen gehabt; aber ich gestehe auch, daß bei den Schwierigkeiten, die mich lange gedrückt haben, dieses Vertrauen öfters zwischen dem zu Ihnen und dem zu mir selbst gewankt hat. Mein ziemlicher Fortgang in der Mathematik, und die so vielfach fehlgeschlagenen Versuche in der Philosophie mancher berühmten Männer war mir nämlich ein Grund, nicht alle Zuversicht zu mir selbst aufzugeben. Von der andern Seite aber mußte ich notwendig denken, daß das Los des Menschen das betrübteste sein müßte, wenn er nicht einmal mit sich selbst fertig werden könnte und sich selbst von dem, was er dächte, nicht völlige Rechenschaft ablegen könnte. Ich habe daher Ihre Schriften immerfort sorgfältig studiert, und ich darf es jetzt sagen, weil es wahr ist, daß die dadurch erlangte innige Bekanntschaft mit denselben, mich mir selbst bekannt gemacht hat. Was wohl einem vernünftigen Wesen das wünschenswürdigste Gut sein muß, das hat mir Ihre Philosophie gewährt. Denn ich bin durch sie aufmerksam gemacht und belehrt worden in Ansehung des vielbedeutenden Unterschiedes zwischen denken und erkennen, zwischen dem: mit Begriffen spielen, und Begriffe haben objektive Gültigkeit, und was mehr, als alles ist, ich habe die Verknüpfung, die wir im Sittengesetz denken, die man sich so gern als analytisch vorstellen mag, um wahrscheinlich dadurch nicht allein sich das Nachdenken zu erleichtern, sondern dem Willen auch einen, obwohl der praktischen Vernunft sehr heterogenen Sporn zu geben, als synthetisch ansehen gelernt. Die eigentliche Ursache aber, warum so viele sonst sehr berühmte Männer ihren Beifall der kritischen Philosophie immerfort versagen, liegt meiner Meinung nach wohl darin, daß sie sich nicht aufmerksam wollen machen lassen auf den mächtigen Unterschied zwischen Denken und Erkennen. In ihrer Sprache sind alle diese Ausdrücke entweder gleichgeltend, oder sie legen ihnen nach ihrer Art einen Sinn unter, welches ihnen auch wohl immer, wenn der Sprachgebrauch es leidet, freistehen mag, wenn dabei nur die Sache selbst, die wichtigste für einen Mann, dem es um reeller Wahrheit, und nicht um ein Gedankenspiel zu tun ist, verloren ginge. Ich habe auch gemerkt, daß auch viele von den Freunden der Kritik den ganzen Gehalt einer Transszendentalphilosophie, und insbesondere einer transszendentalen Logik nicht gut in Überlegung nehmen, indem sie die allgemeine Logik von ihr, bloß durch den Ausdruck: sie abstrahiere von den Gegenständen, unterscheiden, welcher Begriff aber doch die nähere Bestimmung, daß die allgemeine Logik eigentlich die objektive Gültigkeit der Vorstellungen beiseite setze, und diese Untersuchung der transszendentalen Logik überlasse, verlangt.

Seit einiger Zeit habe ich auch Ihre metaphysischen Anfangsgründe der Naturwissenschaft wieder durchzudenken angefangen. In der Phoronomie und Dynamik habe ich keinen Anstoß genommen. Aber in der Mechanik stoße ich an etwas, welches ich nicht mir wegzuräumen weiß und auf die folgende Theorie mir ein unangenehmes Dunkel wirft. Es ist der Begriff der Quantität der Materie. Ihre Definition lautet (S. 107): Die Quantität der Materie ist die Menge des Beweglichen in einem bestimmten Raum. Ich weiß eigentlich nicht, wie Sie dieses Bewegliche verstehen, ob dynamisch oder mechanisch. Mechanisch kann es nicht verstanden sein, weil die Materie mechanisch betrachtet, bloß als Maß der Quantität der Materie (nach dem ersten Lehrsatz) gesetzt wird, diese letzte demnach doch ebensowohl von der Materie, sofern sie bewegende Kraft hat, verschieden sein muß, als ein Winkel von dem Zirkelbogen, der ihn mißt. Dynamisch kann ich diesen Begriff auch nicht nehmen, weil die Quantität der Materie als unveränderlich soll gedacht werden, wenngleich die Ausdehnungskraft verschieden gesetzt würde. In der nämlichen Definition sagen Sie: die Größe der Bewegung ist diejenige, die durch die Quantität der bewegten Materie und ihre Geschwindigkeit zugleich geschätzt wird, und in dem gleich darauf folgenden Lehrsatz wird doch bewiesen, daß die Quantität der Materie lediglich durch die Größe der Bewegung geschätzt werde.

Ich weiß recht wohl, daß die ganze Ursache dieser Unverständlichkeit in meinem Kopfe liege. Aber aller Unwille deshalb gegen mich selbst räumt sie mir nicht aus dem Wege. Ich bitte Sie, teurer Lehrer, auf die inständigste Weise mich hierüber zu belehren. Ihnen einige Beschwerde zu machen, ist mir sehr unangenehm; aber da ich mir wirklich hierin nicht recht helfen kann, so muß ich meinen Wunsch gestehen, daß Sie sich entschließen möchten, mir hierauf bald zu antworten. KLÜGEL hat in mathematischer Rücksicht mich manchmal ausgeholfen. Aber aus seinem Gespräche bin ich genötigt, zu schließen, daß er über die Prinzipien der reinen Naturwissenschaft niemals gehörig nachgedacht habe.

Der M. RATH, der die Kritik ins Lateinische zu übersetzen sich erbot, tat dem Buchhändler HARTKNOCH den Antrag, Verleger von dieser Arbeit zu werden. Vor etwa 5 Wochen schrieb ihm HARTKNOCH, daß der Professor HEYDENREICH in Leipzig ihm auch einen Mann für diese Übersetzung vorgeschlagen habe, und daß er, aus Achtung für das Publikum, genötigt sei, eine vernünftige Wahl zu treffen. Er bat ihn, ihm eine Probe von seiner Arbeit zu überschicken, wie dann darum auch der andere Gelehrte ersucht werden sollte, und beide Proben sollten dann einem, beiden unbekannten, fähigen Richter zur Entscheidung vorgelegt werden. Anfänglich war RATH hiezu entschlossen. Jetzt aber weiß ich nicht, was ihn bedenklich macht, den Vorschlag anzunehmen. Mir tut dieses leid, weil ich nicht glaube, daß viele mit dem reinen wissenschaftlichen Interesse Ihre Schriften studieren, so wie mein Freund, und weil ich geneigt bin, zu zweifeln, daß jener mir fremde Mann auch so gut den Sinn der Kritik treffen werde, als er. Indessen kann ich nicht einsehen, daß HARTKNOCH fehle, und ich will, so gut ich kan[n meinen] Freund zu dem Entschluß, auch seine Probe einzuschicken, zu bewegen suchen.

Vor einiger Zeit las ich in CRUSII Weg, zur Gewißheit und

Zuverlässigkeit, veran[laßt durch] Herrn SCHMIDTS Lexikon[1]) und zu meinem Verwundern habe ich (§ 260) die Unterscheidung der analytischen und synthetischen Urteile weit deutlicher darin gefunden, als in der von Ihnen zitierten Stelle des LOCKE.[2]) Denn ob er gleich, meiner Meinung nach, keine Einsicht in das Prinzip der synthetischen Erkenntnisse a priori verrät, so enthält doch diese Stelle wenigstens soviel, daß ein nachdenkender Leser wohl aufmerksam auf ihre Wichtigkeit dadurch gemacht werden könnte, indem CRUSIUS geradezu diese Synthesis als die Grundlage der Realität unserer Begriffe andeutet.

Sie haben auch die Güte gehabt, mir ein Exemplar Ihrer Religion in den Grenzen der Vern[un]ft überschicken zu lassen. Ich danke Ihnen ergebenst dafür. Ich muß aber leider noch einige Zeit verfließen lassen, ehe ich sie so ganz eigentlich zu studieren werde unternehmen können.

Leben Sie wohl, mein teurer Lehrer. Ich wünsche, daß die Vorsehung Sie uns noch lange und gesund erhalten wolle, und bin mit der reinsten Achtung

der Ihrige
Beck.

Daß Herr Rat REINHOLD einen Ruf nach Kiel erhalten habe, wird er vielleicht Ihnen schon geschrieben haben. Er soll ihn auch, wie man sagt, angenommen haben.

334.

Von Friedrich Bouterwek.

Verehrungswürdiger Mann,

Wen die Natur nicht zum Erfinder in einer Wissenschaft bestimmte, aber mit Verstand und Beharrlichkeit genug ausrüstete, um alles, was über die größte Menschenangelegenheit von Erfindern gesagt worden ist, zu verstehen und

---

[1]) Schmids Lexikon (s. Bd. IX. S. 373 Anm.); vgl. Crusius, Weg zur Gewißheit und Zuverlässigkeit der menschlichen Erkenntnis, Leipzig 1747, § 260.
[2]) Das Zitat aus Locke s. Prolegomena § 3.

zu prüfen, der ist eigentlich zum Apostel des Evangeliums, an welches er glaubt, berufen. So dachte ich wenigstens, als ich, zum ersten Male in meinem Leben den Versuch wagte, eine szientifische Darlegung der Wahrheit zustande zu bringen. Müde des Temporisierens, wozu ich mich anfangs nur mit harter Mühe bequemt hatte, wollte ich, ohne die Miene der Belehrung, die mich noch nicht kleidet, freimütig mich zu der Lehre bekennen, die doch am Ende die einzige bleiben wird, zu der sich ein freier und alle luftigen Wahrscheinlichkeitsformeln und Argumentationsträume verschmähender Geist bekennen kann. Dann wollte ich auch (durch ein Buch, in der Kunstsprache verfaßt), mich gewissermaßen legitimieren zur Herausgabe eines andern, das dieselben Wahrheiten, verständlich für jedermann, wer nur irgend über seinen animalischen Lebenskreis sich zu erheben vermag, enthalten soll mit der sorgfältigsten Vermeidung aller Kunstsprache. Eine leichte Girlande von Blumen der Phantasie soll dies Werkchen umgeben. Systematische Vollständigkeit würde da ein Fehler sein, wo man dem Volke das Seine geben, nicht aber mit den Gelehrten in Reihe und Glied treten will.

Kann dies kleine Buch, welches ich Ihnen hier darzubieten wage[1]) und, damit ich mir diese Freude gewähre, hundert Meilen mit der Post reisen lasse, Ihnen mehr als nicht mißfallen, so wird es mich wenig kümmern, wenn ich hier und dort mit einem zweideutigen Blicke mich fragen lassen muß, wie Saul unter die Propheten kömmt. Die Weiland-Metaphysiker gleichen den exilierten französischen Aristokraten von mehr als einer Seite, namentlich aber darin, daß sie auf hindostanische Kastenordnung halten und nicht dulden können, wenn ein Bürger der Gelehrten-Republik votieren will außer dem Range, den sie ihm anweisen. Wie trübselige Urteile habe ich nicht anhören müssen über Ihr mir so teures und wertes Buch über Vernunftreligion, wofür ich Ihnen noch meinen herzlichsten Dank schuldig bin! So überall aufklären, meinen diese Herren, stehe nur einem LEIBNIZ wohl, und bedenken nicht, daß eben die Fackel, bei deren Licht die ganze Leibnizische Monadenwelt wie ein Dunst erscheint, ihre Strahlen unvermeidlich nach allen Seiten wirft. Einer Ihrer wahrhaftigsten Verehrer hier ist unser trefflicher LICHTENBERG.

Unwert der Sache, die mir am Herzen liegt, würde ich sein,

---

[1]) Aphorismen nach Kantischer Lehre, Göttingen 1793.

wenn ich mich bei Ihnen entschuldigen wollte wegen der Anmerkungen zu meinem kleinen Buche, besonders denen zum zweiten Teile. Vielleicht seh' ich mich genötigt, sie künftig zurückzunehmen oder anders zu modifizieren. Aber wen auch die ehrwürdigste Autorität bindet, den werden Sie sich, das weiß ich, nicht zum Mitarbeiter an der Sache der Wahrheit wünschen.

Leben Sie nur noch lange, verehrungswürdiger Mann, um alles sagen zu können, was die Ihren bedürfen, und namentlich

Göttingen, den 25. August 1793.   F. Bouterwek.

335.

Von Johann Gottlieb Fichte.

Mit inniger Freude, verehrungswürdigster Gönner, erhielt ich den Beweis, daß Sie auch noch in der Entfernung mich Ihres gütigen Wohlwollens würdigten, Ihren Brief. Meine Reise war nach Zürich gerichtet, wo schon bei meinem ehemaligen Aufenthalte ein junges sehr würdiges Frauenzimmer mich ihrer besondern Freundschaft wert hielt. Noch ehe ich nach Königsberg reiste, wünschte sie meine Rückkehr nach Zürich, und unsre völlige Verbindung. Was ich damals, da ich noch nichts getan hatte, mir nicht für erlaubt hielt, erlaubte ich mir jetzo, da ich wenigstens für die Zukunft versprochen zu haben schien, etwas zu tun. — Diese Verbindung, welche bisher durch unvorhergesehne Schwierigkeiten, welche die Zürcher Gesetze Fremden entgegensetzen, aufgehalten worden, in einigen Wochen aber stattfinden wird, gäbe mir die Aussicht, mich in unabhängiger Muße dem Studieren zu widmen, wenn nicht der an sich herzensgute, mit meinem individuellen Charakter aber sehr unverträgliche Charakter der Zürcher mich eine Veränderung des Wohnorts wünschen machte.

Ich erwarte die gleiche Freude von der Erscheinung Ihrer Metaphysik der Sitten, mit welcher ich Ihre Religion innerhalb der Grenzen usw. gelesen habe. Mein Plan in Absicht des Naturrechts, des Staatsrechts, der Staatsweisheitslehre geht ins weitere, und ich kann leicht ein halbes Leben zur Ausführung desselben bedürfen. Ich habe also immer die frohe Aussicht, Ihr Werk für dieselbe zu benutzen. — Sollten bis dahin meine Ideen sich formen, und ich auf unerwartete Schwierigkeiten stoßen; wollen Sie dann wohl erlauben, daß ich mir Ihren gütigen Rat erbitte? Vielleicht lege ich, doch anonym, in verschiednen Einkleidungen meine der Entwicklung entgegenstrebende Ideen dem Publikum zur Beurteilung vor. Ich gestehe, daß schon etwas dieser Art von mir im Publikum ist, wovon ich aber vor der Hand nicht wünschte, daß man es für meine Arbeit hielte, weil ich viele Ungerechtigkeiten mit voller Freimütigkeit und Eifer gerügt habe, ohne vor der Hand, weil ich noch nicht soweit bin, Mittel vorgeschlagen zu haben, wie ihnen ohne Unordnung abzuhelfen sei.[1]) Ein enthusiastisches Lob, aber noch keine gründliche Beurteilung dieser Schrift ist mir zu Gesichte gekommen. Wollen Sie mir dieses — soll ich sagen Zutrauen, oder Zutraulichkeit? — erlauben, so schicke ich es Ihnen zur Beurteilung zu, sobald ich die Fortsetzung aus der Presse erhalte. Sie, verehrungswürdiger Mann, sind der einzige, dessen Urteile sowohl, als dessen strenger Verschwiegenheit ich völlig traue. Über politische Gegenstände sind leider! bei der jetzigen besondren Verwickelung fast alle parteiisch, selbst recht gute Denker; entweder furchtsame Anhänger des Alten, oder hitzige Feinde desselben, bloß weil es alt ist. — Wollen Sie mir diese gütige Erlaubnis erteilen, ohne welche ich es nicht wagen würde, so wird, denke ich, der Herr Hofprediger SCHULZ Gelegenheit haben, Briefe an mich zu besorgen.

Nein — großer, für das Menschengeschlecht höchstwichtiger Mann, Ihre Arbeiten werden nicht untergehen, sie werden reiche Früchte tragen, sie werden in der Menschheit einen neuen Schwung und eine totale Wiedergeburt ihrer Grundsätze, Meinungen, Verfassungen bewirken: Es ist, glaube ich, nichts, worüber die Folgen derselben sich nicht verbreiteten. Und diesen Ihren Entdeckungen gehen frohe Aussichten auf. Ich habe Herrn H. PR. SCHULZ darüber einige Bemerkungen geschrieben, die ich auf meiner Reise gemacht, und ihn gebeten, sie Ihnen mitzuteilen.

Was muß es sein, großer und guter Mann, gegen das Ende seiner irdischen Laufbahn solche Empfindungen haben zu können, als Sie! Ich gestehe, daß der Gedanke an Sie immer mein Genius sein wird, der mich treibe, soviel in meinem Wirkungskreise

---

[1]) Fichtes Beiträge zur Berichtigung der Urtheile des Publikums über die französische Revolution, anonym erschienen, 2 Teile, o. J. (1793).

liegt, auch nicht ohne Nutzen für die Menschheit von ihrem Schauplatze abzutreten.

Ich empfehle mich der Fortdauer Ihres gütigen Wohlwollens und bin mit der vollsten Hochachtung und Verehrung

Euer Wohlgeboren

Zürich, innigst ergebener
den 20. September 1793. Fichte.

336.

An Carl August von Struensee.[1])

(Entwurf.)

[20. September 1793.]

Euer Exzellenz dem Staatsbesten geweihete kostbare Zeit einige Augenblicke zu entziehen, würde ich mir selbst zum Vorwurf machen, wenn mir nicht meine gehorsamste Bitte, einen Mann, der hierzu in Ihren Händen auch ein sehr brauchbares Werkzeug sein kann, Ihrer gnädigen Aufmerksamkeit zu würdigen hierin nicht zur Entschuldigung zu dienen schiene. — Der Einnehmer BRAHL, der bisher in seinem Posten die pünktlichste unbestechliche Treue bewiesen hat und damit einen hellen Kopf, der die Mißbräuche durchschaut und eine Offenheit, die keine parteiische Verheimlichung zuläßt, verbindet, schmeichelt sich in gegenwärtigen Zeitumständen einigen Fortschritt zur Verbesserung zu tun, wenn sein Schicksal es nicht will, daß er übersehen wird. Die Vorschläge dazu hat er auf mein Verlangen auf beiliegendem Blatte ausgedrückt, an deren Bescheidenheit und Wahrheit ich mich nach seinem mir gnugsam bekannten Charakter verbürgen kann.

Die Zufriedenheit, welche Euer Exzellenz Vortrag unter der hiesigen Kaufmannschaft verbreitet hat, die Hoffnung des gemeinen Wesens unter einer solchen Administration das öffentliche Beste im kleinen sowohl als im großen befördert zu sehn, endlich auch der Anteil, den Sie mich an Ihrer angenehmen und be-

---

[1]) K. A. von Struensee (1735—1804), seit 1791 preußischer Staatsminister und Chef des Zolldepartements.

lehrenden gesellschaftlichen Unterhaltung nehmen zu lassen, Sie
mir die Ehre bewiesen haben, lassen mich hoffen, daß die Freiheit meines Gesuchs nicht ungeneigt werde aufgenommen werden.

Mit der größten Verehrung bin ich jederzeit

337.

An F. Th. de la Garde.

Euer Hochedelgeboren
werden sich erinnern, daß Sie mir noch einige Freiexemplare von der zweiten Auflage meiner Kritik der Urteilskraft versprochen. Da ich deren nun eben nicht bedarf, so schlage ich vor, mir, statt derselben, die Reisen des jüngeren Anacharsis[1]) oder, wenn das zuviel ist, Montaignes Gedanken und Meinungen usw. aus Ihrem Verlage zum Ersatz zu geben und, was ich zulegen müsse, um auch die erstere zu bekommen, mir zu melden.

Wenn sich Gelegenheit findet, Ihnen sonst gefällig zu werden, so werde nicht ermangeln, zu beweisen, daß ich jederzeit sei

Ihr

ergebenster Freund und Diener

Königsberg,   I. Kant.
den 20. September 1793.

338.

Von Johann Erich Biester.

Berlin, den 5. Oktober 1793.

Endlich bin ich imstande, mein verehrungswürdigster Freund, Ihnen das neue Quartal der Berliner Monatsschrift zuzusenden; und ich tue es mit dem allerverpflichtetesten Danke für den trefflichen Aufsatz im September.[2]) Er ist, Ihrem Willen gemäß, ungeteilt in einem Stücke abgedruckt. Wie reichhaltig an den

---

[1]) Barthélemy, Voyage du jeune Anacharsis en Grèce, Paris 1788, deutsch von Biester, Berlin 1792/93.

[2]) S. oben S. 146, Anm. 1.

wichtigsten Belehrungen ist er nicht! Vorzüglich hat mir die
Ausführung des zweiten Abschnitts ganz ungemein gefallen, wegen
der neuen Vorstellungsart und der meisterhaften Entwicklung der
Begriffe. Um ganz unverhohlen zu reden, hat er mir vielleicht
darum um desto mehr gefallen, weil er mir das (von Anfang an
mir unwahrscheinliche) Gerücht zu widerlegen scheint, als hätten
Sie sich sehr günstig über die mir immer ekelhafter werdende
französische Revolution erklärt, worin doch die eigentliche Freiheit
der Vernunft und die Moralität und alle weise Staatskunst
und Gesetzgebung auf das schändlichste mit den Füßen getreten
werden, — und welche selbst, wie ich aus Ihrer itzigen Abhandlung
lerne, das allgemeine Staatsrecht und den Begriff einer
bürgerlichen Verfassung auf das gröbste verletzet und aufhebt.
Freilich ist das Kopfabschneiden (vornehmlich, wenn man es
durch andere tun läßt) leichter, als die starkmütige Auseinandersetzung
der Vernunft- und Rechtsgründe gegen einen Despoten,
sei er ein Sultan oder ein despotischer Pöbel; bis itzt sehe ich
aber bei den Franzosen nur jene leichteren Operationen der blutigen
Hände, nicht der prüfenden Vernunft.

In Absicht Ihres ersten Abschnittes wünschte ich wohl, daß
Sie den Aufsatz von SCHILLER „Über Anmut und Würde" (in
der Thalia 1793, Stück 2; auch einzeln gedruckt) einmal ansehn
und gelegentlich auf dasjenige Rücksicht nehmen möchten, was
er recht speziös über Ihr Moralsystem sagt, daß nämlich darin
zu sehr die harte Stimme der Pflicht (eines zwar von der Vernunft
selbst vorgeschriebenen, aber gewissermaßen doch fremden
Gesetzes) ertöne und zu wenig auf die Neigung Rücksicht genommen
sei.

Mit Ihrem Auftrage und Herrn BRAHLS Briefe bin ich sogleich
zu dem Herrn Minister VON STRUENSEE gegangen. Er
wiederholt Ihnen sein Versprechen, daß er auf die tätigste und
beste Weise für Herrn BRAHLS Fortkommen sorgen wolle. Die
itzige Stelle desselben sei noch nicht ganz reguliert; er werde
mehr Emolumente dabei finden, als er itzt selbst glaube. Auch
sei es der Eintritt in eine bessere höhere Laufbahn, wo derselbe
immer weiter fortrücken werde, nur müsse er etwas Geduld
haben. Über seine Vorschläge äußerte sich der Minister dahin:
daß, wenn solche Veränderungen vorgingen, die Aufrückungen,
ob man sie gleich oft in den Provinzen genau berechnen wolle,
nicht so bestimmt wären, sondern er sich durchaus das Recht

vorbehalte, neue Einrichtungen, Versetzungen der Personen, Verteilungen der Stellen usw. zu treffen. Die von Herrn BRAHL genannten zwei Männer würden nicht in dem geglaubten Maße aufrücken. Er (der Minister) wolle immer gern Wünsche anhören, nur müsse man nicht übel nehmen, wenn er sie nicht jedesmal in der vorgelegten Art befriedige. — Übrigens trug er mir recht viele Grüße und herzliche Empfehlungen an Sie, teurester Mann, auf.

Leben Sie herzlich wohl und bleiben meiner gütigst eingedenk!

Biester.

Ihr Briefchen an Herrn LAGARDE ist sogleich besorgt worden. Darf ich bitten, die Einlage auf die Westpreußische Post zu senden?

339.

Von Johann Gottfried Carl Christian Kiesewetter.

Berlin, den 23. November 1793.

Hochzuehrender Herr Professor,

Ich habe mir die Freiheit genommen, Ihnen vor ungefähr 14 Tagen ein kleines Fäßchen mit Teltower Rüben zu überschicken, und ich würde Sie auch schon davon benachrichtigt haben, wenn ich nicht gewünscht hätte, Ihnen zugleich das erste Stück der philosophischen Bibliothek, die ich mit dem Herrn Prof. FISCHER gemeinschaftlich herausgebe, übersenden zu können; allein da der auswärtige Druck die Sache ins weite zieht, so habe ich mich schon entschließen müssen, Ihnen das Werkchen nachzuschicken, damit Sie nicht die Rüben erhalten, ohne davon benachrichtigt zu sein. Ich wünsche nichts mehr, als daß sie Ihren Beifall erhalten mögen; dafür habe ich gesorgt, daß sie wirklich aus Teltow sind.

Sie werden sich wundern, daß ich die philosophische Bibliothek auswärts drucken lasse, allein Herr HERMES haben es für gefährlich halten, einen Auszug aus HEIDENREICHS natürlicher Religion drucken zu lassen und in dem ersten Bogen eine solche Menge Korrekturen gemacht, daß ich mich zum auswärtigen Druck entschließen mußte. Seine Korrekturen sind Meisterstücke, und verdienten wohl, als ein Aktenstück der Berliner Zensur gedruckt zu werden, wenn ich nicht die Ruhe liebte. Er will Gott für kein Individuum gelten lassen, man soll durch Tugend sich nicht der Glückseligkeit würdig, sondern fähig machen, und was des Zeugs alles mehr ist. Ich erwarte nun, ob er das Buch verbieten wird; tut er dies, so bin ich entschlossen, gegen ihn zu klagen. Mich hat er hingegen noch glimpflich behandelt, Herr Professor GRILLO, ein Mann von 60 Jahren, wollte einen Auszug aus Ihrer Religion innerhalb der Grenzen der Vernunft drucken lassen, dem hat er wie einem Schulknaben Knittel am Rande des Manuskripts gemacht. Wäre GRILLO nur nicht zu friedliebend. —

Sie sehen, wir stehen unter harten Zuchtmeistern, und HERMES hat selbst zu meinem Verleger gesagt, er erwarte nur den Frieden, um mehrere Kabinettsordres, die er im Pulte habe, ans Tagslicht zu bringen. Jetzo besuchen diese Herren die Schulen und examinieren die Kinder, unter andern erzählt man ein Examen von WOLTERSDORF in der Schule des grauen Klosters, was wirklich merkwürdig ist. Ganz dasselbe herzusetzen, wäre Zeitverlust, aber nur die beiden ersten Fragen: W. Wie alt bist du, mein Sohn? K. 9 Jahr. W. Wo warst du denn vor 10 Jahren? —! Übrigens ist die Sache keine Erdichtung eines lustigen Kopfs, sondern strenge Wahrheit.

Das neue Gesetzbuch wird nunmehro eingeführt, aber mit 4 Abänderungen, wovon mir die eine entfallen ist. 1. wird aus der Vorrede die Anpreisung weggelassen, daß die Monarchie die beste Regierungsform sei, weil sich dies von selbst versteht; 2. der Artikel wegen der Ehe an der linken Hand ausgestrichen und 3. der Artikel über die Strafen der Geisterbeschwörer aufgehoben.

Wie es mit dem Kriege werden wird, weiß niemand. Gestern versicherte mich jemand, daß wir an Östreich eine Forderung von 45 Millionen machten, unter welcher Bedingung wir den Krieg allein fortsetzen wollten. Gewiß ist es wohl, daß wir zu Anfange des Kriegs den Östreichern viel Vorschüsse getan haben, weil bei ihnen nicht alles so ordentlich ist, als bei uns. Man erwartet hier einen außerordentlichen Gesandten von Östreich. Die Prinzen werden in 8 Tagen erwartet, so auch der König, der jetzt in Potsdam ist. LUCCHESINI, der Schwager von BISCHOFSWERDER, geht als Gesandter nach Wien. Jedermann wünscht sehnlich den Frieden.

Gern möchte ich Ihnen noch vieles schreiben, aber ich habe

vergessen, daß der Brief vor 5 Uhr auf der Post sein muß, und es ist gleich 5 Uhr. — Ich empfehle mich Ihrer fortdaurenden Freundschaft und bin mit der höchsten Achtung
Ihr
dankbarer Schüler
J G C. Kiesewetter.

340.

Von Salomon Maimon.

Durchdrungen von der Ihnen schuldigen Hochachtung und Ehrerbietung, die ich nie aus den Augen gelassen habe, und mir meiner unschicklichen Zudringlichkeit bewußt, konnte ich doch nicht umhin, mir diesmal die Freiheit zu nehmen, an Sie zu schreiben, und Ihnen beiliegendes Exemplar einer kleinen Schrift zur Beurteilung zu überschicken.[1])

Durch Sie, würdiger Mann! überzeugt, daß allen unsern Erkenntnissen eine Kritik des Erkenntnisvermögens vorhergehen muß, müßte es mich nicht wenig befremden, daß seit der Erscheinung dieser Kritik, und einiger Versuche, besondere Wissenschaften den Forderungen dieser Kritik gemäß zu bearbeiten, keine Logik den Forderungen einer solchen Kritik gemäß bearbeitet, zum Vorschein gekommen ist. Meiner Überzeugung nach kann sich selbst die Logik, als Wissenschaft, der Kritik nicht entziehen. Die allgemeine Logik muß zwar von der transszendentalen getrennt, aber mit Rücksicht auf diese bearbeitet werden.

Ich glaube in dieser kleinen Schrift die Notwendigkeit und Wichtigkeit einer solchen Behandlung der Logik genugsam gezeigt zu haben. Die Logik ist, meiner Überzeugung nach, nicht bloß einer Berichtigung, sondern auch einer Erweiterung und systematischen Ordnung fähig. Berichtigt wird die Logik dadurch, daß man die logischen Formen nicht (wie es vermutlich die ersten Logiker, selbst ARISTOTELES nicht ausgenommen, getan haben) von ihrem Gebrauche abstrahiert, wodurch ihnen etwas Fremdartiges noch immer anklebt, sondern vielmehr durch Reflexion über das Erkenntnisvermögen zu bestimmen und vollzählig zu machen sucht. Erweitert kann sie dadurch werden,

---

[1]) Streifereien im Gebiete der Philosophie, Berlin 1793.

daß man Methoden angibt, alle mögliche zusammengesetzten in die einfachen Formen aufzulösen. Die systematische Ordnung aber kann sie dadurch erhalten, daß man die sogenannten Operationen des Denkens und die logischen Formen nicht isoliert, sondern nach ihrer wechselseitigen Abhängigkeit von einander abhandelt. Dieses würde einen logischen Stammbaum abgeben, den man mit Recht Baum der Erkenntnis nennen könnte.

Ich bin jetzt damit beschäftigt, eine Logik dieser Idee gemäß auszuarbeiten;[1]) werde mich also glücklich schätzen, wenn ich Ihre Meinung, sowohl über den Plan als über die mögliche Ausführbarkeit desselben, erhalten und zum Richtschnur meiner Arbeit machen könnte. In Erwartung dessen verbleibe ich wie immer mit aller Hochachtung und innigsten Freundschaft

Ew Wohlgeborn

Berlin
2ten Dezember
1793

Ergebenster Diener
S. Maimon

341.

Von Theodor Gottlieb von Hippel.

Verehrungswürdigster Teurester Freund.
Ihre gütige Zuschrift ist von der Art, daß ich sie nicht beantworten kann. Ich habe mir zwar von jeher den Vorzug Ihrer gütigen freundschaftlichen Gesinnungen zugeeignet; auf den herzlichen Anteil indes, den Sie an meiner Krankheit nehmen, konnte ich ohne übertriebene Selbstliebe nicht rechnen. Empfangen Sie, teurester Lehrer und Freund, meinen vorläufigen Dank, den ich bald mündlich ergänzen werde. Wie sehr ich mich nach Ihrem lehrreichen Umgang sehne, der mir, das wissen Sie selbst, mehr gilt als alles, was Königsberg hat, darf ich Ihnen nicht sagen, da Sie überzeugt sind, wie innigst ich Sie verehre. Schon ist es mir erfreulich, Ihr nachbarliches Haus aus meinem Arbeitszimmer zu sehen, und mein erster Blick war täglich dahin gerichtet. So soll es auch immerwährend bleiben, solange ich sehen kann und solange ich durch diese Nachbarschaft beglückt werde.

---

[1]) Maimon, Versuch einer neuen Logik oder allgemeine Theorie des Denkens etc., Berlin 1794.

Mein Augenübel verleugnet nicht die Natur der Krankheiten, die gemeinhin geschwinde kommen und langsam gehen, obgleich meine Augen, wie Sie sich erinnern werden, schon seit geraumer Zeit mir ihren Dienst erschweren. Die Wohnung, die ich in Danzig den ganzen Sommer hindurch hatte, meine vielen Arbeiten und die hiesige Schärfe der Luft, die wegen der Nachbarschaft der See auffallend ist, hat diesen Zufall ohne allen Zweifel beschleuniget, der mir auf immer die Lehre zurücklassen wird, mich mehr zu schonen. Herr Kriminalrat JENSCH kann Ihnen die Art der hiesigen Geschäfte am zuverlässigsten anzeigen.

Man hat der Stadt Danzig bei der Okkupation außerordentlich viel versprochen, und es ist billig, daß man soviel erfüllt, als sich nur mit den Einrichtungen der preußischen Staatsverfassung verträgt.[1]) Die Stadt wird also nicht wie Königsberg, sondern nach eigener Melodie eingerichtet. Auch ohne diese Gnadenversicherungen hätte man auf die vorzüglichen Rechte Rücksicht nehmen müssen, welche Danzig nach förmlichen Verträgen mit Engeland, Dänemark und andern Staaten genießt, und die man dieser Stadt, der preußischen Okkupation ohnerachtet, zu erhalten suchen mußte. Die Einrichtung von Thorn ist auch von hier aus besorgt worden, und außer diesen Geschäften fallen täglich kurrente Sachen vor, die oft sehr wichtig sind, indem die alte Danziger Verfassungen mit der unsrigen in einzelnen Fällen nicht ohne Schwierigkeiten zu vereinbaren sind. Wenn man den alten Magistrat und die ganze alte Einrichtung so lange unverletzt gelassen hätte, bis die Stadtcollegia auf preußischen Fuß wären organisiert worden, so würden diese letzten Arbeiten nicht stattfinden, die jetzo durch den gleich bei der Okkupation eingesetzten Interimistischen Magistrat notwendig werden. Es wird also jetzt Danzig halb nach ihrer vorigen, halb nach unserer Verfassung regiert. Alle diese Umstände indes bleiben unter uns.

Jetzt ist alles dem Ziel nahe, indem bereits sehr viel von Hofe aus genehmiget ist, doch wird der Verbindung halber alles auf einmal organisiert werden müssen. Wem die Verhältnisse der hiesigen Arbeiten nicht genau bekannt sind, hat die gerechteste Ursache von der Welt, über meinen hiesigen verlängerten Aufenthalt sich zu wundern. Verzeihen Sie, teurester Freund, diese Ab-

---

[1]) Danzig war bei der zweiten Teilung Polens (1793) an Preußen gekommen.

schweifung, die Herr Kriminalrat JENSCH, wenn Sie sie so viel wert halten, noch näher ins Licht setzen kann. Soviel bleibt gewiß, daß Danzig den Herrn Oberpräsidenten als einen Wohltäter verehren kann, und daß die Organisation für diese Stadt bei weitem nicht so vorteilhaft ausgefallen sein würde, wenn derselbe nicht das Zutrauen des Königes zum Besten Danzigs benutzt hätte.

Ehe ich schließe, muß ich noch bemerken, wie wohltätig Ihre mir unvergeßliche Zuschrift vom 2. Dezember gewesen, ich verdanke ihrem Inhalt die vorzüglichste Nacht, die ich noch in meiner Krankheit gehabt habe. Die Religion innerhalb der Grenzen der bloßen Vernunft habe ich mir in meiner Krankheit vorlesen lassen, und tausendmal gewünscht, daß man jetzt in Frankreich dieses Buch lesen möchte, welches hier in Danzig den Namen: Kants Religion führt. Der unsterbliche Name: Immanuel Kant darf wahrlich kein Bedenken tragen, dieser Schrift vorgesetzt zu sein, die sehr viel Gutes stiften kann und wird. Jetzt hab ich nur noch die Bitte, daß des großen Segens ohnerachtet, den Ihre Bücher stiften, Sie nicht vergessen mögen, sich zu schonen. Diese Bitte darf ein Sohn seinem Vater tun, wenngleich er überzeugt ist, daß der Anspruch, den die Welt auf seinen Vater hat, dem seinigen vorgeht.

Herr D. JACHMANN, an den ich heute wegen meiner Augen schreibe, wird Ihnen von ihrer Beschaffenheit Nachricht erteilen. Sie wissen, wieviel ich auch selbst in diesem Fach Ihrer Einsicht traue.

Eigenhändig nenn ich mich mit der treusten Verehrung und der treusten Freundschaft den

Ihrigen

Danzig d. 5. Dezbr. 1793.

Hippel.

342.
An Johann Gottfried Carl Christian Kiesewetter.

Hochzuehrender Herr Professor.

Ihr freundschaftlicher Brief ist mir als ein solcher, und zugleich durch das beigefügte Geschenk (welches richtig erhalten habe) auf doppelte Art angenehm gewesen, und ich wünsche Gelegenheit zu haben, beides erwidern zu können.

Zu Ihrer philos. Bibliothek guten Aufnahme im Publikum habe ich mehr Vertrauen, als zu der des bestallten Vormundes desselben, welcher als biblischer Theolog die Schranken seiner Vollmacht gerne überschreitet und sie auch über bloß philosophische Schriften ausdehnt, die doch dem philosophischen Zensor zukommt, der, was das Übelste bei der Sache ist, nicht, wie er sollte, sich dieser Anmaßung widersetzt, sondern sich darüber mit ihm einversteht, über welche Koalition es doch einmal zur Sprache kommen muß; zu geschweigen, daß ein Buch zensurieren und ein Exerzitium korrigieren zwei ganz verschiedene Geschäfte sind, die ganz unterschiedene Befugnisse voraussetzen. Indessen, da Lärm blasen, wo lauter Ruhe und Friede ist, jetzt zum Ton der Zeit gehört, so muß man sich gedulden, dem Gesetz genaue Folge leisten und die Mißbräuche der literärischen Polizeiverwaltung zu rügen auf ruhigere Zeiten aussetzen.

Ich muß mir die Bestellung inliegender Briefe von Ihrer Güte erbitten, weil ich nicht weiß, durch wessen Besorgung es ebensogut geschehen würde. Alle Aufträge Ihrerseits werde, soviel in meinem Vermögen ist, gleichmäßig auszurichten bereit sein, wobei ich jederzeit bin

Ihr

Königsberg
d. 13. Dez.
1793.

ergebenster Freund und Diener

I. Kant.

343.

Von Fräulein Maria von Herbert.

Klagenfurt, im Anfang des Jahres 1794.
Hochgeehrter und innigstgeliebter Mann!

Haben Sie mir's nicht vor ungut, und gönnen Sie mir das Vergnügen, mit Ihrem gewöhnlichen Wohlwollen, Ihnen wieder einmal schreiben zu können, denn ich empfinde dabei den höchsten Genuß der tiefsten Achtung und Liebe gegen Ihre die Menschheit erhöhende Person, und daß diese für uns beglückende Gefühle sind, darf ich Ihnen nicht erst beweisen, indem Sie so glücklich waren, uns das reinste und heiligste Gefühl aufzufinden, und es auch allzeit vor Religionsverunstaltungen zu retten. Ich kann nicht umhin, Ihnen insbesondere für „die Religion innerhalb der Gränzen der Vernunft" im Namen aller jener aufs wärmste zu danken, die sich von denen so vielfach verstrickten Fesseln der Finsternis losgerissen haben. Entziehen Sie uns nicht Ihrer weisen Leitung, solang Sie finden, daß es uns noch an etwas mangeln kann, denn nicht unser Begehren nach Befriedigung, sondern nur Ihre Übersicht kann urtheilen, was uns noch ferner nöthig ist. Ich fühlte mich bei der Kritik der reinen Vernunft schon ganz berichtiget, und doch fand ich bei Ihren folgenden Schriften, daß keine überflüssig waren; gern wollt' ich dem Lauf der Natur Stillstand gebieten, um nur versichert zu sein, daß Sie vollenden können, was Sie für uns angefangen, und gern wollt' ich meine künftigen Lebenstage an die Ihrigen hängen, um Sie beim Ausgang der französischen Revolution noch in dieser Welt zu wissen.

Ich hatte das Vergnügen, ERHARD selbst zu sehen, welcher mir sagte, daß Sie sich nach mir erkundigten, aus dem schloß ich, daß Sie meinen Brief, bei Anfang des Jahrs 1793 erhalten haben, denn ich habe keine Antwort bekommen, weil Sie's vermuthlich besser verstanden, als ich, daß mir durch Ihre Werke der Weg schon gebahnt ist, selbst darauf zu stoßen. Da ich voraussetze, daß Sie der Gang jedes Menschen interessirt, der Ihrer Leitung so viel zu danken hat, als ich, so will ich versuchen, Ihnen die ferneren Fortschritte meiner Stimmung und Gesinnung mitzutheilen. Lange hatte ich mich gequält, und vieles nicht vereint, denn ich mischte Gottes Anordnung in das Zufällige des Schicksals, und begnügte mich nicht lediglich mit dem Gefühl von Dasein; da sehen Sie nun gleich, wie es mir ging, weil ich zu viel erwischte, ich betrachtete die widrigen Zufälle des Lebens von ihm an mich gesandt, und sträubte mich dagegen als gegen eine Ungerechtigkeit, weil mich mein Bewußtsein der Schuld frei sprach, oder ich dachte es nicht von ihm geordnet, und das Gefühl für ihn war zugleich auf diesem Weg verloren. Endlich die Antinomien, welche die Hauptursache meiner dauerhaften Genesung sind, hätten mich ebenso leicht zu einer unwiderruflichen Handlung verleiten können, so lange zog ich damit herum, denn darüber abzuschließen war ich nicht imstande, bis dann ganz auf einer andern Seite in mir ein moralisches Gefühl erwachte, was

fest neben den Antinomien stehenblieb, und ich fühlte von der Zeit an, daß ich überwunden und meine Seele gesund sei. Es hat mir indessen an langwierigen Widerwärtigkeiten des Lebens nicht gemangelt, die meine dermalige Stimmung genugsam prüften, daß sie endlich nach schwerer Arbeit einer unerschütterlichen Ruh' genießt. Auch verstand ich in der Folge, mir den Wunsch des Todes zu erklären, was mir dazumal eine widernatürliche Verfolgung meiner selbst schien, und mich es grad nach meiner Zernichtung lüstete, auch das Vergnügen der Freundschaft, für welche mein Herz doch allzeit deutlich geschlagen, schützte mich nicht davor; ich betrachtete auch das als einen unverdienten Zustand, mit welchem ich kein anderes Wesen behaftet wissen wollte, denn in Betracht, daß ich endlich wäre, war mir nie kein Vergnügen, welches es auch geben mag, dafür Ersatz, ohne Zweck zu leben; nun aber ist mein Wunsch geblieben, und meine Anschauung hat sich geändert; ich denke, daß jedem reinen Menschen der Tod, in einer egoistischen Beziehung auf sich selbst, das Angenehmste ist, nur in Rücksicht der Moralität und Freunde kann er, mit der größten Lust zu sterben, das Leben wünschen, und es in allen Fällen zu erhalten suchen. Ich wollte Ihnen noch gern vieles sagen, wenn ich mir nicht ein Gewissen daraus machete, Ihre Zeit zu rauben; mein Plan ist noch immer, Sie einst in Begleitung meines Freundes (von dem ich jetzt leider vielleicht mehr als ein Jahr abwesend sein werde, und schon lange bin) zu besuchen, indessen kann ich Ihr Andenken nie anders als mit dem wärmsten Gefühl des Danks, der Liebe und Achtung weihen, der Himmel beschütze Sie vor allem Ungemach, auf daß Sie lang leben auf Erden! Ihre mit ganzem und vollem Herzen
ergebene Maria Herbert.

344.

Von Johann Erich Biester.

Sie konnten wohl nur vermuten, mein verehrungswürdiger Freund, daß ich Ihre trefflichen Beiträge nicht mehr zu erhalten wünschte, wenn ich durch einen Umstand veranlaßt würde, die Berl. Monatsschrift ganz aufzugeben. Sollte dies aber je der Fall sein, so würde ich, meiner Schuldigkeit gemäß, eilen, die gütigen

Freunde, welche mich unterstützen, davon zu benachrichtigen; und gewiß vor allen Dingen Sie. Bei der letzten Absendung drängten mich verschiedene Geschäfte; und da in dem Quartale vom Oktob.—Dezember kein Aufsatz von Ihnen gedruckt war, so hielt ich es mir für erlaubt, diesmal bloß die Stücke ohne einen Brief von mir einzupacken. Recht herzlich bitte ich Sie aber um Verzeihung, wenn ich Ihnen dadurch auch nur eine Stunde Verlegenheit oder unangenehme Empfindung verursacht habe. Daß dies meine Absicht nicht gewesen ist, noch hat sein können, werden Sie mir gewiß glauben, und mir also nichts von Ihrer gütigen Freundschaft entziehen.

Ihr letzter sachreicher Aufsatz im September beschäftigt noch immer manche Köpfe und Federn. Ich selbst habe es gewagt, in einer kleinen Nummer, welche ich gegen Herrn ZIMMERMANN in Braunschweig schrieb (Novemb. Nr. 6), mich darauf zu beziehen, und einigermaßen bei dieser Gelegenheit, soviel es sich dabei tun ließ, das auszudrücken, was ich über den Aufsatz und über den Verfasser denke. — Die Abhandlung des Herrn Kriegsrat GENZ im Dez. werden Sie itzt gelesen haben. Aufrichtig gesagt, scheint er mir und mehrern Beurteilern, die ich bis itzt darüber gehört habe, nicht tief eingedrungen zu sein, keine erhebliche Bemerkung oder Anwendung gemacht zu haben. Ich kann dies um so freier hier sagen, da ich es ihm selbst, als er mir das Manuskript schickte, z. B. über seine Einwendung gegen Ihren so gerechten Tadel der väterlichen Regierung im Gegensatz der vaterländischen, geschrieben habe. Er hat indes nicht für gut gefunden, diese Stelle zu ändern, obgleich er es bei mehrern, welche ich ihm anzeigte, getan hat. Ein Hauptzusatz zu Ihrer Abhandlung wäre die Bemerkung von GENZ über die Konstitution, welche uns nämlich von dem freilich nicht rechtmäßigen, aber doch auch nicht mit Gewalt zu hindernden Druck der Tyrannei retten soll; — ich sage, es wäre ein Hauptzusatz, wenn er nur mehr als das Wort Konstitution enthielte, und aus Prinzipien des Rechts *a priori* zeigte (oder zeigen könnte), wie eine solche Konstitution zu machen ist, wer sie eigentlich machen soll u. darf, mit welchen rechtlichen Mitteln man sie aufrecht erhalten kann u. s. w. GENZ ist gewiß ein guter Kopf; nur dieser Aufsatz ist zu flüchtig geschrieben, u. nicht mit dem Nachdenken, welches der große Gegenstand verdient und erfordert.

Im Februarstück dies. Jahrs, welches hoffentlich bald erscheint, werden Sie einen Aufsatz von Herrn REHBERG in Hannover finden, über Ihren Aufsatz im September.[1]) Er weicht in manchem ganz von Ihnen ab; der Aufsatz scheint mir aber gut u. gedacht geschrieben. Was ich wünschte, und gewiß mehrere Leser mit mir, wäre: daß Ihnen dies eine Veranlassung würde, sich über manches noch ausführlicher zu erklären. — Um diesen Brief etwas interessanter zu machen, als wenn ich bloß selbst rede, lege ich ein Schreiben des Herrn GARVE an mich bei, welcher im Grunde denselben Wunsch oder Gedanken äußert.

Die spätere Erscheinung der Stücke kömmt davon her, daß der Verleger Herr SPENER, der hiesigen Zensur wegen, die Monatsschrift an einem auswärtigen Ort (ehmals Jena, itzt Dessau) muß drucken lassen, und den blauen Umschlag an einem andern Ort (Halle) drucken läßt, damit er eine Art von Kontrolle über den ersten Drucker zu führen imstande ist, welcher sonst, wenn er Monatsschrift u. Umschlag beides druckte, soviel Exemplare als er Lust hätte, setzen könnte über die von dem Verleger ihm vorgeschriebene Anzahl. Der Jänner ist itzt da, bald auch der Februar; ich hoffe, es künftig möglich zu machen, daß die Stücke etwas früher erscheinen.

Sie sehen also, mein Teurester, daß ich die Monatsschrift noch fortsetze; Sie sehen, woran Sie auch wohl nie können gezweifelt haben, daß ich (und alle Leser mit mir) Ihre Beiträge auf das höchste schätze. Nehmen Sie also meine Bitte um die Fortsetzung derselben mit Ihrer gewohnten Güte und Bereitwilligkeit zur Erfüllung auf; und nehmen Sie zugleich meinen herzlichsten Dank dafür an, daß Sie mir bald nach Ostern einen Beitrag zu senden versprechen. Ich freue mich begierig darauf, und werde ihn, wie sich versteht, sogleich zum Druck befördern. Fahren Sie, bitte ich, dann von Zeit zu Zeit mit Ihren Beiträgen fort. Außer daß Sie ein gutes Werk daran tun, mich zu unterstützen, bedenken Sie auch: daß ein solcher in vieler Leser Hände kommender Aufsatz oft mehr Wirkung tut, als ein eigenes besonders gedrucktes Buch.

---

[1]) Vgl. Genz, „Nachtrag zu dem Raisonnement des Herrn Prof. Kant über das Verhältnis zwischen Theorie und Praxis" (Berl. Monatsschrift, Dezember 1793); die Abhandlung von Rehberg behandelt das gleiche Thema.

Besonders aber, bitte ich, lassen Sie nie einiges Mißtrauen oder beunruhigende Vermutung über mich bei sich stattfinden; sondern erkennen mich immer dafür, was ich wahrhaft u. aufrichtig bin,

Ihr
herzlicher Verehrer und
treuer Freund und Diener
Biester.

Berlin,
4 März 1794.

345.

An Carl Leonhard Reinhold.

Verehrungswürdiger Herr
   Teurester Freund!
Mit dem herzlichen Wunsche, daß Ihre Entschließung, den Platz der Verbreitung Ihrer gründlichen Einsichten zu verändern, Ihnen selbst ebenso ersprießlich und für alle Ihre Wünsche so befriedigend sein möge, als sie gewiß denen sein wird, zu welchen Sie übergehen, verbinde ich noch denjenigen, auch mit mir nicht unzufrieden zu sein, obzwar ich dazu, dem Anschein nach, Ursache gegeben habe; wegen Nichterfüllung meines Versprechens, die Aufforderung betreffend, Ihre vortreffliche mir angezeigte Briefe, vornehmlich die Prinzipien des Naturrechtes angehend (als mit denen ich im wesentlichen mit Ihnen übereinstimme) durchzugehen und Ihnen mein Urteil darüber zu eröffnen. Daß dieses nun nicht geschehen ist, daran ist nichts geringeres schuld als mein Unvermögen! — Das Alter hat in mir, seit etwas mehr als drei Jahren, nicht etwa eine sonderliche Veränderung im Mechanischen meiner Gesundheit, noch auch eine große (doch merkliche) Abstufung der Gemütskräfte, den Gang meines Nachdenkens, den ich einmal nach einem gefaßten Plane eingeschlagen, fortzusetzen, sondern vornehmlich eine mir nicht wohl erklärliche Schwierigkeit bewirkt, mich in die Verkettung der Gedanken eines Anderen hineinzudenken und so dessen System bei beiden Enden gefaßt reiflich beurteilen zu können (denn mit allgemeinem Beifall oder Tadel ist doch niemanden gedient). Dies ist auch die Ursache, weswegen ich wohl allenfalls Abhandlungen aus meinem eigenen Fonds herausspinnen kann: was aber z. B. ein

MAIMON mit seiner Nachbesserung der kritischen Philosophie (dergleichen die Juden gerne versuchen, um sich auf fremde Kosten ein Ansehen von Wichtigkeit zu geben) eigentlich wolle, nie recht habe fassen können und dessen Zurechtweisung ich anderen überlassen muß. — Daß aber auch an diesem Mangel körperliche Ursachen schuld seien, schließe ich daraus: daß er sich von einer Zeit her datiert vor etwas mehr als drei Jahren, da ein wochenlang anhaltender Schnuppen eine schleimichte Materie verriet, die, nachdem jener aufgehört hat, sich nun auf die zum Haupt führende Gefäße geworfen zu haben scheint, dessen stärkere Absonderung, durch dasselbe Organ, wenn ein glückliches Niesen vorhergeht, mich sogleich aufklärt, bald darauf aber durch seine Anhäufung wiederum Umnebelung eintreten läßt. Sonst bin ich für einen 70jährigen ziemlich gesund. — Dies Bekenntnis, welches, einem Arzt getan, ohne Nutzen sein würde, weil er wider die Folgen des Alters nicht helfen kann, wird mir hoffentlich in Ihrem Urteile über meine wahrhaftig freundschaftlich-ergebene Gesinnung den gewünschten Dienst tun.

Und nun noch etwas von unseren Freunden. — Was ist aus unserem gemeinschaftlichen Freunde, D. ERHARD aus Nürnberg, geworden? Denn ohne Zweifel wird Ihnen nicht allein sein Abenteuer, sondern, woran mir vornehmlich gelegen ist, es zu erfahren, vermutlich auch der Ausgang desselben bekannt geworden sein. — In der Mitte des Februars erhielt ich einen Brief dd. Würzburg d. 31 Januar. 94 von einem (mir sonst unbekannten) Herrn BAUR, des dortigen Stifts Vikar, welcher der Hauptsache nach folgendes enthielt: Daß ein gewisser sich WILLIAMS nennender Engländer im Oktobr. 93 sich in Nürnberg bei Herrn ERHARD eingefunden und von diesem, samt seiner Frau und Schwester (beides schönen Weibern) in sein Haus, unter dem Vorwande, das Englische von ihnen zu profitieren, aufgenommen worden: daß D. E. soviel Zutrauen auf jenes seine vorgezeigte Dokumente bewiesen, ihm auf einen Wechsel nach London 2500 Fl. zu geben: daß WILLIAMS mit Bewilligung der ganzen Familie dem D. E. eine Regiments-Oberchirurgusstelle zu 6000 Fl. in amerikanischen Diensten (vorgeblich) verschaffte, und dieser im April 94 Europa zu verlassen und nach Philadelphia reisen zu wollen an Herrn BAUR d. 22. Dez. 93 schrieb: daß W. eine Reise auf kurze Zeit vorschützte und den E. bewog, mitzureisen, da sie dann zusammen nach München abgingen: daß 14 Tag nachher der Betrug sich durch einen Brief des W. an seinen Bruder in Wien und in welchem er sich Anton Simmon unterschrieben hatte, welcher Brief, da letzterer in W—n nicht anzutreffen war, offen nach Nbg. zurücklief, entdeckte: daß der ausgestellte Wechsel als falsch zurückkam: daß endlich, obgleich ihm die nachgeschickte Steckbriefe auf die Spur gekommen, er doch nicht hat eingeholt werden können und nun seine jetzt schwangere, dem zweiten Kinde entgegensehende Frau und ihre Familie diesen schrecklichen Vorfall beweinen und, da E. in einem Briefe aus Salzburg d. 20. geäußert habe, mich besuchen zu wollen, ich aufgefordert werde, sobald ich etwas von seinem Aufenthalt erfahre, es zu berichten. Herr BAUR glaubt: daß dieser „Philosoph" durch Verliebung so grob betört und zu so unerhörter Untreue verleitet worden.[1])

Wenn Ihnen, teuerster Freund, etwas von dem Ausgang dieser Geschichte bekannt wird, so erbitte mir davon, wie auch von den litterärischen Merkwürdigkeiten Ihres jetzigen Aufenthalts gütige Nachricht, imgleichen versichert zu sein, daß niemand mit mehr Hoch- und Wertschätzung Ihnen ergeben sein kann, als
Ihr
Königsberg   treuer Freund und Diener
d. 28. Mart. 1794   I Kant

346.

An Johann Erich Biester.

Hier haben Sie, würdigster Freund, etwas für Ihre M. S., was, wie SWIFTS Tonne, dazu dienen kann, dem beständigen Lärm über einerlei Sache eine augenblickliche Diversion zu machen.[2]) Herrn REHBERGS Abhandlung ist mir nur gestern zu Handen gekommen, bei deren Durchlesung ich fand: daß, für den unendlichen Abstand des Rationalism vom Empirism der Rechtsbegriffe, die Beantwortung seiner Einwürfe zu weitläuftig, bei seinem Prinzip des auf Macht gegründeten Rechts der obersten Gesetzgebung zu gefährlich, und, bei seiner schon ent-

---

[1]) Näheres hierüber in Erhards Autobiographie S. 36 f.
[2]) Den Aufsatz über den Einfluß des Mondes auf die Witterung (erschienen Berliner Monatsschr., Mai 1794).

schiedenen Wahl der zu nehmenden Partei (wie S. 122) vergeblich sein würde; daß aber ein Mann von 70 Jahren sich mit beschwerlichen, gefährlichen und vergeblichen Arbeiten abgebe, kann ihm billigermaßen nicht zugemutet werden. — Herr REHBERG will den eigentlichen Juristen (der in der Wage der Gerechtigkeit der Schale der Vernunftgründe noch das Schwert zulegt) mit dem Rechtsphilosophen vereinigen, wo es dann nicht fehlen kann, daß jene so gepriesene, der Theorie zur Zulänglichkeit (dem Vorgeben nach, aber eigentlich um jener ihre Stelle zu vertreten) so notwendige, Praxis nicht in Praktiken ausschlage. In der Tat enthält auch eine solche Schrift das Verbot schon in sich, dawider etwas zu sagen. — Das letztere wird vermutlich in kurzem seine volle Kraft erhalten; seitdem die Herren HERMES und HILLMER im Oberschulcollegio ihre Plätze eingenommen, mithin auf die Universitäten, wie und was daselbst gelehrt werden soll, Einfluß bekommen haben.

Die Abhandlung, die ich Ihnen zunächst zuschicken werde, wird zum Titel haben „Das Ende aller Dinge", welche teils kläglich, teils lustig zu lesen sein wird.

Ich bin mit unveränderter Gesinnung

Ihr
Königsberg, den 10. April 1794.   ergebenster Freund und Diener
I Kant

347.

Von Georg Samuel Albert Mellin.

Wohlgeborner Herr,
    Höchstzuverehrender Herr Professor,
Mit einer gewissen, leicht zu erklärenden, Ängstlichkeit bin ich so frei, Ew. Wohlgebor. ein Exemplar der Marginalien und des Registers zur Kritik der reinen Vernunft zu überreichen.[1]) Sie werden die reinste Absicht, die ich bei der Ausarbeitung derselben immer vor Augen gehabt und in der Vorrede angegeben habe, nicht verkennen. Mein Enthusiasmus für die kritische Philosophie

---

[1]) Georg Sam. A. Mellin (1755—1825), Marginalien und Register zu Kants Kritik der Erkenntnisvermögen, 1. Teil, Züllichau 1794.

und das unselige Bemühen so vieler, die Quelle derselben zu trüben, wovon sich einer sogar erdreistete, sich auf dem Titel seiner Schrift Ihres gütigen Beistandes zu rühmen, bewogen mich vorzüglich zu der Herausgabe dieses Hilfsmittels, die Übersicht der Kritik zu erleichtern. Möchte ich wenigstens dadurch Ew. Wohlgebor. nicht mißfallen. Habe ich hier und dort gefehlt, so tröste ich mich damit, wenigstens die Idee der Wissenschaft nicht so verkannt zu haben, wie der Stifter einer gewissen Schule, der durch seine Bemühungen, etwas Neues zu sagen, die kritische Philosophie, zu meinem Leidwesen, so vielen Einwürfen aussetzt, die doch nicht ihr, sondern dem Dolmetscher derselben zur Last fallen.

Möchte doch die Vorsehung es gut finden, Ihnen, verehrungswürdigster Herr Professor, Gesundheit und Kräfte zu verleihen, zur Herausgabe Ihrer Schriften, die Ihre Verehrer so begierig erwarten. Da ich mir mit der Hoffnung schmeichele, mit einer Antwort von Ew. Wohlgebor. beehrt zu werden, so bin ich so frei, Sie um einiges zu befragen. Allen Verehrern der Kritik, die ich noch gesprochen habe und mir selbst, liegt die Beantwortung der Frage auf dem Herzen; wie deduziert man die Vollständigkeit der Tafel der Urteile, auf der die Vollständigkeit der Tafel der Kategorien beruhet? — — ich habe nie Ihre Schrift über die Figuren der Syllogismen bekommen können, und doch möchte ich gern wissen, wie Sie LAMBERTS Vorstellung von der Realität der drei übrigen Figuren, im Organon, entkräften und die Unrichtigkeit derselben beweisen, da Sie in einer Anmerkung zur Kritik sich dagegen erklären. — — In der Religion innerhalb den Grenzen ist eine Anmerkung über die Unbrauchbarkeit der Auferstehung Jesu zu Vernunftbegriffen, weil sie die Vernunft auf eine einzige Erklärungsart der Art unserer Fortdauer nach dem Tode einschränkt. Aber ist nicht die Auferstehung Jesu bloß ein Symbol der sinnlichen Fortdauer, die uns in unserm gegenwärtigen Zustande nur unter dem Bilde einer materiellen Fortdauer vorgestellt werden kann?

Eine kleine Gesellschaft, die ich hier bloß zum Studium der kritischen Philosophie gestiftet habe, und aus dem Prediger SILBERSCHLAG, Sohn des ehemaligen Oberkons.-Rats, dem Prediger FRITZE, dem Rektor NEIDE, einem Lehrer an Klosterfrau Namens ROLLE, Sohn des berühmten Musikdirektors, und einem jetzt in Halle als Hofmeister lebenden ROLOFF besteht, versichern Ew.

Wohlgebornen nebst mir, ihre innigste Verehrung. Diese Gesellschaft haben wir vor 2½ Jahren gestiftet. Sie hat den Nutzen bewirkt, daß das Studium der kritischen Philosophie sich hier sehr ausbreitet. Möchten wir nur bald eine Transszendentalphilosophie, eine Metaphysik der Sitten, Anthropologie und Moral von Ihnen bekommen. Mit Sehnsucht ergreifen wir immer den Meßkatalog.

Ich rechne es zu dem größten Glück meines Lebens, und mit mir gewiß schon in Deutschland eine große Anzahl denkender Menschen, Ew. Wohlgebor. Zeitgenosse zu sein und von Ihnen zu lernen. Vergeblich würde ich Worte suchen, die vollkommenste und größte Hochachtung auszudrücken, mit der ich, solange ich denken kann und das Bewußtsein habe, wem ich meine Erkenntnis verdanke, stets sein werde

Ew. Wohlgeborn.

Magdeburg
den 12. April 1794.

aufrichtigster und
innigster Verehrer
Mellin

348.

An Johann Erich Biester.

Ich eile, hochgeschätzter Freund! Ihnen die versprochene Abhandlung zu überschicken, ehe noch das Ende Ihrer und meiner Schriftstellerei eintritt.[1]) Sollte es mittlerweile schon eingetreten sein, so bitte ich solche an Herrn Professor und Diakonus EHRHARD SCHMIDT in Jena für sein philosophisches Journal zu schicken. — Ich danke für die mir erteilte Nachricht, und überzeugt, jederzeit gewissenhaft und gesetzmäßig gehandelt zu haben, sehe ich dem Ende dieser sonderbaren Veranstaltungen ruhig entgegen. Wenn neue Gesetze das gebieten, was meinen Grundsätzen nicht entgegen ist, so werde ich sie ebenso pünktlich befolgen; eben das wird geschehen, wenn sie bloß verbieten sollten, seine Grundsätze ganz, wie ich bisher getan habe (und welches mir keinesweges leid tut), bekannt werden zu lassen. — Das Leben ist kurz, vornehmlich das, was nach schon verlebten

---

[1]) „Das Ende aller Dinge", erschienen Berl. Monatsschr., Juni 1794.

70 Jahren übrig bleibt; um das sorgenfrei zu Ende zu bringen, wird sich doch wohl ein Winkel der Erde ausfinden lassen. — Wenn Sie etwas, das kein Geheimnis ist, aber uns hiesiges Ort doch nur spät oder unzuverlässig bekannt wird, mir, wenn es mich interessieren könnte, mitteilen wollen, wird es mir angenehm sein.

Ich beharre indes zu sein

der Ihrige
I Kant

Königsberg
d. 18. Mai
1794

P. S. Ich habe an einer Stelle dieser Abhandl. den Setzer angewiesen, wie er eine durch des Amanuensis Ungeschicklichkeit in den Text geratene Note zurechtsetzen soll, — und bitte ihn darauf aufmerksam zu machen.

349.

Von Friedrich Schiller.

Jena. Den 13. Jun. 94.

Aufgefodert von einer, Sie unbegrenzt hochschätzenden, Gesellschaft, lege ich Ew. Wohlgeboren beiliegenden Plan einer neuen Zeitschrift und unsre gemeinschaftliche Bitte vor, dieses Unternehmen durch einen, wenn auch noch so kleinen, Anteil befördern zu helfen. Wir würden nicht so unbescheiden sein, diese Bitte an Sie zu tun, wenn uns nicht die Beiträge, womit Sie den Deutschen Merkur und die Berliner Monatschrift beschenkt haben, zu erkennen gäben, daß Sie diesen Weg, Ihre Ideen zu verbreiten, nicht ganz verschmähn. Das hier angekündigte Journal wird aller Wahrscheinlichkeit nach von einem ganz andern Publikum gelesen werden, als dasjenige ist, welches sich vom Geist Ihrer Schriften nähret, und gewiß hat der Verfasser der Kritik auch diesem Publikum manches zu sagen, was nur Er mit diesem Erfolge sagen kann. Möchte es Ihnen gefallen, in einer freien Stunde sich unsrer zu erinnern, und dieser neuen literarischen Sozietät, durch welchen sparsamen Anteil es auch sei, das Siegel Ihrer Billigung aufzudrücken.

Ich kann diese Gelegenheit nicht vorbeigehen lassen, ohne Ihnen, verehrungswürdigster Mann, für die Aufmerksamkeit zu danken, deren Sie meine kleine Abhandlung gewürdigt, und für die Nachsicht, mit der Sie mich über meine Zweifel zurechtgewiesen haben.¹) Bloß die Lebhaftigkeit meines Verlangens, die Resultate der von Ihnen gegründeten Sittenlehre einem Teile des Publikums annehmlich zu machen, der bis jetzt noch davor zu fliehen scheint, und der eifrige Wunsch, einen nicht unwürdigen Teil der Menschheit mit der Strenge Ihres Systems auszusöhnen, konnte mir auf einen Augenblick das Ansehen Ihres Gegners geben, wozu ich in der Tat sehr wenig Geschicklichkeit und noch weniger Neigung habe. Daß Sie die Gesinnung, mit der ich schrieb, nicht mißkannten, habe ich mit unendlicher Freude aus Ihrer Anmerkung ersehen, und dies ist hinreichend, mich über die Mißdeutung zu trösten, denen ich mich bei andern dadurch ausgesetzt habe.

Nehmen Sie, vortrefflicher Lehrer, schließlich noch die Versicherung meines lebhaftesten Danks für das wohltätige Licht an, das Sie in meinem Geist angezündet haben; eines Danks, der wie das Geschenk, auf das er sich gründet, ohne Grenzen und unvergänglich ist.

Ihr
aufrichtiger Verehrer
Fr. Schiller.

350.

Von Jakob Sigismund Beck.

Hochachtungswürdiger Lehrer,

Die Versäumung meines Druckers macht es, daß der zweite Band von meinem Auszuge erst zur Michälismesse fertig werden wird. Die Anfangsgründe zur Metaphysik der Natur habe ich mir sehr deutlich aufgewickelt. Mein letzter Brief an Sie konnte Ihnen vielleicht eine schlimme Vermutung in Ansehung meiner Bearbeitung beigebracht haben. Denn da ich mir das, warum ich Sie fragte, selbst nicht deutlich dachte, so kam es, daß ich auch

---

¹) S. Kants Bemerkung über Schillers „Anmut und Würde" im ersten Stück seiner „Religion".

ganz unverständlich fragen mußte. Im ganzen Ernst, ich habe mich in Ihre Entwickelung sehr genau hineinstudiert, und ich meine, daß Sie so urteilen werden, wenn Sie mein Buch ansehen werden.

Schätzungswürdiger Mann, ich bin auf die Idee zu einer Schrift gestoßen, die ich Ihnen hier ganz kurz vorlegen und dabei bitten will, Ihre wahre Meinung deshalb meinem Verleger zu sagen.

Sie führen Ihren Leser in Ihrer Kritik der reinen Vernunft, allmählich, zu dem höchsten Punkt der Transszendentalphilosophie, nämlich zu der synthetischen Einheit. Sie leiten nämlich seine Aufmerksamkeit zuerst auf das Bewußtsein eines Gegebenen, machen ihn nun auf Begriffe, wodurch etwas gedacht wird, aufmerksam, stellen die Kategorien anfänglich auch als Begriffe, in der gewöhnlichen Bedeutung vor, und bringen zuletzt Ihren Leser zu der Einsicht, daß diese Kategorie eigentlich die Handlung des Verstandes ist, dadurch er sich ursprünglich den Begriff von einem Objekt macht, und das: ich denke ein Objekt erzeugt. Diese Erzeugung der synthetischen Einheit des Bewußtseins habe ich mich gewöhnt, die ursprüngliche Beilegung zu nennen. Sie ist die Handlung, unter andern, die der Geometer postuliert, wenn er seine Geometrie von dem Satze anfängt: sich den Raum vorzustellen, und welcher er mit keiner einzigen diskursiven Vorstellung gleichkommen würde. So wie ich die Sache ansehe, so ist auch das Postulat: durch ursprüngliche Beilegung sich ein Objekt vorstellen, das höchste Prinzip der gesamten Philosophie, auf welchem die allgemeine r. Logik und die ganze Transsz: Philosophie beruht. Ich bin daher fest überzeugt, daß diese synthetische Einheit derjenige Standpunkt ist, aus welchem, wenn man sich einmal seiner bemächtigt hat, man nicht allein in Ansehung dessen, was wohl ein analytisches und synthetisches Urteil ist, sondern was wohl überhaupt a priori und a posteriori heißen mag, was das sagen wolle, wenn die Kritik die Möglichkeit der geometrischen Axiome darin setzt, daß die Anschauung, die man ihnen unterlegt, rein sei, was das wohl ist, was uns affiziert, ob das Ding an sich, oder ob damit nur eine transsz: Idee gemeint sei, oder ob es nicht das Objekt der empirischen Anschauung selbst, die Erscheinung sei, und ob wohl die Kritik im Zirkel gehe, wenn sie die Möglichkeit der Erfahrung zum Prinzip der synthetischen Urteile a priori mache, und doch das Prinzip der Kausalität in den Begriff dieser Möglichkeit verstecke, ich sage, daß man von alle diesem, ja von dem diskursiven Begriff: Möglichkeit der Erfahrung selbst, allererst dann, vollendete Erkundigung erhalten kann, wenn man sich dieses Standpunkts vollkommen bemeistert hat, und daß, solange man diese Möglichkeit der Erfahrung nur noch immer selbst bloß diskursiv denkt, und nicht die ursprünglich beilegende Handlung, eben in einer solchen Beilegung selbst verfolgt, man so viel wie nichts einsieht, sondern wohl eine Unbegreiflichkeit in die Stelle einer andern schiebt. Ihre Kritik aber führt, wie ich sage, nur nach und nach, ihren Leser auf diesen Standpunkt, und da konnte nach dieser Methode, sie gleich anfänglich, als in der Einleitung, die Sache nicht vollkommen aufhellen, und die Schwierigkeiten, die dabei sich aufdecken, sollten den nachdenkenden Mann zum beharrlichen Ausdauern locken. Weil aber die wenigsten Leser sich jenes höchsten Standpunkts zu bemächtigen wissen, so werfen sie die Schwierigkeit auf den Vortrag, und bedenken nicht, daß sie der Sache anklebe, die sich gewiß verlieren würde, wenn sie einmal in Stande wären, die Forderung zu überdenken, die synthetische Einheit des Bewußtseins hervorzubringen. Ein Beweis aber, daß die Freunde der Kritik doch auch nicht recht wissen, woran sie sind, ist schon das, daß sie nicht recht wissen, wohin sie den Gegenstand setzen sollen, welcher die Empfindung hervorbringt.

Ich habe mir daher vorgenommen, diese Sache, wahrlich doch die Hauptsache der ganzen Kritik, recht zu betreiben, und arbeite an einem Aufsatz, worin ich die Methode der Kritik umwende. Ich fange von dem Postulat der ursprünglichen Beilegung an, stelle diese Handlung in den Kategorien dar, suche meinen Leser in die Handlung selbst zu versetzen, in welcher sich diese Beilegung an dem Stoffe der Zeitvorstellung ursprünglich offenbart — Wenn ich nun so glaube, meinen Leser gänzlich auf die Stelle gesetzt zu haben, auf der ich ihn haben will, so führe ich ihn zur Beurteilung der Kritik d. r. V. in ihrer Einleitung, Ästhetik und Analytik. Sodann will ich ihn die vorzüglichsten Einwürfe beurteilen lassen, insbesondere die des Verfassers des Aenesidemus.

Was urteilen Sie wohl davon? Ihr Alter drückt Sie, und ich will Sie gar nicht bitten, mir hierauf zu antworten, obwohl ich gestehen muß, daß Ihre Briefe mir die kostbarsten Geschenke sind. Aber darum bitte ich Sie, daß Sie die Freundschaft für mich haben wollen, Ihre wahre Meinung darüber meinem Verleger zu sagen. Denn er wird sich darnach bestimmen. Es versteht sich aber wohl von selbst, daß ich nichts anderes wollen kann, als daß Sie ihm gerade heraussagen, was Sie von diesem Projekt halten, ob eine solche Schrift, von mir bearbeitet, für das Publikum nützlich ausfallen dürfte.

Auch sein Sie so gütig, mich zu entschuldigen, wenn ich etwas zu behauptend Ihnen scheinen möchte. Ich muß diesen Brief auf der Post dem HARTKNOCH nachschicken, und die Post will abgehen, daher ich etwas flüchtig schreiben mußte. Behalten Sie Ihre Gewogenheit für

Halle
d. 17. Juni 1794.

Ihren
Sie verehrenden
Beck.

351.

Von Johann Gottlieb Fichte.

Verehrungswürdigster Mann,   [Jena, Juni 1794.]

Es ist vielleicht Anmaßung von mir, wenn ich durch meine Bitte dem Antrage des Herrn SCHILLER, der vorigen Posttag an Sie ergangen, ein Gewicht hinzufügen zu können glaube. Aber die Lebhaftigkeit meines Wunsches, daß derjenige Mann, der die letzte Hälfte dieses Jahrhunderts für den Fortgang des menschlichen Geistes für alle künftigen Zeitalter unvergeßlich gemacht hat, durch seinen Beitritt ein Unternehmen autorisieren möchte, das darauf ausgeht, seinen Geist über mehrere Fächer des menschlichen Wissens und über mehrere Personen zu verbreiten; vielleicht auch die Aussicht, daß ich selbst mit Ihnen in einem Plane vereinigt würde, läßt mich nicht lange untersuchen, was der Anstand mir wohl erlauben möge. — Sie haben von Zeit zu Zeit in die Berliner Monatsschrift Aufsätze gegeben. Für die Verbreitung dieser ist es völlig gleichgültig, wo sie stehen; jede periodische Schrift wird um ihrer willen gesucht: aber für unser Institut wäre es vor Welt und Nachwelt die höchste Empfehlung, wenn wir Ihren Namen an unsrer Spitze nennen dürften.

Ich habe Ihnen durch Herrn HARTUNG meine Einladungsschrift überschickt; und es würde höchst unterrichtend für mich sein, wenn ich — jedoch ohne Ihre Unbequemlichkeit — Ihr Urteil darüber erfahren könnte. — Ich werde von nun an durch den mündlichen Vortrag mein System für die öffentliche Bekanntmachung reifen lassen.

Ich sehe mit Sehnsucht Ihrer Metaphysik der Sitten entgegen. Ich habe besonders in Ihrer Kritik der Urteilskraft eine Harmonie mit meinen besondern Überzeugungen über den praktischen Teil der Philosophie entdeckt, die mich begierig macht, zu wissen, ob ich durchgängig so glücklich bin, mich dem ersten Denker anzunähern.

Ich bin mit innigster Verehrung Ihnen ergeben.

Fichte.

352.

Von Joachim Heinrich Campe.

Verehrungswürdiger Mann,

Zum Erstaunen aller denkenden und gutgesinnten Menschen verbreitet sich hier das Gerücht, daß es der blinden Glaubenswut gelungen sei, Sie in den Fall zu setzen, entweder die Wahrheiten, die Sie ans Licht gezogen und verbreitet haben, für Unwahrheiten zu erklären, oder Ihr Amt, das Sie so sehr verherrlichet haben, niederzulegen. Ich will zwar zur Ehre des ablaufenden Jahrhunderts noch hoffen und wünschen, daß dieses empörende Gerücht eine Erdichtung sei; sollte es sich aber dennoch wirklich so verhalten, sollte der Lehrer des Menschengeschlechts den Königsbergischen Lehrstuhl wirklich nicht mehr betreten dürfen, und sollte für Sie, edler Mann, auch nur die geringste Verlegenheit — sei's in Ansehung Ihrer körperlichen oder geistigen Bedürfnisse — daraus entstehen: so erlauben Sie mir eine Bitte, durch deren Erfüllung Sie mich sehr glücklich machen würden. Sehen Sie in diesem Falle sich als den Besitzer alles dessen an, was ich mein nennen darf; machen Sie mir und den Meinigen die Freude, zu uns zu kommen und in meinem ziemlich geräumigen Hause, welches von dem Augenblicke an das Ihrige sein wird, die Stelle eines Oberhaupts meiner kleinen Familie einzunehmen; genießen Sie hier aller der Ruhe, Bequemlichkeit und Unabhängigkeit, welche dem Abend Ihres so sehr verdienstlichen Lebens gebühren; und sein Sie versichert, daß Sie den Meinigen und mir jeden Lebensgenuß dadurch ausnehmend erhöhen und versüßen werden. Ich bin zwar nicht reich, aber da ich weniger Bedürfnisse als andere habe, deren Einkünfte und bürgerliche Verhältnisse den meinigen gleich sind: so bleibt mir, nach Abzug dessen, was ich zum Unterhalt meiner kleinen Familie bedarf, immer noch mehr übrig, als zur Verpflegung eines Weisen nötig ist.

Außer der allgemeinen Verpflichtung, die jeder denkende Mensch jetzt fühlen muß, Ihnen, wofern Sie sich auch nur in der mindesten Verlegenheit befinden sollten, die Hand zu reichen, habe ich für meine Person noch die besondere, daß Sie einst unter ähnlichen Umständen eine ähnliche Sorge für mich äußerten. Denn noch stehen die gütigen Anerbietungen, die Sie mir machten, da ich Dessau verließ, mit frischen Buchstaben in meinem Gedächtnis angeschrieben, und werden, so lange ich denken kann, darin nie verlöschen.[1])

Aber wirklich ist es nicht Dankbarkeit, sondern reine Eigennützigkeit, was mich angetrieben hat, Ihnen meine obige Bitte vorzutragen: denn ich fühle es gar zu stark, wie sehr Sie durch Erfüllung derselben mein Glück erhöhen würden.

Ich wiederhole also diese Bitte auf die dringendste Weise, selbst auf die Gefahr hin, daß sie zudringlich scheinen kann. Aber wenn sie dies auch selbst in Ihren Augen scheinen sollte: so werden Sie doch — dies bin ich von Ihrer Güte versichert — der Quelle meiner Zudringlichkeit Gerechtigkeit widerfahren lassen. Diese ist die herzlichste Teilnahme und die lauterste Verehrung, die ein Sterblicher für den andern empfinden kann.

Braunschweig d. 27: Jun. 94.
Campe
Schulrat.

353.

An Johann Erich Biester.

Der Ihnen, teuerster Mann! Gegenwärtiges zu überreichen die Ehre hat, Herr Kriminal- und Stadtrat, imgleichen Oberbillietier der Stadt Königsberg, JENSCH, mein vieljähriger, wohldenkender, aufgeweckter und im literärischen Fache wohlbewanderter, zuverlässiger Freund, würde gewiß bei Ihrem Hiersein (als mit Ihren Freunden v. HIPPEL und SCHEFFNER[2]) innigst verbunden), auch

---

[1]) S. Kants Brief an Campe vom 31. Okt. 1777 (Bd. IX, S. 163 ff.).
[2]) Joh. Georg Scheffner (1736—1820) in Königsberg, später Kriegs- und Steuerrat in Gumbinnen, über ihn vgl. seine Autobiographie, Leipzig 1816.

mit Ihnen Bekanntschaft gemacht haben, wäre er nicht damals an einem Schaden am Fuße krank gewesen. Ich wünsche sehr: daß Sie ihn, als neuen Freund, in Ihre Zuneigung und Vertraulichkeit aufnehmen und ihn, so weit es Ihre Geschäfte zulassen, mit den Merkwürdigkeiten von Berlin, vornehmlich einigen Personen, deren Bekanntschaft ihn interessieren könnte, bekannt machen möchten; so weit dieses ohne Ihre Beschwerde und Aufwand geschehen kann.

Von unseren gemeinschaftlichen literärischen Angelegenheiten habe ich für jetzt nichts anzumerken, als daß meine, in der Berl. Zeitung angezeigte Abhandlung vom Mondseinflusse (Monat Mai) bis jetzt in Königsberg noch nicht angelangt ist. — Die über das Ende aller Dinge erwarte ich also nicht vor Ende des Julius bei uns anlangen zu sehen.

Was es auch mit dem Tichten und Trachten der Menschen immer für eine Bewandtnis haben mag, das, wenn es der Natur der Dinge widerstreitet, ein Ende haben muß, so kann das doch der Freundschaft nicht widerfahren, mit der ich bin

der Ihrige

Königsberg,   I. Kant.
d. 29. Juni
1794.

354.

An Jakob Sigismund Beck.

Wertester Freund

Auf die Mitteilung Ihrer Idee, von einem vorhabenden Werk, über die „ursprüngliche Beilegung" (der Beziehung einer Vorstellung, als Bestimmung des Subjekts, auf ein von ihr unterschiedenes Objekt, dadurch sie ein Erkenntnisstück wird, nicht bloß Gefühl ist) habe ich, außer daß mir alle Ihre Zuschriften jederzeit angenehm sind, jetzt nichts zu erwidern, als folgende kleine Bemerkungen:

1. Ob Sie das Wort Beilegung auch wohl im Lateinischen ganz verständlich ausdrücken könnten? Ferner, kann man eigentlich nicht sagen: daß eine Vorstellung einem anderen Dinge zukomme, sondern daß ihr, wenn sie Erkenntnisstück werden soll, nur eine Beziehung auf etwas anderem (als das Subjekt ist, dem

sie inhäriert) zukomme, wodurch sie anderen kommunikabel wird; denn sonst würde sie bloß zum Gefühl (der Lust oder Unlust) gehören, welches an sich nicht mitteilbar ist. Wir können aber nur das verstehen und anderen mitteilen, was wir selbst **machen** können, vorausgesetzt, daß die Art, wie wir etwas anschauen, um dies oder jenes in eine Vorstellung zu bringen, bei allen als einerlei angenommen werden kann. Jenes ist nun allein die Vorstellung eines Zusammengesetzten. Denn:

2. Die Zusammensetzung können wir nicht als gegeben wahrnehmen, sondern wir müssen sie selbst machen: wir müssen **zusammensetzen, wenn wir uns etwas als zusammengesetzt** vorstellen sollen (selbst den Raum und die Zeit). In Ansehung dieser Zusammensetzung nun können wir uns einander mitteilen. Die Auffassung (*apprehensio*) des Mannigfaltigen Gegebenen und die Aufnehmung in die Einheit des Bewußtseins desselben (*apperceptio*) ist nun mit der Vorstellung eines Zusammengesetzten (d. i. nur durch Zusammensetzung Möglichen) einerlei, wenn die Synthesis meiner Vorstellung in der Auffassung, und die Analysis derselben, sofern sie Begriff ist, eine und dieselbe Vorstellung geben (einander wechselseitig hervorbringen), welche Übereinstimmung, da sie weder in der Vorstellung allein, noch im Bewußtsein allein liegt, dennoch aber für jedermann gültig (*communicabel*) ist, auf etwas für jedermann Gültiges, von den Subjekten Unterschiedenes, d. i. auf ein Objekt bezogen wird.

Ich bemerke, indem ich dieses hinschreibe, daß ich mich nicht einmal selbst hinreichend verstehe, und werde Ihnen Glück wünschen, wenn Sie diese einfache dünne Fäden unseres Erkenntnisvermögens in genugsam hellen Lichte darstellen können. Für mich sind so überfeine Spaltungen der Fäden nicht mehr; selbst Hrn. Prof. REINHOLDS seine kann ich mir nicht hinreichend klar machen. Einen Mathematiker wie Sie, werter Freund, darf ich wohl nicht erinnern, über die Grenze der Klarheit, sowohl im gewöhnlichsten Ausdrucke, als auch der Belegung durch leichte faßliche Beispiele, nicht hinauszugehen. — Herren HARTKNOCH wird Ihre vorhabende Schrift sehr lieb sein.

Behalten Sie mich lieb als
      Ihren aufrichtigen Freund und Diener
Königsberg   I Kant
d. 1. Juli.
1794

355.

An Joachim Heinrich Campe.

Würdigster, vortrefflicher Mann!

Das menschenfreundliche, aus liebevollem Herzen entsprungene, zugleich auch mit der äußersten Schonung auch der zartesten Bedenklichkeit, in Annehmung der Wohltaten begleitete Anerbieten, welches Sie mir in Ihrem, mir unvergeßlichen Briefe vom 27. Juni zu tun beliebt haben, hat mich in die größte Rührung versetzt, und verdient meine innigste Dankbarkeit, obgleich der Fall nicht existiert, davon Gebrauch zu machen.

Der Kommandant unserer Stadt (soll wohl eigentlich der Gouverneur Herr Generalleutnant v. BRÜNNECK sein) hat keine Aufforderung zum Widerruf meiner Meinungen an mich getan; folglich ist auch kein Entsetzungsurteil von meiner Stelle, auf höchsten Befehl, an mich ergangen. Ein falsches Gerücht, als ob ich mit diesem Herrn, der mir immer alle Merkmale seiner Gewogenheit bewiesen hat, wegen der Bestellung eines neuen Hauslehrers für seine Kinder, zerfallen wäre, kann hierzu Anlaß gegeben haben.

Was die Zumutung des Widerrufs, im Fall, daß die vorgebliche Bedrohung stattgefunden hätte, betrifft: so haben Sie ganz richtig geurteilt, wie ich mich dabei würde benommen haben. Außerdem halte ich in meiner jetzigen Lage und, da mir keine Verletzung der Gesetze schuld gegeben werden kann, eine solche Zumutung oder Androhung kaum für möglich. Auf den äußersten Fall aber bin ich von Mitteln der Selbsthilfe nicht so entblößt, daß ich Mangels wegen für die kurze Zeit des Lebens, die ich noch vor mir habe, in Sorgen stehen, und irgend jemanden zur Last fallen sollte; so gern er diese auch aus edler Teilnehmung zu übernehmen gesinnt sein möchte.

Und nun, teuerster Freund, wünsche ich Ihnen ein Glück des Lebens, dessen Ihre ruhm- und liebenswürdige Denkungsart so sehr würdig ist; empfehle mich Ihrem ferneren Wohlwollen, und bin mit der größten Hochachtung

Königsberg, d. 16. Jul. 1794.

der Ihrige
Kant.

356.

Von Jakob Sigismund Beck.

Halle, den 16. September 1794.
Verehrungswürdiger Lehrer,

Hierbei erhalten Sie ein Exemplar vom zweiten Bande meines Auszugs aus Ihren kritischen Schriften, welches Sie von mir anzunehmen so gütig sein wollen. Daß ich Ihnen für diese ganze mir übertragene und jetzt vollendete Arbeit sehr verbunden bin, das will ich Ihnen nicht weiter sagen. Ich hätte gewünscht, daß die Reife der Einsicht in diese philosophische Angelegenheiten, und gewissermaßen die Gewandtheit, die ich allererst in dieser Arbeit in einigem Grade erlangt habe, mir schon vor derselben beschert gewesen wäre; so würde ich derselben mehr Vollkommenheit gegeben und sie dem etwas viel versprechenden Titel eines erläuternden Auszuges entsprechender gemacht haben. Während dieses ganzen Geschäftes habe ich meinen Blick auf das eigentliche Transszendentale unserer Erkenntnis immer wieder zurückgewandt und diesen Punkt so scharf zu fassen gesucht, als ich nur immer konnte. Hierdurch bin ich inne geworden, daß die Möglichkeit der Erfahrung, sofern dieselbe den wahren transszendentalen Standpunkt selbst ausmacht, ganz was anderes ist, als diejenige bloß abgeleitete, diskursive Vorstellung der Möglichkeit der Erfahrung, die ein bloßes und großenteils unverständliches Hypothesenspiel ist, das zu tausend Fragen Anlaß gibt. Mit Ihrer Kritik, fürtrefflicher Mann, ist es fast so bewandt, wie mit der Astronomie, insbesondere der physischen. Man wird so oft darin hin- und hergeworfen, daß man lange Zeit nicht weiß, woran man ist. Allererst wenn man den eigentlichen Standpunkt der Transszendentalphilosophie erreicht hat, und so den Geist Ihrer synthetischen objektiven Einheit des Bewußtseins in seine Denkart gleichsam übertragen, und sich in die Handlungsweise der ursprünglichen Beilegung (der Synthesis nach den Kategorien) und der ursprünglichen Anerkennung (des transszendentalen Schematismus) gewissermaßen versetzt hat, ist man imstande, die Kritik von ihrem Anfange bis zu ihrem Ausgange zu fassen und sie zu übersehen, und sonach ist man wahrhaftig erst imstande, so simpel es auch sehr vielen scheinen mag, zu wissen was ein Erkenntnis a priori und a posteriori heiße. In dem Briefe, den Ihnen

HARTKNOCH wird überbracht haben, schrieb ich Ihnen, daß ich an einer Schrift arbeite, in der ich diesen transszendentalen Standpunkt etwas hervorheben will. Da habe ich nun folgende Gegeneinanderstellung im Kopfe. Ich will zeigen, wie nicht allein alle Mißverständnisse der Kritik, sondern auch alle Verirrungen der Vernunft, überhaupt ihre Quelle darin haben, daß man eine Verbindung zwischen der Vorstellung und ihrem Gegenstande annimmt, die selbst Nichts ist, und nachdem ich nun diese vermeintliche Erkenntnis der Dinge an sich in ihrer ganzen Leerheit werde dargestellt, und ganz besonders, obzwar mit aller Bescheidenheit werde gezeigt haben, daß die meisten Ausleger der Kritik, ob sie gleich dieselbe unterschreiben, sich dieses Vorurteils noch gar nicht entschlagen haben, und indem sie so an der bloß abgeleiteten Vorstellungsart hängen, der Frage des Skeptikers: was verbindet meine Vorstellung von einem Gegenstande, mit diesem Gegenstande? nimmermehr ausweichen, so werde ich in der Auseinandersetzung der ursprünglichen Vorstellungsart im Gegensatze zeigen, worin denn die Verbindung liege, und folglich was die ganze Behauptung der Kritik: Wir erkennen die Dinge bloß als Erscheinungen, sage, zeigen.

Ich habe sehr viel auf dem Herzen, was ich Ihnen von meinen nunmehr etwas fester gewordenen Einsichten in Ihre unsterbliche Kritik gern sagen möchte. Aber meine Briefe mögen Ihnen vielleicht lästig sein und ich schließe daher mit der einzigen Bitte, daß Sie mich in freundschaftlichem Andenken behalten wollen.

Beck.

357.

Von Johann Gottlieb Fichte.

Darf ich Ihre Muße,
        verehrungswürdigster Mann,
durch die Bitte unterbrechen, beigeschloßnen kleinen Teil des ersten Versuchs den in meiner Schrift: Über den Begriff der Wissenschaftslehre usw. angedeuteten Plan auszuführen, wenn Ihre Geschäfte irgend es erlauben, durchzulesen, und mir Ihr Urteil darüber zu sagen.[1]

---

[1] Fichtes Grundlage der gesamten Wissenschaftslehre, Jena und Leipzig, 1794.

Abgerechnet, daß der Wink des Meisters dem Nachfolger unendlich wichtig sein muß, und daß Ihr Urteil meine Schritte leiten, berichtigen, beschleunigen wird, wäre es vielleicht auch nicht unwichtig für den Fortgang der Wissenschaft selbst, wenn man dasselbe wüßte. Bei dem Tone, der im philosophischen Publikum herrschend zu werden droht; bei dem anmaßenden Absprechen derer, die in Posseß zu sein sich dünken; bei ihrem ewigen Machtspruche vom Nichtverstanden haben und Nichtverstanden haben können, und gegenseitigen Nieverstehen werden, wird es immer schwerer, sich auch nur Gehör zu verschaffen; geschweige denn Prüfung und belehrende Beurteilung.

Von innigster Verehrung gegen Ihren Geist durchdrungen, den ich zu ahnden glaube; des Glücks teilhaftig, Ihren persönlichen Charakter in der Nähe bewundert zu haben; wie glücklich wäre ich, wenn meine neuesten Arbeiten von Ihnen eines günstigern Blicks gewürdigt würden, als man bisher darauf geworfen! Herr SCHILLER, der Sie seiner Verehrung versichert, erwartet sehnsuchtsvoll Ihren Entschluß in Absicht des geschehenen Ansuchens in einer Sache, die ihn ungemein interessiert; und uns andere nicht weniger. Dürfen wir hoffen? Ich empfehle mich Ihrem gütigen Wohlwollen.

Ihr
innigst ergebener
Fichte.

Jena,
den 6. Oktober 1794.

Ich lege ein Exemplar von fünf mir abgedrungenen Vorlesungen bei.[1]) Sie scheinen mir selbst, wenigstens für das Publikum, höchst unbedeutend.

---

[1]) Einige Vorlesungen über die Bestimmung des Gelehrten, Jena und Leipzig, 1794.

358.

An F. Th. de la Garde.

Ew: Hochedelgeb.

den 8. Nov. an mich abgelassenes, den 22. ejusd. eingegangenes Schreiben, zusamt einem Teile des Anacharsis und einem des Montaigne, nebst dem beigefügten Geschenk der Philosophie Sociale, deren Äußerung mir viel Vergnügen gemacht hat, verdienen meinen herzlichen Dank. Auch weiß ich nicht, daß Sie wegen des Äquivalents für die Freiexemplare bei mir noch im Rest sein sollten, vornehmlich wenn künftig der sechste Teil des Montaigne noch dazu kommt; daher die Beilegung Ihres Verlagskatalogs (den ich aber im Paket nicht vorgefunden habe) in dieser Absicht nicht nötig war. Aber darin tun Sie mir unrecht, daß Sie die Saumseligkeit meiner Korrespondenz einer Unzufriedenheit meinerseits zuzuschreiben scheinen; wozu ich in der Tat gar keine Ursache habe.

Daß ich bei einigen meiner neueren Verlagsartikel mich nicht an Sie gewandt habe, davon ist nichts anders Ursache, als weil ich, bei meiner eingezogenen Lebensart, täglich einen hinreichenden Vorrat neuen Meßguts, gleichsam als Nahrung, statt alles übrigen Genusses, des Abends nötig habe und hiezu der Willfährigkeit eines oder des anderen der hiesigen Buchhändler bedarf, die mir, wenn ich ihnen nicht auch etwas zum Verlag gebe, verweigert wird, als wovon ich schon die Erfahrung habe. — Indessen hoffte ich doch dieses Verkehr teilen und so mit Ihnen auch Geschäfte machen zu können und gebe diese Hoffnung, unerachtet zweier Hindernisse auch jetzt nicht auf: deren eine ist, daß in meinem ziemlich hohen Alter meine schriftstellerische Arbeit nur langsam und mit vielen durch Indisposition verursachten Unterbrechungen fortrückt, so, daß ich für die Vollendung derselben keinen Termin (wenigstens jetzt nicht) sicher bestimmen kann: die andere, daß, da mein Thema eigentlich Metaphysik in der weitesten Bedeutung ist und, als solche, Theologie, Moral (mit ihr also Religion) imgleichen Naturrecht (und mit ihm Staats- und Völkerrecht), obzwar nur nach dem, was bloß die Vernunft von ihnen zu sagen hat, befaßt, auf welcher aber jetzt die Hand der Zensur schwer liegt, man nicht sicher ist, ob nicht die ganze Arbeit, die man in einem dieser Fächer übernehmen

möchte, durch einen Strich des Zensors vereitelt werden dürfte.
— Wenn nur der Friede, welcher nahe zu sein scheint, eingetreten sein wird, so werden hoffentlich noch bestimmtere Verordnungen die Schranken, in denen sich der Autor zu halten hat, genauer vorzeichnen: so, daß er in dem, was ihm noch frei gelassen wird, sich für gesichert halten kann. — Bis dahin, werter Freund, werden Sie sich also gedulden: indessen daß ich meine Arbeiten in guter Erwartung fortsetze.

Eines bitte ich doch mir zu Gefallen zu tun: nämlich Herren Dr. BIESTER zu fragen, was die Ursache sei, daß ich, außer dem ersten Quartal der Berl: M. S. (nämlich dem Jan:, Febr. u. Mart.), bis jetzt noch kein Stück von ihm erhalten habe; nicht einmal die zwei, in welchen ich Abhandlungen geliefert habe, von denen es Sitte ist, dem Autor ein Exemplar zuzuschicken. Lieber wäre es mir wohl, wenn es ihm gefiele, mir schriftlich hierüber einen Aufschluß zu geben; doch, wenn das nicht sein kann, bin ich auch mit einer mündlichen Antwort zufrieden. — Von Ihrer Seite erbitte mir alsdann die Gefälligkeit, diese Antwort, auf welche ich mit einiger Ungeduld warte, mit der nächsten Post auf meine Kosten gütigst mir zukommen zu lassen.

Übrigens bin jederzeit mit vollkommener Hochachtung und Freundschaft

Ew. Hochedelgeb.

Königsberg, ganz ergebener Diener
den 24. Nov. 1794.

I. Kant.

359.

An Carl Friedrich Stäudlin.

Hochehrwürdigster Herr,   4. Dez. 1794.
teurester Freund!

Für Ihr mir gütigst zugeschicktes, jetzt vollendetes, eben so nützliches als mühsames und scharfsinniges Werk, Geschichte des Skepticismus, als einem Zeichen Ihrer mir so werten Zuneigung gegen mich, danke ich mit gleicher Empfindung.[1]) Eben das

---

[1]) Stäudlin, Geschichte und Geist des Skepticismus, vorzüglich in Rücksicht auf Moral und Religion, Bd. 1, Leipzig 1794.

tue ich für Ihren mir sehr angenehmen und gleichwohl so lange unbeantwortet gelassenen Brief, welche Unterlassung Sie nicht einer Achtlosigkeit, sondern dem Vertrauen zuschreiben wollen, welches ich in die Nachsicht gegen mein, zwar noch nicht krankes, aber doch mit Ungemächlichkeit behaftetes Alter setze, das mir bei der Mannigfaltigkeit dringender und doch nur langsam fortgehenden Beschäftigungen, manchen Aufschub abnötigt, wofür ich von meinen gütigen Freunden Vergebung hoffe. — In Ansehung dieses Briefes und des mir darin geschehenen Antrages muß ich mich Ihnen noch eröffnen.

Dieser Antrag, in einem, von Ihnen herauszugebenden theologischen Journal, auch Stücke von mir aufzunehmen, wobei ich auf die uneingeschränkteste Preßfreiheit rechnen könne, ist mir nicht allein rühmlich, sondern kam mir auch erwünscht, weil, ob ich gleich diese Freiheit in ihrem ganzen Umfange nicht einmal zu benutzen Sinnes war, doch das Ansehen einer unter dem orthodoxen GEORG III., mit dem eben so rechtgläubigen FRIEDRICH WILHELM II., als befreundeten desselben, stehenden Universität, mir, meiner Meinung nach, zum Schilde dienen könnte, die Verunglimpfungen der Hyperorthodoxen (welche mit Gefahr verbunden sind) unseres Orts zurückzuhalten. —

— Ich habe daher eine in dieser Idee abgefaßte Abhandlung unter dem Titel: „Der Streit der Fakultäten" schon seit einiger Zeit fertig bei mir liegen, in der Absicht, sie Ihnen zuzuschicken. Sie scheint mir interessant zu sein, weil sie nicht allein das Recht des Gelehrtenstandes, alle Sachen der Landesreligion vor das Urteil der theologischen Fakultät zu ziehen, sondern auch das Interesse des Landesherrn, dieses zu verstatten, überdem aber auch eine Oppositionsbank der philosophischen gegen die erstere einzuräumen ins Licht stellt,[1]) und nur nach dem Resultat der Idee, der durch beide Fakultäten instruierten Geistlichen, als Geschäftsmänner der Kirche, sofern sie ein Oberkonsistorium ausmachen, die Sanktionierung einer Glaubenslehre zu einer öffentlichen Religion dem Landesherren zur Pflicht- sowohl als Klugheitsregel macht, indessen daß er andere fromme Gesellschaften, die nur der Sittlichkeit nicht Abbruch tun, als Sekten tolerieren kann. — Ob nun gleich diese Abhandlung eigentlich bloß publizistisch und

---

[1]) S. hierzu Streit der Fakultäten I, Abschn. 4: „Vom gesetzmäßigen Streit der obern Fakultäten mit der unteren."

nicht theologisch ist (*de jure principis circa religionem et ecclesiam*), so habe ich doch nötig gefunden, um diejenige Glaubenslehre, die ihrer inneren Beschaffenheit wegen nie Landesreligion, sondern nur Sekte abgeben und von der Landesherrschaft nicht sanktioniert werden kann, deutlich zu bezeichnen, Beispiele anzuführen, die vielleicht die einzige sind, welche die Unfähigkeit einer Sekte Landesreligion zu werden, ihrer Ursache sowohl als Beschaffenheit nach begreiflich machen. Hiebei muß ich doch fürchten, daß — nicht bloß um dieser, sondern auch anderer Anführungen von Beispielen willen — die jetzt unseres Ortes in grosser Macht stehende Zensur Verschiedenes davon auf sich deuten und verschreien möchte und habe daher beschlossen, diese Abhandlung in der Hoffnung, daß ein naher Frieden vielleicht auch auf dieser Seite mehr Freiheit unschuldiger Urteile herbeiführen dürfte, noch zurückzuhalten; nach diesen aber sie Ihnen, allenfalls auch nur zur Beurteilung, ob sie wirklich als theologisch oder als bloß statistisch anzusehen sei, mitzuteilen.

Noch bitte ich inständigst: Ihrem vortrefflichen Herrn Hofrat LICHTENBERG, der, durch seinen hellen Kopf, seine rechtschaffene Denkungsart und unübertreffbare Laune vielleicht besser dem Übel eines trübseligen Zwangsglaubens entgegenwirken kann, als andere mit ihren Demonstrationen — meinen größten Dank für sein gütiges und unverdientes Geschenk „der Sammlung und Beschreibung HOGARTSCHER Kupferstiche" zu sagen, indem ich zugleich den Kostenaufwand der Fortsetzung derselben verbitte. — An Herrn D. PLANK[1]) bitte gelegentlich meine Empfehlung zu machen, wobei ich das Vergnügen nicht bergen kann, daß, da die vorhin bei uns so geschätzte Denkfreiheit entflohen ist, sie doch, bei so wackeren Männern, als Ihre Universität enthält, hat Schutz finden können.

Mit der vollkommensten Hochachtung und wahrer Zuneigung bin ich jederzeit

Ew. Hochehrwürd.
ganz ergebenster treuer Diener
I. Kant.

---

[1]) Gottl. Jac. Planck (1751—1833), Professor der Theologie in Göttingen.

360.

Von Johann Erich Biester.

Berlin, 17. Dezemb. 1794.

Eben als ich das letzte Quartal der Berl. Monatsschrift für Sie, verehrungswürdiger Mann, einsiegeln will, sagt mir Herr LAGARDE ganz unerwartet, daß Sie außer den drei ersten Monaten dieses Jahrs, kein Stück erhalten hätten. Dies ist mir unbegreiflich; ich habe Ihnen auch sicherlich die drei vom zweiten Quartal zugesandt, und ich finde in meinem Handbuch darüber notiert, daß sie am 22. Juli abgegangen sind. Ich sage dies bloß zu meiner nötigen Entschuldigung; denn es wäre ja unverantwortlich, wenn ich Ihnen diese Stücke nicht zusendete, zumal da zwei so vortreffliche Aufsätze von Ihnen darin enthalten sind. Mit Vergnügen lege ich diese Stücke hier noch einmal bei; es ist wenig genug, womit ich Ihnen meine so verpflichtete Dankbarkeit einigermaßen bezeigen kann. Sie erhalten also itzt April bis September inclus., denn die drei letzten Monate kann ich noch, wegen der durch den auswärtigen Druck geschehenden Verzögerung, nicht beilegen.

Sollte Ihre Muße Ihnen erlauben, mir einmal wieder einen Beitrag zu schenken, so wissen Sie selbst, wie sehr Sie sich dadurch alle Leser verbinden werden.

Ich habe Gelegenheit gehabt, Ihre Verteidigung an das Geistliche Departement über die Beschuldigung wegen Ihrer Schrift: „Die Religion innerhalb der Grenzen der Vernunft" zu lesen. Sie ist edel, männlich, würdig, gründlich. — Nur muß es wohl jeder bedauren, daß Sie ad 2) das Versprechen freiwillig ablegen: über Religion (sowohl positiv-, als natürliche) nichts mehr zu sagen. Sie bereiten dadurch den Feinden der Aufklärung einen großen Triumph, und der guten Sache einen empfindlichen Verlust. Auch, dünkt mich, hätten Sie dies nicht nötig gehabt. Sie konnten auf eben die philosophische und anständige Weise, ohne welche Sie überhaupt nichts schreiben, und welche Sie so vortrefflich rechtfertigen, noch immer fortfahren, über die nämlichen Gegenstände zu reden; wobei Sie freilich vielleicht wieder über einzelne Fälle sich zu verteidigen würden gehabt haben. Oder Sie konnten auch künftig bei Ihren Lebzeiten schweigen; ohne jedoch den

Menschen die Freude zu machen, sie von der Furcht vor Ihrem Reden zu entbinden. Ich sage: bei Ihrem Leben; denn daß sie demungeachtet fortfahren werden, an dem großen von Ihnen so glücklich begonnenen Werke der philosophischen und theologischen Aufklärung zu arbeiten, in Hoffnung, daß wenigstens einst die Nachwelt (und in der Tat, vielleicht eine sehr bald eintretende Zeit der Nachwelt) diese Arbeiten wird lesen und benutzen dürfen: davon sind wir alle, aus Liebe zur Vernunft und Sittlichkeit, überzeugt.

Leben Sie wohl, vortrefflicher Mann; und sein uns noch lange ein Beispiel, wie ein weiser und edler Mann auch unter den Stürmen, welche der Vernunft drohen, sich in Gleichmut und innerer Zufriedenheit erhalten kann.

Biester.

361.

Von Carl Friedrich Stäudlin.

Verehrungswürdigster Mann,

Ihre gütige Aufnahme meines mangelhaften Werks hat mich mit der lebhaftesten Freude erfüllt. Ihr Urteil hat einen Wert für mich, der mir für manche ungerechte Urteile, die das Werk schon hat erfahren müssen, mehr als Entschädigung ist. Ich kenne zwar die Flecken und Unvollkommenheiten dieses Werks sehr gut, es ist auch manches mit Recht öffentlich gegen dasselbe gesagt worden. Von der andern Seite hat man mich nach Idealen von Pragmatismus beurteilt, die in der Geschichte der Philosophie nicht erreichbar sind; man hat mir vieles aufgebürdet, was ich nicht gesagt habe; man hat oft die Hauptzwecke des Werks gänzlich verkannt oder verschwiegen. Ich werde daher bald als Beilage zu meiner Geschichte noch eine kleine Schrift über den Begriff und die Geschichte des Skepticismus, auch dessen Verhältnis zur kritischen Philosophie herausgeben. Sie haben mir so viel Zutrauen eingeflößt, daß ich mir vielleicht die Freiheit nehme, Sie späterhin wegen einiger Hauptpunkte zu befragen, die ich in dieser Schrift zu entscheiden suchen werde. Doch verzeihen Sie, daß ich so viel von mir rede.

Der mir versprochenen Abhandlung: „Der Streit der Fakultäten" sehe ich mit der größten Sehnsucht entgegen. Ich habe über diesen höchst wichtigen Gegenstand noch nie recht einig mit mir werden können. Desto mehr freue ich mich, hoffen zu dürfen, von einem so großen Manne darüber belehrt zu werden, und bitte auch in dieser Rücksicht den Himmel, daß recht bald Friede werden möchte. In jedem Falle bitte ich inständigst wenigstens um die Privatmitteilung derselbigen. Was könnten aber auch einem Manne, wie Sie, Zensuren und Verschreiungen bei dem Drucke derselben schaden?

Herr H. R. LICHTENBERG sagt, daß bei dem Zwangsglauben schon die Etymologie des Worts etwas habe, was ihm in gewisser Rücksicht nicht ganz mißfalle. Wenn er einige *tela* erhalten könnte — zum Abschießen sei er sehr bereit. Er empfiehlt sich Ihnen bestens und entschuldigt sich, daß er seinem geringen Geschenke keinen Brief beigelegt habe. „Es war eigentlich," schreibt er mir, „bloß eine Buchhändlersendung und eine sehr erbärmliche Vergeltung für sein mit einem Briefe, den ich mit Rührung gelesen habe, begleitetes Geschenk. An KANT zu schreiben ist ein Nonkonformist von meinem Fleische nicht immer aufgelegt." Sie werden vielleicht wissen, daß Herr LICHTENBERG sehr schwächlich und kränklich ist und sich daher nach manchen Formalitäten nicht konformieren kann.

Mit ungeheuchelter Verehrung

Ihr

geh. Dr. u. Freund
D. Stäudlin.

Göttingen,
d. 21. Febr. 1795.

362.

Von Friedrich Schiller.

Jena, den 1. März 1795.

Verehrtester Herr Professor,

Ich habe Ihnen im vorigen Sommer den Plan zu einer Zeitschrift vorgelegt, mit der Bitte, irgend einigen Anteil an derselben zu nehmen. Die Unternehmung ist zur Ausführung gekommen, und ich lege Ihnen hier die zwei ersten Monatstücke vor, herzlich wünschend, daß diese ersten Proben Sie geneigt machen möchten, den vereinigten Wunsch unserer Sozietät zu erfüllen, und unsere Schrift mit einem kleinen Beitrage zu beschenken.

Besonders wünschte ich, daß Sie die darin vorkommenden Briefe über die ästhetische Erziehung des Menschen, als zu deren Verfasser ich mich gegen Sie bekenne, Ihrer Prüfung wert finden möchten. Es sind dies die Früchte, die das Studium Ihrer Schriften bei mir getragen, und wie sehr würde es mir zur Aufmunterung gereichen, wenn ich hoffen könnte, daß Sie den Geist Ihrer Philosophie in dieser Anwendung derselben nicht vermissen.

Mit unbegrenzter Hochachtung
verharre ich   Ihr
                                aufrichtigster Verehrer
                                    Fr. Schiller.

363.

An die Fürstin Catharina Daschkow.[1]

(Entwurf.)

[März 1795.]

Daß Ew: Durchl. nach der erhabenen Absicht Ihrer großen Monarchin den Fleiß der Gelehrten zu wahrer Aufklärung durch ehrende Aufmunterungen zu beleben sich zum Geschäfte gemacht haben, verdient und erwirbt die Bewunderung und den Dank des ganzen gelehrten gemeinen Wesens.

Daß aber meine gringe Bemühungen zu diesem Zweck hinzuwirken Ihrer Aufmerksamkeit nicht entgangen sind und so Ihre Auswahl zu Gliedern der berühmten Russisch. Kaiserl. Akademie der Wissenschaften auch auf mich gefallen ist, erkenne ich besonders mit dankbarer Verehrung als Aufforderung und zugleich meinerseits als Verbindlichkeit, soviel als in meinen Kräften steht, noch ferner zu dieser Absicht beizutragen.

In diesem Wunsche, daß Ew. Durchl. als Vorsteher und zugleich als Beispiel dieses edle Geschäfte einer wichtigen menschlichen Angelegenheit noch viele Jahre mit Zufriedenheit und gutem Erfolg verwalten mögen, bin ich mit der tiefsten Verehrung
                                                Ew. D.

---

[1] Kant war am 28. Juli 1794 zum auswärtigen Mitgliede der unter dem Protektorate der Fürstin Catharina Daschkow stehenden Petersburger Akademie der Wissenschaften ernannt worden.

364.

An Dietr. Ludw. Gustav Karsten.[1])

Wohlgeborner, hochzuverehrender Herr Bergrat.

Mit einem Schreiben von Ew. Wohlgeb. beehrt zu werden, dadurch mit Ihnen in einige Bekanntschaft zu kommen, um vielleicht gelegentlich die ausgebreitete Kenntnisse in Ihrem Fache der Wissenschaften, die doch alle vermittelst der Philosophie in Verwandtschaft stehen, zu benutzen, ist mir sehr angenehm gewesen: so unangenehm mir auch die Ursache ist, welche dieses veranlaßt hat.

Ich habe wirklich, etwa im Jahre 1790, vom Herrn Grafen VON WINDISCHGRÄTZ eine Menge kleiner Schriften erhalten, z. B. „Histoire metaphysique de l'Organisation animale", 2 Teile, die ich vor mir liegen habe, vornehmlich eine auf Politik und Grundsätze der bürgerlichen Konstitution bezogene, sehr gründliche und (was ich mich wohl erinnere, weil es auf mich besonderen Eindruck gemacht hat) gleichsam aus einer Divinationsgabe geflossene Schrift: „Von dem, was die Regenten zu tun haben, wenn sie nicht wollen, daß es das Volk selber tue", die einige Jahre vor dem wirklichen Eräugnis des letzteren herausgegeben war, die ich aber jetzt (sowie die zwei ersten Teile der „Histoire metaphysique de l'organisation animale") wegen einer gewissen Unordnung, darin mein sonst nicht großer Büchervorrat geraten ist, nicht vorfinden kann, um sie zu spezifizieren.[2])

Ob ich dem Herrn Grafen dieserhalb meinen Dank schriftlich abgestattet habe, kann ich mich nicht mit Gewißheit erinnern, wohl aber, daß ich durch meinen Verleger, dem Buchhändler DE LAGARDE in Berlin, meine damals herausgekommene Schrift: „Kritik der Urteilskraft" von der Leipziger Messe aus an hochgedachten Herrn Grafen zu übermachen aufgetragen habe.

Nun bitte ich ergebenst den Herrn DE LAGARDE, einen sonst zuverlässigen und wohldenkenden Mann, zu befragen: wie es zugegangen, daß jene Bestellung ihren Zweck nicht erreicht hat,

---

[1]) Dieser Brief, der in der Akademie-Ausgabe fehlt, ist in dem Nachlaß von Dietrich Ludw. Gust. Karsten (1768—1810) von Iwan Bloch aufgefunden und zuerst im Berliner Tageblatt (28. Februar 1920) veröffentlicht worden.
[2]) Vgl. Bd. IX, S. 431 f.

die Antwort desselben dem Herrn Grafen bekannt zu machen, wie auch denselben in meinem Namen um Verzeihung zu bitten, wegen meiner nicht aus Fahrlässigkeit unterlassenen Erwiderung der mir bezeigten Aufmerksamkeit, sondern aus einem, wegen einander drängender Beschäftigungen, oft schwer zu vermeidenden und so zufälligerweise bis zum Vergessen hinausgehenden Aufschub, dessen Schuld mein ziemlich hoch angewachsenes Alter auch zum Teil mag tragen helfen.

Was Ew. Wohlgeb. betrifft, so bin ich nicht so tief in Metaphysik versunken, daß ich nicht an Ihrer glücklichen Erweiterung der Wissenschaften im Felde der Erfahrung, sofern diese Stufen des Aufsteigens zur Philosophie legt, wenigstens als Dilettante, Anteil nehmen sollte: zumal die Reformation unserer Begriffe in der Archäologie der Natur von dem praktischen Bergkundigen, der zugleich Philosoph ist, vorzüglich erwartet werden muß.

Mit der vollkommensten Hochachtung bin ich jederzeit
Ew. Wohlgeboren
ergebenster treuer Diener
I. Kant.

Königsberg,
d. 16. Mart. 1795.

365.

Von Carl Leonhard Reinhold.

Verehrungswürdigster Lehrer und Freund!

Seit zehn Jahren bin ich gewohnt, alles, was mir besonders teuer und wert ist, Ihnen zu verdanken. Dies ist auch mit der Freundschaft des edlen jungen Mannes Kammerherrn Grafen VON PURGSTALL aus Steiermark, der Ihnen diese Zeilen bringen soll, der Fall. Das Verlangen, sich bei dem Studium Ihrer Philosophie durch mich unterstützen zu lassen, führte ihn aus seinem Vaterlande zu mir nach Jena und mit mir nach Kiel. Ich habe ihn durch fünf Vierteljahre, die er mit mir als mein Zuhörer, Hausgenosse und treuer Lebensgefährte zugebracht hat, sehr genau kennen, und, was bei ihm eine natürliche Folge davon ist, innig lieben und hochachten gelernt; und Ihre Philosophie und seine Empfänglichkeit haben mich in den Stand gesetzt, zur Vollendung der Eintracht zwischen einem der besten Köpfe und besten Herzen, die ich kenne, mitzuwirken. Er verdient Ihre persönliche Bekanntschaft ebenso sehr, als er dieselbe wünscht; und er wünscht sie nicht wenig; denn er geht schlechterdings aus keiner andern Absicht von Kiel nach Königsberg. Er sehnt sich der Humanität in der Person des Mannes zu huldigen, dem er mit Zeitgenossen und Nachwelt den bestimmten Begriff von der Würde derselben verdankt, und hofft von ihm den Segen zur Ausführung desjenigen zu empfangen, was er durch ihn kennen und wollen gelernt hat, und wozu er vor so vielen andern durch Natur und Glück ausgerüstet ist. Es sei auch mir vergönnt, die Versicherung meiner Verehrung, Liebe, Dankbarkeit und Bewunderung, die kein toter Buchstabe auszudrücken vermag, und die ich Ihnen diesseits des Grabes wohl schwerlich in Person darbringen kann, durch ihn — ich kenne keinen lieberen Stellvertreter — an Sie gelangen zu lassen. Ich werde Sie durch seine Augen sehen, durch seine Ohren hören — und falls Sie mir selbst dies erlauben würden — durch sein Herz Sie an das meinige drücken. — Aber er hat den Wert Ihrer Zeit kennen gelernt; und wird sich in den wenigen Wochen seines Aufenthaltes in Königsberg mit wenigen Zeittrümmerchen, die Sie ihm ohne Ihre Ungelegenheit zukommen lassen können, genügen lassen.[1])

Er wird Ihnen sagen: daß auch hier das Evangelium der praktischen Vernunft nicht weniger als in Jena Eingang gefunden hat. Doch ich besinne mich, daß ich für diesesmal nichts schreiben kann, was Sie nicht durch seinen Mund ausführlicher vernehmen könnten. Es soll mir genug sein, wenn Sie mir durch ihn antworten; mich durch ihn hören lassen, was ich nicht oft genug hören kann, daß sich noch immer Ihrer Liebe zu erfreuen hat

Kiel, den 29. März 1795.

Ihr wärmster Verehrer
Reinhold.

---

[1]) Gottfr. W. Graf v. Purgstall (1773—1812); er selbst hat von seinem Aufenthalt in Königsberg in einem interessanten Brief berichtet, der eine lebendige Schilderung von Kants Persönlichkeit und Lehrart enthält (vgl. Altpreuß. Monatsschr. 1879, S. 607 ff.).

366.

An Friedrich Schiller.

Königsberg, den 30. März 1795.

Hochzuverehrender Herr

Die Bekanntschaft und das literärische Verkehr mit einem gelehrten und talentvollen Mann, wie Sie, teuerster Freund, anzutreten und zu kultivieren, kann mir nicht anders als sehr erwünscht sein. — Ihr im vorigen Sommer mitgeteilter Plan zu einer Zeitschrift ist mir, wie auch nur kürzlich die zwei erste Monatsstücke, richtig zu Handen gekommen. — Die Briefe über die ästhetische Menschenerziehung finde ich vortrefflich und werde sie studieren, um Ihnen meine Gedanken hierüber dereinst mitteilen zu können. — Die im zweiten M. Stück enthaltene Abhandlung über den Geschlechtsunterschied in der organischen Natur kann ich mir, so ein guter Kopf mir auch der Verfasser zu sein scheint,[1]) doch nicht enträtseln. Einmal hatte die A. L. Z. sich über einen Gedanken in den Briefen des Herrn HUBE aus Thorn (die Naturlehre betreffend), von einer ähnlichen durch die ganze Natur gehenden Verwandtschaft, mit scharfem Tadel (als über Schwärmerei) aufgehalten. Etwas dergleichen läuft einem zwar bisweilen durch den Kopf; aber man weiß nichts daraus zu machen. So ist mir nämlich die Natureinrichtung: daß alle Besamung in beiden organischen Reichen zwei Geschlechter bedarf, um ihre Art fortzupflanzen, jederzeit als erstaunlich und wie ein Abgrund des Denkens für die menschliche Vernunft aufgefallen, weil man doch die Vorsehung hiebei nicht, als ob sie diese Ordnung gleichsam spielend, der Abwechselung halber, beliebt habe, annehmen wird, sondern Ursache hat zu glauben, daß sie **nicht anders möglich sei**; welches eine Aussicht ins Unabsehliche eröffnet, woraus man aber schlechterdings nichts machen kann, so wenig wie aus dem, was Miltons Engel dem Adam von der Schöpfung erzählt: „Männliches Licht entfernter Sonnen vermischt sich mit weiblichem, **zu unbekannten**

---

[1]) „Über den Geschlechtsunterschied und dessen Einfluß auf die organische Natur" (Horen 1795); der Verfasser des Aufsatzes ist Wilhelm v. Humboldt.

Endzwecken."[1]) Ich besorge, daß es Ihrer M. S. Abbruch tun dürfte, daß die Verfasser darin ihre Namen nicht unterzeichnen und sich dadurch für ihre gewagte Meinungen verantwortlich machen; denn dieser Umstand interessiert das lesende Publikum gar sehr.

Für dies Geschenk sage ich also meinen ergebensten Dank; was aber meinen gringen Beitrag zu diesem Ihren Geschenk fürs Publikum betrifft, so muß ich mir einen etwas langen Aufschub bitten; weil, da Staats- und Religionsmaterien jetzt einer gewissen Handelssperre unterworfen sind, es aber außer diesen kaum noch, wenigstens in diesem Zeitpunkt, andere die große Lesewelt interessierende Artikel gibt, man diesen Wetterwechsel noch eine Zeitlang beobachten muß, um sich klüglich in die Zeit zu schicken.

Herren Prof: FICHTE bitte ich ergebenst meinen Gruß und meinen Dank für die verschiedenen mir zugeschickten Werke von seiner Hand abzustatten. Ich würde dieses selbst getan haben, wenn mich nicht, bei der Mannigfaltigkeit der noch auf mir liegenden Arbeiten, die Ungemächlichkeit des Altwerdens drückte, welche denn doch nichts mehr als meinen Aufschub rechtfertigen soll. — Den Herrn SCHÜTZ und HUFELAND bitte gleichfalls gelegentlich meine Empfehlung zu machen.

Und nun, teuerster Mann! wünsche ich Ihren Talenten und guten Absichten angemessene Kräfte, Gesundheit und Lebensdauer, die Freundschaft mit eingerechnet, mit der Sie den beehren wollen, der jederzeit mit vollkommener Hochachtung ist

Ihr

ergebenster treuer Diener
I. Kant.

367.

An F. Th. de la Garde.

Königsberg, den 30. März 1795.

Welche Überraschung haben Sie, geehrtester Freund! mir gemacht und in welche Verlegenheit mich gesetzt, ein Denkmal Ihrer Freundschaft, welches Ihnen doch viel Kosten gemacht haben muß, zu erwidern? Für jetzt kann ich nichts diesem Ihrem

---

[1]) S. Milton, Paradise lost, VIII, 148—52.

Wohlwollen Entsprechendes, als meinen verbindlichsten Dank für dies Geschenk einlegen, und dieses, im Entwurf sinnreiche, in der Ausführung durch die Porzellanfabrik schöne Produkt der Kunst meinen und Ihren Freunden sehen zu lassen, und auf die Art zu denken, wie ich es, so bald als möglich, durch etwas Ihnen Angenehmes vergelten könne.

Es wird vermutlich bei Ihnen eine Erkundigung von Herrn Bergrat KARSTEN, die mir im Jahr 1790 von Herrn R. Grafen v. WINDISCHGRÄTZ zugeschickte Schriften betreffend, eingegangen sein, die ich aus meiner eigenen Erinnerung nicht zu beantworten wußte und ihn deshalb an Sie gewiesen habe: ob Sie nämlich sich nicht etwa erinnern könnten, an gedachten Grafen ein Exemplar meiner Kritik d. U. K. zur Zeit der damaligen Leipziger Ostermesse, in meinem Namen geschickt zu haben. Sonst hat diese Sache nicht viel zu bedeuten.

Inliegende Briefe bitte an ihre Bestimmung gelangen zu lassen und versichert zu sein, daß ich mit aller Hochachtung jederzeit bleibe

Ihr

ergebenster Diener
I. Kant.

368.

Von Johann Gottfried Carl Christian Kiesewetter.

Berlin, den 8. Juni 1795.

Wertgeschätzter Herr Professor,

Ich nehme mir die Freiheit, Ihnen die zweite Auflage meiner Logik und das andere Werkchen, was von mir in dieser Messe erschienen ist, zu überschicken,[1]) und ich würde mich glücklich schätzen, wenn Sie meine Arbeiten Ihrer Aufmerksamkeit nicht ganz unwürdig hielten. So sehr ich mich auch in dem letztern Buch bemüht habe, die Resultate Ihres Scharfsinns populär vorzutragen, so viel bleibt mir dennoch zu wünschen übrig und ich habe nur zu sehr empfunden, daß das bloße Verstehen und Be-

---

[1]) Kiesewetter, Versuch einer faßlichen Darstellung der wichtigsten Wahrheiten der neueren Philosophie für Uneingeweihte I: Berlin 1795 (II: Berlin 1803).

greifen uns nicht so gleich in den Stand setzt, unsere Erkenntnisse *à portée de tout le monde* vorzutragen. Den Vorwurf, etwas Wichtiges aus Ihrem System übergangen zu haben, fürchte ich nicht, wohl aber den, daß ich noch manches hätte herauslassen sollen, weil es dem im Philosophieren ungeübten Leser zu schwer werden möchte. Die Lehre von Raum und Zeit scheint mir ziemlich faßlich dargestellt zu sein, aber mehr Schwierigkeiten wird der Leser bei der Deduktion der Kategorien und bei der Aufstellung der reinen Verstandesgesetze finden. Die Deduktion des Moralprinzips und die Beantwortung der Frage: was darf ich hoffen? hat mir weniger Anstrengung gekostet. Sollten Kenner mit diesem Werkchen nicht unzufrieden sein, so wäre ich entschlossen, auf eine ähnliche Art die Kritik der Urteilskraft zu bearbeiten, ein Werk, an dem meine ganze Seele hängt.

Zu meiner großen Betrübnis ist diese Messe nichts von Ihnen erschienen, so sehr ich dies auch gewünscht habe. Ihre Handbücher der Metaphysik und Moral werden wir freilich wohl noch eine Zeitlang erwarten müssen, aber Sie haben schon seit einigen Jahren einige Bogen dem Publico schenken wollen, die den Übergang von Ihren metaphysischen Anfangsgründen der Naturwissenschaft zur Physik selbst enthalten sollten und auf die ich sehr begierig bin. — Es ist mir eine sehr auffallende Erscheinung, daß, so sehr man Ihre übrigen Schriften genützt, erklärt, ausgezogen, erläutert usw. hat, sich doch nur sehr wenige bis jetzt erst mit den metaphysischen Anfangsgründen der Naturwissenschaft beschäftigt haben. Ob man den unendlichen Wert dieses Buchs nicht einsieht, oder ob man es zu schwierig findet, weiß ich nicht. Mir ist jetzt keine Bearbeitung dieses Werks bekannt, als der vortreffliche Auszug aus demselben vom Herrn Hofprediger SCHULZ in der allgemeinen Literaturzeitung und der erläuternde Auszug vom Herrn Mag. BECK, den ich aber bis jetzt noch nicht gelesen habe. Sollte es dem Publico nicht angenehm sein, wenn ein Kommentar über dies Werk erschiene? Mir hat es unter allen Ihren Schriften die meiste Mühe gemacht und ich denke immer noch mit großer Dankbarkeit daran, daß ich das völlige Verstehen desselben Ihrem mündlichen Unterricht schuldig bin.

Die letzte Nachricht von Ihrem Wohlsein, eine Nachricht, die mir jedesmal herzliche Freude macht, habe ich vor einigen Tagen von den Herren NICOLOVIUS und HARTKNOCH, die ich auf einige Augenblicke in Freyberg sprach, erhalten. Es würde mir äußerst angenehm sein, wenn ich auch nur durch einige Zeilen von Ihnen die Nachricht erhielte, daß Sie gesund und froh sind, und ich würde dies zugleich als einen Beweis ansehen, daß Sie mich Ihrer Freundschaft nicht ganz unwert halten.

Machen Sie, wenn ich bitten darf, recht viel herzliche Empfehlungen von mir an Herrn Prof. KRAUSE und an den Herrn Münzdirektor GÖSCHEN und seine Familie. Ich wünschte sehr, daß der gute Mann einige Erleichterung seines Übels durch den Gebrauch des Bades erhalten hätte. —

Ich bin mit der aufrichtigsten Hochachtung und Liebe
Ihr
dankbarer Schüler
J. G. C. Kiesewetter

369.

Von Jakob Sigismund Beck.

Halle, den 17. Juni 1795.

Verehrungswürdiger Lehrer,

Herr Prof. JAKOB bietet mir eine Gelegenheit an, einen Brief an Sie zu bestellen, die ich sehr gern ergreife, weil ich mich versichert halte, daß Sie freundschaftlich gegen mich gesinnt sind, und aus diesem Grunde Nachrichten, die mich betreffen, mit einigem Interesse aufnehmen werden.

Die ersten Jahre meines Aufenthalts in Halle waren von mancherlei Kümmernissen begleitet. Jetzt aber wird derselbe von Tage zu Tage heiterer. Ich habe hier viele und herzliche Freunde, und nachdem ich bald fünf Jahre lang den hiesigen Studierenden ein wahrer Obscurus war, so bin ich jetzt in ziemlichem Beifall als akademischer Dozent. Von der Schule, auf der ich so lange lebte, habe ich in diesem Frühjahr mich frei gemacht und lebe jetzt ganz dem akademischen Unterricht. Ich war dem Graf KEYSERLING 100 Taler schuldig, womit er mich vor fünf Jahren unterstützte, und diese habe ich jetzt schon abgetragen. Ihnen, fürtrefflicher Mann, verdanke ich meine bessere Lage; denn Sie haben mir dazu die Hand geboten.

Künftige Michälismesse kömmt ein dritter Teil zu meinem Auszuge zum Vorschein, welche Schrift, auch besonders unter dem Titel: „Einzig möglicher Standpunkt, aus welchem die kritische

Philosophie beurteilt werden muß,"[1]) erscheinen wird. Sobald sie fertig gedruckt sein wird, werde ich mir die Freiheit nehmen, Ihnen ein Exemplar zu überschicken. Ich habe Ihnen von diesem Plan schon einmal was geschrieben. Meine ganze Absicht ist, zu zeigen, daß die Kategorien der Verstandesgebrauch selbst sind, daß sie allen Verstand und alles Verstehen ausmachen, und daß der wahre Geist der kritischen Philosophie, die das Publikum Ihnen verdankt, darin besteht, daß dieselbe an ihrer Transszendentalphilosophie, die Kunst, sich selbst zu verstehen, aufgestellt habe. Dieses: Sichselbst-Verstehen, ist in meinen Augen der oberste Grundsatz aller Philosophie, und ich bin versichert, daß nur demjenigen, der dieses wohl vernimmt, Ihre kritische Werke aufgeschlossen sein können. — Möchte die Vorsehung Sie noch lange im Leben erhalten. Erhalten Sie Ihre Gewogenheit gegen mich Ihren

Ihnen ergebenen
Beck.

370.

Von Ludwig Heinrich Jakob.

Halle, den 22. Juni 1795.

Ich kann die Gelegenheit, welche sich mir anbietet, an Sie zu schreiben und Ihnen, verehrungswürdiger Mann, meine innigste Verehrung zu bezeugen, unmöglich vorbeigehen lassen. Zugleich habe ich die Ehre, Ihnen hierbei die Stücke der Annalen, soweit sie vollendet sind, zu überschicken, und es wird lediglich auf Sie ankommen, zu bestimmen, ob Sie die Fortsetzung davon wünschen. In den Rezensionen spekulativen Inhalts über REINHOLD, FICHTE, ABICHT usw. werden Sie den Herrn M. BECK nicht verkennen. Ich halte mit ihm die Art zu philosophieren, welche diese Männer einführen wollen, für eine völlige Abweichung von der kritischen Methode, wovon Sie ein so vollkommenes Beispiel gegeben haben. Es ist unbegreiflich, wie man nach Erscheinung der Kritik noch nach einem einzigen obersten Grundsatze suchen kann, der nicht bloß die Grenzen der menschlichen Erkenntnis bestimmen, sondern auch sogar über jeden Inhalt kate-

---

[1]) Riga 1796.

gorisch entscheiden soll. Herr BECK ist sehr begierig, zu erfahren, ob Sie mit seinen Bemerkungen zufrieden sind und ob Sie glauben, daß er auf diesem Wege das wahre Verständnis der Philosophie befördern werde, und es würde uns beiden eine ungemeine Freude machen, wenn Sie uns Ihre Gedanken hierüber in einigen Zeilen wollten wissen lassen. Herr B. ist jetzt hauptsächlich mit Ausarbeitung des dritten Teils seiner Schrift beschäftiget, worin er darauf ausgehet, nicht etwa der Kritik eine Stütze durch einen neuen noch höheren Grundsatz zu verschaffen, sondern nur das wahre Verständnis derselben durch eine ganz simple aber veränderte Darstellung ihres Inhalts zu befördern. Der Anzeiger vom Junius enthält einige Auszüge aus seinem Mspte.

Wenn ich nicht fürchten darf, lästig zu werden, so wiederhole ich nochmals meine Bitte, die Annalen mit einigen Beiträgen zu beehren, wenn sich eine Gelegenheit dazu findet, die Ihnen keine Zeit raubt. Der Wunsch, diesem Journale diejenige Vollkommenheit zu verschaffen, die es allein bei der Menge der Zeitschriften erhalten kann, mag mein Anmuten entschuldigen, der ich die Ehre habe mit der innigsten Hochachtung zu sein

Ihr

aufrichtiger Verehrer
L. H. Jakob.

371.

An Carl Leonhard Reinhold.

Königsberg, den 1. Juli 1795.

Ihre werte Zuschrift, welche mir der sehr schätzungswürdige Herr Graf v. PURGSTALL einhändigte, hat mir die Freude gemacht, zu sehen, daß Ihre Äußerung einer gewissen Unzufriedenheit über mein Stillschweigen in Ansehung Ihrer Fortschritte, die kritische Philosophie, aufwärts, bis zu der Grenze ihrer Prinzipien vollständig zu machen, keinen wahren Unwillen zum Grunde gehabt hat, sondern Sie nach wie vor mir Ihre Freundschaft erhalten. Mein Alter und einige davon unzertrennliche körperliche Ungemächlichkeiten machen es mir zur Notwendigkeit, alle Erweiterung dieser Wissenschaft nun schon meinen Freunden zu überlassen und die wenige Kräfte, die mir noch übrig sind, auf die Anhänge dazu, welche ich noch in meinem Plane habe, obgleich langsam zu verwenden.

Erhalten Sie mich, teuerster Mann, in Ihrer Freundschaft und sein Sie versichert, daß ich an allem, was Sie betrifft, jederzeit die größte Teilnahme haben werde, als

Ihr ergebenster treuer Diener
I. Kant.

372.

An Samuel Thomas Soemmering.

Sie haben, teuerster Mann, als der erste philosophische Zergliederer des Sichtbaren am Menschen, mir, der ich mit der Zergliederung des Unsichtbaren an demselben beschäftigt bin, die Ehre der Zueignung Ihrer vortrefflichen Abhandlung, vermutlich als Aufforderung zur Vereinigung beider Geschäfte zum gemeinsamen Zwecke, bewiesen.

Mit dem herzlichen Danke für dieses Ihr Zutrauen lege ich den Entwurf, von der Vereinbarkeit einerseits und der Unvereinbarkeit beider Absichten andererseits, hiermit bei; mit der Erklärung, davon nach Ihrem Gutbefinden allen beliebigen, allenfalls öffentlichen, Gebrauch zu machen.[1])

Bei Ihrem Talent und blühender Kraft, Ihren noch nicht weit vorgeschrittenen Jahren, hat die Wissenschaft von Ihnen noch große Erweiterung zu hoffen; als wozu ich Gesundheit und Gemächlichkeit von Herzen wünsche, indessen daß der Ablauf der meinigen von mir nur wenig mehr erwarten läßt, als die Belehrung anderer noch so viel als möglich zu benutzen.

Ihr
Verehrer und ergebenster Diener

Königsberg, den 10. Aug. 1795.   I. Kant.

---

[1]) S. Th. Soemmering (1755—1830), der bekannte Anatom; vgl. Kants Anmerkungen zu seiner Schrift über das Organ der Seele, Königsberg 1796 (Werke Bd. VI).

373.

An Friedrich Nicolovius.

Wenn Ew. Hochedelgeb. eine Abhandlung, die, auf weißen Druckpapier, etwa fünf Bogen austragen dürfte und vor Ende künftiger Woche Ihnen in Mspt. überliefert werden kann, zur nächsten Michaelismesse fertig schaffen können und mir für jeden Bogen pro honorario 10 Reichstaler (unter der gewöhnlichen Bedingung eben desselben Honorars bei jeder neuen Auflage) zugestehen, so können Sie für diese nächste Messe, unter der Rubrik der fertig gewordenen Schriften, setzen lassen:

Zum ewigen Frieden. Ein philosophischer Entwurf
von Immanuel Kant.

I. Kant
d. 13. Aug. 1795.

N. S. Den Ihnen zugedachten Verlag der Sammlung meiner kleinen Abhandlungen [hin und wieder vermehrt oder verbessert] kann ich jetzt nicht abschließen, weil ich dazu den künftigen Winter nötig habe. I. K.

374.

An Karl Morgenstern.

Königsberg, den 14. August 1795.

Für das Geschenk Ihres Werkes de Platonis republica, welches Sie nicht bloß mir, sondern der philosophischen Welt machen, statte ich Ihnen, würdigster Mann! den verbindlichsten Dank ab. — Ich werde daraus viel lernen, vornehmlich auch in Beziehung auf die Stelle pag. 193,[1]) und ich glaube, an Ihnen den Mann zu finden, der eine Geschichte der Philosophie, nicht nach der Zeitfolge der Bücher, die darin geschrieben worden, sondern nach der natürlichen Gedankenfolge, wie sie sich nach und nach aus

---

[1]) Karl Morgenstern, ein Schüler Fr. Aug. Wolffs (1770—1852); er hatte Kant eine Schrift De Platonis Republica Commentationes tres, Hallae 1794, zugesandt, in der er sich auf Kants Verteidigung des Platonischen Staatsideals (s. Kritik der reinen Vernunft, 2. Auflage, S. 369 ff.) beruft.

der menschlichen Vernunft hat entwickeln müssen, abzufassen imstande ist, sowie die Elemente derselben in der Kritik der reinen Vernunft aufgestellt werden.[1])

Von Ihrem aufblühenden Genie, dessen Fruchtbarkeit sich in seiner ersten Erscheinung schon so vorteilhaft äußert, läßt sich viel erwarten und auch hoffen, daß die Glücksumstände sein Gedeihen begünstigen werden; als welches innigst wünscht
                      Ihr ganz ergebener treuer Diener
                                  I. Kant.

375.

An Georg Friedrich Seiler.[2])

                      Königsberg, d. 14. Aug. 1795.
Hochehrwürdiger Beförderer des Guten!

Diese Ihre ruhmwürdige Gesinnung mit meinen geringen Kräften zu dem Besten, was nur immer in der Welt Zweck sein kann, zu vereinigen und das Geschenk Ihres vortrefflichen Werks „Der vernünftige Glaube" usw., womit Sie dieselbe begleiten, verdienen meinen größten Dank.

Möchte es nur in meiner Macht stehen, das, was Sie von mir verlangen und in Ansehung dessen Sie mich mit so gütigem Zutrauen beehren, ins Werk zu richten! Allein es sind mir bereits vor einem Jahre bedeutende und vielvermögende Winke gegeben worden, welche aller Schriftstellerei dieser Art, wenn sich die Umstände nicht ändern, ein Ende machen. In der Hoffnung, daß dieses vielleicht noch geschehen könne, strebe ich diesem Ziele im Willen nach, um wenigstens meine eigene Begriffe hierüber mehr und mehr ins klare zu bringen und so, wenn gleich nicht durch Mitteilung außerhalb mir, doch durch innigliche Überzeugung mir selbst, in Ansehung jenes Zwecks, nützlich zu sein.

Daß Sie über alle andere Glückseligkeit des Lebens, auch jener

---

[1]) S. den Schluß der Kritik der reinen Vernunft: „Die Geschichte der reinen Vernunft."

[2]) Georg Fr. Seiler (1733—1807), Professor der Theologie in Erlangen: „Der vernünftige Glaube an die Wahrheit des Christentums etc.", Erlangen 1795; Seiler hatte Kant gebeten, diese Schrift zu rezensieren.

mir mangelnden Freiheit zum Besten der Menschen genießen mögen, ist der herzliche Wunsch

Ihres

Verehrers
I. Kant.

376.

Von den Kindern Johann Heinrich Kants.

Bester Onkel,

Sie persönlich zu kennen, — und Ihnen die Hand zu küssen — so wohl wird es uns wohl nie werden; erlauben Sie also — daß wir uns einmal schriftlich an Sie anschmiegen, durch diesen jungen Mann, mit dessen väterlichen Hause wir einen vertrauten Umgang unterhalten. — Kann es Sie wohl befremden, verehrungswürdiger Herr Onkel: daß wir den Bruder unsers Vaters lieben, und den berühmten Mann, an den uns Bande des Bluts schließen, mit innerem Stolze verehren? und daß es der lebhafteste Wunsch unseres Herzens ist, von Ihnen geliebet zu sein? Bei dem allen bleiben Sie uns doch immer abwesend — immer entfernt: — Etwas also, das die Vorstellung belebt — etwas, das Sie uns gewissermaßen gegenwärtig machen würde; eine Locke von Ihren ehrwürdigen, grauen Haaren hätten wir doch sehr gerne — die würden wir in Ringe fassen lassen, uns so fest einbilden, wir hätten unsern Onkel bei uns — und uns bei dieser Täuschung recht glücklich fühlen. — Diese einmütige Bitte können Sie uns gewähren, geliebtester *Oncle*. — Nächstens wird ein Freund unseres Vaters, ein Prediger WEWEL, in Königsberg eintreffen, um dort seine Kinder in eine Schule unterzubringen, er wird Ihnen gewiß mit einem Gruße von unserem Vater, seinen Besuch machen, und der bringt uns dann, was wir wünschen. Nehmen Sie, verehrungswürdigster Herr Onkel, die wärmsten Grüße unsrer Eltern an und leben Sie noch lange glücklich und heiter für die Welt und für

Ihre Sie herzlich liebende und verehrende

Alt-Rahden
d. 19. Aug.
1795

— Amalia Charlotte Kant
— Minna Kant,
— Friedrich Wilhelm Kant,
— Henriette Kant.

377.

An Ehregott Andreas Christoph Wasianski.[1])

Ew: Hochwohlehrwürd.
        haben die Gefälligkeit gehabt, zu erlauben, daß ich den Herrn Geh. Rat v. HIPPEL, nebst einem und anderem Freunde, eines Tages zu Ihnen führen dürfte, um Ihr schönes Instrument anzuhören. Morgen (Mittwochs) wäre, nach dem Wunsche des Herrn v. HIPPEL, der gelegenste Tag, etwa um 4 Uhr nachmittag, Ihnen diesen Besuch abzustatten; worüber ich mir gütige Antwort erbitte und mit vollkommener Hochachtung jederzeit bin
    Ew: Hochwohlehrwürden
        ganz ergebenster Diener
           I. Kant
        d. 15. Sept. 1795.

378.

An Samuel Thomas Soemmering.

Da Herr NICOLOVIUS mich fragt, ob ich etwas als Einschluß zu seinem Briefe an Sie, teuerster Freund, mitzugeben habe; so mag es folgender Einfall sein. —

In der Aufgabe vom gemeinen Sinnenwerkzeug ists darum hauptsächlich zu tun, Einheit des Aggregats in das unendlich Mannigfaltige aller sinnlichen Vorstellungen des Gemüts zu bringen, oder vielmehr jene durch die Gehirnstruktur begreiflich zu machen, welches nur dadurch geschehen kann, daß ein Mittel da ist, selbst heterogene, aber der Zeit nach aneinander gereihte Eindrücke zu assoziieren, z. B. die Gesichtsvorstellung von einem Garten, mit der Gehörvorstellung von einer Musik in demselben, dem Geschmack einer da genossenen Mahlzeit usw., welche sich verwirren würden, wenn die Nervenbündel sich durch wechsel-

---

[1]) E. A. C. Wasianski, Pfarrer in Königsberg, der treue Freund Kants in seinen letzten Lebensjahren, vgl. seine Schrift: Kant in seinen letzten Lebensjahren, Königsberg 1804. Über den Besuch, von dem hier die Rede ist, s. diese Schrift S. 152f.

seitige Berührung einander affizierten. So aber kann das Wasser der Gehirnhöhlen den Einfluß des einen Nerven auf den andern zu vermitteln und, durch Rückwirkung des letzteren, die Vorstellung, die diesem korrespondiert, in ein Bewußtsein zu verknüpfen dienen, ohne daß sich diese Eindrücke vermischen, so wenig wie die Töne in einem vielstimmigen Konzert vermischt durch die Luft fortgepflanzt werden.

Doch dieser Gedanke wird Ihnen wohl selbst beigewohnt haben; daher setze ich nichts weiter hinzu, als daß ich mit dem größten Vergnügen die Äußerung Ihrer Freundschaft und der Harmonie unsrer beiderseitigen Denkungsart in Ihrem angenehmen Schreiben wahrgenommen habe.

den 17. Sept. 1795. I. Kant.

379.

An Theodor Gottlieb von Hippel.

Ew. Hochwohlgeboren.

Haben mehrmalen die Gütigkeit gehabt, meiner Fürbitte für nicht unwürdige Studierende, in Ansehung eines Stipendii, geneigtes Gehör zu verstatten. — Der, welcher die Ehre hat, Ihnen Gegenwärtiges zu überreichen, der Stud. Juris LEHMANN, bittet um das Boehmianum, es bis zu Ostern künftigen Jahres, welches etwa 10 Reichstaler betragen würde, zu genießen, indem er alsdann nach Stettin an die dortige Regierung abzugehen gedenkt. — Er wird alle nötige Zeugnisse seines angewandten Fleißes und seiner erworbenen Geschicklichkeit beibringen, wozu ich auch das meinige mit voller Wahrheit beilegen kann.

In der Bitte, ihm, wo möglich, in diesem seinem Gesuch behilflich zu sein, bin ich mit ausgezeichneter Hochachtung und Ergebenheit

Ew. Hochwohlgeb.
gehorsamster treuer Diener
I. Kant
d. 28. Sept. 1795.

380.

Von Friedrich Bouterwek.

Darmstadt, d. 29. Sept. 1795.

Schon zum dritten Male, verehrungswürdiger Lehrer, werden Sie von einem Mann, der vielleicht besser täte, für sich als für die Welt zu philosophieren, mit der Zumutung beschwert, einen neuen Versuch zur Beförderung Ihrer Sache und der Sache der Wahrheit als einen Beweis einer Dankbarkeit, die mehr als Verehrung ist, mit Nachsicht aufzunehmen. Soll ich mich aber auch diesmal entschuldigen? Ich glaube, ich darf nicht. Wenigstens liegt es mir wie eine Pflicht auf dem Herzen, die Aphorismen, mit denen ich in einem Gedräng von erfreulichen und lästigen Geschäften der Welt zur Last fiel, auch gegen Sie wieder gut zu machen. Und sollte ich selbst, was ich denn doch kaum glauben kann, durch diesen Paullus Septimius[1]) meine Sache verschlimmert haben, so würde ich ihn doch Ihnen haben vorlegen müssen, weil ich dann, wenn auch dieser Versuch verunglückt ist, nicht ein fünfjähriges pythagoreisches, sondern ein lebenslängliches Stillschweigen in der philosophierenden Welt zu beobachten entschlossen bin. Auch kann ich dieses Buch nicht wie die Aphorismen ein Werk der Übereilung nennen. Ich habe es mehr als einmal durchzuprüfen Zeit gehabt und habe es also ganz zu verantworten. Über das Kleid zu disputieren, das ich der Wahrheit umzuhängen gewagt habe, werde ich nicht nötig haben, wenn nur die Wahrheit nicht durch dieses Kleid entstellt ist. Aber wird die reine und entkleidete Wahrheit, die Unsichtbare und Unsterbliche, die Ihnen erschien, als Sie den Begriff einer reinen Erkenntnisform fanden und die Tafel der Kategorien aufstellten, wird diese sich erkennen in der Lehre meines eleusinischen Priesters? Hätte ich nicht wenigstens vor der Berührung der transszendentalen Logik mich scheuen sollen? Wird meine Bestimmung der Begriffe der Freiheit und des Willens die Probe halten? Ist meine Theorie vom Glauben an eine beste Welt nicht eine Verirrung der Spekulation über die Grenze, die Sie ihr vorgezeichnet haben? Wenn ich doch darüber die Wahrheit

---

[1]) Paulus Septimius oder das letzte Geheimnis des Eleusinischen Priesters, 1. Teil, Halle 1795.

selbst fragen könnte! Oder wenn ich von Ihnen hören könnte, ob Sie die Abweichungen der Lehre THEOPHRANORS von Ihrer Kritik der reinen Vernunft für ganz grundlos erkennen! — Aber Sie haben mehr zu tun in Ihrem Wegeweiser-Amt, als sich umzusehen, ob nicht einer oder anderer stolpert, der Ihre Wege betreten will. Wer gefallen ist, fühlt doch am Ende selbst, daß er am Boden liegt, wenn er nicht durch übermäßige Träumerei alle Besonnenheit verloren hat; und wer stolpert, ohne zu fallen, fühlt wenigstens, daß er sich stößt. Ein Wanderer, wie ich, kann schon aus der Erfahrung sprechen. Seitdem ich mich von Göttingen getrennt, darauf eine Reise durch die Schweiz gemacht, und jetzt mich in einen stillen Privatstand in diese Rheingegend zurückgezogen habe, ist mir mancher Irrtum mit dem Staube von meinen Füßen gefallen, und manche Empfindungen, die mir fest anhingen, haben mich verlassen, nur nicht meine Überzeugung von Ihrem unvergänglichen Verdienst in der größten Angelegenheit der Vernunft, und nicht die innige Verehrung, mit der ich bin
Ew. Wohlgeb.

gehorsamster Dr.
F. Bouterwek.

381.

An Johann Gottfried Carl Christian Kiesewetter.

Wertester Freund

Sie haben mich durch die schöne Teltower Rüben vom vorigen Jahre so verwöhnt, daß die hiesige meinem Gaumen nicht mehr behagen wollen. Wollten Sie wohl auch jetzt die Güte haben, mir einen Scheffel von diesem Hausbedarf zu überschicken? wo ich, wenn die Adresse an den Kaufmann Herrn J. CONRAD JACOBI gestellt würde, dem Fuhrmann die Kosten für Ware und Fuhrlohn entrichten könnte, oder sonst auf eine Ihnen beliebige Art Ihre Auslage vergüten; denn es wäre unbescheiden, Ihre Höflichkeit zur Gewohnheit werden zu lassen.

Ihr Versprechen, uns hier etwa in anderthalb Jahren zu besuchen, ist mir und Ihren hiesigen Freunden sehr angenehm gewesen. Eine Freundin von Ihnen, die Frau Hofpredigerin SCHULTZ, werden Sie nicht mehr antreffen; denn sie ist den 10. Oktober nach langem Leiden verstorben. Vielleicht werde ich auch binnen dieser Zeit expediert, ob ich gleich jetzt noch so ziemlich gesund bin; denn die siebziger Jahre machen gewöhnlich einen kurzen Prozeß.

Wenn Sie mich mit einer baldigen gütigen Antwort beehren wollen, so wünschte ich wohl über den wunderlichen Vorgang mit den Preisaufgaben der Akad. d. Wissensch. einige Belehrung: z. B. warum die Austeilung nicht, wie gewöhnlich, am Geburtstage des Königes, sondern acht Tage hinten nach geschehen; wie es habe kommen können: daß SCHWAB, ABICHT und REINHOLD in bunter Ordnung dabei zusammen kommen und irgend etwas Einstimmiges aus so viel Dissonanzen herausgebracht werden kann, u. d. g.[1])

Meine reveries „zum ewigen Frieden" werden Sie durch NICOLOVIUS bekommen. Mit dem Unfrieden unter den Gelehrten hat es nicht viel zu bedeuten, wenn sie nur nicht Kabalen machen und sich mit den Politikern vom Handwerk verbrüdern, und HORAZENS *atrum desinit in piscem* bei ihren höfischen Manieren darstellen.

Ich bin jederzeit mit Hochachtung und Freundschaft
Ihr

Königsberg,   ergebenster treuer Diener
den 15. Oktober   I. Kant.
1795.

382.

Von Johann Plücker.

Elberfeld, den 5. Januar 1796.
Herr Professor Emanual Kant in Königsberg.

Übel werden Sie's doch mir nicht nehmen! Wann ich durch diese gute Gelegenheit die Freiheit brauche, diese wenige Zeilen, in Hoffnung meiner Belehrung, an Sie zu schreiben!

---

[1]) Der Preis, den die Akademie für die Beantwortung der Frage ausgeschrieben hatte: „Welches sind die wirklichen Fortschritte, die die Metaphysik seit Leibnizens und Wolffs Zeiten in Deutschland gemacht hat?", war zur einen Hälfte an Joh. Christ. Schwab in Stuttgart (1743—1821), zur anderen Hälfte an Reinhold und Abicht gefallen; ein Accessit erhielt der Prediger Jenisch. Kant selbst hat, wie bekannt,

voraus muß ich sagen, daß ich von Jugend auf, jetzt in die 60 alt seiende, mich nach Wahrheit umgesehen, und wo ich dieselbe nur fand! lieb gewann! — auffallender aber hab ich nie etwas — als Dero Schriften gefunden! als mir dieselbe zuerst zu Gesichte kamen — von vielen Vorurteilen entbunden, las ich dieselbe mit vielem Nachdenken und öfter wiederholt fleißig — bis ich — das in mir durcheinander liegende Chaos ziemlich in Ordnung brachte! Neues haben Sie, meinem Dünken nach, mir nichts gesagt — weil es in mir lag — aber dasjenige geordnet, was, ich weiß nicht, wie? Alles in mir — möcht ich sagen, konfus durcheinander lag? Sie gaben mir den Schlüssel — zur Erkenntnis — der tiefen Weisheit — die Jesus Christus — durch seine Lehre und Reden geäußert!

und ich danke meinem Schöpfer! daß Er mich die Tage erleben lassen! Wo Sie, edler Mann, am Ende des achtzehnten Jahrhunderts — als ein hell scheinendes Licht die Welt erleuchten.

beurteilen Sie gütigst folgenden Brief, den ich vor wenig Jahren an einen Freund — auf gewisse Veranlassung schrieb — und demnächst meine Gedanken, die ich bei Gelegenheit einer Wahrnehmung — vermittels eines Microscopii compositi — für mich entwarf — der Brief war wie folgt!

„keine gute Handlung, kein gutes Wort geht verloren,
„der Lohn ist unausbleiblich! — dies darf man dem
„publico zur Anlockung und Nachahmung sagen! der
„Weise handelt aus Pflicht! der noch Weisere aber aus
„Hochachtung für die Pflicht! bückt sich tief für des
„Gesetzes Heiligkeit! Er wähnt einen Gott! und ihm
„ahndet dessen Majestät! —!" so weit der Brief.

durch ein vortreffliches Microscopium compositum ließ mich einst der Besitzer und Künstler davon, mein Freund! ein kaum zu bemerkendes kleines westindisches Würmchen sehen! und wie staunt' ich, da ich es als mit den feinsten Perlen wie bedeckt fand! Demnächst legte mein Freund ein Miniaturgemälde, etwa so groß wie der Nagel aufm kleinen Finger darunter, mit der Versicherung, daß er darauf so viel Fleiß und Mühe gewendet — daß es nicht bezahlt werden würde! — auch so vollkommen

---

das Thema bearbeitet (s. Werke, Bd. VIII), seine Abhandlung aber nicht eingereicht.

gut schien es zu sein! aber noch mehr staunte ich — da ich die Striche, wie Kraut und Rüben, unordentlich durcheinander liegen fand? und fast keinen einzigen vollkommen guten Strich wahrnahm? lang lage mir das Gemälde und dessen Karikatur mit dem Würmchen in den Gedanken, bis ich, nach meinem Urteil — und zu meiner Belehrung den richtigen Schluß machte! so wie sich die Natur verhält zur Kunst — so verhält sich das Ideal des vollkommenen Menschen in uns — zu unserem Verhalten und Betragen! — diesem Ideal sich zu nähern, wird die Würde des Menschen befördern und ihn beseligen! — das Reich Gottes ist inwendig in euch, sagt ja auch der lieber Weiser Jesus!

um nichts mehr — edler Mann, ersuch ich Sie nun, als mir in Antwort gütigst freimütig zu sagen, inwiefern Sie mit mir in Besagtem einstimmig sind? und was mehreres dabei zu erinnern sein möchte? Sie werden mich dadurch unendlich verpflichten — dann nie vergaß ich von Jugend auf den — der zu meiner Belehrung was beitrug! in Erwartung Ihrer lieben Antwort, direkt über die Post, bin Ihr, obwohl unbekannter, doch aber ganz ergebener Freund
Johann Plucker Werners Sohn.

P. S. auch werden Sie mich sehr verbinden, wann Sie das Haus von CARL LUDWIG KIRSCHNICK dort kennen? mir in Antwort zu sagen belieben? ob demselben einige tausend Reichstaler zu fidieren sein? dies Haus empfahl mir, und durch dasselbe empfangen Sie mein Schreiben. bin wie oben.

383.

An Johann Plücker.

Königsberg, 26. Januar 1796.

Fahren Sie fort, wackerer Mann, in Beherzigung der ersten Grundsätze desjenigen Lebenswandels, der Ihnen nicht allein hier den Frieden der Seele sichern, sondern Sie auch für die Zukunft aller Bekümmernis überheben wird.

Daß ich gleichsam nur die Hebamme Ihrer Gedanken war, und alles, wie Sie sagen, schon längst obwohl noch nicht geordnet in Ihnen lag, das ist eben die rechte und einzige Art zur gründlichen und hellen Erkenntnis zu gelangen. Denn nur das, was wir selbst machen können, verstehen wir aus dem Grunde;

was wir von andern lernen sollen, davon, wenn es geistige Dinge sind, können wir nie gewiß sein, ob wir es auch recht verstehen, und die sich zu Auslegern aufwerfen, eben so wenig.

Die Stelle aus Ihrem, vor wenig Jahren an einen Ihrer Freunde abgelassenen Brief, hat meinen ganzen Beifall und enthält das Gesetz und die Propheten.

Auch hat mir das Experiment mit dem Würmchen und dem fleißigsten Gemälde von demselben unter dem Mikroskop verglichen, als lebendig vorgestellter Abstand des Menschen (wie er hier ist) von dem Ideal der Menschheit (was er sein und werden soll) und seiner Bestimmung sich diesem beständig zu nähern, durch seine Neuheit und Tauglichkeit, solche Beispiele in Erziehung der Jugend zu benutzen, nicht wenig vergnügt. Die daraus gezogene Analogie zwischen dem physischen und moralischen Menschen (in seiner ganzen Reinheit) ist sinnreich und vornehmlich zu jenem Zweck überaus wohl ausgedacht.

Mit einem Wort, Ihr Brief, lieber Freund, hat mir eine angenehme Stunde gemacht; von meinen geringen Bestrebungen, solche Wirkungen hin und wieder wahrzunehmen; welche tröstende Empfindung dem noch auch von Zeit zu Zeit durch die Bemühung derer trübe gemacht wird, die die einfachste Sache von der Welt geflissentlich zu der schwierigsten machen, indem sie, wie Ärzte, in Rezepten, des Guten nicht zu viel tun zu können wähnen, und die moralisch Kranken mit Glaubensvorschriften überfüllen, bis ihnen darüber der Geist (das wahre Prinzip der guten Deutungsart) ausgeht.

Einem Mann, wie Sie, der es wohl verdient, daß man ihn bei seiner Erkundigung nach der Zuverlässigkeit anderer in bürgerlichen Geschäften nicht unberaten lasse, habe ich bei meiner eignen Unkunde, einem andern wichtigen und wohldenkenden Mann, Herrn Komm.-Rat TOUSSAINT, substituiert, der sein Urteil über den Kaufmann quaestionis an Sie abgeben wird und durch den Sie auch, wenn es Veranlassung gäbe, an mich zu schreiben, mir Ihre Briefe überschicken werden.

Übrigens wünsche ich, daß, so wie Sie sich in Geistes-Angelegenheiten auf der Bahn der Rechtschaffenheit, so auch in bürgerlichen und häuslichen auf der des Glücks und der Ehre jederzeit befinden mögen und bin mit Hochachtung Ihr
        ergebenster Freund und Diener
                I. Kant.

384.

Von Matern Reuß.

Würzb. d. 1. April.
Euere Wohlgeborn 1796.
erwarten ja von mir keine Versicherungen meiner fortdauernden Ergebenheit gegen Sie; ich setze deswegen auch alle Erklärung meiner Hochschätzung gegen Sie beiseite; aber unangenehm wird es Ihnen nicht sein, wenn ich Ihnen, wenigstens überhaupt (denn en detail werde ich es öffentlich also auch Ihnen bekannt machen) den Zustand der kritischen Phlie im katholischen Teutschland bekannt mache. Hier fahre ich ungehindert fort, theor. u. prakt. Phlie nach Ihren Grundsätzen zu erklären, auch Ästhetik wird vom Pr. ANDRES nach Ihren Grundsätzen gelehrt. Die Professoren der Theologie und Rechtsgelahrtheit modeln fast alle, wo nicht die Wissenschaft, die sie lehren, wenigstens die Art ihres Vortrages nach den nämlichen Grundsätzen, sogar beim Religionsunterricht benutzt man Ihre Grundsätze, in Katechese u. in Predigten: bloß, um Kantische Phlie bei mir zu hören, kommen viele Fremde hieher; und mein Fürst, der mich sehr unterstützt, nahm mir alle übrigen Geschäfte, die ich sonst dabei besorgen mußte, ab, damit ich mich der Phlie allein widmen könne.

Nicht gar so hell, doch ziemlich hell sieht es auf den hohen Schulen Bamberg, Heidelberg u. andern katholischen Schulen aus, desto finsterer ist es aber in Bayern, Schwaben u. der katholischen Schweiz, ich machte eine Reise in diese 3 Länder, u. hoffe Nutzen gestiftet zu haben; da in diesen kathol. Ländern die Schulen meistens von Mönchen besorgt werden, die aber nur nicht nach einem teutschen Vorlesbuch lesen dürfen, nach einem protestantischen (so sagen sie) gar nicht, so habe ich diesen Schulen zulieb über theor. Phlie ein Vorlesbuch in latein. Sprache geschrieben, welches aber erst nächstens gedruckt wird;[1]) auch in der italienischen u. französischen Schweiz wünschte man über KANTS Phlie eine Erklärung in lateinischer Sprache; Pr. ITT zu Bern bat mich deswegen, so etwas zu besorgen.

---

[1]) Reuss, Initia doctrinae philosophicae solidioris, P. I, Salzburg 1798; P. II, Salzburg 1801.

Ich kann Ihnen nicht beschreiben, wie enthusiastisch auch jene, die sonst Ihren Grundsatzen nicht gut waren, sogar unsre Damen jetzt für Sie eingenommen sind, da wir in mehreren Zeitungen gelesen haben, daß Sie als Gesetzgeber, als Stifter der Ruhe u. des Friedens nach Frankreich gerufen worden seien, u. dazu von Ihrem König Erlaubnis erhalten haben;[1]) auch ich bekomme jetzt von mancher Dame ein freundlicheres Gesicht als zuvor.

Auf die Frage: ob die Nachricht gegründet sei, bat ich Hrn. Hofpr. SCHULTZE um eine Antwort, weil Sie dazu nicht Zeit haben. Ich bitte Sie um Ihre fernere Freundschaft u erharre
Er. Wohlg.
Dienstfertigster Diener
Reuß Prof

Hr. STANG empfiehlt sich bestens.

385.

An Friedrich August Hahnrieder.

Ew: Hochedelgeb.

Zuschrift vom 9. April c. enthält so subtil ausgedachte Skrupel und moralische Bedenklichkeiten, irgendein Amt zu übernehmen, in sich, zugleich aber auch einen so unwandelbaren Vorsatz der Beharrlichkeit bei dieser Ihrer Meinung, daß aller Versuch Ihnen denselben, wenngleich mit triftigen, nicht weniger moralischen, Gründen auszureden, vergeblich zu sein scheint.

Noch bleibt aber doch ein Vorschlag, der Ihrem eigenen Plane analogisch, nämlich kein Amt, sondern eine Kommission betrifft, übrig und der Sie dahin leiten könnte, wohin Sie selbst wünschen, nämlich im Unterricht Anderer Ihre Beschäftigung zu suchen. — Wenn Sie sich nämlich „in der reinen Mathematik, der Algebra und der Fortifikation", wie Sie sich äußern, stark gnug fühlen, so würden Sie auch sehr leicht die Feldmeßkunst hinzusetzen können. — Nun haben des Herrn Etatsminister Baron

---

[1]) Die Zeitungen hatten die falsche Nachricht gebracht, daß die französische Nation durch den Abt Sieyes Kant ersucht habe, den Entwurf der Konstitutionsgesetze durchzusehen und nach seinen Grundsätzen zu verbessern.

v. SCHROETTER Exzell. vor etwa 4 Wochen unserem Professori Matheseos Ordinario zu wissen tun lassen, daß eine große Vermessung, der jetzt preußischen (ehedem zu Polen gehörigen) Länder vor sich gehen soll und von gedachtem Professore, Herrn Hofprediger SCHULTZ, darüber Vorschläge verlangt, an welchen Sie, sobald der Plan zur Ausführung gereift ist, sich wenden und dann das übrige veranstalten können.

Hiezu und zu allen übrigen wohlgemeinten und redlichen Absichten wünsche das beste Glück und bin mit aller Hochachtung

Ew. Hochedelgeb. ergebenster Freund
und Diener

Koenigsberg,
d. 16. April
1796.

I Kant.

386.

An Johann Gottfried Carl Christian Kiesewetter.

Hochgeschätzter Freund! [28. Juni 1796.]

Der Ihnen dieses zu überreichen die Ehre hat, Herr HAHNRIEDER aus Lötzen in Ostpreußen, mein ehemaliger Zuhörer, mag Ihnen seine Lebensgeschichte, seine Grundsätze zu handeln und seine Absichten selbst erzählen. Was ich hiebei noch zu sagen habe, ist: Sie zu bitten, ihm zur Ausführung seines von ihm selbst entworfenen und mit Festigkeit beschlossnen Lebensplan, der zwar paradox und ungewöhnlich, aber doch keinesweges phantastisch ist, durch Ihren Rath und Empfehlung beförderlich zu sein, oder auch allenfalls, wenn sich Ihres Orts dazu Gelegenheit fände, ihm einen andern Plan vorzuschlagen; denn sein Talent, seine Geschicklichkeit (zumal da er in der Mathematik nicht unbewandert ist) und sein Charakter, der nicht allein untadelig, sondern auch entschlossen und soweit ich ihn kenne ausdaurend ist, lassen an ihm einen guten und brauchbaren Bürger erwarten, als worin er auch ohne Rücksicht auf Standesunterschiede (die doch größtenteils von der Meinung abhängen) seinen Ehrbegriff setzt.

[*Das Übrige fehlt.*]

387.

Von Friedrich August Hahnrieder.

Berlin d. 20. Sept.
Achtungswürdiger Mann!   1796.

Die Ungewißheit der Entwickelung meines Schicksals ist die eigentliche Ursache der Verzögerung eines Schreibens, ich wollte mir die Freiheit, Denenselben zu schreiben, nicht eher zu nutze machen, als bis ich imstande wäre, eine gänzliche Schilderung aller gehabten Fatalitäten zu liefern, izt ist mein Schicksal entschieden, und ich eile Ihnen davon getreue Nachrichten zu liefern. Sobald das Schiff aus Königsberg ausgelaufen war, veränderte sich der Wind, wir mußten vor Fischhof zu Anker gehen, dieses begegnete uns noch einmal auf dem Haff, nicht eher als in ohngefähr drei Tagen kamen wir nach Pillau, woselbst, widrigen Windes wegen, wir acht Tage liegen mußten; die Teurung in Pillau verminderte um vieles meine Barschaften, welche ohnehin äußerst mäßig waren. Nachdem der Wind günstig geworden, gingen wir unter Segel, eilf Tage waren wir auf offner See, in Swinemünde blieben wir liegen, und einige Meilen von Swinemünde widerfuhr uns dasselbe, nach einer Reise von viertehalb Wochen kamen wir nach Stettin, von da ging ich mit noch zwei Reisekameraden zu Fuß nach Berlin, die Sachen wurden auf einen Oderkahn geladen. Die Empfehlungen, die Sie mir mitzugeben die Güte gehabt, gab ich ab; Herr Doktor BIESTER und Herr Professor KIESEWETTER hatten wider meinen Plan nichts einzuwenden, letzterer gab sich Mühe, mich bei einem Meister unterzubringen, aber es war vergebens, keiner von allen, wohin mich KIESEWETTER brachte, wollte sich entschließen, mich anzunehmen, der eine entschuldigte sich, daß er keinen Platz habe, der andre, daß ich in den Jahren nicht viel lernen würde, der dritte meinte, er könnte mich nicht so als einen gewöhnlichen Lehrjungen behandeln, ein vierter hatte andere Gründe, und so war alles Bemühen fruchtlos, ich bat daher Herrn Prof. KIESEWETTER, irgendeinen andern Plan zu meinem Fortkommen zu entwerfen, indessen wollte er meinen einmal entworfnen Plan durchgesetzt wissen, es koste was es wolle, er riet mir mich an Herrn Doktor BIESTER zu wenden, dieser würde vielleicht einen Meister ausfindig machen, und dann sollte ich, die Bedingungen möchten sein welche es wollten, in Arbeit gehen, nach seiner Zurückkunft (er reiste eben auf einige Zeit nach Freienwalde, sechs Meilen von hier, ins Bad) würde er alles arrangieren, er hätte schon mit mehreren Freunden gesprochen, die mich während meinen Lehrjahren zu unterstützen versprachen, da eine Unterstützung unter solchen Umständen als ein allgemeines Gesetz sehr wohl bestehen könnte, so nahm ich dieses Anerbieten an, Herr Doktor BIESTER empfohl mich dem braven ZÖLLNER, welcher mich vermittelst eines Tischlers bei einem geschickten hiesigen Tischler unterbrachte, die Bedingungen waren freilich meinen Verhältnissen nicht angemessen, ich sollte nemlich auf drei Jahre eingeschrieben werden, funfzig Taler Lehrgeld bezahlen und Tisch, Quartier und Kleidung selbst besorgen, allein in Hoffnung auf die so sicher zugesagte Unterstützung fing ich an zu arbeiten; nachdem KIESEWETTER zurückgekommen, stellte ich ihm dieses vor, er hatte dawider nichts einzuwenden, munterte mich auf, meinem Vorsatz treu zu bleiben, und versicherte mir, da ich einige Zweifel gegen Unterstützung hegte, daß ich nichts zu besorgen hätte, ohngeachtet aller Versicherungen konnte ich doch nicht ganz zufrieden sein, ich sprach Herrn Doktor BIESTER darüber, dieser meinte, daß das Versprechen zu voreilig wäre, ich bat nun Prof. KIESEWETTER, mir ganz bestimmt darüber Auskunft zu geben, denn sollte es mit der Unterstützung Schwierigkeiten setzen, so könnte ich ja, da ich noch nicht eingeschrieben wäre, mit der Arbeit aufhören und irgend etwas anderes entrieren, zugleich ersuchte ich ihn, mich als Hofmeister ohnweit Berlin zu engagieren, er indessen wollte davon nichts hören, sondern sprach immer von Unterstützung, dieses hatte schon mehrere Wochen gedauert, und ich muß gestehen, daß mir meine Lage sehr zur Last wurde; während der Zeit war der Rat CAMPE aus Braunschweig hier gewesen, mit diesem hatte KIESEWETTER meinetwegen gesprochen, und ihm den Brief von Ihnen gezeigt, in Rücksicht des für mich so günstigen Urteils wollte dieser rechtschaffene Mann mich gerne in Braunschweig haben, versprach mit einem dasigen sehr geschickten Tischler und Mechanikus darüber zu sprechen und mit nächstem darüber Nachricht zu erteilen, ich hatte ihn besucht und dieses Versprechen von ihm selbst gehört, da mir meine Lage in die Zukunft nicht als die günstigste erschien, so ging ich vor einigen Tagen zum Buchhändler Herrn VIEHWEG, der der Schwiegersohn von CAMPE ist, um nachzufragen, ob eine Nachricht aus Braunschweig eingelaufen wäre, VIEHWEG sagte mir, daß

CAMPE geschrieben, daß ich bei dem Meister, indem er nicht zünftig wäre, nicht Neues lernen könnte, wenn ich als zünftig gelernter Tischler einst subsistieren können wollte, — also wieder eine fehlgeschlagene Hoffnung —, die Rätin CAMPE, die itzt hier ist, kam dazu, sprach mit mir über meinen Plan, und da ich alle Umstände auseinandergesetzt, so versprach sie und Herr VIEHWEG für meinen Unterhalt zu sorgen, überdem gibt Herr VIEHWEG mir bei sich frei Quartier, und so hat mich denn diese gute Frau, freilich nicht meines Verdienstes oder Würdigkeit willen, sondern bloß Ihrer so guten Empfehlung wegen, aus der größesten Verlegenheit gerissen, denn von meinen Eltern darf ich keine Unterstützung erwarten, diese wissen von meinem Entschlusse nichts, und würden ihn auch nie billigen. Die gute CAMPE hat mir aufgetragen, Ihnen unbekannter Weise sie zu empfehlen, ich wünschte, daß Sie diese Familie, die aus lauter braven Menschen besteht, kennen möchten, es gibt doch noch gute Menschen unter dem Monde! Schenken Sie mir die Fortdauer Ihrer Freundschaft, ich werde alle meine Kräfte aufbieten, mich derselben nie unwürdig zu machen, redlich und ohne zu wanken will ich den dornichten Pfad der Tugend wandeln! Herrn Hofprediger SCHULTZ bitte ich mich zu empfehlen und mit der vollkommensten Hochachtung habe ich die Ehre zu sein

Ew. Wohlgebornen

aufrichtig ergebner
Freund und Diener
Hahnrieder.

N. S. Mit der Arbeit geht's recht gut, ich habe bereits einige Fußbanken, einen Tischfuß, ein Fußgestelle zu einer Hobelbank gemacht, itzt arbeite ich an einem kleinen eichnen Tischchen, welches auf Möbel-Magazin gestellt werden soll!

388.

Von Ernst Ferdinand Klein.

Verehrungswürdiger Greis

In der Hoffnung, daß Sie uns selbst ein Naturrecht liefern würden, habe ich lange Zeit mit der Herausgabe meines Lehrbuchs der natürlichen Rechtswissenschaft, welches ich Ihnen hierbei übersende, zurückgehalten.¹) Bis jetzt ist diese Hoffnung nicht erfüllt worden. Ich wünschte daher, daß es Ihnen nicht an Zeit und Lust mangelte, mein System zu prüfen. Ob ich gleich nicht in verba magistri schwöre: so haben doch die Lehren großer Männer bei mir ein großes Gewicht. Hierdurch will ich Sie aber von wichtigern und nützlichern Arbeiten nicht abhalten. Ich will Sie daher auch nicht einmal mit einer Antwort bemühen, wenn Sie nicht nötig finden sollten, mir über den Inhalt meiner Schrift etwas zu sagen. Das Beste darin ist wohl das, was ich Ihnen zu verdanken habe.

Sorgen Sie für Ihre Gesundheit und denken Sie nicht zu schlecht von
Ihrem Verehrer
Klein

Halle
den 11. Oktober 1796.

389.

An Jakob Sigismund Beck.

Wertester Freund!

Sie haben mich mit verschiedenen Ihnen Ehre bringenden Schriften, zuletzt noch mit dem Grundrisse der krit. Phil., beschenkt und ich mache mir darüber Vorwürfe, die in Ihren Briefen an mich gerichtete Anfragen, Entwürfe und Nachrichten, so angenehm sie mir auch allemal waren, durch keine Antwort erwidert zu haben. — Werfen Sie immer die Schuld auf die Unbehaglichkeit meines Alters, dessen, übrigens sonst ziemliche, Gesundheit doch nicht, wie bei einem KAESTNER, durch körperliche Stärke unterstützt wird und mich, da ich immer beschäftigt sein muß, durch seine Launen unaufhörlich abzubrechen und mit Beschäftigungen zu wechseln nötigt.

Man hat mir versichert, daß Sie provisorisch vom Petersburgischen Hofe einen Ruf auf die in Kurland zu errichtende Univer-

---

¹) Über E. F. Klein s. oben S. 108, seine „Grundsätze der natürlichen Rechtswissenschaft nebst einer Geschichte derselben" (Halle 1797) sowie seine „Grundsätze des gemeinen teutschen und preussischen peinlichen Rechts" (Halle 1795) sind von hervorragender Bedeutung für die Gestaltung der preußischen Gesetzgebung gewesen.

sität hätten. Verhält sich dieses so, so würde ich mich, auch meinentwegen, freuen, eine Gelegenheit zu finden, die es mir erleichterte, unsere beiderseitige Ideen, Entwürfe und Fortschritte wechselseitig mitzuteilen. — Ein Gedanke des Herrn HINDENBURG, den Sie mir mitzuteilen die Güte hatten, ist mir zwar sehr schmeichelhaft, was das Zutrauen betrifft, übersteigt aber meine mathematische Kenntnis viel zu weit, als daß ich die Anwendung der Kombinationsmethode auf die Philosophie auch nur versuchen sollte.

Herren Prof. JACOB bitte gelegentlich, neben meiner besten Empfehlung, für die Übersendung seiner Annalen den ergebensten Dank abzustatten. Wenn ich nur etwas zur Erwiderung dieser Güte tun könnte!

Mit der größten Hochachtung und Ergebenheit bin ich jederzeit
der Ihrige

Königsberg
d. 19 Nov.
1796.

J Kant

390.

Von Friedrich August Hahnrieder.

Achtungswürdiger Mann!

KIESEWETTER hat mir die Stelle Ihres Schreibens an ihn, wo Sie meiner erwähnen, vorgelesen; mit dem größten Vergnügen nahm ich wahr, daß ich Ihnen nicht gleichgültig bin, Sie fordern mich sogar auf, Ihnen zu schreiben, ich versäume daher keine Zeit, Ihrem Verlangen Gnüge zu leisten, gerne hätte ich schon mehrmalen, seit meinem ersten Briefe, den Sie durch Herrn NICOLOVIUS werden erhalten haben, geschrieben, allein ich fürchtete, durch meine Zudringlichkeit einem Manne lästig zu werden, den ich von ganzer Seele hochschätze, und deswegen alle Gelegenheit sorgfältig vermeiden wollte, beschwerlich zu fallen. Sie muntern mich auf, bei meinem einmal gefaßten Vorsatze zu bleiben und nicht zu wanken, nein, edler Mann! ich wanke nicht, Himmel und Erde mögen vergehen, mein Körper in seine Elemente aufgelöset werden, aber mein Vernunft läßt sich nicht erschüttern, ein einmal gefaßter, in der Vernunft gegründeter Entschluß muß durchgesetzt werden, es koste was es wolle; Sittlichkeit ist keine

Chimäre, das haben Sie bewiesen, ich bin davon überzeugt und fest entschlossen nach Überzeugung zu handeln, an Kräften fehlt's mir nicht, ich habe Mut gehabt, allen Gefahren und Widerwärtigkeiten, die mir in Rußland droheten, zu trotzen, ich zagte nicht auf der unwegsamen Bahn, die mir Pflicht vorzeichnete, fortzuwandeln, und itzt sollte ich wanken, itzt sollte ich meinen Mut sinken lassen, da ich doch bei weitem mit weniger Widerwärtigkeiten zu kämpfen habe? Zwar verlassen mich meine Eltern, meine Freunde sind unzufrieden mit mir, und es tut mir weh, es ist ein harter Kampf, den ich zu kämpfen habe, aber es sei, ich will ihn kämpfen, ich will tugendhaft sein, und soll es sein, dieses Gesetz gibt mir meine Vernunft, und die Neigungen, sie mögen so laut rufen, als sie immerhin wollen, müssen am Ende verstummen.

Da Sie mir doch einmal die Erlaubnis gegeben haben, zu schreiben, so will ich Ihnen von allem, was auf mich Beziehung hat, Nachricht erteilen. Mit dem Hobeln und Sägen geht's gut, ich habe darin ziemliche Progressen gemacht, verschiedene Stücke habe ich bereits verfertigt, die schon Liebhaber gefunden und gekauft worden, ich hoffe, daß ich während den drittehalb Jahren, die zu meiner Lehrzeit bestimmt worden, es dahin bringen werde, daß ich als ein geschickter Geselle mein Brot werde verdienen können; meine körperlichen Kräfte nehmen zu und ich habe die frohe Aussicht, eine dauerhafte Gesundheit zu genießen vor mir. Verschiedene Bekanntschaften habe ich hier gemacht, zum Teil mit Männern, die diesem Ehrennamen keine Schande machen; der Geheimrat SCHULZ, der bei Ihnen gewesen, und ein gewisser Professor FESSLER interessieren mich am mehresten, ersterer scheint mir ein sehr redlicher Mann zu sein, er hat mir Unterstützung angeboten, wovon ich bisher noch keinen Gebrauch gemacht, weil ich glaube, daß man sich lieber kümmerlich behelfen muß als andern zur Last zu fallen; letzterer ist ein Mann, durch dessen Umgang mein sittlicher Charakter mehr und mehr ausgebildet wird, sein Beispiel ist mir eine heilsame Lehre, daß Widerwärtigkeiten nie einen für die Sittlichkeit nachteiligen Einfluß auf unsere Handlungen haben müssen; dieser Mann war ehedem beim Fürsten zu CAROLATH engagiert, sein Engagement hatte ein Ende, da der Fürst bankrott wurde, itzt lebt er hier und wird nicht angestellt, sich seiner Würde bewußt, verachtet er alle die Schleichwege, die ihn zu einem Posten führen könnten, er leidet lieber alles Ungemach, welches seine brave Frau gerne mit ihm teilet, und schränkt sich so sehr ein als möglich, um nur nicht nach Maximen handeln zu dürfen, die mit der Sittlichkeit im Widerspruch stehen.

Was mich als Staatsbürger betrifft, so befolge ich treulich den Vorschriften der Vernunft, die Sie so vortrefflich in der Abhandlung „was in der Theorie richtig ist, gilt nicht für die Praxis", auseinandergesetzt haben. Sie haben nichts zu befürchten, daß ich vielleicht durch Mißverstehen auf Abwege geraten könnte, ich habe kein Talent zu tiefsinnigen Spekulationen, aber Einsicht genug, um Wahrheiten, die aufs Praktische Beziehung haben, nicht zu verfehlen, mit Ungeduld warte ich auf die Metaphysik des Rechts und die Tugendlehre, wo ich glaube über mehrere Gegenstände, die mir bisher dunkel geblieben, Licht zu erhalten.

Madame CAMPE hatte mir aufgetragen, Ihnen unbekannterweise ein Kompliment zu machen, welches ich auch in meinem ersten Briefe bestellt. Kurz vor ihrer Abreise haben wir in Gesellschaft mehrerer Berliner Damen auf Ihre Gesundheit getrunken, ich habe es der Gesellschaft versprochen, Ihnen davon Nachricht zu geben, und erfülle nun mein Versprechen, auch Damen schätzen den Weisen, der ohne Menschenfurcht Lehren der Wahrheit verkündigt.

Herr LA GARDE behandelt mich in Rücksicht der Empfehlungen, die Sie mir mitgegeben, sehr freundschaftlich, er hat sich nach Ihrem Befinden sehr genau erkundigt, und nimmt an allem, was Sie betrifft, lebhaften Anteil.

Die Berliner im ganzen sind mit meinem entworfnen Plane zufrieden, ich werde von einigen unterstützt; um diesen gutgesinnten Menschen so wenig als möglich beschwerlich zu sein, habe ich mich auf fünf Taler monatliche Ausgabe eingeschränkt, ich muß mich freilich kümmerlich genug behelfen, indem ich damit Quartier, Essen, Wäsche und Licht besorge, indessen beruhige ich mich, weil ich überzeugt bin, daß die Bestimmung des Menschen nicht ist, beständig auf Rosen zu tanzen.

Daß ein Schreiben von Ihnen mir äußerst angenehm sein würde, versichere ich Ihnen aufs feierlichste, Ihre Briefe, womit Sie mich bisher beehrt haben, hebe ich als ein Heiligtum auf, indem eine einzige Zeile von der Hand eines so rechtschaffenen Mannes bei mir einen unendlichen Wert hat. Sollten Sie mich mit einem Schreiben beehren, so würde KIESEWETTER, bei dem ich Sonntags Vorlesungen über die physische Geographie höre, mir solches einhändigen.

Inliegenden Brief bitte ich Herrn Hofprediger SCHULTZ abgeben zu lassen. Mit der innigsten Verehrung bin ich
Ihr
ganz ergebner Freund
Berlin d. 3. Dezembr
und Diener
1796.
Hahnrieder.

391.

Von Christoph Wilhelm Hufeland.[1])

Wohlgeborner Herr Jena d. 12. Dez. 1796.
Hochzuverehrender Herr Professor.

Erlauben Sie, verehrungswürdiger Mann, daß ich Ihnen ein Buch zuschicke, das Ihnen in mehr als einer Rücksicht zugehört, teils als einem der ehrwürdigsten Nestors unserer Generation, der nicht allein zeigt, daß man auch mit angestrengter Geistesarbeit alt werden, sondern daß man auch noch wirken und nützlich sein kann, teils als einem Manne, dem die Kenntnis des Menschen, die wahre Anthropologie, so viel verdankt, und der sich um die Medizin selbst dadurch so viel Verdienst erworben hat, und gewiß noch mehr in der Zukunft erwerben wird.

Zugleich nutzte ich diese Gelegenheit gern, um Ihnen meine innigste Verehrung zu bezeugen, und den Wunsch beizufügen, daß Sie das neueste Beispiel des höchsten Menschenalters mit fortwirkender Geisteskraft geben mögen, was bei einem solchen Vorrat und so harmonischer Wirksamkeit dieser Kraft wohl gehofft werden kann.

Glücklich würde ich mich schätzen, wenn Ihnen mein Bestreben, das Physische im Menschen moralisch zu behandeln, den ganzen, auch physischen, Menschen als ein auf Moralität berechnetes Wesen darzustellen, und die moralische Kultur als unentbehrlich zur physischen Vollendung der überall nur in der Anlage vorhandenen

---

[1]) Der bekannte Mediziner Christ. Wilhelm Hufeland (1762—1836); Makrobiotik oder die Kunst das menschliche Leben zu verlängern, Jena 1796.

Menschennatur zu zeigen — nicht mißfallen sollte. Wenigstens kann ich versichern, daß es keine vorgefaßten Meinungen waren, sondern ich durch die Arbeit und Untersuchung selbst unwiderstehlich in diese Behandlungsart hineingezogen wurde.

Ich wiederhole nochmals meine besten Wünsche für die noch lange Erhaltung Ihres jedem denkenden und fühlenden Menschen so teuren Lebens, und bin mit der aufrichtigsten Verehrung
Ihr
gehorsamster Diener
D. Hufeland.

392.

An Carl August von Struensee.
(Entwurf.)

[Mitte Dezember 1796]

Einen Augenblick von Ihren großen Geschäften zu rauben — wäre es auch nur zu Bezeigung meiner Verehrung und den für den jetzigen Oberstadtinspektor zum wahren Vorteil der Stadt bewirkten Anstellung desselben auf meine geringe Vorstellung schuldigen Dank abzustatten, kann schon Tadel verdienen. Noch mehr aber der Anschein der Zudringlichkeit und eines Dünkels bei Ewr Exzellenz durch meine Fürbitte etwas zu vermögen, indem ich aufs neue eine Fürbitte für einen mir bekannten Mann in Berlin einzulegen wage. Der Prof. KIESEWETTER, welcher als Instruktor der beiden Königl. Prinzen, da seine Lage durch die zu Anfange des künftigen Jahres erfolgende Vermählung der Prinzessin Augusta mit dem Erbprinzen von Hessen-Kassel sehr verändert werden wird, indem das Gehalt, welches er für ihren Unterricht bekommt, für die notwendigste Bedürfnisse nicht zureicht — beurteilt es ganz richtig, daß durch fürstliche Empfehlungen — die ihm sonst nicht entgehen dürften — angegangen zu werden, einem hohen Staatsbeamten, der auf die Tüchtigkeit seiner Leute vorzüglich Rücksicht nimmt, er also dem Gesuch gerne willfahren müsse, unangenehm fallen [muß], ist auf den Entschluß gefallen mich —, den er in einem etwa zweijährigen Aufenthalt in Königsberg durch öfteren Umgang hat kennen lernen, der auch ihn hinreichend kennen müsse, um eine Empfehlung an Ewr Exzellenz zu einer solchen Anstellung zu ersuchen, da er in seinem literärischen Fache bei dem Mangel hinreichender Erhaltungsmittel und der entfernten Aussicht zur Versorgung sein Fortkommen nicht wohl hoffen könne. — Den Gang der Geschäfte, gesteht er, freilich allererst lernen zu müssen, ehe er eine Stelle bei diesem Departement bekommen kann, nur glaubt er die nötige Kenntnisse durch unermüdeten Fleiß leicht erwerben zu können.

Was meine Kenntnis dieses Imploranten betrifft, so bezeuge mit Aufrichtigkeit, daß ich ihm sowohl die Talente als auch den tätigen Willen zu den Geschäften, zu denen er sich zu unterziehen Vorhabens ist, zutraue, für mich aber muß ich desto mehr um Vergebung bitten, einen Antrag vor Ewr. Exzellenz gebracht zu haben, der für meine Gringfügigkeit mir anmaßlicher zu sein scheint, als daß ich fernerhin dergleichen Vermittelung zu unternehmen mich unterstehen sollte.

Mit der tiefsten Verehrung verbleibe jederzeit
untertäniger

393.
An Johann Gottfried Carl Christian Kiesewetter.

Ihre Entschließung, teurester Freund, den Lebensplan, dem Sie bisher gefolgt waren, ganz abzuändern und die literärische Laufbahn ganz zu verlassen, dafür aber in das von der Accise überzugehen, hat mich ungemein befremdet. — Indessen habe ich Ihrem Verlangen zufolge inneliegenden Brief mit allen mir zur Hand gegebenen Gründen abgefaßt, und hoffe davon einige Wirkung, von der ich gelegentlich Nachricht zu erhalten erwarte. Daß zu Ihrem Glück etwas tun zu können mir die größte Freude sein würde, werden Sie von selbst glauben. Nur wünsche ich: daß Sie in der Meinung von dem, was Ihr Glück ausmachen dürfte, nicht irren möchten.

Einlage an Hrn. LAGARDE bitte gütigst zu bestellen.

Das beliebte Geschenk der Teltower Rüben ist glücklich angekommen; wofür ergebenst danke.

Mit der größten Freundschaft und Hochachtung bin ich jederzeit
der Ihrige
I. Kant.

Königsberg
d. 13. Dez.
1796

394.

An Johann Heinrich Kant.

Lieber Bruder
Die Veränderungen, die in unserer Familie hiesigen Orts kürzlich vorgegangen sind, bestehen darin: daß deine ältere Schwester im vorigen Sommer nach einem langen Krankenlager auch mit Tode abgegangen und dadurch eine Pension, die ich ihr seit 1768 zu ihrem Unterhalt gab, vakant geworden, welche ich aber, aufs Doppelte erhöhet, an die hinterlassene Kinder gegeben; wozu noch eine an die einzige noch lebende, im St. Georgenhospital sonst gut versorgte Schwester BARBARA kommt: so daß ich keinen, weder von meinem Geschwister, noch ihren zahlreichen Kindern, deren ein Teil schon wieder Kinder hat, habe Not leiden lassen und so fortfahren werde, bis mein Platz in der Welt auch vakant wird: da dann hoffentlich etwas auch für meine Verwandte und Geschwister übrigbleiben wird, was nicht unbeträchtlich sein dürfte.

Meinen Neffen, namentlich der AMALIA CHARLOTTE, mache ich meinen freundschaftlichen Gruß, — bitte Einlage zu bestellen und bin mit brüderlicher Zuneigung

Dein

Königsberg
d. 17. Dezembr
1796

Dir ergebener
I. Kant

395.

An Carl Wilhelm Rickmann.

Ew. Hochedelgeb. Verlobung mit meiner Cousine ist mir, teils nach dem Lobe von meinem Bruder, teils nach dem Charakterzuge Ihres eigenen Briefes sehr angenehm. Da das Blut meiner beiden verehrten Eltern in seinen verschiedenen Abflüssen sich noch nie durch etwas Unwürdiges, dem Sittlichen nach, verunreinigt hat: so hoffe ich, Sie werden es ebenso bei Ihrer Geliebten finden, wozu ich dann von Herzen Glück wünsche.

Meine Zögerung mit der Antwort auf Ihre gütige Zuschrift werden Sie mir verzeihen, weil ich mit Geschäften, die ich nicht wohl unterbrechen kann, beladen bin und es sich im 73sten Jahr seines Alters nicht gut wieder einbringen läßt, wenn man aus der vorgezeichneten Bahn sich Abweichungen erlaubt hat.

Mit dem größten Vergnügen werde ich jede mir zukommende Nachricht von Ihrem beiderseitigen Wohlbefinden aufnehmen und bin mit Hochachtung und Verwandtschaftsneigung

Ihr ergebenster treuer Diener

Königsberg, d. 17. Dez. 1796. I. Kant.

396.

An Johann Friedrich Hartknoch.

Ew. Hochedelgeb.

mir gewordene Anfrage: ob ich zu der neuen Auflage meiner „Grundlegung der Metaphysik der Sitten" imgleichen „der Kritik der praktischen Vernunft" einige Änderungen vornehmen, oder sie ungeändert wolle abdrucken lassen, zufolge, bitte ich mir eine Bedenkzeit von etwa 14 Tagen aus, um, währenddessen der Druck des Textes der Grundlegung der Met: d. S. immer fortgeht, zu sehen, ob ich nicht einige Veränderungen in der Vorrede anzubringen gut fände. — Da indessen diese auch nicht von sonderlicher Wichtigkeit sein könnten, meine jetzige Unpäßlichkeit mir auch alle Kopfarbeit sehr erschwert, so kann es auch beim alten bleiben.

Das Versprechen: mir das honorarium für beide Schriften durch Herrn TOUSSAINT & COMP. mit 109 Thlr. in kurzem auszahlen zu lassen, ist mir sehr angenehm; wie ich denn auch nicht vergessen werde, eine Arbeit, die ich besonders für Ihren Verlag beabsichtige und davon ich schon sonst Ihnen Nachricht gab, zu seiner Zeit zustande zu bringen.

Mit der umgehenden Post erwidere ich hiermit Ihre Zuschrift und verbleibe mit Freundschaft und Hochachtung

Ihr

ergebenster Diener

Königsberg, I. Kant.
d. 28sten Januar
1797.

397.

An Christoph Wilhelm Hufeland.

Hochzuverehrender Herr!

Mit keinem Buche konnte mir ein angenehmeres Geschenk gemacht werden, als mit dem, womit Sie so gütig gewesen sind meine Stunden auszufüllen und in angenehmer Unterhaltung zugleich zu belehren; vornehmlich da ich das, was ich aus Ihren Schriften nur fragmentarisch gelernt hatte, jetzt systematisch vor mir liegen habe; welches einem alten Kopf sehr zuträglich ist, um das Ganze übersehen zu können. — Ich werde mir diesen Genuß nur langsam zumessen, um teils den Appetit immer rege zu erhalten, teils auch um Ihre kühne aber zugleich seelenerhebende Idee, von der selbst den physischen Menschen belebenden Kraft der moralischen Anlage in ihm, mir klar zu machen und sie auch für die Anthropologie zu benutzen. — Von meinen Beobachtungen, die ich hierüber an mir selbst zu diesem Behuf in Absicht auf die Diät gemacht habe, werde ich Ihnen vielleicht in kurzem öffentlich Nachricht zu geben mir die Ehre nehmen.

Mit dem lebhaften Wunsche für Ihr beständiges Wohlergehen und mit der vollkommensten Hochachtung bin ich jederzeit

Ihr ergebenster treuer Diener

Königsberg
d. Mart.
1797.

I Kant

N. S. Ihr wertes Schreiben vom 12. Dec: vorigen Jahres ist mir allererst in der Mitte des Märzes des gegenwärtigen, zusamt dem Buche zu Handen gekommen; wovon die Ursache wohl sein wird, daß das Meßgut über Lübeck mit dem ersten Schiffe nur zur Hälfte im vorigen Jahr, und die andere Hälfte medio Februar des gegenwärtigen, durch ein anderes Schiff, bei uns angelangt ist.

398.

An Christoph Wilhelm Hufeland.

Königsberg, d. 19. April 1797.

Ew. Wohlgeboren
werden hoffentlich meinen, durch Herrn D. FRIEDLÄNDER in Berlin an Sie, mit der Danksagung für Ihr Geschenk des Buchs von der Lebensverlängerung abgelassenen, Brief erhalten haben. — Jetzt erbitte ich für den, welcher Ihnen den gegenwärtigen zu überreichen die Ehre hat, Herrn MOTHERBY Gewogenheit und Freundschaft, einen von engländischer Abkunft in Königsberg geborenen jungen Mann von großem Talent, vieler schon erworbenen Kenntnis, festem Vorsatz und tugendhafter, dabei offener und menschenfreundlicher Denkungsart, wie sein Vater der englische Negoziant allhier, von jedermann geachtet und geliebt und mein vieljähriger vertrauter Freund ist. — Was von mir und, was sonst auf unserer Universität in sein Fach (die Medizin) Einschlagendes zu lernen war, hat er gründlich gelernt und so bitte ich ihm die mehrere und größere Hilfsquellen für sein Studium auch Ihres Orts zu eröffnen; wobei er wegen des dazu erforderlichen Kostenaufwands nicht in Verlegenheit sein wird.

Mir ist der Gedanke in den Kopf gekommen: eine Diätetik zu entwerfen und solche an Sie zu adressieren, die bloß „die Macht des Gemüts über seine krankhafte körperliche Empfindungen" aus eigener Erfahrung vorstellig machen soll; welche ein, wie ich glaube, nicht zu verachtendes Experiment, ohne ein anderes als psychologisches Arzneimittel, doch in die Lehre der Medizin aufgenommen zu werden verdiente; welches, da ich mit Ende dieser Woche in mein 74. Lebensjahr eintreten und dadurch bisher glücklich alle wirkliche Krankheit (denn Unpäßlichkeit, wie der jetzt epidemisch herrschende kopfbedrückende Katarrh, wird hiezu nicht gerechnet) abgewehrt habe, wohl Glauben und Nachfolge bewirken dürfte. — Doch muß ich dieses, wegen anderweitiger Beschäftigung, jetzt noch aussetzen.[1])

---

[1]) Die Abhandlung erschien zuerst in Hufelands Journal der praktischen Arzneikunde und Wundarzneikunde (Januar 1798); später als dritter Abschnitt des „Streites der Fakultäten".

Dem Manne, der Lebensverlängerung mit so einleuchtenden Gründen und Beispielen lehrt, langes und glückliches Leben zu wünschen, ist schuldige Pflicht, mit deren Anerkennung und vollkommener Hochachtung ich jederzeit bin

Ihr ergebenster treuer Diener
I. Kant.

399.

Von Jakob Sigismund Beck.

Halle, d. 20. Juni 1797.

Hochachtungswürdiger Mann,

Ich kann es mir wohl denken, wie ein Mann, der, indessen er dem Ziel sich nähert, zu seinen Vätern zu gehen, sich bewußt ist, ein großes Gut der Nachwelt zu hinterlassen, wornach alle Vorwelt, als nach der interessantesten Angelegenheit, so lange und doch so vergeblich gerungen hat, bei der Nachricht, daß diese Wohltat in Gefahr gesetzt worden, unmöglich gleichgültig sein könne. So wie ich Sie, herrlicher, weiser Mann, kenne, so bin ich versichert, daß Sie Ihres innern großen Werts sich bewußt, über die Nachricht, daß ein Fremder Ihre Arbeiten und wichtige Entdeckungen sich zugeeignet habe, sich wohl wegsetzen würden; aber daß ein böser Feind Unkraut unter Ihrem Weizen gesäet habe, daß das Gut selbst, das Sie gegründet haben, verdorben, und, wie Herr Hofprediger SCHULTZ sich ausdruckt, in der Wurzel angegriffen worden, das kann der tugendhafte Mann unmöglich mit gleichgültigen Augen ansehen. Ich eile Ihnen diese Besorgnis zu benehmen, indessen ich mich herzlich freue, diesmal von der mir interessantesten Sache, unmittelbar und ohne Beistand eines Referenten, mit meinem großen Lehrer mich unterhalten zu können, wenn es gleich mir allerdings wehe tut, jene unangenehme Empfindungen bei Ihnen veranlaßt zu haben.

Sie wissen es wohl aus eigener Erfahrung, daß in den sehr schweren transszendentalphilosophischen Untersuchungen, man nur durch vielfach wiederholtes und scharfes Nachdenken endlich dahin kommt, sich selbst vollkommen verständlich zu sein, und daß, bevor man diesen Zustand erreicht hat, es auch nicht gut tunlich ist, andern verständlich zu werden. Wenn nun Herr Hofprediger SCHULTZ in meinen unter dem Titel, die kritische

Philosophie erläuternden, ihren wahren Standpunkt darstellenden Schriften, so viel gerade auf den Umsturz derselben gerichtete Momente erblickt, daß ich gar fast glaube, der würdige, gute, mir sonst sehr liebe Mann möchte mich vielleicht für den tückischen Feind derselben halten, der unter der Maske der Anhänglichkeit auf ihren Ruin ausgeht, wie ich geneigt bin zu glauben, daß er manchen vorgeblichen Freund der christlichen Religion für den boshaftesten Widersacher derselben hält, so dürfte dieses wenigstens wohl ein Beweis a posteriori sein, daß ich in meinen Schriften, ob ich gleich darin den Boden aller Verständlichkeit ebenen und bearbeiten wollte, ich mich doch selbst noch nicht recht wohl darin verstanden habe. Mit menschlichen Arbeiten geht es aber nun einmal nicht anders, als daß sie unvollkommen ausfallen und ein Transszendentalphilosoph kommt nur nach und nach dahin, die Prinzipien zu allen objektiv gültigen Begriffen selbst auf Begriffe zu bringen und sie dann, weil er sich dann selbst nicht mehr mißversteht, auch andern so mitzuteilen, daß sie ihn verstehen können. Ich glaube daher gar nicht mich schämen zu dürfen, wenn ich frei bekenne, daß seit den anderthalb Jahren, da ich mit meinem Grundriß fertig wurde, seit welcher Zeit ich jede Gelegenheit ergriff, die meine wissenschaftliche Arbeiten mir anboten, um mein Auge auf das Objekt der Transszendentalphilosophie fallen und darauf ruhen zu lassen, daß seit dieser Zeit, ich in vielen Stellen die Sache besser als vorhin getroffen habe, und daß noch ehe ich Ihren Brief erhielt, ich mir schon vorgenommen hatte, Retraktationen meiner Arbeit abzufassen. Allein ich glaubte dieses Geschäft für eine künftige Ausgabe meines Grundrisses aufbewahren zu können. Ich bemerke aber, daß ich darunter auch nur solche Retraktationen meine, wie ich glaube, daß der heil. Augustin meinte. Ich glaube nämlich nicht eben Falschheiten in meinen Büchern gesagt zu haben, als vielmehr Unbestimmtheiten, weil ich selbst noch nicht bestimmt genug gegriffen hatte. Denn, vortrefflicher Mann, ich glaube in ein paar Worten den Satz, der die Seele der kritischen Philosophie ist, Ihnen wenigstens so auseinander legen zu können, daß Sie gewiß sagen sollen: „Du hast eigentlich nichts Neues in deinen Schriften gelehrt; aber verstanden hast du mich vollkommen", und ich muß mich erinnern, daß ich an Sie schreibe um nicht warm zu werden, daß der gute würdige SCHULTZ ganz unnützerweise Feuer! rufen will. Sie müssen mich selbst vernehmen.

Ich bemerke nämlich an den Kategorien erstens, daß in dem Gebrauch derselben als Prädikate der Objekte, der logische Verstandesgebrauch besteht. Hiernach heißt es dann ein Ding hat Größe, hat Sachheit, ihm kommt zu Substantialität, Kausalität usw. Diesen logischen Verstandesgebrauch sage ich auch in den synthetischen Urteilen a priori aus, z. B. Bei allem Wechsel der Erscheinung beharret die Substanz; Was geschieht hat eine Ursache usw. Wie fällt nun die Auflösung dieser Synthesis von Begriffen aus? Ich bemerke das ursprüngliche Verstandesverfahren in der Kategorie, wodurch gerade die synthetisch objektive Einheit, die das ausmacht, was Sinn und Bedeutung meines Begriffs heißt, erzeugt wird. Was ist es, frage ich, was den Chemiker nötigt bei seinem Prozeß des Verbrennens des Phosphors in atmosphärischer Luft, zu sagen daß dasjenige, um was die Phosphorblumen schwerer geworden sind, eben das ist, um was die Luft leichter geworden? Ich antworte: sein eigener Verstand, das Erfahrende in ihm, welches ursprüngliche Verstandes-Verfahren ich einem bemerkbar mache, wenn ich ihn bitte, alle Objekte im Raum aufzuheben und nach Ablauf von 50 Jahren eine Welt wieder zu setzen. Er wird gestehen, daß beide Welten zusammen fallen und keine leere Zeit abgelaufen ist, das ist, daß nur am Beharrlichen er sich die Zeit selbst vorstellen könne. Hierher muß der Blick gerichtet sein, um das Phantom des BERKLEYISCHEN Idealisms zu widerlegen. Ebenso wenn ich auf das Erfahrende in mir achte, wodurch ich zu der Aussage, daß etwas geschehen ist, gelange, so bemerke ich, daß das Verursachen, das ich damit verbinde, nichts anders als das Festmachen der Synthesis von Wahrnehmungen als eine successive ist (das ursprüngliche Setzen eines Etwas, wonach, als nach einer Regel die Begebenheit folgt), dadurch also Erfahrung einer Begebenheit erzeugt wird. Überhaupt aller dieser synthetischen Urteile a priori Auflösung fällt dahin aus, daß das Prädikat, das ich in einem solchen Urteil mit dem Subjekt verbinde, das ursprüngliche Verstandesverfahren ist, dadurch ich zu dem Begriff von dem Objekt gelange. Hiernach (in dem Bewußtsein dieser Prinzipien) verstehe ich mich hoffentlich richtiger in dem Urteil: meine Vorstellung von dem Tisch, der vor mir steht, richtet sich nach dem Tisch, und dieses Objekt affiziert mich, es bringt Empfindung in mir hervor, als jeder andere der dieses ursprünglichen Verstandesverfahrens nur in der Anwendung, aber nicht abgezogen sich bewußt ist, und da bin ich freilich überzeugt, daß die Abteilung des Erkenntnisvermögens, in Sinnlichkeit, als das Vermögen des Subjektiven (das Vermögen von Gegenständen affiziert zu werden) und in Verstand, das Vermögen Gegenstände zu denken (dieses Subjektive auf ein Objekt zu beziehen) mit erforderlicher Deutlichkeit allererst nach richtiger Ansicht der Kategorie als eines ursprünglichen Verstandesverfahrens ausgeht.

Der Düsseldorfer JACOBI sagt in seinem DAVID HUME betitelten Gespräch: „Ich muß gestehen, daß dieser Umstand (daß nämlich die Gegenstände Eindrücke auf die Sinne machen) mich bei dem Studio der KANTISCHEN Philosophie nicht wenig aufgehalten hat, so daß ich verschiedene Jahre hintereinander, die Kritik der reinen Vernunft immer wieder von vorne anfangen mußte, weil ich unaufhörlich darüber irre wurde, daß ich ohne jene Voraussetzung in das System nicht hineinkommen, und mit jener Voraussetzung darin nicht bleiben konnte".[1]) Wenn ich nun über diese Bedenklichkeit, welche gewiß sehr vielen wichtig ist, mein Urteil sagen und auch bestimmen soll, was Ihre Kritik eigentlich meine, wenn sie auf der ersten Seite der Einleitung von Gegenständen spricht, welche die Sinne rühren, ob sie darunter Dinge an sich oder Erscheinungen meine? so werde ich antworten, daß, da Erscheinung das Objekt meiner Vorstellung ist, in welcher Bestimmungen desselben gedacht werden, die ich durch das ursprüngliche Verstandesverfahren (z. B. durch das ursprüngliche Fixieren meiner Synthesis von Wahrnehmungen, als eine successive, dadurch Erfahrung einer Begebenheit möglich wird) erhalte, so ist der Gegenstand, der mich affiziert, eben daher Erscheinung und nicht Ding an sich. Meint aber jemand von den Kategorien einen absoluten Gebrauch machen zu können, sie als Prädikate der Dinge schlechthin ansehen zu können, ohne Hinsicht des ursprünglichen Verstandesverfahrens, das in ihnen liegt (nach Ihrem Ausdruck: eine Anwendung von ihnen auf Objekte ohne Bedingung der Anschauung machen zu können) der ist in der Meinung die Dinge an sich zu erkennen und, wenn ich ein klein wenig auf Herrn SCHULTZ böse sein wollte, so würde ich gewiß mit mehrerm Fug ihm den Vorwurf machen, daß er im Besitz einer Verstandesanschauung zu sein sich dünke, als er Recht hat, ihn mir zu

---

[1]) F. H. Jacobi, David Hume über den Glauben oder Idealismus und Realismus, Werke, Bd. II, Leipzig 1815, S. 304.

machen. Das einzige, was meiner Meinung nach dem Menschen vergonnt ist, ist die Beziehung der Natur überhaupt auf ein Substrat derselben, eine Beziehung, der er sich in seiner Anlage für Moralität, in dem Bewußtsein der Bestimmbarkeit des Begehrens durch die bloße Vorstellung der Gesetzmäßigkeit der Handlungen bewußt ist. Denn in diesem Bewußtsein, (aus welchem gerade so die synthetisch-praktischen Grundsätze hervorgehen, wie jene synthetische theoretische Urteile a priori aus dem ursprünglichen Verstandesverfahren) erhebt er sich über die Natur und setzt sich außer ihrem Mechanism, ob er gleich als Mensch doch wieder Naturgegenstand ist, und sonach seine Moralität selbst etwas Angefangenes ist und Naturursachen voraussetzt. Der einer Zweckeinheit entsprechende fortgehende Naturmechanism stimmt ihn zu dieser Beziehung noch mehr und erhebt und stärkt die Seele des sittlich guten Menschen, ob er gleich doch nur immer auf symbolische Weise sich dieses Substrat vorzustellen weiß. Selbst der Lauf menschlicher Begebenheiten, Naturbegebenheiten, wie z. B. die Erscheinung der christlichen Religion, von der als einem Kirchenglauben man sagen kann, daß sie das Prinzip zu ihrer eigenen Auflösung in sich selbst trägt, Naturbegebenheiten, die sichtbarlich hinzielen, den rein moralischen Glauben in unserm Geschlecht hervorzubringen — Alles dieses leitet den Verstand zu einer solchen Beziehung.

Aber ich schreibe als wollte ich Ihnen etwas Neues lehren! Verehrungswürdiger, großer Mann, ich kann nicht ohne Entzücken diese Angelegenheiten des Menschen überdenken, und Ihnen verdanke ich es, Sie haben mich darauf geführt. Ich befinde mich in meinen besten Jahren, und was meine Seele täglich erheitert, ist, der auf meine jetzige Einsichten in die Prinzipien der kritischen Philosophie gegründete Gedanke, einst auch nach dem Abgange des großen Stifters derselben, diese dem Menschengeschlecht wichtige Angelegenheit kräftiglich besorgen zu können. Ihre metaphysische Prinzipien der Rechtslehre haben mich seit ihrer Erscheinung beschäftigt, und die Aufklärungen, die ich durch diese kleine Schrift erhalten, sind sehr groß. Um so mehr tut es mir wehe, daß der gute Hofpr. SCHULTZ meine Bemühungen in einem so gehässigen Licht hat stellen wollen. Mir war bei meinem Standpunkt alles darum zu tun, die wahre Ansicht der Kategorien als des ursprünglichen Verstandesverfahrens zu eröffnen und den nur unter dieser Bedingung gültigen empirischen Gebrauch meinem Leser unter die Augen zu stellen und ihm die Nichtigkeit des transszendentalen Gebrauchs derselben zu zeigen. In dieser Hinsicht, da ich sonach Ihre Methode umkehrte und von den Kategorien sofort anfing, nannte ich meine Arbeit Transszendentalphilosophie und teilte sie nicht ein in trans. Ästhetik und Logik. In dem ersten Abschnitt meiner Schrift handele ich von den Schwierigkeiten in den Geist der Kritik zu dringen und mache darin den Skeptiker; bloß um sehr viele kritische Philosophen, die wirklich den dogmatischen Schlaf schlafen, zu wecken, und um Herrn REINHOLD und andern sich nennenden Elementarphilosophen zu Gemüt zu führen, daß, indem sie Ihre Kritik meistern, weil sie einen Satz, aus dem alle Philosophie quellen soll, ihrer Meinung nach anzugeben unterlassen habe, und von denen der eine diesen, ein anderer einen andern Satz als Tatsache des Bewußtseins aufführt, um diesen Männern zuzurufen, daß sie nicht bemerken, daß dasjenige, worauf jeder mögliche Satz, wenn er Sinn haben soll, beruht, gerade von Ihnen in dem ursprünglichen Verstandesverfahren der Kategorien angegeben worden. Ich zeigte den Nachsprechern Ihrer Kritik, die mit Ihren Worten groß taten, daß in ihrem Munde es mir ganz sinnlos vorkomme, wenn sie von Begriffen a priori reden, die sie doch nicht mit LEIBNIZ angeboren heißen wollten, lediglich um nachher den großen Unterschied, der zwischen Ihrer Behauptung, daß die Kategorien Begriffe a priori sind und jener von angebornen auffallend zu machen und um zu zeigen, daß diese Kategorien durchweg eigentlich das Verstandesverfahren sind, wodurch ich zu dem Begriff von einem Objekt gelange, dazu gelange, daß ich überhaupt sage: hier ist ein von mir verschiedener Gegenstand. Niemand kann von der Richtigkeit seiner Einsichten heller überzeugt sein, als ich in diesem Augenblick bin. Was mir Herr SCHULTZ Schuld gibt, davon ist mir auch niemals der Gedanke eingefallen. Nicht eingefallen ist es mir, die Sinnlichkeit weg zu exegesieren. Wie gesagt, ich konnte mein Auge nicht dem Lichte verschließen, das ich erblickte, als ich auf den Einfall kam, von dem Standpunkte der Kategorien auszugehen, und das was Sie in Ihrer transz. Ästhetik besonders abhandeln (Raum und Zeit) mit den Kategorien zu verbinden. Herr REINHOLD hatte Sie korrigiert, wenn Sie sagen: der Raum ist eine Anschauung a priori und dahin gemeistert, daß es nach ihm heißen soll, die Vorstellung vom Raum ist Anschauung. Ich zeige ihm, daß der Raum selbst eine reine Anschauung ist, das heißt, die ursprüngliche Verstandessynthesis worauf die objektive Verbindung (ein Objekt hat diese oder jene Größe) beruht. Nie in den Sinn ist es mir gekommen, zu sagen, daß der Verstand das Ding macht; ein barer Unsinn! Wie kann Herr SCHULTZ so unfreundlich sein mir dieses zuschulden kommen zu lassen. Wie gesagt, ich wollte nicht im geringsten mehr, als die Leute darauf führen, daß wir nichts objektiv verknüpfen können (urteilen, mit einem Wort, sagen: ein Ding hat diese oder jene Größe, diese oder jene Realität, Substantialität usw.) was der Verstand nicht vorher selbst verbunden hat, und daß hierin die objektive Beziehung liegt. Hierauf will ich jeden, wie mit der Nase darauf führen und wie sollte einer bei diesem Licht nicht sehen können! da heißt nun dieser auf mich wirkende, die Sinne rührende Gegenstand, Erscheinung und nicht Ding an sich, wovon ich lediglich den negativen Begriff aufstellen kann, als von einem Dinge dem Prädikate schlechthin (ganz abgesehen von diesem ursprünglichen Verstandesverfahren) zukommen, — eine Idee und so auch die von einem urbildlichen Verstande, die natürlich durch Entgegensetzung aus jener Eigenheit unsers Verstandes entspringen. Meine Absicht ging dahin, dem Begriff von Ding an sich den Zugang in die theoretische Philosophie zu verschließen, auf dessen ganz eigene Art von Realität ich lediglich in dem moralischen Bewußtsein geleitet werde. In jenem ersten Abschnitt meiner Schrift spreche ich etwas laut, nenne auch freilich die Anschauung sinnlos. Ich nenne alle Resultate Ihrer Arbeit so, ich, der indem ich sie so nannte, der größte Bewunderer derselben war und Herr Hofprediger S. sie gewiß nicht mehr verehren konnte als ich. Auch ist er der einzige, der mich so mißverstanden hat. Fast kann ich mir dieses Mißverstehen nicht anders als durch die Nachricht erklären, die mir Herr MOTHERBEY, der so gut war, mich zu besuchen, gegeben hat, daß der würdige Mann seine Frau vor einiger Zeit verloren hat, welches Ereignis ihm vielleicht einige Grämlichkeit zurückgelassen hat. Auch kann wohl immer etwas frommer, von seiner theologischen Denkart übrig gebliebener Eifer im Hintergrunde sein, der gewiß wohl von wackerer Denkungsart einen Beweis ablegt, aber andern ehrlichen Leuten doch immer etwas beschwerlich fällt. Niemand hat der Sache nach, von allen Freunden der kritischen Philosophie auf die Unterscheidung der Sinnlichkeit vom Verstande mehr als ich gedrungen. Ich tue es unter dem Ausdrucke: daß ein Begriff nur sofern Sinn und Bedeutung habe, sofern das ursprüngliche Verstandesverfahren in den Kategorien ihm als Basis unterliegt, welches der Sache nach einerlei mit Ihrer Behauptung ist, daß die Kategorien lediglich auf Anschauungen Anwendung haben, welchen Ausdruck ich aber meines Gesichtspunkts wegen wählte. Eigentlich liegt aber der ganze Grund Ihres Briefes und was auf Sie Eindruck gemacht hat, in der Nachricht, die Ihnen Herr SCHULTZ gibt, daß ich auf den Titel meiner Schrift: auf Anraten K— gesetzt habe und er erregt die Besorgnis, daß das Publikum deswegen glauben werde, daß Sie meine vermeintlich falsche Vorstellungsart für gültig anerkennen und so Ihre eigene Arbeit durch mich umwerfen lassen. Wirklich deswegen habe ich Ursache gegen ihn unwillig zu sein. Die Sache verhält sich so. Da ich dem Buchhändler HARTKNOCH meinen Standpunkt[1]) antrug, so trug ich sie ihm als eine vor sich bestehende Schrift an, die gar nichts mit dem Auszuge zu tun hatte. Er antwortete mir von Riga aus und bat mich sie mit zwei Titeln (auf der einen Seite: Standpunkt usw. und auf der andern: Auszug usw.) ausgehen zu lassen. Ich sahe nichts Unrechtes darin und tat was er wollte, wohl aber mit der Vorsicht, daß ich nicht auf dem Titelblatt des Standpunkts auf Ihr Anraten und nur auf dem andern es setzte, weil ich dieses (was den Auszug überhaupt betraf) tun konnte. Indessen wenn ich geirrt habe, so habe ich doch nichts verbrochen und ich bin bereit die Sache bei der ersten Gelegenheit gut zu machen, nämlich zu erklären, daß der Standpunkt nicht auf Ihr Anraten geschrieben worden sei, wiewohl ich auch nicht einsehen kann, daß das Wort: Anraten überhaupt etwas anderes sagen kann, als daß Sie mich überhaupt für einen Mann halten, der eine der Beachtung des Publikums werte Sache produzieren könne. Die Sache kann aber auf mehrere Art gut gemacht werden. Vor allen Dingen wünsche ich es nicht auf eine, denjenigen Leuten, die die kritische Philosophie wie den Tod hassen, willkommene Weise zu tun, welches durch eine in die Lit. Zeitung oder in Jakobs Annalen inserierte Nachricht geschehen würde; denn bei aller Vorsicht im Ausdruck würden diese Zänkerei und Uneinigkeit wittern, welches der guten Sache schaden würde. Am besten

---

[1]) Becks „Einzig möglicher Standpunkt, aus welchem die kritische Philosophie beurteilt werden kann", Riga 1796.

geschehe es in der Vorrede zu einer Schrift. Ich gehe nämlich mit einer Arbeit um, die aber künftige Ostern erst herauskommen kann. Oder, möchte sich nicht Herr Hofprediger SCHULTZ entschließen, selbst einen Aufsatz, der bloß die Hauptmomente des kritischen Idealisms auseinandersetzte, zu verfertigen und Retraktationen meiner Arbeit, von mir, als einen zweiten Teil eben dieser Schrift aufzunehmen (so wie Herr HINDENBURG in der verlaufenen Michaelismesse die Schrift: Der polynomische Lehrsatz, das wichtigste Theorem der ganzen Analysis, neu dargestellt von KLÜGEL, KRAMP, PFAFF, TETENS und HINDENBURG, herausgegeben hat)? Keiner dürfte die Arbeit des andern vor dem Druck gesehen haben. Ich denke eine solche von zwei Männern, mit Ernst und Wahrheitsliebe abgefaßte Schrift, von denen jeder die Sache auf die ihm eigene originale Art ansieht, müßte nützlich werden. Ich will doch nicht hoffen, daß der gute Mann diesen Vorschlag übel aufnehmen werde. Denn vor 10 Jahren war ich freilich sein Schüler, bin aber jetzt selbst ein Mann, habe auch in dem besondern wissenschaftlichen Gebiet, das er betreibt, nach vielen Richtungen hin mich umgesehen und glaube der Achtung meiner Mitmenschen nicht unwert zu sein. Wenn Sie in wenig Worten mir Ihre Meinung mitteilen wollten, so würde mir das sehr angenehm sein.

So wie ich Ihren Brief erhielt, teilte ich ihn meinem würdigen Freunde dem Prof. TIEFTRUNK mit. Er hatte den Einfall, daß es gut wäre, wenn Sie auch die Art, wie ein anderer meine Bemühung im Standpunkt aufnehme, sich sagen ließen, und ich dankte ihm für sein freundschaftliches Anerbieten, dieserwegen an Sie zu schreiben.

Und nun, mein ewig verehrungswürdiger Lehrer, mir müssen Sie dieser Geschichte wegen Ihr Wohlwollen nicht entziehen. Wahrlich das würde mich kränken, der ich für die Sache der Philosophie zu leben wünsche. Ich denke, daß in diesen Angelegenheiten man ruhig jeden, von dem man sieht, daß er es bieder meint, seinen Weg gehen lassen müsse. Mit der innigsten Hochachtung bin ich ganz

der Ihrige
Beck.

Von Herrn SCHLETTWEINS Existenz weiß ich gar nichts mehr, als daß mir ahndet, daß ein Journal unter seinem Namen da sei. Was Sie in der Lit. Z. ihn Betreffendes haben einsetzen lassen, habe ich noch nicht gelesen.[1]) Daß dieser Rodomontadenmacher Sie veranlassen könnte, etwas mich Betreffendes, das mich in den Augen des Publikums lädieren könnte, darin zu sagen, darf ich nicht einmal vermuten, ohne Ihnen dadurch zu mißfallen.

Ich kann mich nicht überreden, daß Herr Prof. PÖRSCHKE, meine Darstellung des Geistes der kritischen Philosophie, ihrem wahren Geiste so entgegen, wie Herr Hofpr. SCHULTZ halten sollte. Wie wenn dieser brave Mann sein Urteil Ihnen darüber sagen möchte. Ich habe hier auch meinem Freunde RATH Ihren Brief mitgeteilt. Dieser sehr einsehende Mann, der, ob er gleich nichts geschrieben hat, doch viel Gutes schreiben könnte und der mir immer seine Zufriedenheit mit meiner Darstellung gestanden hat, erstaunte wie es möglich sei, so sonderbar meine Behauptungen auszulegen, wie es Herr Hofprediger S. getan hat. Auf jeden Fall, hochachtungswürdiger Mann, können Sie versichert sein (auch auf den Fall daß Sie auf diesen Brief nicht antworten sollten), daß ich bei der ersten Gelegenheit, die ich haben werde von kritischer Philosophie zum Publikum zu sprechen, sagen werde, daß Sie gar keinen Anteil weder an meinem Standpunkt, noch am Grundriß haben. Ich werde mich so erklären, daß Sie und jedermann vollkommen mit mir zufrieden sein sollen, und darauf haben Sie meine Hand! Geständnisse aber eines Versehens in der Sache, die kann ich nicht tun, weil niemand von seiner Einsicht überzeugter ist, als ich.

400.

Von Jakob Sigismund Beck.

Halle, den 24. Juni 1797.
Hochachtungswürdiger Mann,

Als ich schon meinen, verlaufenen 20. an Sie gerichteten Brief auf die Post gebracht hatte, nahm ich den Ihrigen noch einmal in die Hände. Indem ich nun bei dem Anfange desselben, und bei einigem, was Herr Hofprediger SCHULTZ mich sagen läßt, etwas verweilte, wurde mir die eigentliche Veranlassung so-

---

[1]) Siehe Kants öffentliche Erklärungen (Werke, Bd. VIII) Nr. 5.

wohl zu Ihrem Briefe, als auch zu dem Unwillen dieses würdigen Mannes etwas begreiflicher, und da ich nun die Sache in einem etwas andern Lichte ansah, faßte ich den Entschluß, mit der heutigen Post noch dasjenige nachzuholen, was mir jetzt noch nötig scheint, Ihnen zu sagen.

Sie geben nämlich die Veranlassung zu Ihrem Briefe mit den Worten an: daß er die schnelle und öffentliche Beilegung der Mißhelligkeit kritischer Prinzipien vom obersten Rang betreffe. Aus diesem nun, und aus den Bemerkungen des Herrn Hofprediger, da er mich z. B. sagen läßt: „Realität ist die ursprüngliche Synthesis des Gleichartigen der Empfindung, die vom Ganzen zu den Teilen geht (wobei wahrscheinlich Sie es sind der mich, und zwar mit allem Recht frägt: ‚Was hier Empfindung bedeuten mag, wenn es keine Sinnlichkeit gibt, sehe ich nicht wohl ein'. Gewiß, vortrefflicher Mann, wenn mir so etwas jemals in den Sinn gekommen wäre, müßte ich dieses Unsinns wegen mich selbst anfeinden); daß der Verstand die Objekte erzeugt", schließe ich, daß Sie mit Herrn SCHULTZ über das sonderbare Zeug des Herrn FICHTE sich unterhalten haben müssen, indem mir diese Ausdrücke gänzlich Fichtisch klingen. Hierauf kann ich nun nicht anders, als noch Folgendes erinnern und einen Vorschlag tun, der mir durch den Kopf geht.

Ich versichere Sie, so wahr ich ein ehrlicher Mann bin, daß ich unendlich weit von diesem Fichtischen Unsinn mich entfernt befinde. Ich hielt es bloß vor nötig, auf die Ansicht der Kategorien, als eines ursprünglichen Verstandesverfahrens, wohin ihre ganze Deduktion, als Beantwortung der Frage: wie sind sie auf Erscheinungen anwendbar, gerichtet ist, die Augen der philosophierenden Männer zu lenken, weil ich mich versichert hielt, daß ihre Mißhelligkeiten verschwinden müßten, wenn sie das träfen, daß der Verstand nichts objektiv verknüpfen könnte, was er nicht vorher ursprünglich verbunden hat. Wenn ich nun allerdings sage, daß die Kategorie Realität die Synthesis der Empfindung ist, die vom Ganzen zu den Teilen (durch Remission) geht, so kann doch vernünftigerweise meine Meinung keine andere sein, als daß die Sachheit eines Dinges, (das Reale der Erscheinung die mich affiziert, und diese Empfindung in mir hervorbringt) allemal eine Größe (intensive) ist, daß eben daher eine absolute Sachheit (die nämlich keine Größe wäre, wie nach CARTESII Meinung, daß die Materie durch ihre bloße Existenz einen Raum erfüllt) nichts bedeutet. Dieses ursprüngliche Verstandesverfahren in der Kategorie Realität, fällt mit dem in den Kategorien der Existenz zusammen, vermöge dessen ich eben aus mir selbst herausgehe, und sage: hier ist ein Objekt das mich affiziert; aber der Transszendentalphilosoph muß diese verschiedene Seiten des Verstandes voneinander scheiden. Ich fand für nötig, auf jede Kategorie besonders, das Auge des Lesers zu lenken. Wenn mich einer frägt: „wenn du nun dich selbst in Gedanken aufhebst, dann hebst du ja auch wohl alle Dinge außer dir zugleich auf?" so werde ich doch nicht verrückt sein, solch dummes Zeug zu bejahen. Hebe ich mich in Gedanken auf, so betrachte ich mich ja eben unter Zeitbedingungen, welchen Ablauf der Zeit ich mir selbst nur am Beharrlichen vorstellen kann. Absehen von diesem ursprünglichen Verstandesverfahren, ist doch nicht mit Aufheben meiner selbst einerlei. Ja wohl, werde ich sagen, wenn ich von der ursprünglichen Synthesis, der ich mir im Ziehen einer Linie bewußt bin, wegsehe, denn vergeht mir freilich aller Sinn von extensiver Größe, die ich einem Objekt beilege, weshalb eben das Objekt meiner Vorstellung, Erscheinung und nicht Ding an sich heißt. Gewiß, vortrefflicher Mann, wenn Sie mir die Ehre erweisen, und ein wenig nur selbst auf diese meine Methode von dem Standpunkt der Kategorien abwärts zu gehen, so wie Sie in Ihrem unsterblichen Werk aufwärts gehen, aufmerksam sein wollten, so würden Sie die Tunlichkeit derselben bemerken. Man muß nur innig mit dem ganzen Gegenstand vertraut sein, so kann man besonders im Lehrvortrage, mit vieler Leichtigkeit, mit den wahren kritischen Prinzipien, jeden der Interesse und etwas Talent hat, auf diesem Wege bekannt machen. Herr Hofprediger SCHULTZ, den ich immer sehr liebe, seine Kenntnisse achte und seiner Redlichkeit wegen hochschätze, hat mich wirklich nicht gut vernommen und ich bin betrübt, daß der biedere Mann imstande ist, mich solcher unsinnigen Behauptungen, wie die ist, daß der Verstand das Ding macht, fähig zu glauben, deren er mich wohl nicht fähig hielt, als er mich als seinen aufmerksamen Schüler in der Mathematik lieb hatte.

Aber ich weiß es, daß Herr FICHTE, der, wie es scheint, Anhänger sucht, von mir sagt, daß ich mit ihm mich auf einerlei Weg befinde, so sehr ich auch in einer Rezension in Herrn JAKOBS Annalen, ja auch in meinem Standpunkt das Gegenteil gesagt habe. Da ich ihn in Jena verlaufene Osterferien besuchte, so wollte er mich wirklich auf diese Art berücken. Ein Gespräch mit mir fing er wirklich damit an: „Ich weiß es, Sie sind meiner Meinung, daß der Verstand das Ding macht". — Er sagte mir manche närrische Sachen und vielleicht ist er noch, da ich meinen Mann bald durchsah, von niemanden durch freundliche Antworten so verlegen gemacht worden, als durch mich. Was ich nun noch sagen will, ist Folgendes. FICHTE sagte mir, daß er in seinem neuen Journal, worin er seine Wissenschaftslehre neu bearbeitet hat, und unter andern nur eine Philosophie und keinen Unterschied zwischen theoretischer und Moralphilosophie annimmt, weil überall der Verstand, durch seine absolute Freiheit die Dinge setzt (ein dummes Zeug! wer so reden kann, kann wohl niemals die kritischen Prinzipien beherzigt haben) und daß er darin viel von meinem Standpunkt spreche. Ich habe nun wohl diese Sachen noch nicht in Händen gehabt, aber ich bin vorher versichert, daraus ganz leicht eine Veranlassung nehmen zu können, mich etwa in JAKOBS Annalen zu erklären, daß erstens meine Meinung gar nicht mit der seinigen zusammenstimme, daß ich zweitens glaube die Kritik richtig exponiert zu haben, und daher von ihrem Sinn nicht abzuweichen glaube, weil mir nichts so angelegentlich ist, als Sinnlichkeit (das Vermögen von Gegenständen affiziert zu werden) vom Verstande (das Vermögen sie zu denken, dieses Subjektive auf Objekte zu beziehen) zu unterscheiden, daß aber drittens, ich durch das zweite gar nicht gesonnen bin, den Stifter der kritischen Philosophie im geringsten zu kompromittieren, indem der Standpunkt gänzlich meine eigene Idee ist, und ja, da Ihre Werke am Tage liegen, jedermann mit eigenen Augen vergleichen und ein eigenes Urteil haben kann. Den FICHTE selbst will ich mir wohl nicht auf den Hals laden, und werde daher ganz glimpflich, was ihn betrifft, sprechen. Aber in Ansehung des zweiten Punkts will ich mich umständlich auslassen, und das berichtigen, was fehlerhaft von mir im Standpunkt ist gesagt worden. Geben Sie hierzu Ihre Beistimmung? Ehe ich diese erhalte, möchte ich nicht gern was tun. Nur auf mich, Hochachtungswürdiger Mann, lenken Sie keinen Unwillen. Ich finde meinen Beruf in wissenschaftlichen Arbeiten, und wie müßte, bei dieser Abgezogenheit, mir der Gedanke wehe tun, in Ihren Augen gesunken zu sein.

Der Ihrige
Beck.

401.

An Georg Heinrich Ludwig Nicolovius.

Ew. Wohlgeb.

bitte ergebenst mit ein paar Worten hierunter nur anzuzeigen, welche Nachricht Herr Kollegien-Rat EULER in Petersburg, bei Übersendung des Diploms meiner Aufnahme zum Mitgliede der Russisch-Kaiserl. Akad. d. Wissensch., meinerseits noch vermißt: damit ich den hiesigen Negozianten, Herrn COLLINS, durch den ich die Korrespondenz hierüber geführt habe, deshalb befragen könne.[1]) — Wobei ich mit Anwünschung einer glücklichen Reise und vollkommener Hochachtung jederzeit bin

Ew. Wohlgeb.

Königsberg, den 7. Juli 1797.

ergebenster treuer Diener
I. Kant.

402.

An Christian Gottfried Schütz.

Königsberg, 10. Juli 1797.

Unaufgefordert von Ihnen, würdiger Mann, doch veranlaßt durch Ihren an unsern gemeinschaftlichen, vortrefflichen Freund, den Herrn Hofprediger SCHULTZ, abgelassenen Brief, ergreife ich diese Gelegenheit, Ihnen meine Freude über Ihren besseren Gesundheitszustand, als ihn das Gerücht seit geraumer Zeit verbreitet hatte, bezeugen zu können. Ein so gemeinnützig tätiger Mann muß froh und lange leben!

Der Anstoß, den Sie im gedachten Briefe an meinem neuerdings aufgestellten Begriffe des „auf dingliche Art persönlichen Rechts"[2]) nehmen, befremdet mich nicht, weil die Rechtslehre

---

[1]) Der Kollegien-Rat Euler in Petersburg (1734—1800), der Sohn des berühmten Mathematikers, seit 1769 ständiger Sekretär der Akademie der Wissenschaften.

[2]) S. die Metaphysischen Anfangsgründe der Rechtslehre, § 22—30.

der reinen Vernunft, noch mehr wie andere Lehren der Philosophie, das: *entia praeter necessitatem non sunt multiplicanda* sich zur Maxime macht. Eher möchte es Ihr Verdacht tun, daß ich, durch Wortkünstelei mich selbst täuschend, vermittelst erschlichener Prinzipien das, wovon noch die Frage war: ob es tunlich sei, für erlaubt angenommen habe. Allein man kann im Grunde niemandem es verdenken, daß er, bei einer Neuerung in Lehren, deren Gründe er nicht umständlich erörtert, sondern bloß auf sie hinweiset, in seinen Deutungen den Sinn des Lehrers verfehlt, und da Irrtümer sieht, wo er allenfalls nur über den Mangel der Klarheit Beschwerde führen sollte.

Ich will hier nur die Einwürfe berühren, die Ihr Brief enthält, und behalte mir vor, dieses Thema mit seinen Gründen und Folgen an einem andern Orte ausführlicher vorzutragen.

1. „Sie können sich nicht überzeugen, daß der Mann das Weib zur Sache macht, sofern er ihr ehelich beiwohnet et vice versa. Ihnen scheint es nichts weiter, als ein mutuum adiutorium zu sein." — — Freilich, wenn die Beiwohnung schon als ehelich, d. i. als gesetzlich, obzwar nur nach dem Rechte der Natur, angenommen wird: so liegt die Befugnis dazu schon im Begriffe. Aber hier ist eben die Frage: ob eine eheliche Beiwohnung, und wodurch sie möglich sei; also muß hier bloß von der fleischlichen Beiwohnung (Vermischung) und der Bedingung ihres Befugnisses geredet werden. Denn das mutuum adiutorium ist bloß die rechtlich notwendige Folge aus der Ehe, deren Möglichkeit und Bedingung allererst erforscht werden soll.

2. Sagen Sie: „KANT's Theorie scheint bloß auf einer fallacia des Wortes Genuß zu beruhen. Freilich im eigentlichen Genuß eines Menschen, wie das Menschenfressen, würde es ihn zur Sache machen; allein die Eheleute werden doch durch den Beischlaf keine res fungibiles." — — Es würde sehr schwach von mir gewesen sein, mich durch das Wort Genuß hinhalten zu lassen. Es mag immer wegfallen und dafür der Gebrauch einer unmittelbar (d. i. durch den Sinn, der hier aber ein von allem andern spezifisch verschiedener Sinn ist), ich sage einer unmittelbar vergnügenden Sache gesetzt werden. Beim Genusse einer solchen denkt man sich diese zugleich als verbrauchbar (res fungibilis), und so ist auch in der Tat der wechselseitige Gebrauch der Geschlechtsorgane beider Teile untereinander beschaffen. Durch Ansteckung, Erschöpfung und Schwängerung

(die mit einer tödlichen Niederkunft verbunden sein kann) kann ein oder der andere Teil aufgerieben (verbraucht) werden, und der Appetit eines Menschenfressers ist von dem eines Freidenkers (libertin) in Ansehung der Benutzung des Geschlechts nur der Förmlichkeit nach unterschieden.

Soweit vom Verhältnisse des Mannes zum Weibe. Das vom Vater (oder Mutter) zum Kinde ist unter den möglichen Einwürfen übergangen worden.

3. „Scheint es Ihnen eine petitio principii zu sein, wenn K. das Recht des Herrn an den Diener, oder Dienstboten, als ein persönlich-dingliches (sollte heißen: auf dingliche Art [folglich bloß der Form nach] persönliches) Recht beweisen will; weil man ja den Dienstboten wieder einfangen dürfe usw. Allein das sei ja eben die Frage. Woher wolle man beweisen, daß man jure naturae dieses tun dürfe?"

Freilich ist diese Befugnis nur die Folge und das Zeichen von dem rechtlichen Besitze, in welchem ein Mensch den andern als das Seine hat, ob dieser gleich eine Person ist. Einen Menschen aber als das Seine (des Hauswesens) zu haben, zeigt ein jus in re (contra quemlibet hujus rei possessorem gegen den Inhaber desselben) an. Das Recht des Gebrauchs desselben zum häuslichen Bedarf ist analogisch einem Rechte in der Sache, weil er nicht frei ist, als Glied sich von dieser häuslichen Gesellschaft zu trennen, und daher mit Gewalt dahin zurückgeführt werden darf, welches einem verdungenen Tagelöhner, der bei der Hälfte der Arbeit (wenn er sonst nichts dem Herrn entfremdete) sich entfernt, nicht geschehen kann, nämlich ihn einzufangen, weil er nicht zu dem Seinen des Hausherrn gehörte, wie Knecht und Magd, welche integrierende Teile des Hauswesens sind.

Jedoch das Weitere bei anderer Gelegenheit. Jetzt setze ich nichts hinzu, als: daß mir jede Nachricht von Ihrer Gesundheit, Ihrem Ruhm und Ihrem Wohlwollen gegen mich jederzeit sehr erfreulich sein wird.

403.

An Johann Heinrich Tieftrunk.

Daß die Verhandlung mit Herrn BECK, wegen eines ihm in Vorschlag gebrachten Liber retractationum, die Veranlassung zu einer schriftlichen Unterhaltung mit Ihnen, würdiger Mann! geworden ist, ist mir sehr angenehm; sowie auch der Gebrauch, den Sie von meiner R. L. in Ihrem neuesten Werk über das privat und öffentl. R. gemacht haben. — Es wäre mir lieb, wenn Herr BECK Ihre „Kurze Darstellung eines wesentlichen Punkts in der transszendentalen Ästhetik und Logik" usw., wofern er sich von der Richtigkeit derselben überzeugen kann, sich zum Bewegungsgrunde dienen ließe, seinen Standpunkt zu verändern und ihn wieder zurecht zu stellen. In dem Falle aber, daß er dazu nicht entschlossen ist, wäre es am besten, die Sache auf sich beruhen zu lassen; es müßte denn Herr SCHLETTWEIN oder ein anderer dieses Stillschweigen für Eingeständnis ausgeben und darauf seine Befehdungen gründen wollen. — Wenn die Zurechtweisung fruchtlos ist, warum sollen andere von der Mißhelligkeit öffentlich benachrichtigt werden?

Meine Liebe und Achtung für Herrn BECK, und selbst die des würdigen Herren Hofprediger SCHULTZ, soll hiebei nichts verlieren; wiewohl der letztere eine gewisse ihn befremdende Bitterkeit im Briefe des Herren BECK, den ich ihm kommunizierte, gar wohl bemerkte, von der ich wünschte, daß er diesen Ton bei Gelegenheit in den Ton der Freundschaft umstimmen möchte; denn was sollen uns alle Bearbeitungen und Streitigkeiten der Spekulation, wenn die Herzensgüte darüber einbüßt?

Hoffentlich wird Herr BECK, den ich hiemit freundschaftlich zu grüßen bitte, bald seine Finalresolution, öffentlich oder in einem Privatbriefe, erklären. Hiervon, oder jeder anderer literärischer Neuigkeit von Belang, durch Ihre Vermittelung Nachricht zu erhalten, wird mir angenehm sein; der ich mit Liebe und Hochachtung jederzeit bin

Ihr
ergebenster treuer Diener
I. Kant.

Königsberg,
den 12. Juli
1797.

404.

An Johann Heinrich Ludwig Meierotto.

(Entwurf.)

[ca. August 1797.]

Wohlgebor. Herr Prof: u. Oberschulrat

Das Andenken an die mit Ihnen unseres Ort gemachte Bekanntschaft und wie ich mir schmeichle getroffene sehr schätzbare Freundschaft — woran mich unser gemeinschaftl. Freund, der jetzt Witwer gewordene Kriegsrat HEILSBERG, oft mit Vergnügen erinnert — aufzufrischen, trifft sich jetzt eine Veranlassung, nämlich Sie um die Genehmigung des Vorschlags der Stettinischen Regierung den Kandidat LEHMANN sen: zum Lehrer der Mathematik, Philosophie und Latinität an die Stelle des bis jetzt wie es heißt hoffnungslos kranken Herrn Professor MEYE im Fall seines Absterbens inständig zu bitten. —

Dieser junge Mann kann, was die erste Qualität (die Mathematik) betrifft, seine Kenntnisse darin hinreichend selbst dokumentieren, was die zweite (die Philosophie) anlangt, kann ich ihm ein vor den meisten seiner Mitzuhörer vorzügliches Lob geben, an der notwendigen Latinität wird es ihm, wie ich glaube, auch nicht mangeln. Die Lehrgabe (donum docendi) wohnt ihm auch, wie ich es bezeugen kann, vorzüglich bei, so daß ich mit Zuversicht hoffen kann, Ew. Wohlgeb. werden, wenn Sie als Oberschulrat der Wahl desselben zum Prof: jener Wissenschaften in Stettin Ihre Beistimmung geben, dem Endzweck derselben vollkommen gemäß verfahren; als um welche ich also hiemit ergebenst bitte.

Ich wünsche, daß so wie alle Ihre große Bearbeitungen zum Besten des Schulwesens überhaupt also auch diese zu dem der Stettinschen Schule, wie ich festiglich hoffe, gedeihen möge und habe die Ehre, mit der vollkommensten Hochachtung

405.

An [Eberhard Julius Wilhelm Ernst von Massow.]

(Entwurf.)

[ca. August 1797.]

Hochwohlgeb. Hr. Regierungspräsident

Der Besuch, womit mich Ew: Exzell. vor wenigen Jahren beehrten, ist mir unvergessen geblieben, sowie die Erinnerung Ihrer wohlwollenden Gesinnung in mir das Vertrauen erweckt, es werde das Vorwort, welches ich hiemit für den Kandidat LEHMANN sen: einlege, nicht ungeneigt aufgenommen werden.

Er tut Ansuchung um die Stelle des Professors der Mathematik und Physik des Herrn MEYE, wenn dieser, wie seine schwere Krankheit besorgen läßt, etwa mit Tode abginge und verlangt von mir an Ew. Hochwohlgeb. eine Empfehlung. In Hoffnung, diese werde nicht als Anmaßung abgewiesen werden, getraue ich mir, sie ihm mit voller Aufrichtigkeit und Überzeugung in Absicht auf die Würdigkeit zu dieser Stelle geben zu können.

Herr LEHMANN hat allen meinen Kollegien der Logik, Metaphysik, der Moral, des Naturrechts, Physik, der Anthropologie und physischen Geographie nicht allein mit unausgesetztem Fleiß und dem besten Fortgange (wie mir die Examina, die ich anstellete, es bewiesen) frequentiert, sondern ist auch immer einer von den Wenigen gewesen, welche auch ihr Talent zum Vortrage dessen, was sie gelernt hatten, an den Tag legten und sich also zu künftigen Lehrern qualifizierten. Überdem sind seine Umgangseigenschaften so beschaffen, daß ich ihn meiner eigenen Erholung wegen am häufigsten an meinen Tisch gezogen habe und noch invitiere, sooft es nur ohne Nachteil seiner anderweitigen Geschäfte geschehen kann; welches von seiner Verträglichkeit und Eintracht mit seinen etwanigen künftigen Kollegen zum voraus schon einen vorteilhaften Begriff gibt.

In Ansehung seiner anderen Kollegien wird er die erforderliche Zeugnisse vorbringen; das meine gebe ich ihm hierdurch mit Zuversicht.

Mit der größten Hochschätzung und Verehrung habe ich die Ehre jederzeit zu sein

406.

Von Johann Erich Biester.

Endlich, verehrtester Herr Professor, bin ich imstande, Ihnen den Beschluß der Berl. Monatsschrift zuzusenden, deren Ende Sie noch bekrönet haben. Dieser treffliche und geistvolle Aufsatz ist ein wichtiges Wort zu seiner Zeit,[1]) möge er doch recht viel wirken, um die unberufenen Wortführer über Philosophie zurückzuweisen, um die Würde und die Unumstößlichkeit der praktischen Gebote einleuchtend zu machen, und um Wahrhaftigkeit überall, auch in theologischen und philosophischen Streitigkeiten einzuführen!

Die Berl. Monatsschrift, welche langsam ihrem Hinscheiden entgegen schlich, hat nunmehr ganz aufgehört. Eben die Verzögerung des Abdruckes der Stücke hat den völligen Beschluß des Journales endlich notwendig — und in der Tat, für mich selbst wünschenswert — gemacht. Mit dem Julius dies. J. habe ich eine neue periodische Schrift angefangen, die wenigstens richtig und ununterbrochen erscheinen wird, da sie in Berlin gedruckt wird und der Verleger ein eifriger, tätiger Mann ist. Wenn nur die gütigen Männer, welche die Monatsschrift mit ihren Aufsätzen beehrten, auch meine Blätter ihrer Beiträge würdigen wollen! Ich bin so frei, Ihnen die bis [jetzt] erschienenen Bogen beizulegen.

den Verlust, welchen unser Staat durch des vortrefflichen WLÖMERS Tod erlitten, hat Ihre langjährige Freundschaft gewiß noch schmerzhafter empfunden. Er ist ohne beträchtliche Schmerzen verschieden, und glaubte eben daher sein Ende noch nicht so nahe. Eigentlich war nur Mattigkeit, gänzliche Abspannung aller Kräfte, seine Krankheit; wenn er ausgestreckt lag, selbst wenn er im Wagen fuhr (welches er in seiner Krankheit zuweilen tat), erklärte er, daß er sich völlig wohl und wie gesund befinde; aber sobald er nur mit einem Fuß auftreten oder gar ein paar Schritte machen sollte, fühlte er seine gänzliche Kraftlosigkeit. — Er war ein höchst edler, schätzens- und dabei liebenswürdiger Mann!

---

[1]) Die Abhandlung „Von einem neuerdings erhobenen vornehmen Ton in der Philosophie" (Berliner Monatsschrift, Mai 1796).

Der Minister STRUENSEE hat mir aufgetragen, Sie recht sehr von ihm zu grüßen.

Bleiben Sie gütigst gewogen

Berlin,
5. August 1797.

Ihrem

sehr verpflichteten
Biester.

407.

An Johann Böninger und Johann Langer.

Meine hochzuehrende Herren!

Den 18. Juli a. c. ist mir das schon vor einigen Monaten von Ihnen aus eigener Bewegung versprochene Probestück Ihrer Kunst, welches die Urania vorstellt, in einem Kasten wohlbehalten zu Handen gekommen. Ich danke für dieses Ihr Geschenk auf das verbindlichste; besonders für die Meinung, womit Sie mich zu beehren scheinen, vermittelst meiner Bekanntmachnng die Liebhaber der Kunst darauf aufmerksam zu machen. — In der Tat ist das Urteil besserer Kenner als ich zu sein mich anmaßen darf, sehr zu Ihrem Vorteil ausgefallen, vornehmlich darüber, daß jene Figur von weißer Farbe auf himmelblauem Grunde, in einer kleinen Weite davon ein bas relief täuschend darstellt. — Auch wird meine Übertragung dieses Stücks, in ein weit vornehmeres und frequentierteres Haus, zur Zelebrität dieser Kunst unseres Orts, und vielleicht auch eine Anzeige, die Sie davon in öffentlichen Blättern geben möchten, einiges beitragen.

Mit Hochachtung und Ergebenheit bin ich
Meiner hochzuehrenden Herren

Königsberg,
24. August
1797.

ergebener Diener
I. Kant.

408.

Von Georg Samuel Albert Mellin.

Verehrungswürdiger Herr Professor,
ich bin so frei, Ihnen beikommendes Exemplar meines Enzyklopädischen Wörterbuchs der kritischen Philosophie¹) zu übersenden, und bitte Sie, dasselbe mit Güte und Nachsicht anzunehmen. Durch dieses Werk denke ich die Anzahl der Verehrer einer Philosophie zu vergrößern, die es so sehr verdient, von denkenden Köpfen gekannt, verstanden und geschätzt zu werden, und die das Glück meines Lebens ist. Ich schmeichle mir, mich des Geistes dieser Philosophie, durch anhaltendes, zwölfjähriges Studium derselben bemächtigt, und Ihre Schriften, innigst verehrter Herr Professor, wenigstens größtenteils verstanden zu haben. Die Ausarbeitung der Artikel des Wörterbuchs gibt mir Veranlassung, alles aufs neue und sorgfältigst zu durchdenken und meine Überzeugungen zu befestigen. Es wird mir eine sehr schmeichelhafte und schätzbare Aufmunterung sein, mit zwei Worten von Ihnen zu hören, daß meine Bemühungen Ihnen nicht unangenehm sind und im ganzen ihren Beifall haben. Ohne Zweifel haben Sie zu seiner Zeit die Grundlegung zum Naturrecht erhalten.²)

Ich rechne es zu den glücklichsten Ereignissen meines Lebens, daß es mir zuteil wird, Ihnen wenigstens schriftlich, selbst die unvergleichbare Achtung zu versichern, mit der ich, so lange ich denken kann, sein werde

Ihr

aufrichtiger treuer und dankbarer
Verehrer

Magdeburg, den 6. Septbr.
1797.

Mellin.

---

¹) Enzyklopädisches Wörterbuch der kritischen Philosophie I. Züllichau und Leipzig 1797.
²) Grundlegung zur Metaphysik der Rechte oder der positiven Gesetzgebung, Züllichau 1796.

409.

Von Jakob Sigismund Beck.

Halle, den 9. September 1797.

Hochachtungswürdiger Mann,

In Ihrem Briefe an Herrn Prof. TIEFTRUNK, den er die Güte gehabt, mir mitzuteilen, schreiben Sie, daß es Ihnen nicht nötig zu sein dünke, andere mit den Mißhelligkeiten bekannt zu machen, welche zwischen meiner Darstellung der kritischen Philosophie und dieser selbst schweben möchten. Es betrübt mich, daß Sie das Dasein dieser Mißhelligkeiten hierin zuzugeben scheinen. Wäre es möglich, persönlich über diesen Gegenstand mich mit Ihnen zu unterhalten, so ist meine Gewißheit, Sie vom Gegenteil zu überzeugen, so groß, daß ich ohne Bedenken alles, was ich besitze, dabei aufs Spiel zu setzen bereit sein würde. Was Herrn SCHULTZ betrifft, so ist mein Herz von aller Bitterkeit gegen ihn frei, und ich wünsche mir Gelegenheit, ihm dieses durch die Tat zu beweisen. Wenn er sich an meine Stelle setzen möchte, so würde er das Beleidigende, das in seinem Vorwurf liegt, der einmal nichts Geringeres als Unterschiebung einer unredlichen Absicht enthält, und wodurch er zweitens mich mit den neuen philosophischen Irrlichtern in eine Klasse setzt, wohl selbst bemerken. Aber an sich selbst liegt diesem Betragen Achtung für Sie und Interesse für die Philosophie zum Grunde, und in diesen Stücken kann niemand einverstandener mit ihm sein, als ich es bin.

Künftige Ostern werde ich wahrscheinlich meinen Aufenthalt nach Leipzig verlegen. Ich werde von meinen Leipziger Freunden dazu ermuntert, weil mir als einem preußischen Landeskinde Aussichten auf die für Preußen bestimmte Kollegiatur offen und ihrer Wahrscheinlichkeit und Beträchtlichkeit wegen nicht in den Wind zu schlagen sind. Wenn ich dann kein mathematisches Thema zu meiner Disputation wählen sollte, so hätte ich fast Lust, in einer philosophischen Arbeit das Fehlerhafte meiner bisherigen Darstellungen auszubessern. Geschieht dieses aber auch nicht bei dieser Gelegenheit, so werde ich dazu eine andere benutzen. Herrn Hofprediger SCHULTZ bitte ich bei Gelegenheit meiner Hochachtung zu versichern, der ich mit der größten Hochachtung bin

der Ihrige
Beck.

410.

Von Christoph Wilhelm Hufeland.

Jena, den 30. Sept. 1797.

Ew. Wohlgeb. kann ich nicht beschreiben, wie sehr mich die zwei Briefe, womit Sie mich beehrt haben, erfreut haben, und ich würde dies Gefühl nicht so lange haben zurückhalten können, wenn ichs nicht getan hätte, um Ihnen zugleich etwas über den jungen MOTHERBY, den Sie mir empfahlen, schreiben zu können. — Um so mehr freut es mich, daß ich Ihnen in betreff seiner das Beste melden kann. Ich habe nicht leicht einen jungen Menschen gesehen, der mit soviel Lebhaftigkeit des Geistes solche Festigkeit, Wahrheit und Sittlichkeit des Charakters verbindet, und der mir in so kurzer Zeit so herzlich lieb und wert geworden wäre. Seine Aufführung ist untadelhaft, sein Fleiß unermüdet, und er gehört zu denen meiner Zuhörer, die mir wahre Aufmunterung und Belehrung in meinem Geschäfte sind. Ich habe nichts an ihm auszusetzen, als daß er zu selten zu mir kommt, und ich werde, um dies mehr zu bewirken, ihn in mein Konservatorium und Disputatorium diesen Winter ziehen. Überhaupt verspreche ich Ihnen, alles zu tun, soviel an mir liegt, um ihn zu einem brauchbaren und nützlichen Bürger zu bilden.

Ew. Wohlgeb. haben mich mit der angenehmen Hoffnung sehr erfreut, daß Sie geneigt wären, einen medizinischen Gegenstand zu bearbeiten, und zwar den so interessanten von der Macht des Gemüts über seine krankhaften körperlichen Empfindungen. Wäre es Ihnen doch bald gefällig und wegen andrer Geschäfte möglich! Denn eben in diesen psychologisch-medizinischen Gegenständen hat es noch so sehr an philosophischer Behandlung gefehlt, und wie viel würde sich nicht unsre Kunst noch nebenbei fruchtbare Bemerkungen und Aufschlüsse versprechen können! Ich wiederhole also nochmals im Namen des ganzen medizinischen Publikums, das Sie sich dadurch verpflichten würden, die Bitte, dieser schönen Idee bald einige Stunden zu widmen, und füge noch den Wunsch bei, daß Sie dann die Güte haben und den Aufsatz mir für das Journal der praktischen Heilkunde überlassen möchten, wo er am schnellsten im medizinischen Publikum bekannt werden, und zugleich diesem Journal zur großen Zierde gereichen würde.

Übrigens wünsche ich von Herzen, daß Gott, so wie er Ihre Kräfte und Verdienste verdoppelt hat, auch Ihre Tage verdoppeln, und Ihnen ferner ein dauerhaftes Wohlsein schenken möge. Lassen Sie mich ferner Ihrem Andenken empfohlen sein.

Mit größter Verehrung bin ich

der Ihrige
D. Hufeland.

411.

Von Jakob Sigismund Beck.

Halle, den 6. Oktober 1797.

Herr RAUPACH, der vor zwei Jahren meine Vorlesungen besuchte und den ich als einen braven und geschickten jungen Mann kenne, schreibt mir von Liegnitz aus, wo er sich jetzt als Hofmeister aufhält, daß er in kurzem nach Livland, als Erzieher in das Haus des Herrn VON RENNEKAMP gehen werde und bittet mich, ihm einen Brief an Sie, verehrungswürdiger Mann, mitzugeben, als einen Titel, meint er, Sie besuchen und seine Hochachtung Ihnen bezeigen zu dürfen. Wenn er Zeit und Gelegenheit haben sollte, Ihnen bekannter zu werden, so hoffe ich, daß er schon selbst sich vorteilhaft empfehlen, und meiner Empfehlung nicht weiter bedürfen werde. Ich möchte ihn des Glücks, das er jetzt erfährt, sich persönlich mit Ihnen zu unterhalten, beneiden. Ihr freundschaftliches Wohlwollen ist mir über alles wert; erhalten Sie es mir Ihrem ewig ergebenen

Beck.

412.

An Johann Gottfried Carl Christian Kiesewetter.

Um einmal wieder Nachricht von Ihrem Wohlbefinden, wertester Freund, zu erhalten, weiß ich keine bessere Veranlassung als die, welche mir die Jahreszeit gibt: mir doch wiederum ein

Scheffel Teltower Rüben gütigst zu besorgen. — Ich verbitte es sehr, dies auf Ihre Kosten zu tun; es ist Freundschaft genug, wenn Sie nur sie eben so schön wie voriges Jahr, im Fäßchen eingepackt und wider den Frost, der etwa einfallen möchte, gesichert, die Absendung an mich zu besorgen die Güte haben wollen.

Von literärischen Neuigkeiten Ihrer Gegend erwarte bei dieser Gelegenheit auch einige Nachricht. Was mich betrifft, so ist Ihnen ohne Zweifel schon bekannt, daß ich, durch Alter und Kränklichkeit schon seit anderthalb Jahren, meine akademische Arbeiten einzustellen genötigt worden und von meiner Existenz nur dann und wann durch die Berl. Blätter Nachricht gebe.

Sie Ihrerseits sind noch in Geschäften, zu deren Betreibung und jeder anderen dem gemeinen Wesen nützlichen Bearbeitung ich von Herzen Gesundheit und frohen Mut anwünsche und mit wahrer Freundschaft und Hochachtung jederzeit bin

Königsberg,   der Ihrige
d. 13. Okt.   I. Kant.
1797.

413.

An Jakob Lindblom.

Hochwürdiger Herr Bischof
Hochzuverehrender Herr!

Die Bemühung, die sich Ew: Hochwürd. gegeben haben, meinen Abstamm zu erkunden und mir das Resultat Ihrer Nachforschung gütigst mitzuteilen, verdient allen Dank; wenn gleich daraus weder für mich noch für andere, nach Lage der Sache, irgendein barer Nutzen zu ziehen sein möchte.

Daß mein Großvater, der in der preußisch-litauischen Stadt Tilsit lebte, aus Schottland abgestammt sei: daß er einer von den Vielen war, die am Ende des vorigen und im Anfange dieses Jahrhunderts aus Schottland, ich weiß nicht, aus welcher Ursache, in großen Haufen emigrierten und davon ein guter Teil sich unterwegens auch in Schweden, der Rest aber in Preußen, vornehmlich über Memel verbreitet hat (beweisen die dort noch bestehende Familien der SIMPSON, MACLEAN, DOUGLAS, HAMILTON und anderer mehr, unter denen auch mein Großvater gewesen und in Tilsit gestorben ist) *), war mir längst gar wohl bekannt. Von lebenden Verwandten väterlicherseits und außer den Deszendenten meiner Geschwister ist also (da ich selbst ledig bin) mein Stammbaum völlig geschlossen. — Soviel von meiner Abstammung, die nach dem von Ihnen entworfene[n] genealogische Schema, von guten Bauern in Ostgotland (welches ich mir zur Ehre anrechne) bis auf meinen Vater (sollte allenfalls eher Großvater lauten) erkundet sein soll; wobei ich das Interesse der Menschenliebe, welches Ew: Hochwürd. an diesen Leuten nehmen, mich nämlich zur Unterstützung dieser angeblichen Verwandten zu bewegen, nicht verkenne.

Denn es ist zu gleicher Zeit ein Brief aus Larum, den 10. Juli 1797 datiert, mir zu Handen gekommen, der eine ähnliche Entwicklung meiner Abstammung, zugleich aber auch das Ansinnen enthält, ihm, dem Briefsteller, der sich meinen Cousin nennt, „auf einige Jahre mit 8 a 10 tausend Taler Kupfermünze gegen Interessen zu dienen, durch welche er glücklich werden könne."

Dieses und jedes andere ähnliche Ansinnen werden aber Ew: Hochwürd. selbst als ganz unstatthaft erkennen, wenn ich Ihnen sage, daß ich eine Schwester am Leben, 6 Geschwisterkinder von meiner verstorbenen Schwester, deren einige selbst wieder Kinder haben, aber nur einen Bruder, den Pastor KANT in Altrahden in Kurland, der aber auch 4 Kinder, unter diesen 1 Sohn, der erwachsen ist, hat, deren eines neuerlich schon verheuratet ist, am Leben habe, meine Verlassenschaft also durch diese nächste natürliche Kompetenten bei meinem Ableben so verdünnet werden dürfte, daß für eine entfernete Vetterschaft, deren Naheit selbst noch problematisch ist, wohl nichts übrig bleiben kann.

Mit der größten Hochachtung bin ich indes jederzeit

Ew. Hochwürden

Königsberg, I. Kant.
d. 13. Oktober
1797.

---

*) Mein Vater ist in Königsberg und in meinem Beisein gestorben.

414.

An Johann Heinrich Tieftrunk.

Hochgeschätzter Freund!

Ihre Verhandlungen mit Herrn BECK (den ich hiermit meiner Hochachtung zu versichern bitte), deren Ausschlag hoffentlich beiderseitige Einhelligkeit in der Absicht sein wird, habe mit Vergnügen vernommen. Ebenso auch Ihren Vorsatz eines erläuternden Auszugs aus meinen kritischen Schriften; imgleichen daß Sie mir die Mitwirkung dazu erlassen wollen, nehme ich dankbar an. — Bei dieser Gelegenheit bitte ich zugleich meiner hyperkritischen Freunde FICHTE und REINHOLD mit der Behutsamkeit zu gedenken, deren ihre Verdienste um die Wissenschaft vollkommen wert sind.

Daß meine Rechtslehre bei dem Verstoß gegen manche schon für ausgemacht gehaltene Prinzipien viele Gegner finden würde, war mir nicht unerwartet. Um desto angenehmer ist es mir, zu vernehmen, daß sie Ihren Beifall erhalten hat. Die Göttingische Rezension im 28. Stück der Anzeigen, die, im Ganzen genommen, meinem System nicht ungünstig ist, wird mir Anlaß geben, in einer Zugabe manche Mißverständnisse ins klare zu setzen, hin und wieder auch das System zur Vollständigkeit zu ergänzen.

Meinen Freund, Herrn Professor POERSCHKE, bitte ich, wenn sich dazu Veranlassung finden möchte, wegen seiner im Ausdruck etwas zu heftigen Manier, die doch mit sanften Sitten verbunden ist, mit Wohlwollen zu behandeln. — Mit seinem Grundgesetz: Mensch sei Mensch hat er wohl nichts anderes sagen wollen, als: Mensch als Tierwesen bilde dich zum moralischen Wesen aus usw. — Indessen weiß er von diesem Ihrem Urteil, imgleichen meiner Apologie nichts.

Zu Ihrem Vorschlag einer Sammlung und Herausgabe meiner kleinen Schriften willige ich ein; doch wollte ich wohl, daß nicht ältere als von 1770 darin aufgenommen würden, so daß sie mit meiner Dissertation: „De mundi sensibilis et intelligibilis forma" usw. anfange. — In Ansehung des Verlegers mache ich keine Bedingungen und verlange keinen Vorteil, der mir etwa zufallen sollte. Die einzige ist, daß Sie mir den Aufsatz aller Piecen vorher mitteilen möchten.

Inliegende Briefe empfehle ich Ihrer gütigen Bestellung, die Auslagen für diejenigen, die für einen Teil des Weges müssen frankiert werden, um bis dahin zu gelangen, wo die preußischen Posten nicht hinreichen, bitte zu machen und mir den Belauf derselben zu Wiedererstattung zu melden.

Es könnte wohl sein, daß mich der Tod während dieser Anstalten überraschte. In diesem Falle würde unser Herr Professor GENSICHEN zwei Abhandlungen in meiner Kommode antreffen, deren eine ganz, die andere beinahe ganz fertig liegt (und zwar seit mehr als zwei Jahren,[1]) über deren Gebrauch er alsdann Ihnen Nachricht geben würde, — doch bleibt dieses unter uns; denn vielleicht gebe ich sie noch bei meinem Leben heraus.

Meine Langsamkeit in Beantwortung der mir zugekommenen Briefe werden Sie mir nicht zur Schuld anrechnen; mein Gesundheitszustand macht sie mir, bei der unter Händen habenden Arbeit, zur Notwendigkeit; vielmehr seien Sie von der wahren Hochachtung versichert, mit der ich jederzeit bin

Ihr

Königsberg,   ergebenster treuer Diener
d. 13. Oktober   I. Kant.
1797.

415.

An Johann Heinrich Tieftrunk.

Königsberg, den 17. Oktober 1797.

Meinen Brief vom 13. werden Sie, wertester Freund, erhalten haben. Wenn dabei eine Irrung vorgegangen ist; daß ich nämlich gewisse andere Briefe in dem Kuvert an Sie zum weitern Abschicken beigeschlossen zu haben glaube, welches doch vielleicht nicht geschehen ist, sondern unter den Kuvert an BIESTERN geschehen sein mag, welches ich, bei der Eile der Abfertigung auf die Post, nun mich nicht erinnern kann, — so werden Sie sich dies nicht irren lassen.

---

[1]) Die beiden Abhandlungen, die später als erster und zweiter Abschnitt des „Streites der Fakultäten" erschienen.

Übrigens wird es mir sehr angenehm sein, bald wieder, teils mit einem auf ihren vorigen Brief bezogenen, teils auch anderen literarische Nachrichten enthaltenden Schreiben, unterhalten und erfreut zu werden, wobei ich jederzeit mit Hochachtung und Freundschaft bin

Ihr

ergebenster
I. Kant.

416.

An den Rektor.

Academiae Rector Magnifice!

Auf die von Ew: Magnifizenz mir d. d. d. 22. November 1792 [statt *1797*] bekannt gemachte Vorstellung Illustris Cancellarii et Direct. unserer Akademie: bei E. Königl. Etatsministerio um Adiunctos bei zweien Senatsstellen, — von welchen auf die des Herren Konsistorialrat RECCARD einerseits und auf die meinige andererseits unverkennbar hingewiesen wird, — anzuhalten, ermangle ich nicht, folgende Gegenvorstellung einzureichen; mit der Bemerkung, daß dieser Vorschlag einen dreifachen Fehler enthalte, nämlich unrichtig in seiner Angabe, widersprechend in seinem Plane und beleidigend in seiner Zumutung zu sein.

Erstlich ist es ganz unrichtig: daß jemand, der, ausdrücklich oder stillschweigend, erklärt, er könne, Alters oder sonst körperlichen Unvermögens halber, den Sessionen des Senats, als Glied desselben nicht ferner beiwohnen, dafür gehalten werden müsse, er habe seine Stelle als stimmendes Senatsglied aufgekündigt. Denn in der letzteren Funktion kann er sich immer tätig beweisen und jeder von den beiden hat es auch bisher getan, wenn die vota durch Kapsulation gesammelt werden; von welcher Verfahrungsart wohl zu wünschen wäre, daß sie, vornehmlich in wichtigen Fällen, mehr gebraucht würde: weil sie zu reifer Überlegung mehr Zeit gibt. Die auffallendeste Unrichtigkeit aber in der Vorstellungsart ist die: daß gedachte zwei Glieder durch ihre mehr als ein Jahr hindurch beständig fortgewährte Abwesenheit nicht von der Akademie, sondern von dem Sessionszimmer derselben sich für emeritos haben erklären wollen: welcher Ausdruck da, wo er gebräuchlich ist, — nämlich auf Reichsuniversitäten — denjenigen bedeutet, der, nachdem er gänzlich von der Akademie Abschied genommen, jubiliert, d. i. in den Ruhestand gebracht und auf Pension gesetzt ist; ein Gebrauch, der bei uns unerhört ist und auch wohl immer bleiben wird.

Zweitens ist der vorgelegte Plan zur Ausfüllung jener zwei ledig gewordenen Stellen, oder, wie es hier heißt, zu Bewirkung der Integrität des Senats durch Adjunkten, welche — statt der jetzt von der Session fortwährend Abwesenden für sich selbst stimmend sein sollen, ohne doch Glieder des Senats zu sein — mit sich selbst im Widerspruch: nämlich der beabsichtigten Integrität gerade zuwider. Denn diese würden als Nichtglieder des Senats doch nur in ihrem eigenen Namen, also nach Privatabsichten votieren können; — welches man von einem Gliede desselben nicht präsumieren darf — mithin den vorgeblichen Defekt des Senats nicht ergänzen: weil sie keinen integrierenden Teil desselben ausmachen.

Drittens ist die Zumutung für beleidigend, nämlich das wohlbegründete Recht der Senatoren schmälernd, anzusehen. — Illustri Cancellario wird es noch erinnerlich sein: wie in dem Streit über die Stellvertretung des D. BOHLIUSschen Rektorats, bei dessen Unvermögen es selbst zu führen, unter dem v. ZEDLITZ'schen Obercuratorio durch ein königl. rescript entschieden und zum Gesetz gemacht worden, oder dieses, was es schon immer war, nur in Erinnerung gebracht wurde, zu welchem Sie selbst damals mitwirkten, eben dadurch aber auch das Recht der Senatoren, auch in ihrer persönlichen Abwesenheit aus Unvermögen, zur Amtsführung derselben, mitzuwirken stillschweigend anerkannten; welches Sie ihnen jetzt strittig machen.

Aus den angeführten Gründen protestiere ich nun wider den gedachten Entwurf und bin übrigens mit vollkommener und schuldiger Hochachtung

Ew. Magnifizenz
ganz gehorsamster Diener
I. Kant.

Königsberg,
den 3. Dezember
1797.

417.

An Johann Gottlieb Fichte.

[Dezember 1797?]

Hochgeschätzter Freund!

Wenn Sie meine dreiviertel Jahr verzögerte Antwort auf Ihr an mich abgelassenes Schreiben für Mangel an Freundschaft und Unhöflichkeit halten sollten, so würde ich es Ihnen kaum verdenken können. Kennten Sie aber meinen Gesundheitszustand und die Schwächen meines Alters, die mich genötigt haben, schon seit einem und einem halben Jahre alle meine Vorlesungen, gewiß nicht aus Gemächlichkeit, aufzugeben, so würden Sie dieses mein Betragen verzeihlich finden, ungeachtet ich noch dann und wann durch den Kanal der „Berliner Monatsschrift" und auch neuerlich durch den der „Berliner Blätter" von meiner Existenz Nachricht gebe,[1]) welches ich als Erhaltungsmittel durch Agitation meiner geringen Lebenskraft, obzwar langsam und nur mit Mühe, tue, wobei ich mich jedoch fast ganz ins praktische Fach zu werfen mir geraten finde und die Subtilität der theoretischen Spekulation, vornehmlich wenn sie ihre neuern, äußerst zugespitzten Apices betrifft, gern andern überlasse.

Daß ich zu dem, was ich neuerlich ausgefertigt habe, kein anderes Journal als das der „Berliner Blätter" wählte, werden Sie und meine übrigen philosophierenden Freunde mir als Invaliden zugute halten. Die Ursache ist: weil ich auf diesem Wege am geschwindesten meine Arbeit ausgefertigt und beurteilt sehe, indem sie, gleich einer politischen Zeitung, fast posttäglich die Erwartung befriedigt, ich aber nicht weiß, wie lange es noch dauern möchte, daß ich überhaupt arbeiten kann.

Ihre mir 1795 und 1796 zugesandten Werke sind mir durch Herrn HARTUNG wohl zu Handen gekommen.

Es gereicht mir zum besondern Vergnügen, daß meine Rechtslehre Ihren Beifall erhalten hat.

Lassen Sie sich, wenn sonst Ihr Unwille über meine Zögerung im Antworten nicht zu groß ist, ferner nicht abhalten, mich mit Ihren Briefen zu beehren und mir literarische Nachrichten zu

---

[1]) S. den Aufsatz „Über ein vermeintes Recht aus Menschenliebe zu lügen" (Berliner Blätter 1797).

erteilen. Ich werde mich ermannen, künftig hierin fleißiger zu sein, vornehmlich da ich Ihr treffliches Talent einer lebendigen und mit Popularität verbundenen Darstellung in Ihren neuern Stücken sich entwickeln sah, damit Sie die dornigen Pfade der Scholastik nun durchwandert haben und nicht nötig finden werden, dahin wieder zurückzusehen.

Mit vollkommener Hochachtung und Freundschaft bin ich jederzeit usw.   I. Kant.

418.

An Johann Heinrich Tieftrunk.

Hochgeschätzter Freund!

Zerstreut durch eine Mannigfaltigkeit von Arbeiten, die sich einander wechselseitig unterbrechen, ohne doch meinen letzten Zweck der Vollendung derselben vor dem Torschlusse aus den Augen zu verlieren, ist mir jetzt nichts angelegener, als die Stelle in Ihrem mir sehr angenehmen Briefe vom 5. Novbr. „wie der Satz der Kritik der reinen Vernunft, S. 177, zu verstehen sei, der die Anwendung der Kategorien auf Erfahrungen oder Erscheinungen unter sich vermittelt" von der ihr anhängenden Schwierigkeit befreit werden könne.[1]) — Ich glaube dieses jetzt auf eine Art tun zu können, die befriedigend ist und zugleich ein neues Licht über diese Stelle im System der Kritik verbreitet; doch so, daß Gegenwärtiges bloß als roher Entwurf angesehen werden muß, und seine Eleganz nur, nachdem wir uns in einem zweiten Briefe einverständigt haben werden, erwartet.

Der Begriff des Zusammengesetzten überhaupt ist keine

---

[1]) Tieftrunk hatte Kant die Frage vorgelegt, wiefern es möglich sei, die Verstandesbegriffe auf die sinnlichen Erscheinungen anzuwenden. Nach der Lehre vom Schematismus nämlich werde hierzu Gleichartigkeit zwischen beiden vorausgesetzt; — auf der anderen Seite aber müsse im kritischen System für die Verstandesbegriffe eine völlig andere Quelle als für die sinnlichen Vorstellungen angenommen werden, was der Voraussetzung der Homogeneität zu widersprechen scheint. Die folgenden Darlegungen Kants dienen der Beantwortung dieses Einwands.

besondere Kategorie, sondern in allen Kategorien (als synthetische Einheit der Apperzeption) enthalten. Das Zusammengesetzte nämlich kann, als ein solches, nicht angeschauet werden; sondern der Begriff oder das Bewußtsein des Zusammensetzens (einer Funktion, die allen Kategorien als synthetische Einheit der Apperzeption zum Grunde liegt) muß vorhergehen, um das mannigfaltige der Anschauung Gegebene sich in einem Bewußtsein verbunden, d. i. das Objekt sich als etwas Zusammengesetztes zu denken, welches durch den Schematism der Urteilskraft geschieht, indem das Zusammensetzen mit Bewußtsein zum inneren Sinn, der Zeitvorstellung gemäß einerseits, zugleich aber auch auf das mannigfaltige in der Anschauung Gegebene andererseits bezogen wird. — Alle Kategorien gehen auf etwas a priori Zusammengesetztes und enthalten, wenn dieses gleichartig ist, mathematische Funktionen, ist es aber ungleichartig, dynamische Funktionen, zum Beispiel was die ersten betrifft: die Kategorie der extensiven Größe betrifft: Eines in Vielen; was die Qualität oder intensive Größe betrifft, Vieles in Einem. Jenes die Menge des Gleichartigen (zum Beispiel der Quadratzolle in einer Fläche); dieses der Grad (zum Beispiel der Erleuchtung eines Zimmers). Was aber die dynamische angeht, die Zusammensetzung des Mannigfaltigen, sofern es entweder einander im Dasein untergeordnet ist (die Kategorie der Kausalität) oder eines dem andern zur Einheit der Erfahrung beigeordnet ist (der Modalität als notwendige Bestimmung des Daseins der Erscheinungen in der Zeit).

Herr M. BECK, den ich hierdurch freundlich von mir zu grüßen bitte, könnte also wohl auch hierauf seinen Standpunkt von den Kategorien aus zu den Erscheinungen (als Anschauungen a priori) nehmen. — Die Synthesis der Zusammensetzung des Mannigfaltigen bedarf einer Anschauung a priori, damit die reinen Verstandesbegriffe ein Objekt hätten, und das sind Raum und Zeit. — Aber bei dieser Veränderung des Standpunkts ist der Begriff des Zusammengesetzten, der allen Kategorien zum Grunde liegt, für sich allein sinnleer, d. i. man sieht nicht ein, daß ihm irgendein Objekt korrespondiere: zum Beispiel ob so etwas, das extensive Größe oder intensive (Realität) ist, oder, im dynamischen Fach der Begriffe, etwas, was dem Begriffe der Kausalität (einem Verhältnis durch seine Existenz der Grund der Existenz eines andern zu sein) oder auch der Modalität ein Objekt möglicher Erfahrung zu sein gegeben werden könne: weil es doch nur bloße Formen der

Zusammensetzung (der synthetischen Einheit des Mannigfaltigen überhaupt) sind, und zum Denken, nicht zum Anschauen gehören. — Nun gibt es in der Tat synthetische Sätze a priori, denen Anschauung a priori (Raum und Zeit) zum Grunde liegt; mithin denen ein Objekt in einer nicht-empirischen Vorstellung korrespondiert (den Denkformen können Anschauungsformen unterlegt werden, die jenen einen Sinn und Bedeutung geben.) — Wie sind diese Sätze nun möglich? — Nicht so: daß diese Formen des Zusammengesetzten in der Anschauung das Objekt, wie es an sich selbst ist, darstellen: denn ich kann mit meinem Begriffe von einem Gegenstand nicht a priori über den Begriff von diesem Gegenstande hinauslangen. Also nur so: daß die Anschauungsformen nicht unmittelbar als objektiv, sondern bloß als subjektive Formen der Anschauung, wie nämlich das Subjekt, nach seiner besondern Beschaffenheit, vom Gegenstande affiziert wird, d. i. wie er uns erscheint, nicht nach dem, was er an sich ist (also indirekt) vorgestellt wird. Denn wenn die Vorstellung auf die Bedingung der Vorstellungsart des Vorstellungsvermögens des Subjekts bei den Anschauungen restringiert wird, so ist leicht zu begreifen, wie es möglich ist, a priori synthetisch (über den gegebenen Begriff hinausgehend) zu urteilen und zugleich daß dergleichen a priori erweiternde Urteile auf andere Art schlechterdings unmöglich sind.

Hierauf gründet sich nun der große Satz: Gegenstände der Sinne (des äußern sowohl als des innern) können wir nie anders erkennen als bloß wie sie uns erscheinen, nicht nach dem, was sie an sich selbst sind: imgleichen: übersinnliche Gegenstände sind für uns keine Gegenstände unseres theoretischen Erkenntnisses. Da aber doch die Idee derselben wenigstens als problematisch (quaestionis instar) nicht umgangen werden kann, weil dem sinnlichen sonst ein Gegenstück des Nichtsinnlichen fehlen würde, welches einen logischen Mangel der Einteilung beweiset; so wird das letztere zum reinen (von allen empirischen Bedingungen abgelöseten) praktischen Erkenntnis, für das Theoretische aber als transszendent betrachtet werden müssen, mithin die Stelle für dasselbe auch nicht ganz leer sein.

Was nun die schwierige Stelle der Kritik S. 177 usw. betrifft: so wird sie auf folgende Art aufgelöst. — Die logische Subsumtion eines Begriffs unter einem höheren geschieht nach der Regel der Identität: und der niedrigere Begriff muß hier als homogen mit dem höhern gedacht werden. Die transszendentale dagegen, nämlich die Subsumtion eines empirischen Begriffs unter einem reinen Verstandesbegriffe durch einen Mittelbegriff, nämlich den des Zusammengesetzten aus Vorstellungen des innern Sinnes ist unter eine Kategorie subsumiert, darunter etwas dem Inhalte nach Heterogenes wäre, welches der Logik zuwider ist, wenn es unmittelbar geschähe, dagegen aber doch möglich ist, wenn ein empirischer Begriff unter einen reinen Verstandesbegriff durch einen Mittelbegriff [subsumiert wird], nämlich den des Zusammengesetzten aus Vorstellungen des inneren Sinnes des Subjekts, sofern sie den Zeitbedingungen gemäß, a priori nach einer allgemeinen Regel ein zusammengesetztes darstellen, enthält, welches mit dem Begriffe eines Zusammengesetzten überhaupt (dergleichen jede Kategorie ist) homogen ist und so unter dem Namen eines Schema die Subsumtion der Erscheinungen unter dem reinen Verstandesbegriffe ihrer synthetischen Einheit (des Zusammensetzens) nach, möglich macht. Die darauf folgenden Beispiele des Schematismus lassen diesen Begriff nicht verfehlen.*)

Und nun, würdigster Mann, breche ich hiermit ab, um die Post nicht zu verfehlen, schließe einige Bemerkungen, die von Ihnen projektierte Sammlung meiner kleinen Schriften betreffend, an, — bitte Herrn Professor JACOB für die Übersendung seiner Annalen zu danken — mich bald wiederum mit Ihrer Zuschrift zu beehren und die Langsamkeit meiner Beantwortung meinem schwächlichen Gesundheitszustande und der Zerstreuung durch andere an mich ergehende Ansprüche zuzuschreiben; übrigens aber von meiner Bereitwilligkeit in Ihre tunlichen Plane einzutreten und von der Hochachtung versichert zu sein, mit der ich jederzeit bin

Ihr

Königsberg,   ganz ergebenster
den 11. Dezember   I. Kant.
   1797.

---

*) Sie werden hier die Flüchtigkeit bemerken, der in einem andern [Aufsatze wohl] nachgeholfen werden könnte.

419.

Von Markus Herz.

Verehrungswürdiger Lehrer.

Der große allen bekannte MECKEL¹) verlangt dem großen alles kennenden KANT durch mich so wenig bekannten und so wenig kennenden HERZ empfohlen zu sein, und ich würde mit der Befriedigung dieses überflüssigen Verlangens großen Anstand genommen haben, wenn sie nicht zugleich eine so erwünschte Veranlassung wäre, meinen Namen wieder einmal in dem Andenken meines unvergeßlichen Lehrers und Freundes aufzufrischen, und ihm wieder einmal zu sagen, welche Seligkeit die Erinnerung an die ersten Jahre meiner Bildung unter seiner Leitung noch immer über mein ganzes Wesen verbreitet und wie brennend mein Wunsch ist, ihn in diesem Leben noch einmal an mein Herz zu drücken! Warum bin ich nicht ein großer Geburtshelfer, Starstecher oder Krebsheiler, der einmal über Königsberg zu einem vornehmen Russen gerufen wird? — Ach ich habe leider nichts in der Welt gelernt! Die wenige Geschicklichkeit, die ich besitze, ist auf jedem Dorfe in Kamschatka zehnfach zu haben, und darum muß ich in dem Berlin versauern und auf das Glück, Sie, ehe einer von uns die Erde verläßt, noch zu sehen, auf immer resignieren!

Um so stärkender ist mir dafür jede kleine Nachricht von Ihnen aus dem Munde eines Reisenden, jeder Gruß, den ich aus dem Briefe eines Freundes von Ihnen erhalte. Laben Sie mich doch öfter mit diesen Erquickungen und erhalten mir noch lange Ihre Gesundheit und Freundschaft.

Berlin, den 25. Dezember 1797.

Ihr ergebenster
Markus Herz.

---

¹) Der Chirurg und Geburtshelfer Ph. Friedr. Theod. Meckel (1756—1803), Professor in Halle.

420.

Von Johann Gottlieb Fichte.

Verehrungswürdiger Freund und Lehrer.

Meinen innigsten Dank für Ihr gütiges Schreiben, welches meinem Herzen wohltätig war. Meine Verehrung für Sie ist zu groß, als daß ich Ihnen irgend etwas übelnehmen könnte; und noch dazu etwas so leicht zu Erklärendes, als Ihre verzögerte Antwort: aber es würde mich betrübt haben, Ihre gute Meinung, die ich mir erworben zu haben glaubte, wieder verloren zu haben. Ich lebe im Mittelpunkte der literarischen Anekdotenjägerei und Klätscherei; (ich meine damit nicht sowohl unser Jena; denn hier haben wir größtenteils ernsthaftere Beschäftigungen, als den ganzen Umkreis, der uns umgibt) und hatte seit Jahren mancherlei hören müssen. Ich kann mir sehr wohl denken, wie man endlich der Spekulation satt werden müsse. Sie ist nicht die natürliche Atmosphäre des Menschen; sie ist nicht Zweck, sondern Mittel. Wer den Zweck, die völlige Ausbildung seines Geistes, die vollkommne Übereinstimmung mit sich selbst, erreicht hat, der läßt das Mittel liegen. Dies ist Ihr Zustand, verehrungswürdiger Greis.

Da Sie selbst sagen, daß „Sie die Subtilität der theoretischen Spekulation, besonders was ihre neuere äußerst zugespitzte Apices betrifft, gern andern überlassen", so bin ich desto ruhiger wegen der mißbilligenden Urteile über mein System, welche fast jeder, der sich zu dem zahlreichen Heere der deutschen Philosophen rechnet, von Ihnen in den Händen zu haben vorgibt; wie denn noch ganz neuerlich Herr BOUTERWECK, der genügsame Rezensent Ihrer Rechtslehre,[1]) und der REINHOLDschen vermischten Schriften, in den Göttingischen Anzeigen, ein solches von Ihnen erhalten haben will; wie ich durch den Kanal meiner Zuhörer vernehme. — Dies ist nun so die Welt, in der ich lebe.

Es gereicht mir zum lebhaftesten Vergnügen, daß meine Dar-

---

[1]) Zu Bouterweks Rezension von Kants „Rechtslehre" (Gött. gel. Anz. 18. Februar 1797) s. Kants eigene Bemerkungen in der zweiten Auflage dieses Werkes (Anhang erläuternder Bemerkungen zu den metaphysischen Anfangsgründen der Rechtslehre).

stellung Ihren Beifall findet. Ich glaube es nicht zu verdienen, wenn derselbe BOUTERWECK sie für barbarisch (in den Göttingschen Anzeigen) ausschreit. Ich schätze das Verdienst der Darstellung sehr hoch, und bin mir einer großen Sorgfalt bewußt, die ich sehr früh angewendet, um eine Fertigkeit darin zu erhalten; und werde nie ablassen, da wo es die Sache erlaubt, Fleiß auf sie zu wenden. Deswegen aber denke ich doch noch gar nicht daran, der Scholastik den Abschied zu geben. Ich treibe sie mit Lust und Leichtigkeit, und sie stärkt und erhöht meine Kraft. Überdies habe ich ein beträchtliches Feld derselben bisher bloß im Vorbeigehen berührt, aber noch nicht mit Vorsatz durchmessen: das der Geschmacks-Kritik.

Mit innigster Verehrung

Ihr

ergebenster

Jena, den 1. Jänner 1798.

Fichte.

421.

An Johann Schultz.

Ew. Hochehrwürd.

nehme mir die Freiheit, in Ansehung des hiebei zurückkommenden SCHLETTWEINschen Briefes[1]) zu Ersparung Ihrer kostbaren Zeit den Rat zu geben: in Ihrer Antwort sich ja nicht zur Korrespondenz mit ihm verbindlich zu machen; sondern in Ansehung der Prüfung des von ihm selbst vorgeschlagenen, aus der Kritik der reinen Vernunft ausgehobenen, Begriffs vom Raum ihn nur aufzufordern: daß er die Sätze der kritischen Philosophie, wie er sich dazu erboten hat, aber nicht schriftlich, sondern sofort im Druck widerlege; damit, wenn vielleicht seine Argumente gar keine Widerlegung verdienen sollten,*) das Publikum sie auch nicht erwarten dürfte, weil sie eines natürlichen Todes und nicht eines durch Gegenargumente

---

*) welches im Intell. Blatt der A. L. Z. mit wenig Worten angezeigt werden könnte.

---

[1]) Siehe Kants öffentliche Erklärungen (Werke, Bd. VIII) Nr. 5.

gewaltsamen Todes erblichen sein würden. — Denn ich habe gegründeten Verdacht: daß SCHLETTWEIN nur darauf ausgehe, durch Schriftstellerei etwas zu verdienen und von Ihnen erwarte, daß Sie, wegen Ihres Anteils am Honorar, nachsichtlich sein dürften; die Zelebrität der Sache aber eine zahlreiche Abnahme verspreche. — Hätten Sie sich aber vorher schriftlich zur Beantwortung anheischig gemacht, ehe er noch sein Werk öffentlich herausgegeben, so würde, wenn darauf keine Beantwortung im Drucke Ihrerseits erfolgte, es von ihm als Bekenntnis des Unvermögens dasselbe zu widerlegen ausgeschrien werden.

Ich bin übrigens mit der vollkommensten Hochachtung jederzeit

Ew. Hochehrwürden

ganz ergebenster treuer Diener

Königsberg, den 9. Jan. 1798.   I. Kant.

422.

An Christoph Wilhelm Hufeland.

Königsberg, den 6. Februar 1798.

Hier haben Sie, geehrtester Freund! die versprochene Abhandlung „Von der Macht des Gemüts" usw., welche Sie nach Ihrem Belieben in Ihr Journal einrücken, oder auch, wenn Sie es gut finden, [oder auch] als eine abgesonderte Schrift, mit Ihrer Vorrede oder Anmerkungen begleitet, herausgeben können; wobei ich zugleich allen Verdacht, als ob ich auch wohl Autorsporteln beabsichtigte, verbitte.

Wäre etwas im großen Reichtum Ihrer medizinischen Kenntnisse, was mir in Ansehung meiner Kränklichkeit, die ich Ihnen beschrieben habe, Hilfe oder Erleichterung verschaffen könnte: so würde mir die Mitteilung desselben in einem Privatschreiben angenehm sein; wiewohl ich offenherzig gestehen muß, daß ich wenig davon erwarte und des Hippocrates *iudicium anceps, experimentum periculosum* zu beherzigen überwiegende Ursachen zu haben glaube. — — Es ist eine große Sünde, alt geworden zu sein; dafür man aber auch ohne Verschonen mit dem Tode bestraft wird.

Daß dieses Ihnen nur nach einem langen und glücklichen Leben widerfahre, wünscht

Ihr Verehrer und ergebener
treuer Diener
I. Kant.

N. S. Sobald wie möglich würde ich mir die Herausgabe dieser Schrift erbitten und, wenn es sein kann, einige wenige Exemplare derselben. I. K.

423.

An Johann Heinrich Tieftrunk.

Königsberg, den 6. Februar 1798.

Würdiger Mann
hochgeschätzter Freund!

Aus Ihrem mir sehr angenehmen Schreiben vom 2. Jan. a. c. ersehe ich mit Vergnügen, daß Sie die Sache der Kritik, welche zu führen Sie allerdings vermögen, auch (im Ganzen dieses Systems) zu behaupten entschlossen sind: wobei zum Gelingen dieses Vorsatzes es meiner Meinung nach sehr dienlich wäre: Kürze und Präzision der Lehrsätze im Text, der Übersicht halber, zu beobachten, die ausführliche Erörterung derselben aber wie zum Beispiel die mit S. 210 zu vergleichende S. 413 in die Anmerkungen zu werfen; wenn von der intensiven Größe (in der Beziehung des Gegenstandes der Vorstellung auf den *Sinn*) in Vergleichung mit der extensiven (in Beziehung auf das bloße Formale der reinen sinnlichen Anschauung) die Rede ist. — doch ich besorge, mit diesem meinen Anraten selbst undeutlich zu werden, und schließe für diesmal mit der Bitte: einliegende Briefe gütigst zu bestellen: von deren Absicht ich Ihnen nächstens Bericht abstatten werde. — Wobei ich mit beständiger Hochachtung und Freundschaft jederzeit bin

Ihr
ergebenster treuer Diener
I. Kant.

424.

An Johann Ernst Lüdeke.

(Entwurf.)

[Februar 1798.]

Den innigsten Dank, verehrungswürdiger Freund, für Ihren mir den 30. Dezember 1797 gewordnen, die Zeit eines frohen nicht ganz tatleeren Lebens wiederum ins Gedächtnis rufenden und mich durch Ihr Beispiel gleichsam verjüngenden Brief.

Was kann ich hiebei anders tun, als wünschen, daß Ihre eigene Verdienste durch den moralischen Lebensgenuß, auf den Sie mit Recht Anspruch machen können, Sie dafür noch lange Jahre lohnen möge und die durch Ihren ganzen Brief herrschende Heiterkeit nicht durch Beschwerden des Alters, wie ich sie wenigstens mit Intervallen fühlen muß, möge getrübt werden.

Doch da das Frohsein nicht so ganz vom Körper abhängt, daß nicht neue sich fürs Weltbeste eröffnende Aussichten wie die, zu welchen der junge König Hoffnung gibt, jene Beschwerden vergüten und von Zeit zu Zeit überwiegen sollten, so verliere ich darum nicht die Hoffnung, wiederum soweit belebt zu werden, daß ich einige meiner Arbeiten, die bisher unter dem Interdikt waren oder der Vollendung bedürfen, wiederum vornehmen sollte.

Mit dem Wunsche eines des SPALDINGschen Glücks würdigen Alters für Sie, werter Freund, und der Bitte, mich gelegentlich durch Herrn Kirchen-R. BOROWSKI von literärischen Neuigkeiten Nachrichten zu erteilen bin ich mit usw.[1])

425.

An Johann Friedrich Vigilantius.

Ew: Wohlgebornen   27. Febr. 1798.

vergeben mir meine Zudringlichkeit, Sie in so früher Morgenzeit in Ihren Geschäften zu unterbrechen: daß ich mir die Beantwortung einiger Fragen ergebenst erbitte, die mich zur Vollendung meines morgen zu vollendenden

---

[1]) Über Lüdeke s. Bd. IX, S. 193; er hatte in einem Briefe an Kant von der Rüstigkeit und geistigen Frische des 84jährigen Spalding (s. Bd. IX, S. 54) berichtet.

Zwecks[1]) (da ich im gerichtlichen Fache ein Kind bin) leiten können.

1. Wie wird die Aufschrift auf dem Kuvert meines versiegelten Testaments gemacht? — Kann sie etwa so lauten: Mein letzter Wille, niedergelegt beim Akademischen Senat. Königsberg, den 28. Febr. 1798? I. Kant.

2. Muß ich, wenn ich an den Rector Magn: deshalb schreibe, ihn ersuchen, dieser Absicht wegen den Senat zusammen zu berufen, oder nur nach der Zeit, wann ich vor demselben erscheinen soll, fragen, weil der Konseß desselben an Mittwochen gewöhnlich ist?

3. Soll ich mein älteres nun zu kassierendes Testament vor oder nach der Übergabe des neuen von Herren Tribunalsrat BUCHHOLTZ, mit Beilegung des Rekognitionsscheins des ersteren, zurückfordern — oder kann ich, nachdem ich wegen meiner morgenden Erscheinung vor dem Senat benachrichtigt bin, den Gesuch um eine Deputation des Stadtgerichts bei Herren Tribunalsrat BUCHHOLTZ schon heute vormittag tun (auf) einen Stempelbogen à 6 Ggl.? — Und um welche Zeit kann ich dieses am schicklichsten verrichten?

Vergeben Sie mir diese Unterbrechung Ihrer Geschäfte und lassen Sie mich hoffen, daß ich übermorgen die Ehre haben könne, zu Mittage von der Ausrichtung dieses Geschäfts Ew: Wohlgeb. Bericht abzustatten.

I Kant
d. 27. Februar 1798

426.

An Johann Heinrich Tieftrunk.

Ihren Brief, wertester Freund! habe mit Vergnügen gelesen: vornehmlich, daß ich Sie so entschlossen finde, die Sache der Kritik in ihrer Lauterkeit zu erhalten, sie aufzuhellen und mannhaft zu verfechten, welches, wie der Erfolg es zeigen wird, Sie niemals zu bereuen Ursach haben sollen. — Eine Vorrede zu meinen kleinen Schriften, welche nicht bloß meine Genehmigung

---

[1]) Am 28. Februar 1798 hat Kant vor dem versammelten akademischen Senat sein Testament niedergelegt.

ihrer Herausgabe, sondern auch die etwanige von Ihnen gemachte Anmerkungen beträfe, würde ich gern hinzufügen, wenn es tunlich wäre, daß Sie mir das Werk vor Abfassung, oder vielmehr Publikation der ersteren, zuschickten, um der RENGERschen Buchhandlung auch hiermit zu Gefallen zu sein.¹) — Jetzt noch ein Anliegen meinerseits.

Ich hatte vor einigen Jahren ein Werk vor unter dem Titel: „Der Streit der Fakultäten von I. Kant", aber sie fiel unter HERMES' und HILLMERs Zensur durch und mußte liegen bleiben. — Nun ist ihr zwar jetzt der Ausflug offen; allein es hat sich ein anderer Mißfall im Gebären meines Genius zugetragen, daß nämlich eine neuere Schrift unter dem Titel „Erneuerte Frage, ob das menschliche Geschlecht im beständigen Fortschreiten zum Bessern sei", von mir dem Bibliothekar BIESTER für seine Berl. Blätter zugeschickt, ich weiß nicht wie, dem Stadtpräsidenten EISENBERG zur Zensur eingereicht wurde und zwar den 23. Oktober 1797, also noch bei Lebzeiten des vorigen Königs, und ihm das Imprimatur abgeschlagen wurde; ein Vorfall, von dem mir es unbegreiflich bleibt, wie es möglich war, daß ihn mir Herr BIESTER allererst den 28. Febr. 1798 meldete. — Da nun jedermann bekannt ist, wie sorgfältig ich mich mit meiner Schriftstellerei in den Schranken der Gesetze halte: ich aber auch nicht mühsame Arbeit um nichts und wieder nichts weggeworfen haben mag, so habe ich, nach geschehener Erkundigung bei einem rechtskundigen Manne, beschlossen, dieses Stück, samt der auf denselben gezeichneten EISENBERGschen Zensurverweigerung, durch meinen Verleger NICOLOVIUS nach Halle zu schicken und durch Ihre gütige Mühwaltung daselbst die Zensur zu suchen; welche, wie ich festiglich glaube, mir dort nicht fehlschlagen wird, und werde es so einzuleiten suchen, daß beide Stücke, als zu einem Ganzen gehörend, ein Buch ausmachen sollen; wo Sie dann, wenn es Ihnen beliebt, das letztere auch abgesondert in der Sammlung meiner kleinen Schriften mit hinein tragen können.

Was halten Sie von Herrn FICHTE allgemeine Wissenschaftslehre? einem Buche, welches er mir vorlängst zugeschickt hat, dessen Durchlesung ich aber, weil ich es weitläuftig und meine

---

¹) Imm. Kants vermischte Schriften. Ächte und vollständige Ausgabe. Halle, in der Rengerschen Buchhandlung, 1799, herausgegeben von Tieftrunk.

Arbeit zu sehr unterbrechend fand, zur Seite legte und jetzt nur aus der Rezension in der A. L. Z. kenne? Für jetzt habe ich nicht die Muße, es zur Hand zu nehmen; aber die Rezension für FICHTE (welche mit vieler Vorliebe des Rezensenten abgefaßt ist) sieht mir wie eine Art von Gespenst aus, was, wenn man es gehascht zu haben glaubt, man keinen Gegenstand, sondern immer nur sich selbst und zwar hievon auch nur die Hand, die darnach hascht, vor sich findet. — Das bloße Selbstbewußtsein, und zwar nur der Gedankenform nach, ohne Stoff, folglich ohne daß die Reflexion darüber etwas vor sich hat, worauf es angewandt werden könne und selbst über die Logik hinausgeht, macht einen wunderlichen Eindruck auf den Leser. Schon der Titel (Wissenschaftslehre) erregt, weil jede systematisch geführte Lehre Wissenschaft ist, wenig Erwartung für den Gewinn, weil sie eine Wissenschaftswissenschaft und so ins unendliche andeuten würde. — Ihr Urteil darüber, und auch welche Wirkung es auf andere Ihres Orts hat, möchte ich doch gern vernehmen.

Leben Sie wohl, wertester Freund.

I. Kant.
den 5. April 1798
Mit der fahrenden Post.

427.

An Friedrich Nicolovius.

Ew: Hochedelgeb.

erwidere ich auf Ihren Brief vom 2. Mai 1798, daß ich dem Herrn Prof. HUFELAND, bei Übersendung des philosophisch-medizinischen Stücks für sein Journal, wirklich die Freiheit gegeben habe, es in dieses einzurücken, oder auch nach Belieben abgesondert herauszugeben; weil ich damals noch nicht den Plan in Gedanken hatte, das Buch „Der Streit der Fakultäten" in drei Abteilungen, nämlich der philosophischen mit der theologischen, der juristen- und der medizinischen Fakultät auszufertigen und so in einem System darzustellen; wie ich es auch mit Ihnen vor Ihrer Abreise verabredet habe.[1]) — Zugleich

---

[1]) Vgl. oben Brief No. 340.

bitte ich dem Herrn Prof: HUFELAND eben dasselbe zu melden und mich, wegen der Einrückung des ihm eigentlich gewidmeten Stücks in jenes Werk, aus der angeführten Ursache zu entschuldigen.

Noch habe ich, was die zweite Auflage der metaph. Anf. Gr. der Rechtslehre betrifft, anzumerken: daß zweierlei Titel dazu gemacht werden müßten: der eine, welcher nur das Wort „Zweite Auflage" hinzufügte, der andere aber, welcher so lautete: „Erläuternde Anmerkungen zu den metaph. Anfangsgründen d. Rechtslehre von I. Kant": damit die, welche das erstere Buch schon besitzen, nur das zweite zu kaufen nötig haben.

Sie schreiben mir, daß Ihnen noch der Titel des ganzen Werks: Der Streit der Fakultäten mangle. Meines Wissens habe ich ihn schon gegeben. Er heißt

Der Streit
der Fakultäten
in
drei Abschnitten
von
Immanuel Kant.

Alsdann kommen die Titelblätter für jeden dieser drei Abschnitte, zum Beispiel: „Erster Abschnitt: Der Streit der philosophischen Fakultät mit der theologischen; zweitens: Der Streit der philos. mit der jurist. Fak:" usw.

Noch bitte ich, den Setzer und den Korrektor dahin anzuweisen, daß, da ich wohl hin und wieder das c mit dem k abgewechselt haben mocht, zum Beispiel practisch mit praktisch, er hierin eine Gleichförmigkeit beobachten möchte und sich nach der Schreibart richten möge, die er auf den ersteren Blättern antreffen wird; imgleichen, daß ich die Druckfehler frühzeitig zugeschickt erhalte.

Gegen Ende dieses Buchs werden Sie über einem Abschnitt den Titel finden: „Kasuistische Fragen", den Sie so abzuändern bitte: „Biblisch-historische Fragen."

Ich bin Ihr ergebener
             Freund und Diener I. Kant.

Königsberg, den 9. Mai 1798.

428.
An Georg Christoph Lichtenberg.

Der Ihnen, verehrungswürdiger Mann! Gegenwärtiges zu überreichen die Ehre hat, Herr v. FARENHEID, Sohn eines noch lebenden Vaters von großen Glücksumständen und für sich selbst von sehr guten Anlagen, in Talent sowohl als Denkungsart, verlangt von mir, zu seiner Bildung auf Ihrer Universität, in Begleitung des Kandidaten LEHMAN, meines ehemaligen Auditors, an einen Lehrer empfohlen zu werden, der teils ihn in dem, was zu seinem Hauptstudium erforderlich ist, nämlich dem Kameralfach, in allem, was dazu direkt und indirekt gehört (zum Beispiel Mathematik, Naturwissenschaft, Mechanik, Chemie usw.) Anleitung gebe, teils ihm auch die geschickte Männer anweise, durch die er in dieser Wissenschaft und Kunst gründlichen Unterricht erlangen könne.

Wer aber könnte dieses wohl sonst sein, als der verdienstvolle, mir besonders wohlwollende, öffentlich mich mit seinem Beifall beehrende und durch Beschenkung mit seinen belehrenden sowohl als ergötzenden Schriften zur Dankbarkeit und Hochachtung verpflichtende Herr Hofrat LICHTENBERG in Göttingen? — Herr LEHMAN, der schon seit einiger Zeit vom theologischen Fache zum juristischen übergegangen ist, wird bei dieser Apostasie zugleich für sich gewinnen; öffentlich, in den Kollegien, die er mit besuchen wird, und häuslich, als Repetent, indem er dazu auch alle nötige Vorübungsmittel und allen Fleiß besitzt, sie in Wirkung zu setzen.

Für mich erwarte ich durch dieses Verhältnis von Zeit zu Zeit erfreuliche und belehrende Nachrichten von Ihrem Wohlbefinden und wissenschaftlichem Fortschreiten zu erhalten; als von welchen, vornehmlich dem letztern, ich in meinem fünfundsiebzigsten Lebensjahr, obgleich bei noch nicht völlig eingetretener Hinfälligkeit, mir nur wenig versprechen kann; weshalb ich auch geeilet habe, mit dieser Michaelismesse noch einige Reste hinzugeben; indessen das, was ich nun unter der Feder habe, ob es völlig zustande kommen werde, mich in Zweifel läßt.

Mit der größten Hochachtung, Zuneigung und Ergebenheit bin ich jederzeit

Königsberg, der Ihrige
den 1. Juli 1798. I. Kant

429.

An Carl Friedrich Stäudlin.

Hochgeschätzter Freund!

Mein vor einigen Jahren Ihnen gegebenes Wort: den Streit der Fakultäten zum Behuf Ihres theologischen Journals aufzusparen, wird mit der diesjährigen Michäelismesse in Erfüllung gehen; aber, veränderter Umstände wegen, freilich nicht buchstäblich in Ihrem Magazin, was jetzt nicht tunlich ist, weil es mit fremdartigen Materien verbunden jetzt ans Licht treten muß, sondern vermittelst einer Ihnen gewidmeten Zueignungsschrift vor der Vorrede. — Ich werde besorgen: daß Ihnen dies Buch, sobald der Druck fertig ist, zu Händen komme. Übrigens läßt sich in diesem, vielleicht schon erschöpften, Fache von mir in meinem fünfundsiebzigjährigen Alter schwerlich noch etwas mehr erwarten.

Herren D. und Prof. AMMON bitte gelegentlich für seine mir zugeschickte Abhandlung meinen größten Dank abzustatten, übrigens aber mir Ihre Gewogenheit und Zuneigung zu erhalten und versichert zu sein: daß ich, mit der vollkommensten Hochachtung für solche wackere aufgeklärte Männer jederzeit bin

Ihr

Königsberg,
den 1. Juli
1798.

ergebenster treuer Freund
I. Kant.

430.

An Friedrich Ludwig Hagen.

Mit Zustellung der mir gütigst erteilten Notiz, zugleich auch der Behutsamkeit davon nichts vor der Zeit emanieren zu lassen, sage ich Ew: Wohlgebornen für Ihre Gütigkeit den ergebensten Dank; bitte meinem verehrungswürdigen Herren Kollegen, meine Mitfreude, den gegenwärtigen Zustand nicht geändert zu sehen, gütigst wissen zu lassen und bin mit dem herzlichsten Anteil an dem, was das ganze HAGENSCHE Haus angeht, und mit der vollkommensten Hochachtung

Ew: Wohlgeborn
ganz ergebenster treuer Diener
I Kant
d. 5. Aug. 1798.

431.

Von Christian Garve.

[Mitte September 1798.]

Teuerster Freund,

Ich habe alles, was sich auf die Schrift, welche ich Ihnen widme, und mit diesem Briefe überschicke, bezieht, und das, was meine Gesinnungen gegen Sie betrifft, in der Zueignungsschrift selbst so vollständig gesagt, daß ich hier nichts hinzuzusetzen habe.[1])

Ich werde Sie immer als einen unserer größten Denker, und der mich selbst, zur Zeit als ich nur noch Lehrling und Anfänger war, als Meister der Kunst zu denken, darin übte, hochachten. Ich bin von der andern Seite überzeugt, daß Sie auch von mir, so weit man einen Mann bloß aus seinen Schriften kennen lernen kann, nicht ungünstig urteilen, und selbst eine Neigung zur Freundschaft gegen mich fühlen.

Diese verborgne und stillschweigende Verbindung, welche schon lange unter uns vorhanden ist, gegen das Ende unsers Lebens noch fester zu knüpfen: dazu ist diese Zueignung bestimmt. Kann ich auch davon keinen großen oder langen Genuß mehr hoffen; so wird doch auch dies mich freuen, wenn ich es noch erlebe, Ihr Urteil über diese kleine Schrift, welche die Resultate vieler meiner Meditationen zusammengedrängt enthält, erfahre, und wenn ich zugleich von Ihren freundschaftlichen Gesinnungen versichert werde.

Ich wünschte zwar auch, Ihr Urteil über die neuesten Fortschritte, welche einige Ihrer Schüler, besonders FICHTE, glauben, in der Philosophie, seit der Erscheinung der Kritik gemacht zu haben, zu wissen. Aber Sie können billige Ursachen haben, warum Sie weder öffentlich noch in Privatbriefen ein entscheidendes Urteil darüber fällen wollen. Ich selbst bin nur sehr oberflächlich davon unterrichtet. Ich habe die Schwierigkeiten der Kritik überwunden; und ich bin im Ganzen dafür belohnt worden. Aber ich habe nicht das Herz noch die Kraft, mich den noch weit größern Schwierigkeiten zu unterziehen, welche mir die Lektüre der Wissenschaftslehre machen würde. Jetzt macht meine täglich

---

[1]) Garve, Übersicht der vornehmsten Prinzipien der Sittenlehre, Breslau 1798.

wachsende Krankheit mir solche überfeine Spekulationen ohnedies unmöglich. Ich würde Ihnen hier meinen Zustand schildern, der gewissermaßen ebenso merkwürdig und sonderbar als kläglich ist: aber eine genaue Beschreibung desselben würde ein weitläuftiges Werk sein, wozu es mir an Kräften gebricht; und ohne Genauigkeit, wozu kann eine solche Schilderung dienen? Ein äußerer Schaden, der vor ungefähr dreizehn Jahren, sehr unschuldig scheinend, am rechten Nasenflügel, nicht weit vom Augenwinkel entstand, — der eigentlich nicht Krebs nach allen Symptomen, aber darin vollkommen krebsartig ist, daß er sich nicht bloß nach der Oberfläche, sondern im kubischen Verhältnisse erweitert, und eben so tief aushöhlt als weit er sich ausbreitet, und der endlich allen Heilmitteln widerstand, zu welchen freilich der Nachbarschaft des Auges wegen keine ätzenden Mittel, vielleicht die wirksamsten in solchen Fällen, gebraucht werden konnten: — dieser Schaden hat nunmehr das ganze rechte Auge und einen Teil der rechten Wange verzehrt, hat eine ebenso große Höhle in den Kopf gebohrt und Zerstörungen einer seltnen Art angerichtet. Es scheint unmöglich, daß ein Mensch dabei leben könne; es scheint noch unmöglicher, daß er dabei denken, und selbst mit einem gewissen Scharfsinn und einer Exaltation des Gemütes denken könne: und doch ist beides wahr. Dieser unwahrscheinliche aber glückliche Umstand hat mir, der ich von Schwäche und Schmerz wechselsweise geplagt und von der menschlichen Gesellschaft entfernt bin, die vorzüglichste Erleichterung und den Trost meines Lebens verschafft. Nie habe ich die Schönheit eines Verses, die Bündigkeit eines Räsonnements und die Annehmlichkeit einer Erzählung deutlicher wahrgenommen und mit mehr Vergnügen empfunden.

Aber wie klein bleibt bei allem diesen der Ersatz für die Leiden, welche ich von Zeit zu Zeit auszustehen habe! und wie lange werde ich diesen Kampf noch kämpfen müssen!

Sie haben von der Macht des Gemüts über den Schmerz und selbst über Krankheiten in Ihrem Briefe an Hufeland, geredet. Ich bin vollkommen darüber mit Ihnen einig, und weiß es aus eigner Erfahrung, daß das Denken eine Heilkraft habe. Aber dieses Mittel läßt sich nicht bei allen auf gleiche Weise anwenden. Einige, zu welchen auch Sie gehören, helfen ihrem Übel dadurch ab, daß sie ihre Aufmerksamkeit davon abwenden. Ich habe den meinigen, z. B. Zahnschmerzen, dadurch am besten abhelfen können,

indem ich meine Aufmerksamkeit darauf konzentriert, und an nichts als an meinen Schmerz gedacht habe. Aber solche äußere Übel, wie das, an welchem ich jetzt leide, sind der Macht des Gemüts am wenigsten unterworfen; und wie es scheint ganz mechanisch und körperlich. Doch sie sind der Macht der Vorsehung und des Weltregierers unterworfen. Dieser erhalte Ihnen die Gesundheit und die Kräfte, deren Sie bisher in einem hohen Alter genossen haben. Er bringe mich mit erträglichen Schmerzen zum Ziele meines Lebens; da eine frühere Befreiung von denselben unmöglich ist.¹) Ich bin mit dem aufrichtigsten Herzen
Ihr
ergebener Freund
C Garve

432.

An Christian Garve.

Königsberg d. 21. Sept. 1798.

Ich eile, teuerster Freund! den mir d. 19. Septembr. gewordenen Empfang Ihres liebevollen und seelenstärkenden Buchs und Briefes (bei deren letzterem ich das Datum vermisse) zu melden. — Die erschütternde Beschreibung Ihrer körperlichen Leiden, mit der Geisteskraft, über sie sich wegzusetzen und fürs Weltbeste noch immer mit Heiterkeit zu arbeiten, verbunden, erregen in mir die größte Bewunderung. — Ich weiß aber nicht, ob, bei einer gleichen Bestrebung meinerseits, das Los, was mir gefallen ist, von Ihnen nicht noch schmerzhafter empfunden werden möchte, wenn Sie sich darin in Gedanken versetzten; nämlich für Geistesarbeiten, bei sonst ziemlichen körperlichen Wohlsein, wie gelähmt zu sein: den völligen Abschluß meiner Rechnung, in Sachen welche das Ganze der Philosophie (sowohl Zweck als Mittel anlangend) betreffen, vor sich liegen und es noch immer nicht vollendet zu sehen; obwohl ich mir der Tunlichkeit dieser Aufgabe bewußt bin: ein Tantalischer Schmerz, der indessen doch nicht hoffnungslos ist. — Die Aufgabe, mit der ich mich jetzt beschäftige, betrifft den „Übergang von den metaphys. Anf. Gr. d. N. W. zur Physik".²) Sie will aufgelöset sein; weil sonst im

---

¹) Garve ist wenige Wochen nach diesem Brief am 1. Dezember 1798 gestorben.

²) Über Kants Arbeit an diesem Werk seiner letzten Jahre vgl. z. B. die Nachrichten bei Wasianski, Kant in seinen letzten Lebensjahren, S. 194 f.

System der krit. Philos. eine Lücke sein würde. Die Ansprüche der Vernunft darauf lassen nicht nach: das Bewußtsein des Vermögens dazu gleichfalls nicht; aber die Befriedigung derselben wird, wenn gleich nicht durch völlige Lähmung der Lebenskraft, doch durch immer sich einstellende Hemmungen derselben bis zur höchsten Ungeduld aufgeschoben.

Mein Gesundsein, wie es Ihnen andere berichtet haben, ist also nicht die des Studierenden, sondern Vegetierenden (Essen, Gehen und schlafen können); und mit dieser reichte, in meinem 75. Jahre, für Ihre gütige Aufforderung, daß ich meine dermalige Einsichten in der Philosophie mit denen, zu welchen Sie binnen der Zeit, da wir miteinander freundschaftlich kontrovertierten, vergleichen möchte, mein sogenanntes Gesundsein nicht zu; wenn es sich nicht damit etwas bessert: als wozu ich, da meine jetzige Desorganisation vor etwa anderthalb Jahren mit einem Katarrh anhob, nicht alle Hoffnung aufgegeben habe.

Ich gestehe: daß, wenn dieser Fall eintritt, es eine meiner angenehmsten Beschäftigungen sein wird, diese Vereinigung, ich will nicht sagen unserer Gesinnungen, (denn die halte ich für einhellig) sondern der Darstellungsart, darin wir uns vielleicht einander nur mißverstehen mögen — zu versuchen; wozu ich denn in langsamer Durchlesung Ihres Buchs, bereits den Anfang gemacht habe.

Beim flüchtigen Durchblättern desselben bin ich auf die Note S. 339 gestoßen: in Ansehung deren ich protestieren muß. — Nicht die Untersuchung vom Dasein Gottes, der Unsterblichkeit usw. ist der Punkt gewesen, von dem ich ausgegangen bin, sondern die Antinomie der r. V.: „Die Welt hat einen Anfang —: sie hat keinen Anfang usw. bis zur vierten: Es ist Freiheit im Menschen, — gegen den: es ist keine Freiheit, sondern alles ist in ihm Naturnotwendigkeit;" diese war es, welche mich aus dem dogmatischen Schlummer zuerst aufweckte und zur Kritik der Vernunft selbst hintrieb, um das Skandal des scheinbaren Widerspruchs der Vernunft mit ihr selbst zu heben.

Mit der vollkommensten Zuneigung und Hochachtung bin ich jederzeit

Ihr

ergebenster treuer Diener
I Kant

433.

An Johann Gottfried Carl Christian Kiesewetter.

Sie geben mir, wertester Freund! von Zeit zu Zeit, durch Ihre gründliche Schriften, hinreichenden Anlaß zur angenehmen Erinnerung unserer unwandelbaren Freundschaft. Erlauben Sie mir jetzt auch jene periodische Erinnerung, wegen der Teltower Rüben, in Anregung zu bringen, womit ich für den Winter durch Ihre Güte versorgt zu werden wünsche; ohne Sie doch dabei in Unkosten setzen zu wollen als welche ich gerne übernehmen würde.

Mein Gesundheitszustand ist der eines alten, nicht kranken, aber doch invaliden: vornehmlich für eigentliche und öffentliche Amtspflichten ausgedienten Mannes, der dennoch ein kleines Maß von Kräften in sich fühlt, um eine Arbeit, die er unter Händen hat, noch zustande zu bringen; womit er das kritische Geschäfte zu beschließen und eine noch übrige Lücke auszufüllen denkt; nämlich „den Übergang von den metaph. A. Gr. der N. W. zur Physik", als einen eigenen Teil der philosophia naturalis, der im System nicht mangeln darf, auszuarbeiten.

Ihrerseits sind Sie bisher, was Ihnen nicht gereuen wird, der krit. Phil. standhaft treu geblieben: indessen daß andere, die sich gleichfalls derselben gewidmet hatten, durch zum Teil lächerliche Neuerungssucht zur Originalität, nämlich, wie Hudibras, aus Sand einen Strick drehen zu wollen[1]) um sich her Staub erregen, der sich doch in kurzem legen muß.

So höre ich eben jetzt durch eine (doch noch nicht hinreichend verbürgte) Nachricht: daß REINHOLD, der FICHTEN seine Grundsätze abtrat, neuerdings wiederum anderes Sinnes geworden und rekonvertiert habe. Ich werde diesem Spiel ruhig zusehen und überlasse es der jüngeren und kraftvollen Welt, die sich dergleichen ephemerische Erzeugnisse nicht irren läßt, ihren Wert zu bestimmen.

Wollten Sie mich bei dieser Gelegenheit mit Notizen Ihres

---

[1]) Vgl. Butlers Hudibras, frei übersetzt von Dietr. Wilh. Soltau Königsberg 1798, Buch I, Ges. 1, S. 159 f.

Orts, vornehmlich aus dem literärischen Fach, regalieren: so würde es mir sehr angenehm sein: — wobei ich mit der vollkommensten Freundschaft, Hochachtung und Ergebenheit jederzeit bin

                            Der Ihrige

Königsberg,   I Kant
d. 19. Okt.
1798.

434.

An Johann Schultz und Christian Jacob Kraus.

(Entwurf.)

                            Nach d. 25. Okt. 1798.

Aus inliegendem Briefe, welchen ich mir womöglich noch heute oder morgen früh zurück erbitte, werden Ew. Hochehrwürd. und Ew. Wohlgeb. das Ansuchen des Herrn CRUSE in Riga ersehen und Ihr Urteil über die Kapazität dieses Mannes zu einer Professur in Rußland empfohlen zu werden in diesem Billet abzugeben belieben; worauf ich mich, da ich meinerseits darüber keine Kundschaft habe, sondern ihn nur als einen wackeren und ehrliebenden Mann kenne, fußen und ihn in meinem morgen früh abzufassenden Briefe, wenn Ihre Beistimmung dahin ausfällt, dazu empfehlen würde

                                                         I K

435.

Von Johann Gottfried Carl Christian Kiesewetter.

Innigstgeliebter Freund und Lehrer,

Seien Sie nur nicht böse, daß ich erst jetzt Ihren lieben Brief beantworte, ich wollte Ihnen nicht eher schreiben bis ich Ihnen den Abgang der Rüben melden könnte und da diese fortgeschickt waren, fanden sich eine Menge Hindernisse, die mich bis jetzt vom Schreiben abhielten. Das Fäßchen mit Rüben müssen Sie bald nach Empfang dieses Briefes erhalten, der Fuhrmann, der es Ihnen bringt, heißt Wegener, das Fäßchen ist gezeichnet: H. P. K. in Königsberg in Preußen, Fracht, Accise und Zoll ist alles schon errichtet, so daß Sie es durch Lampe ohne alle weitere Umstände können abholen lassen. Sie glauben nicht, wie herzlich ich mich freue, wenn ich eine Gelegenheit erhalte Ihnen irgend worin dienen zu können; ich wünsche nur recht sehr, daß die Rüben Ihren Beifall erhalten möchten; es sind eingeborne Teltower und die ich zur Probe kochen ließ, haben mir gefallen. Ihre Köchin muß sie an einem trockenen Ort in Häcksel aufbewahren, und wenn sie sie kocht, mit lauem, nicht mit kaltem Wasser abwaschen, u. sogleich in die heiße Fleischbrühe oder das heiße Wasser kochen. Setzen Sie kein Mißtrauen in den Rat, er kömmt nicht von mir, sondern von meiner Mutter, die eine gute alte Hausfrau ist. —

Ihr Streit der Fakultäten und Ihre Anthropologie haben mir unendlich viel Freude gemacht, die letztere vergegenwärtigt mir oft die glückliche Zeit, da ich Ihres mündlichen Unterrichts genoß; eine Zeit, die mir ewig unvergeßlich sein wird. Könnte ich Sie doch noch einmal sehen und Ihnen persönlich danken. Sie sind der Schöpfer meines Glücks, was ich etwa weiß und was ich bin, verdanke ich größtenteils Ihnen, und der Gedanke, daß ich kein unwürdiger Schüler von Ihnen bin, macht mich froh. — O mein teurer Freund, wie unendlich viel Gutes haben Sie durch Ihre Schriften gestiftet, welch eine reiche Ernte kann die Welt von dem Samen erwarten, den Sie ausgestreut haben.

Was Ihr System in England für Fortschritte macht, werden Sie wahrscheinlich durch Herrn NITSCH erfahren haben; ich habe neuerdings Nachrichten aus Frankreich über diesen Gegenstand erhalten, die ich Ihnen mitteilen will. Ihre Schrift, zum ewigen Frieden, erregte wegen des Gegenstandes durch die in Königsberg veranstaltete Übersetzung[1]) Aufsehen in Paris, allein man fand die Übersetzung hart und sie wollte dem eklen Pariser nicht gefallen, nur da erst, als ein Pariser Gelehrter, dessen Name mir entfallen ist, in einer Zeitschrift den Inhalt nach französischer Manier aufstellte, woraus nachher im Moniteur Auszüge geliefert wurden, ward jedermann enthusiastisch eingenommen u. wünschte mit Ihrem System näher bekannt zu werden. Dieser Wunsch ward vorzüglich bei mehreren Mitgliedern des *institut national*

---

[1]) Projet de paix perpétuelle. Essai philosophique par Emmanuel Kant. Traduit de l'Allemand avec un nouveau supplément de l'auteur. Königsberg 1796.

rege, u. man trug vor einiger Zeit dem Herrn VON HUMBOLDT dem ältern auf, über die Resultate Ihres Systems im *institut* eine Vorlesung zu halten. Dieser unterzog sich auch dieser Sache, ob er gleich nicht das gehörige Zeug dazu hat und zeigte, der Nutzen der kritischen Philosophie sei negativ, sie halte die Vernunft ab, im Felde des Übersinnlichen Luftschlösser zu bauen. Die Pariser Gelehrten antworteten, daß sie nicht in Abrede sein wollten, daß Sie auf eine neue und scharfsinnigere Art die Wahrheit dieses Resultats bewiesen hätten, daß aber dadurch so viel eben nicht gewonnen sei, weil dies Resultat auch schon sonst bekannt gewesen, sie fragten, ob Sie denn bloß eingerissen und nichts aufgebaut hätten, und denken Sie sich, Herr VON HUMBOLDT kannte bloß den Schutt der durch die Kritik eingestürzten Systeme. Si tacuisset, philosophus mansisset. Der Gesandte der Hansestädte, Hamburg, Bremen, Lübeck u. Frankfurt in Paris, wohnte dieser Vorlesung bei, und da er mit den kritischen Schriften nicht unbekannt ist, nahm er an dieser Vorlesung großes Ärgernis, er bestritt HUMBOLDTS Behauptung, war aber nicht imstande Ihr System selbst aufzustellen. Dieser Gesandte kam vor einigen Wochen nach Berlin, suchte meine Bekanntschaft, erzählte mir den Vorfall und nützte die Zeit seines Aufenthalts allhier, um mit dem Geiste und den Resultaten Ihres Lehrgebäudes näher bekannt zu werden. Er war entzückt über das was er hörte und wünschte nun nichts sehnlicher, als die Pariser Gelehrten von ihrem Irrtum zurückzuführen; ich habe ihm versprochen, dazu mitzuwirken. Dies wird nun, wie ich glaube, am besten auf folgende Weise geschehen. Ich will zuvörderst die Resultate Ihrer philosophischen Untersuchungen kurz zusammengedrängt, leicht und faßlich aufstellen, doch so, daß ich mich auf die Beweise nicht weiter einlasse. Das Ganze darf nicht über 6 bis 8 Bogen einnehmen. Mit Aufstellung des formalen Moralprinzips u. mit einem kurzen Abriß der Ethik u. des Naturrechts will ich den Anfang machen, durch die Antinomie über Freiheit u Naturnotwendigkeit will ich den Übergang zur Kritik der reinen Vernunft machen, auf diese den Abriß der metaphysischen Anfangsgründe der Naturwissenschaft folgen lassen, u. so dann mit den Prinzipien der Kritik der Urteilskraft schließen. Bin ich mit diesem Aufsatze zufrieden, so will ich sodann dieselben Ideen französisch niederschreiben, und die Schrift mit einem meiner besten Schüler, der das Französische vollkommen inne hat, durchgehen, um Sprachfehler u. Germanismen auszumerzen. Beide, den deutschen und französischen Aufsatz, will ich an meinen Freund nach Paris schicken, er soll den letztern mehreren Gelehrten, die gar nicht wissen müssen, daß er eine Übersetzung ist, vorlesen, damit diese alles was hart und eckicht ist, wegschleifen, u. sodann mag er ins Publikum gehen. Ich wünsche, mein teurer Freund, daß dieser Plan von Ihnen genehmigt werde, geschieht dies, so will ich mich getrost an die Arbeit machen. — Es gäbe freilich einen kürzern Weg zum Ziel, ein Mann, der sich jetzt bei uns in Berlin findet, würde gern die Hände dazu bieten, allein die Regierung hat hier eine für mich wenigstens unübersteigliche Barriere gezogen. Ich denke Sie werden mich verstehen.

Meine übrigen schriftstellerischen Arbeiten sind ein Lehrbuch der reinen Mathematik und die Besorgung der dritten Auflage meiner Schrift über den ersten Grundsatz der Moralphilosophie, welche ich völlig umzuarbeiten und mit einem dritten Teil zu vermehren gedenke. Was das Lehrbuch der reinen Mathematik betrifft, so werde ich eine ganz neue Methode befolgen; ich will nämlich in demselben nicht die Auflösungen und Beweise, wie dies immer geschieht, selbst aufstellen, sondern nur Anleitung geben, wie man dieselben finden kann, diejenigen Fälle ausgenommen, wo die Auffindung mit zu viel Schwierigkeiten verknüpft wäre. Ich glaube, daß ein mathematisches Lehrbuch in dieser Form dem Lehrer und Zuhörer angenehm sein wird. — Bei Bearbeitung dieses Werks aber stoße ich auf eine Schwierigkeit, über die ich mir Ihren gütigen Rat erbitte. Es scheint mir, als wenn man bisher einen Teil der reinen Mathesis mit Unrecht zur angewandten gezählt habe, dies ist nämlich die reine Größenlehre der Bewegung. Die reine Mathesis zerfällt meines Erachtens in zwei Hauptteile, der erste beschäftigt sich mit der Quantität überhaupt, Arithmetik, sie hat bloß symbolische Konstruktion, der zweite auf Quanta; reine Quanta gibt es zwei, Raum und Zeit, der erste ist Gegenstand der Geometrie; die zweite ist an sich nicht zu konstruieren, sondern nur durch Bewegung im Raum, die reine Größenlehre der Bewegung würde also den dritten Teil der reinen Mathesis ausmachen. — Auch wünschte ich, mein hochgeschätzter Freund, eine Definition von Postulat zu haben, wodurch dieser Begriff sowohl für die Mathematik als Philosophie hinreichend bestimmt, und sein Unterschied von Grundsatz angegeben würde. — Verzeihen Sie meine Zudringlichkeit, die sich freilich nur durch das feste Vertrauen auf Ihre Güte entschuldigen läßt.

Von literärischen Neuigkeiten weiß ich wenig. GARVE ist dem Ende seines Unglücks nahe. — MATTERN REUSS, der so viel zur Verbreitung der kritischen Philosophie im südlichen Deutschland beitrug, ist tot, er hat mir von seinem Todbette durch zwei seiner liebsten Schüler den letzten Gruß gesandt; ich erhielt diesen mit der Nachricht von seinem Tode zu gleicher Zeit. Die Nachricht hat mich sehr erschüttert.

Der gelehrte Parteigänger Kriegsrat GENZ hat von der Regierung 800 Reichstaler jährliche Zulage und den Auftrag erhalten, ein Regierungsjournal zu schreiben; wie dies eigentlich beschaffen sein soll, weiß ich noch nicht, so viel aber ist ausgemacht, es soll ein Gegengift sein.

Ich fürchte, Ihre Geduld zu ermüden, darum schließe ich meinen Brief. — Meine besten Wünsche für Ihr Wohl. — Darf ich eine baldige Antwort von Ihnen hoffen? — Um diese und daß Sie einen Mann ein wenig lieb behalten, der Sie über alles liebt und schätzt, bittet Sie

Ihr

Berlin, den 25. November 1798.   dankbarer Schüler
Kiesewetter.

436.

Von Georg Christoph Lichtenberg.

Empfangen Sie, verehrungswürdiger Mann, meinen herzlichsten Dank für Ihr gütiges Andenken an mich, wovon Ihr letztes Schreiben wieder so manchen unschätzbaren Beweis enthielt. Die Freude, die mir jede Zeile, die ich von Ihnen erhalte, zu jeder Zeit macht, wurde diesmal nicht wenig durch einen Umstand vermehrt, der meinem kleinen häuslichen Aberglauben gerade recht kam: Ihr vortrefflicher Brief war am ersten Julii datiert, und dieser Tag ist mein Geburtstag. Sie würden gewiß lächeln, wenn ich Ihnen alle die Spiele darstellen könnte, die meine Phantasie mit diesem Ereignisse trieb. Daß ich alles dabei zu meinem Vorteil deutete, versteht sich von selbst. Ich lächele am Ende darüber, ja zuweilen sogar mitten darunter, und fahre gleich

darauf wieder damit fort. Ehe die Vernunft, denke ich, das
Feld bei dem Menschen in Besitz nahm, worauf jetzt noch zuweilen diese Keime sprossen, wuchs manches auf demselben zu
Bäumen auf, die endlich ihr Alter ehrwürdig machte und heiligte.
Jetzt kömmt es nicht leicht mehr dahin. Es freute mich aber
in Wahrheit nicht wenig, mich gerade Ihnen, verehrungswürdiger
Mann, gegenüber, auf diesem Aberglauben zu ertappen. Er zeugt
auch von Verehrung und zwar von einer Seite her, von welcher
wohl, außer dem KANTischen Gott, alle übrige stammen mögen.

Die Bekanntschaft des Herrn VON FARENHEID und Herrn
LEHMANNs macht mir sehr viel Freude. In Preußen gibts doch
noch Patrioten. Dort sind sie aber auch am nötigsten. Nur
Patrioten und Philosophen dorthin, so soll Asien wohl nicht über
die Grenzen von Kurland vorrücken. Hic murus aheneus esto.
O, wenn mir nur meine elenden Gesundheitsumstände verstatteten,
mehr in Gesellschaft mit diesen vortrefflichen Leuten zu sein.
Wir wohnen wie in einem Hause, nämlich in verschiedenen, die
aber demselben Herrn gehören und in allen Etagen Kommuni-
kation haben, so daß man zu allen Zeiten des Tages ohne Hut
und im Schlafrock zusammenkommen kann, wenn man will. Ich
hoffe, die wiederkehrende Sonne soll mir neue Kräfte bringen,
von jener hauslichen Verbindung häufigern Gebrauch zu machen,
als mir bisher möglich gewesen ist.

Mit der innigsten Verehrung und unter den aufrichtigsten
Wünschen für Ihr Wohlergehen habe ich die Ehre zu verharren
                            ganz der Ihrige
Göttingen, den 9. Dez.   G. C. Lichtenberg.
1798.

437.

Von Carl Friedrich Stäudlin.

Empfangen Sie, aller Liebe und Verehrung würdiger Mann,
meinen aufrichtigsten Dank für die ehrenvolle Zueignung Ihres
Streits der Fakultäten an mich, wodurch Sie noch mehr
getan haben, als Sie mir vor einigen Jahren versprochen haben.
Schon vor einiger Zeit hatte mir ein Brief, den mir Herr LEH-
MANN überbracht hat, diese Freude angekündigt und mich von
Ihrem fortdauernden Wohlwollen gegen mich versichert, aber

erst vor einigen Tagen ist mir das Exemplar Ihrer Schrift zu Handen gekommen, welches ich aus Ihren Händen zu besitzen das Glück habe. Ich werde nicht aufhören, Ihre Schriften zu studieren, aus ihnen zu lernen und an ihnen die Kraft des Selbstdenkens zu üben. Was ich selbst kürzlich herausgegeben habe, und soeben drucken lasse (meine Geschichte der Sittenlehre Jesu)¹) will ich Ihnen lieber durch eine sich zeigende Gelegenheit, als durch die Post übersenden. Der Himmel segne ferner Ihr mit hohem Verdienste, Ruhm und Freude geschmücktes Alter! Schenken Sie mir auch in Zukunft Ihr Wohlwollen und seien Sie meiner reinsten Verehrung versichert.

Göttingen, den 9. Dez. 1798.

C. F. Stäudlin.

438.

Von Johann Ernst Lüdeke.

Hochgeschätztester Lehrer.

Großer Männer Sekretär sein ist auch ehrenvoll, und jetzt bin ich des Patriarchen, im edelsten Sinne des Wortes, unsers SPALDINGs Sekretär.

Er empfiehlt sich Ihnen in dem Gefühl der reinsten Hochachtung und bittet, ihm zu verzeihen, daß er auf Ihr ihn erfreuendes Schreiben nicht eigenhändig geantwortet hat. Seine Hand will seinen Gedanken, die noch immer im Strömen sind, nicht mehr so folgen wie sonst. Er hat jetzt nichts mehr mit dem Consistorio zu tun. — Aber er hat die RINGKische Sache dem Herrn Rat TELLER übertragen, und dieser schätzt den RING vom edelsten Metall, nach seinem wahren Werte und wird gewiß alles, was tunlich ist, auch für diesen würdigen Mann tun.

Nun lege ich mein Sekretariat nieder und schreibe als Ihr dankvollster Schüler. So haben Sie, teuerster Greis, denn meine An- und Zudringlichkeit so gütig aufgenommen? Ich sollte gegen Sie drucken lassen? die Rabbinen sagen: Es ist weise unter Weisen schweigen. Mache ich auch just nicht auf Weis-

---

¹) Erschienen Göttingen 1799 als dritter Teil der von Stäudlin herausgegebenen „Moral" von J. D. Michaelis.

heit Ansprüche, so möchte ich mich doch nicht gern zum Antipoden der Weisheit selbst herabdrücken. Ein Brief ist doch nur ein leises Reden und grenzt am Schweigen. Aber drucken lassen ist doch immer eine Art des lauten Redens: ich begnüge mich (vorderhand) mit Ihrer gütigen Äußerung und hoffe, Sie werden nächstens sich so erklären, daß Sie uns beruhigen.

Freilich, nimmt man das auf einer, wie es mir unleugbar scheint, sehr unvollkommenen Exegese ruhende streng-orthodoxe System, als die einzig wahre Theologie an, dann ist durchaus nichts konsequenter, als es von der Vernunft ganz unabhängig darzustellen. Das müßte also allerdings erst ausgemacht sein. —

Mein Glaubensbekenntnis ist dieses: Ohne Vernunftgebrauch Theologe sein sollen, kommt mir vor als unter der ausgepumpten Glocke der Luftpumpe atmen und singen sollen. Das können doch höchstens nur Frösche. — Nun will ich es gar nicht leugnen, daß es von jeher viel theologische Frösche gegeben hat und auch noch gibt, die in finstern Sümpfen quaken. Aber sind und sollen denn alle Theologen Frösche sein? Gab es und gibt es nicht auch unter ihnen Schwäne, die den Genuß des Wassers und der Luft verbinden? und sollte nicht selbst Ihre Philosophie auch diesen Schwänen die Luft gereiniget haben? Ich will lieber gestehen, daß ich mir überall von der orthodoxen Offenbarung gar keinen Begriff machen kann, und wenn ich auch auf die höchste **Fichte** steige — als daß ich auf dem weiten Ozean moralischer Wahrheiten ohne den Pharus der Vernunft und ohne ihr Steuer mich einem Sturm überlassen sollte, von dem ich nicht weiß, von wannen er kommt und wohin er fähret. Ich denke, die höchste Güte wird ihr edelstes Geschenk einem so großen Teil seiner Geschöpfe, als die Theologenrasse ist und zwar bei Besorgung der wichtigsten Angelegenheit des Menschen nicht zum verbotenen Baum gemacht haben. Wenigstens habe ich bis jetzt noch keinen Fluch dafür empfunden, daß ich die Religion, die ich lehre, wenigstens nach **meiner** Vernunft suche vernünftig zu lehren. Zu diesem vernünftigen Lehren rechne ich freilich nicht jedem alten Mütterchen ihren alten Trost weg zu syllogisieren. — Volk bleibt immer Kind, und es ist ja die erste pädagogische Regel sich an die Ideen der Unmündigen anschmiegen und ihnen unmerklich sicherere Richtung geben. —

Doch was ermüde ich Sie mit meinem Geschwätze. Ich denke aber so: wäre ich in Königsberg, so könnte mich doch nichts abhalten, oft zu Ihnen zu kommen, und das wäre für Sie doch noch ärger, als solch klein Oktavbriefchen.

Nun empfehle ich mich Ihnen von ganzer Seele und wünsche Ihnen, nicht aus nichtiger Mode, in der vollesten Bedeutung, ein recht fröhliches, neues Jahr, und in diesen unveränderlichen, es sei dann in Rücksicht des Wachsens veränderlichen Gesinnungen bin ich so ganz

Ihr

Berlin
am 19. Dezember
1798.

Ihnen ergebenster
Verehrer, Schüler
und Freund
Lüdeke.

439.

An [Johann Georg Scheffner].

Ew: Wohlgeb.
habe die Ehre, meine Antwort, auf des Herrn LAGARDE Brief, verlangtermaßen zuzuschicken. Meine mich noch immer schikanierende Unpäßlichkeit, die zwar eben nicht zum Tode hindeutet, aber doch zur Arbeit und für die Gesellschaft unlustig macht, beraubt mich des Vergnügens, der Ihrigen teilhaftig zu werden; wie ich mir schmeichle. — Von der Veränderung der sonderbaren, mir schon lange nachteiligen, Luftbeschaffenheit, hoffe ich indessen vor der Hand, daß sie sich nicht in Krankheit auflösen werde.

Der Ihrige
d. 24. Jan. 1799.
I. Kant.

440.

An Robert Motherby.

Ich gratuliere von Herzen zu dem mit Herren KÄYSER aus Pillau getroffenen ehelichen Versprechen Ihrer zweiten Mdselle Tochter mit einem so verdienten Manne, den ich bei Ihnen gesehen zu haben mich gar wohl erinnere: und bedanke mich für die Güte Ihrer Notifikation.

I. Kant.
d. 28. Mart. 1799.

441.

An [Carl Arnold Wilmans].

(Entwurf.)

Mai 1799.

Verzeihen Sie es der Schwäche meines von Unpäßlichkeit gedrückt[en] Alters, daß ich durch eine mir jetzt nicht ungewöhnliche Zerstreuung Ihren mühsam und weitläuftig ausgearbeiteten Brief vom 28. Oktober 1798 bis jetzt unbeantwortet gelassen habe. Ich hatte mir zur Beendigung einer gewissen unter Händen habenden Arbeit eine Frist genommen und jenen Brief so lange auf meinem Bureau zurückgelegt, auf welchem zugleich der Brief vom 20. Januar 1798 sich befand, aber unter andere Briefe unvorsichtigerweise geschoben worden, so daß, da ich nun an die Beantwortung des Ihrigen gehen wollte und Ihre Hand auf dem von 1798 sahe, ohne das Datum desselben nachzusehen, ich annahm, dieser sei die letztere an mich ergangene Zuschrift und ich müsse die Ihrige schon beantwortet haben; welcher Irrtum desto eher vorfallen konnte, da ich in der Tat in meiner Antwort, wie auch jetzt geschieht, nichts Erhebliches hierauf zu antworten wußte: durch meinen Freund, Herrn Dr. med. JACHMANN, ward ich nach Erhaltung des Ihrigen von diesem Irrtum belehrt und indem ich die Unannehmlichkeit, die ich durch so lange Verzögerung Ihnen verursacht habe, bedaure und abbitte, sehe mich überhaupt nicht imstande, eine Ihnen gnügende Antwort auf denselben zu erteilen, weil der Gegenstand Ihrer Wahl ganz außerhalb meiner Sphäre gelegen ist.

Ihr Satz: in dessen Sinn und Behauptung ich schlechterdings mich nicht versetzen kann, steht auf der ersten Seite und dem ersten Absatz desselben, daß nämlich zwischen Vernunft und Verstand ein gänzlicher Unterschied, der letztere aber ein bloß materielles Wesen sei. — Da nun die materielle Vielheit, welche keine Einheit des Bewußtseins des Subjekts verstattet, mit der das Viele der Vorstellungen in einem Bewußtsein verknüpfende Einheit des Denkens nach meinen Begriffen schlechterdings nicht in demselben Subjekte und dessen Natur vereinbar ist, so verzweifle ich daran, sie jemals auf gleichen Fuß stellen zu können.

Vielleicht aber könnten Ihre gewagten Behauptungen doch unter gewissen Modifikationen etwas herausbringen, was bei fernerer Erörterung und näherer Bestimmung Ihrer Ideen auf ein drittes haltbareres Prinzip etwa führen möchte, als wozu ich mit aufrichtiger Freundschaft Glück wünsche: übrigens aber mit der vollk. Hochachtg.

442.

An [Friedrich Theodor Rink].

Da Ew: Hochedelgeb. das Inserat in das Intelligenzblatt der Jenaischen A. L. Z. abzusenden gesonnen sind: so will ich nur erinnern, daß der Brief morgen (Freitags) vor 8 Uhr, — etwa um halb 8 — auf die Post gegeben werden müsse.

I. Kant.
d. 8. August 1799.

443.

Von Johann Gottfried Carl Christian Kiesewetter.

Berlin den 15. November 1799.
Innigstgeliebter Freund,

Wie sehr habe ich mich gefreut, von Ihnen einen Brief zu erhalten; er ist mir ein überzeugender Beweis, daß Sie mich nicht ganz vergessen haben; aber es hat mich auch sehr betrübt, aus Ihrem Briefe zu ersehen, daß Sie an heftigem Kopfschmerz leiden. Guter Mann, wer wünschte Ihnen nicht ein glückliches, schmerzenloses Alter!

Die Teltower Rüben waren für Sie schon längst bestellt, ehe Sie an mich schrieben; ich habe sie nur später erhalten als ich es erwartete, weil in diesem Jahre selbst die Erdfrüchte beinahe 4 Wochen später zeitig geworden sind, als gewöhnlich. Künftigen Montag gehen sie mit dem Frachtfuhrmann von hier ab, und ich hoffe, Sie werden sie vor dem Frost erhalten. Ich werde Fracht, Accise und alles andere berichtigen, so daß Sie nur nötig haben, sie abholen zu lassen. Es wird mich sehr freuen, wenn meine kleinen Landsleute nach Ihrem Geschmack sind; meine Mutter, die von derselben Art gekauft hat, hat mir davon zur Probe kochen lassen, und ich habe sie sehr wohlschmeckend gefunden.

Außer diesem Produkte meines vaterländischen Bodens aber erhalten Sie noch ein Produkt von mir, den ersten Teil der Prüfung der HERDERSCHEN Metakritik.¹) Die Wahrheit gesagt, so hielt ich das HERDERSCHe Geschwätz an sich kaum einer Widerlegung würdig, und ich würde mich auch nicht damit befaßt haben, wenn der alte radottierende WIELAND im Deutschen Merkur nicht so gewaltig zum Lobe dieses Geschreibsel in die Posaune gestoßen hätte, und der Ton des sonst so gleisnerischen pfäffischen HERDERS mich nicht so sehr beleidigt hätte. — Ich bin, wie Sie sehen werden, streng, aber wie ich glaube, als ein Gentleman mit ihm verfahren. Auffallend und lächerlich ist es, daß die meisten Gegner Ihres Systems sich vorzüglich gegen den Einwurf sträuben, sie hätten Sie nicht verstanden, und daß man doch größtenteils mit Recht ihnen diesen Vorwurf machen muß. Nichts hat mich mehr amusiert, als wenn HERDER über Mathematik zu schwatzen anhebt; es ist kaum möglich, weniger als er in den Geist dieser Wissenschaft eingedrungen zu sein und doch arroganter darüber zu sprechen. Man kann ihm wahrlich mit Recht zurufen: Si tacuisses —

In der literärischen Welt hat sich nichts von Bedeutung zugetragen. FICHTE befindet sich noch hier, ich habe ihn im Schauspielhause gesehen, aber nicht gesprochen. Er lebt sehr eingezogen und hat, außer GEDICKE, niemanden von den hiesigen Gelehrten besucht. Man sagt, er sei beim Staatsrat um die Erlaubnis, in Berlin öffentliche Vorlesungen halten zu können, eingekommen, dieser aber habe sein Gesuch abgeschlagen. Jetzt beschäftigt er sich bloß mit Schriftstellerei und arbeitet, wie mir BENDAVID erzählte, an einem philosophischen Werk, das er in drei Bänden mit den Titeln: Wissen, Zweifel, Glauben herausgeben will.²) Von dem Ertrage des Bücherschreibens möchte er wohl schwerlich leben können, allein ich glaube, daß er mit seiner Frau ein beträchtliches Vermögen erheiratet hat.

Einiges Aufsehen macht hier DIOGENES mit der Laterne, den man allgemein dem Prediger JENISCH zuschreibt. Das Werk ist zynisch. Der Verfasser hat es auch mit der kritischen Philosophie, die er aber meines Erachtens wohl nicht durchaus gefaßt haben möchte, hin und wieder zu tun. Von Ihnen erzählt er drei Urteile, über REINHOLD, BECK und FICHTE, deren Wahr-

---

¹) Bd. I: Berlin 1799; Bd. II: Berlin 1800.
²) Fichtes „Bestimmung des Menschen" (Berlin 1800), dessen drei Bücher „Zweifel", „Wissen", „Glaube" überschrieben sind.

heit ich dahingestellt sein lasse.¹) Sollte JENISCH wirklich der Verf. sein, so würde es ihm gewiß nicht zur Ehre gereichen.

NICOLAI phantasiert noch immer über kritische Philosophie und Fichtianismus; und nun er Academicien geworden, hält er es für Pflicht, sein Geschreibsel zu verdoppeln. —

Sie werden aus den Berliner Zeitungen gesehen haben, daß in Berlin gewaltig viel Vorlesungen angekündigt werden, wenn sie gleich nicht zur Hälfte zustande kommen. Ich muß ex officio sehr viel Vorlesungen halten, allein ich bin doch mit meinem applausu zufrieden und die Anzahl meiner Zuhörer nimmt von Jahr zu Jahr zu. Sonntags von 10 bis 12 lese ich über Ihre Anthropologie und mein ziemlich großer Hörsaal ist gedrängt voll. Ich zähle Personen von allen Ständen, Studierende, Bürger, Offiziere usw. zu meinen Zuhörern.

Soeben erfahre ich den Namen des Frachtfuhrmanns, der Ihnen die Rüben bringt, er heißt Segemund. Meine Mutter erinnert, daß die Rüben nur eine Viertelstunde zu kochen nötig haben, und daß sie von ihrer Güte verlieren, wenn sie länger kochen.

Dürfte ich Sie ersuchen, Herrn Hofprediger SCHULTZ einliegendes Briefchen zu schicken.

Geben Sie mir doch recht oft Gelegenheit, Ihnen zu zeigen, wie herzlich ich Sie liebe und hochschätze. Wenn Sie wüßten, wie oft ich mich innigst gerührt Ihres genossenen Umgangs und Ihrer Belehrung erinnere und wie sehnlich ich wünsche, Sie einmal wiederzusehen.

Ich habe hier Ihre Büste gekauft, die mir sehr ähnlich zu sein scheint, und sie ist mir unschätzbar, weil sie mir das Bild des Mannes vor Augen stellt, dem ich mein ganzes Glück verdanke.

Leben Sie wohl, teurer Mann, genießen Sie frohe und glückliche Tage, niemand verdient sie gewiß mehr als Sie.

Vergessen Sie nicht ganz
Ihren
dankbaren Schüler
J. G. C. Kiesewetter.

N. S. Die Prüfung der Metakritik will Ihnen der Buchhändler mit Gelegenheit schicken.

---

¹) Siehe „Diogenes-Laterne", Leipzig 1799 bei Wilhelm Rein, S. 367: „Etwas was Kant von seinen drei bedeutendsten Schülern gesagt haben soll"; die hier berichteten Äußerungen machen einen sehr wenig glaubwürdigen Eindruck.

444.
An Johann Gottfried Carl Christian Kiesewetter.

Ihre gütige mir erteilte Nachricht von der schon geschehenen Abschickung der Teltower-Rüben vernehme mit dem größten Dank. Sie sind zwar noch nicht angekommen; vermutlich wegen des durch den eingetretenen Frost verdorbenen Weges; ich sehe aber diesem Geschenk posttäglich entgegen: und daß sie durch jenen nicht gelitten haben werden; da Sie die Vorsorge zu haben pflegen, sie in Häcksel zu verpacken; welches sie trocken erhält und, im Fall der binnen der Zeit eingetretenen gelinden Witterung, wider Fäulnis bewahrt.

Bleiben Sie mein gütiger Freund so wie ich mit innigster Liebe und Hochachtung

Ihr

Königsberg stets ergebener
d 20. Dez. I Kant
1799

445.
An Johann Benjamin Erhard.

Hochgeschätzter Freund!
Einen Brief von Ihnen zu erhalten — und zwar aus Berlin: um da nicht zu hospitieren, sondern zu wohnen, — erheitert mich durch meine sonst trübe Gesundheitsanlage, welche doch mehr Unbehaglichkeit als Krankheit ist, schon durch den Prospekt, mit literarischen Neuigkeiten von Zeit zu Zeit unterhalten und aufgefrischt zu werden.

Was das erstere betrifft: so besteht es in einer spastischen Kopfbedrückung, gleichsam einem Gehirnkrampf, von dem ich mir doch schmeichle, daß, da er mit der außerordentlich-langen Dauer einer weit ausgebreiteten Luftelektrizität, sogar vom Jahr 1796 an bis jetzt, fortgewähret hat, (wie es schon in der Erlanger Gel. Zeitung angemerkt worden und mit dem Katzentod verbunden war) und, da diese Luftbeschaffenheit doch endlich einmal umsetzen muß, mich befreiet zu sehen ich noch immer hoffen will.[3])

---

[1]) „Ein Zeichen seiner Schwäche" — so berichtet Wasianski (S. 50 f.) über Kants letzte Jahre — „war seine Theorie über das aller-

Daß Sie das BROWNSCHE System adoptieren und in Kredit zu setzen suchen, ist, was die formale Prinzipien derselben betrifft, meinem Urteile nach wohl gegründet; wenngleich die materialen zum Teil waghälsig sein möchten.[1]) Vielleicht könnte man mit ihm sagen: der krankhafte Zustand ist $= x$ und der Arzt bekämpft nur die Symptome; zu deren Kenntnis er Weisheit bedarf, um die Indikationen derselben aufzufinden. Doch ich verirre mich aus meiner Sphäre.

Was mich aber sehr erfreut, ist: daß sich zugleich Herr WILLIAM MOTHERBY, der jetzt in Berlin seinen medizinischen Kursus macht, da ist; mit welchem ich bitte in Konversation zu treten; der ebenso wie sein würdiger Vater mein vorzüglicher Freund, ein heiterer, wohldenkender junger Mann ist. Dieser hat mir seine in Edimburg im vorigen Jahr gehaltene Inaugural-Dissertation dediziert (*de Epilepsia*) und ich bitte ihm dafür zu danken. — Rechtschaffenheit ist sein und seiner Familie angeborner Charakter und es wird Ihnen so wie ihm, Ihr Umgang unterhaltend und erbaulich sein. — Gelegentlich bitte ich auch Herren D. ELSNER, Sohn unseres jetzigen Rectoris Magnifici, M. D. gelegentlich von mir zu grüßen: einen jungen Mann, der viel Talent hat und bin mit Ergebenheit und Hochachtung

Königsberg
d. 20. Dez. 1799

Ihr treuer Freund und Diener
I. Kant.

N. S. Einlage bitte zu bestellen.

---

dings merkwürdige Phänomen, den Katzentod in Basel, Wien, Kopenhagen und andern Orten. Er hielt ihn für eine Folge der damals nach seiner Meinung herrschenden Elektrizität von eigener Art ... Aber ... auch seine Kopfbedrückungen leitete er von derselben Ursache ab. Einer jeden Remonstration gegen seine Theorie suchte er auszuweichen. Seine Überzeugung von ihrer Gewißheit wurde auch dadurch noch vergrößert, daß seine Freunde aus Schonung und Delikatesse für ihn nicht geradezu widersprachen."

[1]) John Brown (1735—88); das von ihm eingeführte medizinische System (Elementa medicinae, 1780) erregte auch Kants lebhaftes Interesse; (vgl. Wasianski S. 42 f.).

446.

Von Ernst Ferdinand Klein.

Verehrungswürdiger Greis,

Erlauben Sie gütigst, daß ich Ihnen die Beilage übersende und Sie besonders auf N. 4, und vorzüglich auf S. 97 sqq. aufmerksam mache.

Es fängt jetzt an, eine neure Theorie im Kriminalrechte Aufsehen zu erregen, nach welcher die Menschen bloß wie Tiere behandelt werden.

Ich weiß wohl, daß die Freiheit des Willens nicht sinnlich wahrgenommen werden kann; aber eigentliche Strafe setzt doch den Fall voraus, wo der Mensch nicht bloß als Pflanze oder Tier wirksam gewesen ist, sondern wo er als Mensch gehandelt hat, und wo die Freiheit des Willens (vorausgesetzt, daß sie überhaupt geglaubt werde) als anwendbar gedacht werden kann.

Ich habe zwar auch bei Ihrer Straftheorie einige Zweifel, die ich Ihnen gern zur Auflösung vorgelegt hätte, wenn ich nicht Bedenken getragen hätte, Ihnen damit beschwerlich zu fallen. Allein darin glaube ich doch Ihre Meinung richtig gefaßt zu haben, daß die eigentliche Strafe, wenn sie nicht in eine bloß tierische Züchtigung ausarten soll, welcher man auch die Wahnsinnigen und Rasenden unterwerfen könnte, menschliche d. i. solche Handlungen voraussetze, welche als frei gedacht werden können.

Ich glaube daher, daß üble Gewohnheiten und Leidenschaften die gesetzliche Strafe nicht ausschließen können, weil diesen durch Annahme anderer Maximen entgegengewirkt werden kann, aber wohl Affekten, welche bei einer schnell wirkenden Veranlassung bloß tierische Handlungen hervorbringen.

Die Sache ist wichtig und ich wünschte, wenn es nicht zu viel gebeten wäre, hierüber Ihre Belehrung.

Mit inniger Verehrung bin ich
                    Ihr
Halle   ergebenster
d. 28. Februar   Klein
  1800.

447.

An Friedrich Nicolovius.

Herren FR. NICOLOVIUS ersuche hiedurch, mir wiederum 60 fl. auf Abschlag des Honorars für die Anthropol., in den obbenannten Geldsorten, Guld., halbe Gulden, und Sechsern gütigst zukommen zu lassen: in beigehenden die 3 kleinern enthaltenden Beutel. — Die Quittung über den Empfang den 28. März werde zu Ihrer Unterschrift wie gewöhnlich zuschicken.

den 28. März 1800.   I Kant.

N. S. Darf ich mir wohl die Hoffnung machen: daß Sie die Güte gehabt haben werden, mir die Göttinger Würste zu besorgen, für welche ich die Kosten mit Freuden entrichten werde.

eod.   I. K.

448.

An Friedrich Nicolovius.

Den größten Dank an Herrn NICOLOVIUS für die mir gestern zugeschickte und, wie ich aus der unbedingten Zusendung ersehe, geschenkte 16 Göttingsche Würste, wodurch ich für ein ganzes Jahr in Ansehung dieses Artikels meines Hauswesens reichlich versorgt bin.

d. 2. April 1800.   I Kant

449.

An Carl Gottfried Hagen.

In der Reisebeschreibung eines sich so nennenden TAURINIUS*), eines Buchdruckers, der durch Japan reisete, auf dessen Wahrhaftigkeit man sich verlassen kann, ist eine Stelle, wo er

---

*) Der Verfasser dieses Buches heißt eigentlich Stirisch und hat jenen Namen aus der Analogie mit dem Worte Stier (Taurus) genommen.

erzählt: „daß geschmolzenes Kupfer über Wasser gegossen darüber ruhig starr werde, dahingegen Wasser über geschmolzenes Kupfer gegossen, dieses gänzlich zersprengen werde", wobei der Professor EBERT in Wittenberg (als Herausgeber jener Reise) in der Anmerkung sagt: „daß ihm dieses unbegreiflich sei, und ein Druckfehler sein müsse"; er also die Richtigkeit dieser Beobachtung bezweifelt. Ehe man aber die Wirklichkeit dieses Experiments oder Observation verwirft, scheint es doch ratsam zu sein, sie nach der Analogie anderer Beobachtungen zu examinieren. Der Graf von RUMFORD[1]) hat den Versuch gemacht: daß wenn man eine kleine Eistafel unter Wasser durch kleine Holzsplitter (als Streben) auf dem Boden des Gefäßes niedergedrückt erhält: da sie sonst — weil Eis leichter ist als Wasser — im Wasser aufsteigen und oben schwimmen würde, das nun oben schwimmende Eis schnell zerschmilzt; was zum Beweise dient, daß der Wärmestoff oder die erwärmende Ursache (um hiezu nicht einen hypothetischen Stoff annehmen zu dürfen) aufwärts, d. i. in der Gravitätsanziehung entgegengesetzter Direktion wirke, und es hiedurch begreiflich werde: wie geschmolzenes Kupfer über Wasser (freilich in auf der Oberfläche glitschender, nicht eintröpfelnder Bewegung) gegossen werden könne, weil die Wärme des geschmolzenen Kupfers oder der Stoff, welcher sie erregt, aufwärts, folglich von dem Wasser, womit es übergossen wird, ab bewegt ist, da dann das geschmolzene Kupfer über und auf dem Wasser schwimmend das Phänomen einer ruhigen Kristallisierung darbieten würde.

Es wäre also ein Experiment durch die Geschicklichkeit meines verehrten und geliebten Freundes, des Herrn Dr. HAGEN, zu machen: ob die TAURINISCHE Geschichtserzählung wahrhaft sei oder nicht, und findet sich das erstere, so würde es eine sehr wichtige Erweiterung in der Physik zur Folge haben.

— 2. April 1800. I. Kant

---

[1]) B. Th. v. Rumford (1753—1814), einer der Vorläufer der mechanischen Wärmetheorie; — das im folgenden Briefe genannte „Rumfordsche Getränke" ist ein von ihm hergestelltes Nährmittel.

450.

Von Carl Gottfried Hagen.

Es macht mir gewiß sehr viele Freude, daß das RUMFORDSCHE Getränke Ew. Wohlgebornen Gesundheit entspricht,[1]) die, insofern meine Wünsche es vermögen, sich noch lange erhalten mag.

Gewiß werden Dieselben es mit Vergnügen hören, daß der TAURINIUSSCHE Versuch, den ich eben angestellt habe, gegen mein Erwarten ganz glücklich ausgefallen ist. Ich habe ihn auf folgende Art angestellt. Um das schmelzende Kupfer an dem Niedersinken im Wasser beim Ausgießen zu hindern, überspannte ich eine Schachtel, deren Deckel und Boden herausgenommen war, mit Leinwand, stellte sie in eine Wanne mit kaltem Wasser so hinein, daß die Leinwand einige Linien unter dem Wasser stand, und goß jetzt über die Leinwand das vollkommen geschmolzene Kupfer glühend darüber aus. Weder das Zischen wurde wahrgenommen, welches sonst beim schnellen Abkühlen im Wasser schmelzende Metalle zeigen, noch das mindeste Umherspritzen. Bloß das Wasser, welches in der Nähe und über dem Kupfer stand, geriet in Wallen, indem dieses noch einige Minuten hindurch im Wasser glühend verblieb. An zwei Stellen hatte es die Leinwand durchbrannt, und hievon war etwas weniges auf den Boden der Wanne geflossen.

Das Stück Kupfer, welches auf diese Weise abgekühlt worden, schicke ich mit.

Es ist die größeste Hochachtung, mit der ich bin
Ew. Wohlgebornen
ganz ergebenster Diener
Hagen.
d. 12. April 1800.

451.

Von Georg Samuel Albert Mellin.

Empfangen Sie hiermit, verehrungswürdigster Lehrer und Freund, die zweite Abteilung des II. Bandes des encyklopädischen Wörterbuchs. Möchte dieses Werk auch in der Fortsetzung Ihres mir über alles schätzbaren Beifalls nicht ganz unwürdig sein. —

Mein Sohn hat mir geschrieben, daß er die Freude gehabt hat, Ihnen aufzuwarten; er war mit dem Geh. Rat EYTELWEIN und Leut. v. TEXTER bei Ihnen. Mir würde es ein unbeschreibliches Vergnügen sein, den Mann, welchen ich unter allen jetzt lebenden Menschen am meisten verehre und bewundere, persönlich kennen zu lernen, aber die Entfernung ist zu groß: Möchte es der Vorsehung gefallen, Ihnen in Ihrem Alter Gesundheit und Kräfte zu schenken! Ihre Erklärung gegen FICHTE hat viel Sensation gemacht, aber sie war nötig. Der vortreffliche Schluß dieser Erklärung hat mich recht gestärkt und ist mir aus der Seele geschrieben. Nun hat man wieder das mißverstanden, was Sie in Ihrer Erklärung über die Vollständigkeit der Grundlinien Ihrer Transszendentalphilosophie in der Kritik der reinen Vernunft gesagt haben, und meint die Behauptung darin zu finden, Sie hätten bereits das vollständige und ausführliche System der Transszendentalphilosophie geliefert, welches doch mit so vielen Stellen der Kritik in Widerspruch stehe. In der Oberdeutschen Lit. Zeit. ist darüber viel geschwatzt worden.

Ich habe viel über den dogmatischen Vortrag des Systems der Transszendentalphilosophie nachgedacht. Es ist dabei die eigene Schwierigkeit, daß man die Kategorien schon immer gebrauchen muß, ehe man sie noch untersucht und die Theorie derselben vorgetragen hat. Soll man die Theorie von Raum und Zeit, die transszend. Idealität derselben, als durch die Kritik ausgemacht, vorausgesetzt, folglich bloß die verschiedenen Modos derselben, und ihre Analysis, vor der Theorie der Kategorien vortragen; so muß man diese schon dazu gebrauchen; dies ist nun nicht erlaubt. Soll man aber die Lehre von Raum und Zeit nach der Theorie der Kategorien vortragen, so fehlt's den Kategorien an der Realisierung durch Schemate. Soll man beides miteinander verbinden, so kann man die transszend. Ästhetik nicht von der Analytik des reinen Verstandes trennen. Diese Schwierigkeit gibt auch einen eignen Einwurf gegen die kritische Philosophie, den mir bereits ein Freund gemacht hat, nämlich, da wir doch die Kategorien z. B. die der Kausalität usw. gebrauchen, um über die transsz. Beschaffenheit des Raumes und der Zeit nachzudenken, so ist selbst diese Erkenntnis nur Erscheinung, woraus dann folgt, daß wir nur genötigt sind, uns den transsz. Idealismus, als das einzige richtige System von der Möglichkeit der Erfahrung vorzustellen, nicht aber behaupten können, daß es das wahre System von der Möglichkeit der Erfahrung an sich selbst sei. Ich erinnere mich nicht mehr, wie mein abwesender Freund sich hierüber ausdrückte, aber das, was ich jetzt geschrieben habe, enthält wenigstens seinen Hauptgedanken. Er war vor anderthalb Jahren willens, das System eines transsz. Realismus herauszugeben, doch mit Beibehaltung einer ganzen Reihe der wichtigsten Lehren der Kritik der rein. Vern. Es ist schade, daß in der Kritik d. r. V. nicht zur Beantwortung dieses Einwurfs ein Wink gegeben ist. Auf einen besondern Fall angewendet, kann man diesen Einwurf auch so ausdrücken: sagt die Deduktion der Kategorien nicht durch die Art, wie sie geführt wird: man gebe mir zu, daß ich den Begriff der Ursache gebrauchen dürfe, um die Realität dieses Begriffs zu zeigen, so will ich die Realität desselben für die Erfahrungserkenntnis dartun; und ist das nicht ein Zirkel? Die Schwierigkeit liegt freilich nicht in dem kritischen System, sondern in der Natur einer sinnlichen und diskursiven Erkenntnis. Unsere Erkenntnis a priori ist, der Natur unseres Erkenntnisvermögens gemäß, etwas in unserm innern Sinn Befindliches, und insofern selbst Erscheinung und wir können freilich nicht wissen, was sie an sich sein mag. Wir können daher auch von der Möglichkeit der Erfahrung, als etwas an sich, nichts wissen, sondern nur wie sinnlich erkennende Wesen sich die Möglichkeit der Erfahrung vorstellen müssen, wie Gott unsere Erfahrungserkenntnis sich vorstellt, wissen wir nicht.

Verzeihen Sie, verehrungswürdigster Freund, daß ich Sie so weitläuftig von einem Gegenstande unterhalten habe, der Ihnen nicht fremd ist, der mir aber wichtig ist, weil er mich bisher noch immer abgehalten hat, Hand an ein System der Transszendentalphilosophie zu legen, das ich gar gern zustande gebracht sehen möchte. Was man bisher darin geleistet hat, ist fast für nichts zu rechnen. Das SCHMIDSCHE Werk[1]) ist ohne alle Deduktion der Vollständigkeit der Prädikabilien, ohne alle Untersuchung der Moden des Raumes und der Zeit. Die Rezension dieser Metaphysik in der Literat. Zeitung ist sonderbar genug, und behauptet, es sei ein von der Kritik abgesondertes System nicht nötig.

O könnte ich Ihnen doch 20 Jahre von Ihrem Alter abnehmen! Möchte das jetzige Jahr Ihrer Gesundheit recht günstig sein. Das wünscht gewiß niemand von Ihren unzähligen Verehrern mit größerer Innigkeit und Teilnehmung als

Ihr

ewig dankbarer und treuer

Magdeburg den 13 April 1800.*) Verehrer Mellin.

*) *Am Rande der vierten Seite*: Ich hatte diesen Brief schon längst geschrieben, als mich eine tödliche Krankheit meiner geliebten Frau zu allem unfähig machte, was Freude gewähren kann. Sie starb mir den 29. März und ihr Tod machte mich zum zweitenmal zum Wittwer. Sie hinterläßt mir 5 Kinder, die nun nebst 3 Kindern erster Ehe, ganz meiner Vorsorge allein überlassen sind.

452.

Von Maria Kant, geb. Havemann.

Wohlgeborner Herr,
Insonders hochzuehrender Herr Professor,
Verehrungswerter Herr Bruder!

Ich hielt es für meine Pflicht, Ew. Wohlgebornen schon vor vielen Wochen den erfolgten tödlichen Hintritt meines innniggeliebten Gatten, Johann Heinrich KANT, weiland Predigers zu Alt- und Neurahden in Kurland, den am 22. Februar dieses Jahres der Tod mir und meinen unversorgten Kindern, zu unser aller namenlosen Schmerz, entriß, geziemend anzuzeigen —. Zugleich war ich auch so dreist, im Vertrauen auf die dem Wohlseligen von Ew. Wohlgebornen geschenkte brüderliche Gewogenheit, mich und meine armen Kinder, bei unsrer so zerrütteten und traurigen ökonomischen Lage, Deroselben menschenfreundlichen Herzen zu empfehlen. Allein bis jetzt habe ich vergebens auf eine geneigte

---

[1]) K. Chr. Erh. Schmid, Grundriss der Metaphysik, Altenburg 1799; vgl. Allg. Litt.-Ztg. vom 6. Januar 1800.

günstige Antwort von Denenselben gewartet, und die Zukunft verdunkelt sich je mehr und mehr unsern tränenvollen Blicken —. Daher wage ich's noch einmal, Ew. Wohlgebornen Mitleidsgefühl gegen die verlassene Familie Ihres seligen Bruders, der Dieselben sowie wir alle innig verehrte, in Ansprache zu nehmen —. Mein letzter Brief hat Ew. Wohlgebornen eine getreue Darstellung unsrer Lage gegeben, die bei aller Ökonomie und Frugalität unsrer Lebensart, da besonders in den letzten Jahren die Einkünfte meines seligen Mannes sehr geringe und die Ausgaben bei unsrer starken Haushaltung groß waren, traurig geworden; indem er nicht nur gar keinen Fonds, von dem wir leben könnten, sondern noch dazu einige Schulden hinterlassen hat. Durch Veräußerung unsrer Wirtschaft hoffe ich zwar die Schulden zu tilgen; allein wovon ich mit meinen drei unversorgten Kindern subsistieren soll, das weiß Gott, der Vater der Witwen und Waisen —! Nochmals flehen wir daher Ew. Wohlgebornen menschenfreundliches Herz um einige Hülfe und Unterstützung in dieser traurigen Lagen an, und hoffen mit gutem Grunde keine Fehlbitte zu tun —!

Indem wir mit Zuversicht der Erfüllung unsrer notgedrungenen Bitte entgegensehen, und schon im voraus Deroselben gütigen und menschenfreundlichen Gesinnungen, die unsern Kummer lindern, mit inniger Dankbarkeit verehren, und die heißesten Segenswünsche für dieselben zum Himmel tun, habe ich noch besonders die Ehre, mit der vollkommensten Hochachtung und Ergebenheit zu sein

Ew. Wohlgebornen
ergebene Dienerin
Maria verwitwete
Pastorin Kant, geborne
Havemann.

Altrahdensches Pastorat in Kurland,
den 16. Mai 1800.

453.

An Johann Gottfried Carl Christian Kiesewetter.

Wertester und alter Freund

Das Geschenk: der Widerlegung der HERDERSCHEN Metakritik, nunmehro in 2 Bänden (welches Ihrem Kopf und Herzen gleiche Ehre macht) frischt in mir die angenehmen Tage auf, die wir einstens in Belebung dessen, was wahr und gut und beiden unvergänglich ist, zusammen genossen; welches jetzt in meinem 77. Jahre, wo Leibesschwächen (die gleichwohl noch nicht auf ein nahes Hinscheiden deuten) meine letzte Bearbeitungen erschweren, aber, wie ich hoffe, doch nicht rückgängig machen sollen, — keine gringe Stärkung ist, — in dieser meiner Lage, sage ich, ist mir dieses Geschenk doppelt angenehm.

Ihre Besorgnis: daß die im vergangenen Herbst übersandten Rüben durch den damals so früh eingetretenen und so lange angehaltenen Frost Schaden gelitten haben dürften, hat nicht stattgefunden; denn ich habe nur vorgestern an einem Sonntage die letzten derselben in einer Gesellschaft — wie gewöhnlich, zwischen 2 Freunden, die letzten derselben mit allem Wohlgeschmack verzehrt.

Sein Sie glücklich; lieben Sie mich ferner als Ihren unveränderlichen Freund und lassen mich dann und wann von Ihrer dortigen Lage und literärischen Verhältnissen einiges erfahren.

Mit der größten Ergebenheit und Freundschaft und Hochachtung bleibe ich jederzeit Ihr unveränderlich-treuer Freund und Diener.

Königsberg
d. 8. Juli   I Kant
1800

454.

Von Maria Kant geb. Havemann.

Wohlgeborner Herr
besonders hochzuehrender Herr Professor!

Mit gerührtem und von Dankbarkeit durchdrungenem Herzen habe ich Ew. Wohlgebornen menschenfreundliche Zusicherung einer wohlwollenden Unterstützung, für mich und meine hülfsbedürftige Familie, gelesen, und mit gleichen Empfindungen bereits das erste Quartal derselben erhalten —. Die heißen Segenswünsche für Deroselben Wohlergehen und der innige Dank, von mir und meinen noch unversorgten Kindern für diese nie genug zu schätzende Wohltat, sind der unbegrenzten Hochachtung gleich, mit der wir Dieselben als unsern zweiten Vater verehren, und mit welcher ich

noch ganz besonders mich zu unterzeichnen die Ehre habe als
Ew. Wohlgebornen

                                                  ganz ergebene Dienerin
    Altrahden im Pastorat   Maria verwitwete Pastorin
        in Kurland,   Kant, geborne Havemann.
      den 19. Juli 1800.

455.

Von Friedrich August Hahnrieder.

Achtungswürdiger Mann!

Daß ich so lange geschwiegen, hat nichts weiter zum Grunde, als daß ich nicht eher schreiben wollte, bis ich etwas Bestimmtes über mein Schicksal sagen könnte, dieses ist itzt der Fall, und nun würde ich es für unverzeihlich halten, länger zu schweigen.

Daß man mir ein ländliches Etablissement in Westpreußen geben wollte, ist Ihnen bekannt, allein das General-Direktorium war mit den Vorschlägen, die ich machte, nicht zufrieden, und ich war nicht willens, andere zu tun, die Sache zerschlug sich also und ich wartete nun, was endlich aus mir werden dürfte; endlich bin ich zum Besitz eines kleinen köllmischen Gütchens von $^5/_4$ Hufen kullmisch gelangt und befinde mich nun an dem Ziel meiner Wünsche. Ob ich nun ausdauren werde, kann nicht mehr die Frage sein, denn es ist das letzte, was ich wollte, und ich habe auch geheiratet, also ist mein Schicksal gänzlich entschieden. Itzt stehe ich, meiner Meinung nach, auf der höchsten Stufe, auf welcher ein Sterblicher stehen kann, denn es läßt sich in der Tat nichts Größeres denken, als unabhängig von den Launen anderer, das Land zu bauen; ich fühle dieses Glück ganz und würde meine Lage mit keiner andern vertauschen.

Mein Leben gleicht einem Roman, wo ich mir zum Teil viele Szenen selbst schuf, zum Teil auch in welche wider mein Wissen und Willen versetzt wurde; indessen kann ich aus allen Nutzen ziehen und wo ich gefehlt habe, itzt verbessern; in meinem gegenwärtigen Wirkungskreise kommt mir sehr vieles zustatten, woran ich vorher nicht gedacht. Bei meinem Aufenthalt in Rußland lernte ich so manches Nützliche für Ökonomie und Menschenkunde, hauptsächlich lernte ich daselbst in den Gefängnissen der Inquisition Ihre Schriften kennen, welches für mich das größeste

Glück ist, denn ohne diesen Leitfaden wäre ich ein bloßer fragmentarischer Mensch geblieben, und nie das geworden, was ich schon geworden bin und insonderheit noch werden kann; an gutem Willen fehlt es mir nicht und durch mancherlei Mißgriffe bin ich eines besseren belehrt, so daß ich itzt weniger fehlen werde, als ich gefehlt habe; ob ich gleich gar wohl weiß, daß Vollkommenheit eine Idee ist, zu welcher nur Annäherung, aber nie gänzliche Erreichung sich denken läßt, so bin ich gleichwohl überzeugt, daß der, welcher sich dieselbe zum Ziel gesteckt, immer weniger der Gefahr ausgesetzt ist, zu straucheln. Mein Aufenthalt und Beschäftigung in Berlin ist für mich auch von großem Nutzen sowohl in praktischer als technischer Rücksicht, und nie werde ich es bedauern, diese Laufbahn gemacht zu haben.

Gerne würde ich noch mehr schreiben, allein was soll ich weiter sagen? und wenn ich gleich noch mancherlei zu sagen hätte, so ist es leicht möglich, daß der Brief für Dieselben zu lang würde, ich breche daher ab und bitte Sie — im Fall es Gesundheit und anderweitige Verhältnisse erlauben — mir auch nur durch ein paar Zeilen, von Dero Gesundheitsumständen Nachricht zu geben. Leben Sie, edler Mann! recht wohl und sein versichert, daß ich nicht aufhören werde zu sein

Langgrund im Amte Rhein
den 31 Juli
1800

Dero
ganz ergebner Freund
und Diener
Hahnrieder.

456.
An Samuel Thomas Soemmering.
(Entwurf.)

[4. Aug. 1800.]

An Herrn Hofrat Soemmering in Frankfurt a. Main.
Geliebter und hochgeschätzter Freund!

Ihren Brief vom 3. Mai 1800 allererst den 4. August beantwortet zu haben, unerachtet er mit kostbaren literärischen Geschenken begleitet war, als

„Soemmering Icones embryonum humanorum
ejusd. Tabula Baseos Encephali
hiebei ein gebundenes Buch vom Bau des menschlichen Körpers Fünften Teils erste Abteilung „Hirn und Nervenlehre zweite umgearbeitete Ausgabe"

welche (nämlich die Icones) ich mir die Erlaubnis genommen habe, sie meinem lieben gründlich gelehrten, in England zum Doct. Med. creierten und in Berlin den Kursus rühmlich verrichteten, jetzt in Königsberg mit großem Beifall praktisierenden Freunde D. MOTHERBY zum Geschenk zu machen mir die Freiheit genommen habe und dessen Ansicht ich hiebei die Beurteilung Ihrer Ideen, so viel an mir ist, zu benutzen Gelegenheit habe.

Diesen Brief, sage ich, so spät zu beantworten, würde unverzeihliche Nachlässigkeit sein, wenn ich nicht diese Zeit hindurch unter der Last einer den Gebrauch meines Kopfs zwar nicht schwächenden, aber im hohen Grad hemmenden Unpäßlichkeit läge, die ich keiner Ursache als der wohl schon 4 Jahre hindurch fortgewährten Luftelektrizität zuzuschreiben weiß, welche mein Nervensystem (einem Gehirnkrampf ähnlich) affiziert, indirekt aber auch die mechanische Muskelkräfte der Bewegung (das Gehen) in meinem 77. Lebensjahre bei sonstiger nicht krankhafter Leibesbeschaffenheit beinahe unmöglich macht.

Diesen Brief nicht früher beantwortet zu haben, werden Sie mir unter diesen Umständen gütigst verzeihen.

Nun zur Sache, nämlich die an mich ergehende Aufforderung selbst. Eine Erklärung meinerseits: daß ich gar nicht gesonnen sei, mir durch meinen Brief zu verstehen zu geben, daß Sie Ihr Werk als etwas Absurdes ja nicht drucken lassen sollten und daß ich es einmal bei Gelegenheit äußerte.

Nun bin ich hiezu gerne erbötig, weil ich mir bewußt bin, daß dergleichen mir gar [nicht] in den Sinn hat kommen können. Aber die Gelegenheit dazu muß ich mir dazu erbitten. Sie würde in den Jahrbüchern der preußischen Monarchie, die bei Unger in Berlin herauskommt, genommen werden, wenn ich nur nicht von diesem Vorfall in der größten Unkunde wäre. [*Bricht ab.*]

457.

Aus einem Briefe von Reinhold Bernhard Jachmann.

Hochzuverehrender Herr Professor!

... Sie hatten die Güte, teuerster Herr Professor, mir bei meiner letzten Anwesenheit in Königsberg das Versprechen zu geben, mir die wichtigsten Umstände aus Ihrer Lebensgeschichte mitzuteilen.

Aus einem Briefe von Reinhold Bernhard Jachmann

Ich bin jetzt so frei, Ihnen beiliegend verschiedene darauf sich beziehende Fragen vorzulegen. Viele derselben würden unter allen andern Umständen sehr indiskret sein und ich würde es mir nie haben in den Sinn kommen lassen, solche Fragen zu tun. Nur der Zweck, den ich vorhabe, und die Unentbehrlichkeit dieser Umstände zu einer vollständigen Biographie kann diese anscheinende Indiskretion heben und meine Freiheit entschuldigen. Sollten einige der angeführten Fragen zur Beantwortung mehr Raum erfordern, als die leere Kolonne verstattet, so wünschte ich, daß Sie die Güte hätten, sie in numerierten Beilagen mir gefälligst mitzuteilen. — Die ganze Welt wünscht Ihre authentische Biographie und wird Ihr eignes Zutun zu derselben mit dem höchsten Dank erkennen. Sollten Ihnen einige von mir übergangene Umstände noch wichtig scheinen, so bitte ich dieselben nur anzuführen. Daß ich übrigens von allem nur zu der Zeit erst, wenn eine Biographie vollständig ans Licht treten kann und mit der größten Diskretion Gebrauch machen werde, darf ich wohl nicht versichern. Mein höchster Wunsch ist, daß Sie noch lange mit Gesundheit und Kraft unter uns bleiben mögen. Ich empfehle mich Ihrem wohlwollenden Andenken und bin mit Liebe und Hochachtung

Ihr dankbarer Schüler

Marienburg d. 16. Aug. 1800. Jachmann.

Beilage.

Materialien zu Herrn Professor Kants Biographie.

1. Tag und Stunde der Geburt.
2. Stand und Herkunft der Eltern.
3. Wie alt sie damals waren.
4. Das Charakteristische ihrer Denkungsart in moralischer und religiöser Rücksicht.
5. Was sie für die Erziehung des Herrn Professor taten.
6. Wieviel Kinder sie hatten.
7. Das wievielste der Herr Professor war.
8. Sein Verhältnis zu dem übrigen Geschwister in der Jugend.
9. Wie waren seine Gesundheitsumstände in der Jugend?
10. Hatte er die gewöhnlichen Kinderkrankheiten? und welche? und wie wurden sie überstanden?

11. Hat er in der Folgezeit bedeutende Krankheiten gehabt und welche? — — —
12. Das Temperament, die besonderen Züge der Sinnesart und des Charakters in der Jugend.
13. Welches waren die hervorstechenden Neigungen in früher Jugend und inwiefern wurden sie befriedigt.
14. Die jugendlichen Spiele. —
15. Wann und von wem den ersten Unterricht empfangen.
16. In welche Schulen gegangen und wie lange?
17. Wer waren die Lehrer, wenigstens die vorzüglichsten.
18. Welche Wissenschaften und Sprachen wurden vorzüglich geliebt und getrieben?
19. Bei welcher wissenschaftlichen Beschäftigung äußerten sich zuerst und in welchem Alter vorzügliche Geistesanlagen? —
20. Welches waren die jugendlichen Schulfreunde und welchen Einfluß hatten Lehrer und Jugendfreunde auf Verstandesbildung und Denkungsart?
21. Wie waren die ersten Religionsüberzeugungen und welchen Gang nahmen sie zum echten Religionsglauben? —
22. Wann auf die Universität gegangen und wie lange studiert?
23. Welchen Gang in den Studien genommen und auf welche Wissenschaften sie besonders gelegt?
24. Welches waren die vorzüglichsten akademischen Lehrer?
25. Bei wem und nach welchem System die Philosophie gehört?
26. Auf welche Wissenschaften bezog sich vorzüglich die Lektüre und das Privatstudium?
27. Wurde keine von den sogenannten 3 obern Fakultätswissenschaften studiert?
28. War es schon früh der Plan, sich dem akademischen Lehramt in der philosophischen Fakultät zu widmen?
29. Welche Geschäfte übernommen nach vollendeten Universitätsjahren.
30. Wem und worin als Jugendlehrer Unterricht gegeben, Universitätsfreunde. —
31. Welchen anderweitigen Umgang gepflegt.
32. Erholungen und Lieblingsvergnügungen. —
33. Hat nicht ein Frauenzimmer das Glück gehabt, ausschließliche Liebe und Achtung auf sich zu ziehen?
34. Welche Frauenzimmer sind überhaupt zur Bildung in geselligen Eigenschaften beförderlich gewesen?
35. Wann die Magisterwürde übernommen?
36. Welche Collegia und wieviel täglich in der Regel als Magister gelesen?

37. Die ökonomischen Umstände zu der Zeit.
38. Ob und wem privatissima gelesen?
39. Wann in eine Professur getreten?
40. Wann und weshalb die Professur der Mathematik mit der der Metaphysik vertauscht?
41. Welche Anerbietungen gehabt, auf andern Universitäten eine Professur zu übernehmen?
42. Auf welche Weise wurde der Herr Professor dem Friedrich II. bekannt?
43. Wie bewies dieser seine Achtung? wie der Minister v. Zedlitz?
44. Die Hauptmomente von der Veränderung in philosophischen Meinungen und die Veranlassungen dazu besonders zum Übergang in den Kritizism.
45. In welcher Reihordnung die philosophischen Systeme der alten und neueren Philosophen studiert worden?
46. Inwiefern sie auf die Philosophie des Hrn. Professor Einfluß hatten.
47. Wurden die kirchlichen Gebräuche der christlichen Kirche je mitgemacht und wann wurden sie aufgegeben?
48. Sind einige Predigten gerne angehört.
49. Hat das Studium der Bibel und einiger theologischen Schriften nicht auf die Lehrbegriffe der praktischen Philosophie Einfluß gehabt.
50. Was hat zum ehelosen Stand bestimmt und ist nie der Wille gewesen sich zu verheuraten.
51. Welche Menschen haben das Glück gehabt als Freunde vorzüglich wertgehalten zu werden.
52. Über die Verhältnisse mit Herrn Kaufmann Green.
53. Wie teuer sind die Schriften des Herrn Professor von Anfang an bis zuletzt bezahlt worden und was haben sie wohl überhaupt eingebracht.
54. Bei welchen Speisewirten und in welcher Tischgesellschaft gegessen.
55. Was hat zur Errichtung einer eigenen Ökonomie Veranlassung gegeben und wieviel hat sie jährlich gekostet.
56. Über den Umgang mit Schwestern und Verwandten und ihre Unterstützung.

458.

An Christian Friedrich Jensch.

Meine augenblickliche Störung, geehrtester Freund, in Ihrem Amtsgeschäfte, durch die Anfrage: ob Sie wegen der Passenheimer Rüben sicher sind, sie gebetenermaßen anzuschaffen? bitte ergebenst, mir nicht zu verübeln und sie bloß mit einem einfachen Ja aus dem Collegio zurücksagen zu lassen, wenn dazu gegründete Erwartung ist.

Ihr
treuer Diener
I. Kant. d. 28. Oktober 1800.

459.

An Johann Gottfried Lehmann.

(Entwurf.)

Herbst 1800.

Im vorigen Jahr, unter dem Dato d. 4. November 1799 habe ich von Ew. Hochwohlehrw. eine Quantität geschältes und getrocknetes Obst (in Schälbirn und Schäläpfeln, doch ohne getrocknete Pflaumen, weil diese damals nicht gediehen) durch Besorgung Ihres in Göttingen den Herrn v. FAHRENHEIT begleitenden lieben und dankbaren Sohns zugeschickt, der sich dieses jährliche Geschenk zum Gesetz gemacht hat, wohl erhalten. Einer ähnlichen Absendung aus Ihrer Güte sehe ich auch in diesem Jahr entgegen, für welche ich Ihrem Herrn Sohn meinen großen Dank abzustatten jetzt gleichfalls nicht ermangeln werde.

460.

An Johann Friedrich Vigilantius.

Ew. Wohlgeb.

bitte ergebenst mich, da ich im Begriff bin, morgen an das Oberschulkollegium, wegen der jährlichen mir zugesicherten Gehaltszulage aus dem Fonds des Oberschulkollegiums, den Brief abgehen zu lassen, mich gütigst zu belehren, ob der beigehende Stempelbogen nur als Enveloppe (oder zum Kuvert) dienen oder mein Brief auf diesem Stempelbogen selbst geschrieben werden könne oder müsse, wobei doch das Inkonveniens eintreten würde, zwei Siegel zu einem Briefe aufzudrücken.

Ich bitte mir die Beschwerde, die Ihnen meine Unkunde in Geschäftssachen macht, nicht ungütig aufzunehmen und bin mit vollkommener Hochachtung

Ew. Wohlgeboren
ergebenster treuer Diener I. Kant.

Königsberg d. 26. 1800.

461.

An Ehregott Andreas Christoph Wasianski.

Mit der Bitte, mich heute zur Mittagsmahlzeit mit Ihrer Gesellschaft zu beehren, verbinde ich ergebenst die zweite: nämlich eine zweite Gardine von grünem Zindeltaffet für mein zweites Fenster rechter Hand mit eben solchen Messingsringen gütigst verfertigen zu lassen, weil mich die Sonne rechter Hand schräge trifft und mich von meinem Schreibtische verjagt. Vielleicht wäre es am besten, jene alte Gardine ganz zu verwerfen und eine so breite, als nötig ist, beide Fenster zugleich zu bedecken und rechts sowohl als links sie an Ringen vermittelst der längeren Schnur laufen zu lassen. — Ihr glücklicher Künstlerblick wird dem Dinge abhelfliche Maß zu verschaffen wissen.

Ich bin mit freundschaftlichem Vertrauen und der größten Ergebenheit

Ihr
treuer Diener I. Kant.

Königsb.
d. 12. Dez. 1800.

462.

An Andreas Richter.

(Entwurf.)

1801 [?]

M. H. Ihren sine die et Consule an mich abgelassenen Brief bejahend zu beantworten, trage kein Bedenken, da er nichts weiter von mir verlangt als: „daß wenn ich nicht selber ein System der Politik herauszugeben gemeinet sein sollte, Sie die Erlaubnis haben wollten, eine solche nach kritischen Grundsätzen zu bearbeiten", wovon Sie mir zugleich den Plan mitgeteilt haben. — Daß mein (77jähriges) Alter mir es nicht wohl möglich macht, es selbst zu verrichten, vornehmlich mit der Ausführlichkeit, die der mir zugestellte Abriß Ihres vorhabenden politischen Werkes sehen läßt, beurteilen Sie ganz richtig wie auch das Terrain, auf welchem Sie Ihr Lehrgebäude aufzuführen gedenken.

Von Herrn NICOLOVIUS wird dann also die Spedierung dieses Briefes nach der darin vorgeschriebenen Adresse abhängen, wobei ich bin

Ihr Diener
I. Kant.

463.

Von J. Glover.

Mein Herr!

Der Wert Ihres neuen Lehrgebäudes der Philosophie ist zu allgemein anerkannt, und die daraus entsprossene Berichtigung der Prinzipe für alle Fächer menschlicher Kunde in ihren Folgen zu heilreich gewesen, daß Sie nicht auch in Bataviens feuchtem Himmelsstrich Ihre Bewunderer sollten gefunden haben, unter deren Zahl ich mir die Freiheit nehme, mich Ihnen mit Ehrfurcht anzubieten.

Sklavische Schmeichelei war nie meine Sache: auch dann nicht, wenn gleich alle Verdienste und Tugenden in einer Person zusammengedrängt wären; lieber referier ich mich auf das, was der gelehrte Herr SCHULZ in seiner Vorrede seiner Erläuterungen sagt. Nur allein erlauben Sie mir, mein Herr, Ihnen dies Opfer der Bekenntnis darbringen zu dürfen: daß ich nicht aufhöre, der Gottheit für das Glück zu danken, mit Ihnen gleichzeitig gelebt zu haben!

Es ist eins meiner angenehmsten Gefühle, Ihnen melden zu dürfen, daß Ihr kritisches Werk auch bei dem batavischen Volke nicht vergebens erschien. Seit einiger Zeit, besonders aber seit dem Jahre 1796 erscheinen auch hier Männer auf der Bühne, die mit stetem Andrange Geisteskraft zeigen, ihren Landgenossen nützlich zu werden, wovon Sie einen kurzen Abriß von dem Zustande der kritischen Philosophie in der Batavischen Republik weiter unten finden werden.

Doch aber fehlt es uns auch hier keineswegs an solche, besonders unter der Klasse kirchlicher Dogmatisten, die nach Gelegenheit haschen, in Ihrer Philosophie Sonnenflecke zu entdecken; allein andere wieder beweisen jenen, daß Unkunde und Mißverstand ihre Teleskope zusammenstellte, und dann tritt das Licht mit noch größerem Glanze hervor wie zuvor. Dieser Andrang erzeugt die wohltätigste Rückwürkung, und daher Verbreitung menschlicher Kenntnisse. Ihre Kritik gleicht einem Felsen, der im Ebenmaße der auf ihn gefallenen Schläge Funken verspreitet; und darum wünscht mancher mit mir dieser wohltätigen Schläge viele.

Obschon Ihre Philosophie hier viele Verehrer findet und auch bearbeitet wird, so ist noch keines Ihrer Werke im Zusammenhange in die holländische Sprache übersetzt. Doch in diesem Augenblicke erfahre ich von sicherer Hand, daß man uns bald mit einer Übersetzung Ihrer Kritik der prakt. Vernunft beschenken wird.

Schon längst entdeckte ich meinen Wunsch und bat vergeblich einen meiner Freunde um die Übersetzung des mir so schätzbaren Werks „**Metaphysische Anfangsgründe der Naturwissenschaft**" ins Holländische! Doch da der Wunsch, meinen Landgenossen diese reiche Quelle der Vernunft zu eröffnen, wieder mit erneuerter Kraft in mir rege wird, so habe ich mich entschlossen, selbst Hand ans Werk zu legen.

Da es aber mit meinen Grundsätzen nicht zutrifft, dieses Ihr Werk auf eigne Autorität in ein niederdeutsches Gewand zu kleiden, ohne zuvor Ihre Erlaubnis dazu erbeten und erhalten zu haben, noch auch bei Ihnen angefragt, ob Sie vielleicht noch ein oder das andere aufzuklären, verändern, oder zu vermehren wünschen, so hoffe ich, wird dies zureichen, meine genommene Freiheit, mich schriftlich an Sie zu wenden, zu entschuldigen.

Sind Sie so gütig, mich mit einer Antwort zu beehren, so wird sich dadurch glücklich schätzen der die Ehre hat sich unter herzlicher Anwünschung alles Heils zu nennen Mein Herr

Ihr aufrichtigster Verehrer

Driel, den 16. Februar 1802.   JGlover

    adress
J Glover
       te Driel by Arnhem
      in de Bataavsche Republik.

Beilage.

Kurze Übersicht der Förderungen und des Zustandes der kritischen Philosophie in der Batavischen Republik.

Vor dem Jahre 1792 kannte man in den Niederlanden die kritische Philosophie nur dem Namen nach. Doch im Anfange dieses genannten Jahres gab mein Freund Paulus van Hemert zu Amsterdam (dessen zwei gekrönte Preisabhandlungen ins Hochdeutsche übersetzt sind) in einer Monatschrift einen kurzen Abriß von dieser Philosophie, wurde aber von wenigen verstanden. Die Jahre 93, 94 und 95 brachten wieder nichts Merkenswertes zum Vorschein, obgleich eine Übersetzung Ihrer Metaphys. Anfangsgr. der Rechtslehre und Logik angekündigt wurde, die jedoch noch vergeblich erwartet wird; bis endlich wieder v. Hemert im Jahre 1796 den ersten Teil einer freien Nachfolgung von Borns Versuch unter dem Titel Beginzeln der Kantiaansche Wysgeerte, herausgab, wovon der 4. und letzte Teil im Jahre 1798 erschien.

Im Jahre 1798 erschien abermals durch v. Hemert ein Werk, ganz gebaut auf die Gründe der Kritik der prakt. Vernunft unter dem Titel „Proeven oover het bestaan van beginzeln eener belangloozen goedwilligheid in het menschlyke hart", welches ebenfalls, wie ich glaube, ins Hochdeutsche übersetzt ward, wenigstens wurde es im Intelligenzblatt zur Jen. Litt.-Zeitg. angekündigt. Auch wurde durch W. Servaas in einer periodischen Schrift, Kunst en Letterbode, von Zeit zu Zeit einige kurze Erklarungen dieser Philosophie gegeben.

Im Herbste des Jahrs 1798 trat wieder Paulus v. Hemert mit seinem Kritischen Magazin hervor. Dieses Werk enthält mehrere herrliche Aufsätze sowohl vom Herausgeber selbst als von einigen seiner Mitarbeiter, wird viel gesucht, hat sich schon bis zu vier Teile, jeden zu zirka 400 pag. in octavo angehäuft. Hierin findet man vorzüglich die gründlichsten Widerlegungen gegen die Anfechter.

Endlichhin zeugen die akademischen Dissertationen, daß mehrere Professoren sich alle Mühe geben, diese Philosophie zu promulgieren, von dessen glücklicher Wirkung eine zu Amsterdam bestehende Gesellschaft unter dem Titel der Kritischen zum Beweise dient.

464.

An Carl Christoph Schoen.

Hochwohlehrwürdiger Herr Pastor
Hochzuehrender Herr

Das geneigte Schreiben Ew. Hochwohlehrwürden vom 16. März habe ich am 17. April erhalten, und aus demselben die beiden für mich angenehmen Nachrichten der Versorgung Ew. Hochwohlehrwürden sowohl; als auch dero Verbindung mit meiner Brudertochter ersehen. Ich nehme an beiden Ereignissen den aufrichtigsten Anteil und begleite sie mit meinen besten Wünschen. Meine Kräfte nehmen mit jedem Tage ab, meine Muskeln schwinden, und ob ich gleich keine eigentliche Krankheit jemals gehabt habe, und auch jetzt keine befürchte; so bin ich doch bis jetzt seit zwei Jahren nicht aus meinem Hause gewesen, sehe aber mit Mut jeder mir bevorstehenden Veränderung entgegen. Meine gute Gesinnungen gegen meine Verwandten werde ich bis zu diesem Zeitpunkt unveränderlich erhalten, und auch nach meinem Tode dieselben beweisen. Ich kann die Empfehlung an die Meinen keinem besser auftragen, als Ihnen, der Sie sich bald auch in den Kreis derselben einschließen werden. Ich habe die Ehre zu sein

Königsberg
d. 28. April
1802.

Ew.
Hochwohlehrwürden
ergebenster Diener
Immanuel Kant.

465.

An Friedrich Stuart.

Wohlgeborner Herr
Insonders Hochzuehrender Herr
Inspektor.

Die schmeichelhafte Zuschrift Ew. Wohlgebornen vom 20. März und besonders die darin mir bekanntgemachte Verbindung Ew. Wohlgeb. mit meiner Brudertochter hat mir ein wahres Vergnügen gemacht, und das in den Tagen meines Lebens, da man nur für wenige Freuden mehr empfänglich ist. Die Versicherung meines

hiesigen Freundes Herrn JACOBI, der vom Herrn von HAGEDORN dieselbe erhalten hat; daß die Verbindung für meine Brudertochter in mehr als Einer Rücksicht vorteilhaft sei, hat meine Teilnahme an ihrem Glücke mit Grund vermehrt. Empfangen Sie, beide Verlobte, statt meines verstorbenen Bruders hiemit meinen väterlichen Segen, der Sie und alle Meinigen, zu welchen ich von nun an Ew. Wohlgebornen zu zählen die Ehre habe, gewiß begleitet. Ich ersuche Sie ergebenst, mich meinen dortigen Verwandten zu empfehlen; sich selbst aber von der vollkommensten Hochachtung zu überzeugen, mit welcher ich zu verharren die Ehre habe
Ew.
Wohlgebornen
ergebener Freund und
Königsberg
Diener
d. 9. April
I. Kant.
1803.

Lesarten.

Zur Textbehandlung siehe Band IX, Seite 457 ff. — Auch im vorliegenden Band sind einzelne offenbare Schreibversehen stillschweigend berichtigt worden; von anderen Abweichungen gegenüber dem Text der Reickeschen Ausgabe der Kantischen Briefe seien die folgenden erwähnt:

Seite 150, Zeile 16 wol] wo (R).   150, 18 perfugium] perfugiam (R).   158, 20 also] als (R).   160, 10 v. u. unterscheiden wollen] worden (R).   165, 12 v. u. Kritik der Urth. Kr.] Kritik der prakt. Urth. Kr. (R).   175, 22 und der Erde gegen sie] und die Erde (R).   183, 18 verschiedene] verschieden (R).   209, 2 kann] fehlt bei (R).   225, 9 innerhalb der Grenzen] innerhalb den Grenzen (R).   248, 16 das] daß (R).   334, 5 synthetische] synthetischer (R).   334, 6 v. u. oder] aber (R).   335, 16 wie er uns erscheint] wie es uns erscheint (R).   342, 19 einige] einigen (R).   342, 21 des] dem (R).

Inhaltsübersicht des zehnten Bandes.

1790.

Seite

221. An Theodor Gottlieb v. Hippel. *6. Januar 1790* . . . 1
222. An Johann Gottfried Kiesewetter. *21. Januar 1790* . . 2
223. An F. Th. de la Garde. *21. Januar 1790* 3
224. An F. Th. de la Garde. *9. Februar 1790* 5
225. Von Johann Gottfried Kiesewetter. *3. März 1790* . 6
226. Von Ludwig Ernst Borowski. *6. März 1790* . . . 11
227. An Ludwig Ernst Borowski. *März 1790* 12
228. An F. Th. de la Garde. *9. März 1790* 14
229. Von Ludwig Ernst Borowski. *22. März 1790* . . . 15
230. An F. Th. de la Garde. *25. März 1790* 16
231. Von Johann Wilhelm Andreas Kosmann. *15. April 1790* 19
232. An Johann Gottfried Kiesewetter. *20. April 1790* . . 20
233. Von Johann Gottfried Kiesewetter. *20. April 1790* . 22
234. Von Karl Leonhard Reinhold. *30. April 1790* . . 27
235. Von Ludwig Heinrich Jakob. *4. Mai 1790* . . . 28
236. Von Salomon Maimon. *9. Mai 1790* 32
237. Von Salomon Maimon. *15. Mai 1790* 32
238. An Johann Schultz. *29. Juni 1790* 35
239. An Johann Schultz. *2. August 1790* 36
240. An Johann Friedrich Blumenbach. *5. August 1790* . 37
241. An Johann Schultz. *15. August 1790* 38
242. An Johann Schultz. *16. August 1790* 38
243. Von Johann Friedrich Reichardt. *28. August 1790* . 39
244. An F. Th. de la Garde. *2. September 1790* . . . 40
245. Von August Wilhelm Rehberg. *September 1790* . . 41
246. An August Wilhelm Rehberg. *September 1790* . . 43

Inhaltsübersicht des zehnten Bandes

Seite
247. Von Johann Benjamin Jachmann. 14. Oktober 1790 47
248. *An Johann Friedrich Reichardt. 15. Oktober 1790* . . 54
249. *An Markus Herz. 15. Oktober 1790* 55
250. *An F. Th. de la Garde. 19. Oktober 1790* 56
251. Von Christoph Friedrich Hellwag. 13. Dezember 1790 57
252. Von Abraham Gotthelf Kästner. 20. Dezember 1790 66

1791.

253. *An Christoph Friedrich Hellwag. 3. Januar 1791* . . 68
254. Von Jacob Sigismund Beck. 19. April 1791 . . . 72
255. *An Jacob Sigismund Beck. 9. Mai 1791* 73
256. Von Jacob Sigismund Beck. 1. Juni 1791 75
257. Von Johann Gottfried Kiesewetter. 14. Juni 1791 . 77
258. Von Johann Gottfried Kiesewetter. 3. Juli 1791 . . 80
259. Von Fräulein Maria von Herbert. August 1791 . . 83
260. Von Ludwig Ernst Borowski. August 1791 . . 84
261. *An F. Th. de la Garde. 2. August 1791.* 85
262. Von Johaun Gottlieb Fichte. 18. August 1791 . . 85
263. Von Johann Gottlieb Fichte. 2. September 1791 . . 87
264. *An Ludwig Ernst Borowski. 16. September 1791* . . 91
265. Von Salomon Maimon. 20. September 1791 . . 92
266. *An Carl Leonhard Reinhold. 21. September 1791* . . 95
267. *An Jacob Sigismund Beck. 27. September 1791* . . 97
268. Von Jacob Sigismund Beck. 6. Oktober 1791 . . 100
269. *An Theodor Gottlieb v. Hippel. 24. Oktober 1791* . . 102
270. *An F. Th. de la Garde. 28. Oktober 1791* 103
271. Von Georg Christoph Lichtenberg. 30. Oktober 1791 103
272. *An Jacob Sigismund Beck. 2. November 1791* . . 105
273. Von Johann Benjamin Erhard. 6. November 1791 . 107
274. Von Jacob Sigismund Beck. 11. November 1791 . 111

1792.

275. *An Jacob Sigismund Beck. 20. Januar 1792* . . . 114
276. Von Johann Gottlieb Fichte. 23. Januar 1792 . . 118
277. *An Johann Heinrich Kant. 26. Januar 1792* . . . 119
278. *An Johann Gottlieb Fichte. 2. Februar 1792* . . . 120
279. Von Johann Heinrich Kant. 8. Februar 1792 . . 122
280. Von Johann Gottlieb Fichte. 17. Februar 1792 . . 125
281. *An Christian Gottlieb Selle. 24. Februar 1792* . . 126

Inhaltsübersicht des zehnten Bandes

                                                     Seite

282. Von Johann Erich Biester. 6. März 1792 127
283. An F. Th. de la Garde. 30. März 1792 129
284. An Fräulein Maria von Herbert. Frühjahr 1792? . . 130
285. An Heinrich Christian Reichsgraf v. Keyserling. 8. Mai 1792 134
286. Von Jacob Sigismund Beck. 31. Mai 1792 . . . 135
287. An F. Th. de la Garde. 12. Juni 1792 137
288. Von Christian Garve. 18. Juni 1792 138
289. Von Johann Erich Biester. 18. Juni 1792 . . . 139
290. An Fürst von Beloselsky. Sommer 1792 140
291. An Jacob Sigismund Beck. 3. Juli 1792 143
292. An Johann Erich Biester. 30. Juli 1792 145
293. Von Johann Gottlieb Fichte. 6. August 1792 . . 147
294. Von Friedrich Victor Lebrecht Plessing. 6. Aug. 1792 148
295. An die theologische Fakultät in ⁂. Ende August 1792 154
296. Von Jacob Sigismund Beck. 8. September 1792 . . 155
297. Von Friedrich Bouterwek. 17. September 1792 . . 162
298. Von Johann Erich Biester. 22. September 1792 . . 164
299. An Theodor Gottlieb von Hippel. 28. September 1792 . 165
300. An F. Th. de la Garde. 2. Oktober 1792 . . . 165
301. Von Ludwig Ernst Borowski. 12. Oktober 1792 . 166
302. An Rudolph Gotthold Raht. 16. Oktober 1792 . . 166
303. An Jacob Sigismund Beck. 17. Oktober 1792 . . . 168
304. Von Johann Gottlieb Fichte. 17. Oktober 1792 . . 170
305. An Ludwig Ernst Borowski. 24. Oktober 1792 . . 171
306. Von Ludwig Ernst Borowski. 24. Oktober 1792 . 172
307. Von Carl Leonhard Reinhold. 29. Oktober 1792 . 173
308. Von Jacob Sigismund Beck. 10. November 1792 . 173
309. Von Salomon Maimon. 30. November 1792 . . 176
310. An Jacob Sigismund Beck. 4. Dezember 1792 . . 181
311. An F. Th. de la Garde. 21. Dezember 1792 . . . 184
312. An Johann Benjamin Erhard. 21. Dezember 1792 . 185
313. An Carl Leonhard Reinhold. 21. Dezember 1792 . . 186

1793.

314. Von Maria von Herbert. Januar 1793 187
315. An F. Th. de la Garde. 4. Januar 1793 . . . 191
316. Von Johann Benjamin Erhard. 17. Januar 1793 . . 191
317. Von Carl Leonhard Reinhold. 21. Januar 1793 . . 194
318. An Elisabeth Motherby. 11. Februar 1793 . . . 196

Inhaltsübersicht des zehnten Bandes

Seite

319. An Johann Christoph Linck. 15. Februar 1793 197
320. An Carl Spener. 22. März 1793 197
321. Von Johann Gottlieb Fichte. 2. April 1793 198
322. An Johann Christoph Linck. 15. April 1793 200
323. Von Jacob Sigismund Beck. 30. April 1793 201
324. An Abraham Gotthelf Kästner. Mai 1793 203
325. An Georg Christoph Lichtenberg. Mai 1793 204
326. An Carl Friedrich Stäudlin. 4. Mai 1793 205
327. An Matern Reuß. Mai 1793 207
328. An Friedrich Bouterwek. 7. Mai 1793 208
329. An Carl Leonhard Reinhold. 8. Mai 1793 209
330. An Johann Gottlieb Fichte. 12. Mai 1793 210
331. An Georg Heinrich Ludwig Nicolovius. 16. August 1793 211
332. An Jacob Sigismund Beck. 18. August 1793 213
333. Von Jacob Sigismund Beck. 24. August 1793 . . . 214
334. Von Friedrich Bouterwek. 25. August 1793 217
335. Von Johann Gottlieb Fichte. 20. September 1793 . 219
336. An Carl August von Struensee. 20. September 1793 . 221
337. An F. Th. de la Garde. 20. September 1793 222
338. Von Johann Erich Biester. 5. Oktober 1793 . . . 222
339. Von Johann Gottfried Kiesewetter. 23. November 1793 224
340. Von Salomon Maimon. 2. Dezember 1793 226
341. Von Theodor Gottlieb von Hippel. 5. Dezember 1793 227
342. An Johann Gottfried Kiesewetter. 13. Dezember 1793 . 229

1794.

343. Von Fräulein Maria von Herbert. Anfang 1794 . . 231
344. Von Johann Erich Biester. 4. März 1794 232
345. An Carl Leonhard Reinhold. 28. März 1794 . . . 235
346. An Johann Erich Biester. 10. April 1794 237
347. Von Georg Samuel Albert Mellin. 12. April 1794 . 238
348. An Johann Erich Biester. 18. Mai 1794 240
349. Von Friedrich Schiller. 13. Juni 1794 241
350. Von Jacob Sigismund Beck. 17. Juni 1794 242
351. Von Johann Gottlieb Fichte. Juni 1794 245
352. Von Joachim Heinrich Campe. 27. Juni 1794 . . 246
353. An Johann Erich Biester. 29. Juni 1794 247
354. An Jacob Sigismund Beck. 1. Juli 1794 248
355. An Joachim Heinrich Campe. 16. Juli 1794 . . . 250

		Seite
356.	Von Jacob Sigismund Beck. 16. September 1794	251
357.	Von Johann Gottlieb Fichte. 6. Oktober 1794	252
358.	*An F. Th. de la Garde. 24. November 1794*	254
359.	*An Carl Friedrich Stäudlin. 4. Dezember 1794*	255
360.	Von Johann Erich Biester. 17. Dezember 1794	258

1795.

361.	Von Carl Friedrich Stäudlin. 21. Februar 1795	259
362.	Von Friedrich Schiller. 1. März 1795	260
363.	*An die Fürstin Catharina Daschkow. März 1795*	261
364.	*An Dietrich Ludwig Gustav Karsten. 16. März 1795*	262
365.	Von Carl Leonhard Reinhold. 29. März 1795	263
366.	*An Friedrich Schiller. 30. März 1795*	265
367.	*An F. Th. de la Garde. 30. März 1795*	266
368.	Von Johann Gottfried Kiesewetter. 8. Juni 1795	267
369.	Von Jacob Sigismund Beck. 17. Juni 1795	269
370.	Von Ludwig Heinrich Jakob. 22. Juni 1795	270
371.	*An Carl Leonhard Reinhold. 1. Juli 1795*	271
372.	*An Samuel Thomas Soemmering. 10. August 1795*	272
373.	*An Friedrich Nicolovius. 13. August 1795*	273
374.	*An Karl Morgenstern. 14. August 1795*	273
375.	*An Georg Friedrich Seiler. 14. August 1795*	274
376.	Von den Kindern Johann Heinrich Kants. 19. Aug. 1795	275
377.	*An Ehregott Andreas Christoph Wasianski. 15. Sept. 1795*	276
378.	*An Samuel Thomas Soemmering. 17. September 1795*	276
379.	*An Theodor Gottlieb von Hippel. 28. September 1795*	277
380.	Von Friedrich Bouterwek. 29. September 1795	278
381.	*An Johann Gottfried Kiesewetter. 15. Oktober 1795*	279

1796.

382.	Von Johann Plücker. 5. Januar 1796	280
383.	*An Johann Plücker. 26. Januar 1796*	282
384.	Von Matern Reuß. 1. April 1796	284
385.	*An Friedrich August Hahnrieder. 16. April 1796*	285
386.	*An Johann Gottfried Kiesewetter. Juni 1796*	286
387.	Von Friedrich August Hahnrieder. 20. September 1796	287
388.	Von Ernst Ferdinand Klein. 11. Oktober 1796	289
389.	*An Jacob Sigismund Beck. 19. November 1796*	290

Inhaltsübersicht des zehnten Bandes

Seite

390. Von Friedrich August Hahnrieder. 3. Dezember 1796   291
391. Von Christoph Wilhelm Hufeland. 12. Dezember 1796   294
392. An Carl August von Struensee. Dezember 1796 . .   295
393. An Johann Gottfried Kiesewetter. 13. Dezember 1796 .   296
394. An Johann Heinrich Kant. 17. Dezember 1796 . . .   297
395. An Carl Wilhelm Rickmann. 17. Dezember 1796 . .   297

1797.

396. An Johann Friedrich Hartknoch. 28. Januar 1797 . .   298
397. An Christoph Wilhelm Hufeland. März 1797 . . .   299
398. An Christoph Wilhelm Hufeland. 19. April 1797 . .   300
399. Von Jacob Sigismund Beck. 20. Juni 1997 . . .   301
400. Von Jacob Sigismund Beck. 24. Juni 1797 . . .   310
401. An Georg Heinrich Ludwig Nicolovius. 7. Juli 1797 .   314
402. An Christian Gottfried Schütz. 10. Juli 1797 . . .   314
403. An Johann Heinrich Tieftrunk. 12. Juli 1797 . . .   317
404. An Johann Heinrich Ludwig Meierotto. August 1797 .   318
405. An Eberhard Julius Wilhelm Ernst v. Massow. August 1797   319
406. Von Johann Erich Biester. 5. August 1797 . . .   320
407. An Johann Böninger und Johann Langer. 24. August 1797   321
408. Von Georg Samuel Albert Mellin. 6. September 1797   322
409. Von Jacob Sigismund Beck. 9. September 1797 . .   323
410. Von Christoph Wilhelm Hufeland. 30. September 1797   324
411. Von Jacob Sigismund Beck. 6. Oktober 1797 . .   325
412. An Johann Gottfried Kiesewetter. 13. Oktober 1797 .   325
413. An Jacob Lindblom. 13. Oktober 1797   326
414. An Johann Heinrich Tieftrunk. 13. Oktober 1797 . .   328
415. An Johann Heinrich Tieftrunk. 17. Oktober 1797 . .   329
416. An den Rektor. 3. Dezember 1797   330
417. An Johann Gottlieb Fichte. Dezember 1797 . . .   332
418. An Johann Heinrich Tieftrunk. 11. Dezember 1797 .   333
419. Von Markus Herz. 25. Dezember 1797 . . .   337

1798.

420. Von Johann Gottlieb Fichte. 1. Januar 1798 . . .   338
421. An Johann Schultz. 9. Januar 1798   339
422. An Christ. Wilhelm Hufeland. 6. Februar 1798 . .   340
423. An Johann Heinrich Tieftrunk. 6. Februar 1798 . .   341

		Seite
424. An Johann Ernst Lüdeke. Februar 1798		342
425. An Johann Friedrich Vigilantius. 27. Februar 1798		342
426. An Johann Heinrich Tieftrunk. 5. April 1798		343
427. An Friedrich Nicolovius. 9. Mai 1798		345
428. An Georg Christoph Lichtenberg. 1. Juli 1798		347
429. An Carl Friedrich Stäudlin. 1. Juli 1798		348
430. An Friedrich Ludwig Hagen. 5. August 1798		348
431. Von Christian Garve. September 1798		349
432. An Christian Garve. 21. September 1798		351
433. An Johann Gottfried Kiesewetter. 19. Oktober 1798		353
434. An Johann Schultz und Christian Jacob Kraus. Okt. 1798		354
435. Von Johann Gottfried Kiesewetter. 25. November 1798		354
436. Von Georg Christoph Lichtenberg. 9. Dezember 1798		358
437. Von Carl Friedrich Stäudlin. 9. Dezember 1798		359
438. Von Johann Ernst Lüdeke. 19. Dezember 1798		360

1799.

439. An Johann Georg Scheffner. 24. Januar 1799		362
440. An Robert Motherby. 28. März 1799		362
441. An Carl Arnold Wilmans. Mai 1799		363
442. An Friedrich Theodor Rink. 8. August 1799		364
443. Von Johann Gottfried Kiesewetter. 15. November 1799		364
444. An Johann Gottfried Kiesewetter. 20. Dezember 1799		367
445. An Johann Benjamin Erhard. 20. Dezember 1799		367

1800.

446. Von Ernst Ferdinand Klein. 28. Februar 1800		369
447. An Friedrich Nicolovius. 28. März 1800		370
448. An Friedrich Nicolovius. 2. April 1800		370
449. An Carl Gottfried Hagen. 2. April 1800		370
450. Von Carl Gottfried Hagen. 12. April 1800		372
451. Von Georg Samuel Albert Mellin. 13. April 1800		373
452. Von Maria Kant, geborene Havemann. 16. Mai 1800		375
453. An Johann Gottfried Kiesewetter. 8. Juli 1800		376
454. Von Maria Kant, geb. Havemann. 10. Juli 1800		377
455. Von Friedrich August Hahnrieder. 31. Juli 1800		378
456. An Samuel Thomas Soemmering. 4. August 1800		379
457. Aus einem Briefe von Reinhold Bernhard Jachmann. 16. August 1800		380

458. An Christian Friedrich Jensch. 28. Oktober 1800 . . 383
459. An Johann Gottfried Lehmann. Herbst 1800 384
460. An Johann Friedrich Vigilantius. 26. November 1800 . 384
461. An Ehregott Andreas Christoph Wasianski. 12. Dez. 1800 385

1801.

462. An Andreas Richter. 1801 385

1802.

463. Von J. Glover. 16. Februar 1802 386
464. An Carl Christoph Schoen. 28. April 1802 389

1803.

465. An Friedrich Stuart. 9. April 1803 389

Lesarten 391

Inhaltsverzeichnis des zehnten Bandes 392

Zusammenstellung der Briefe nach den einzelnen Korrespondenten 400

Zusammenstellung der Briefe nach den einzelnen Korrespondenten.

Die *kursiv* gedruckten Nummern bedeuten Briefe von Kant; die Nummern in gewöhnlicher Schrift Briefe an Kant. — Die Nummern 1—220 befinden sich in Band IX, die Nummern 221—465 in Band X.

Briefwechsel mit v. Abel Nr. 164.
Abicht 201.
An ? *1.*
v. Baczko *167.*
Bahrdt 161, *162.*
Basedow *66.*
Beck 208, 254, *255,* 256, 267, 268, 272, 274, 275, 286, *291,* 296, *303,* 308, *310,* 323, *332,* 333, 350, *354,* 356, 369, *389,* 399, 400, 409, 411.
v. Beloselsky *290.*
Bering 130, *148,* 151, 157, 166.
Bernoulli *100, 101.*
Biester *98,* 128, 132, 138, 146, 154, 156, 185, 195, 220, 282, 289, *292,* 298, 338, 344, *346,* 348, *353,* 360, 406.
Blumenbach *240.*
Böninger *407.*
Born 150, 159, 182, 183, 187.
Borowski *12, 13,* 226, 227, 229, 260, *264,* 301, *305,* 306.
Bouterwek 297, *328,* 334, 380.
Breitkopf *179.*
Campe *71, 72,* 77, 172, 351, 355.
Crichton *82.*
Daschkow *363.*
Elisabeth, Kaiserin von Rußland 6.
Engel *91.*
Erhard 152, 273, *312,* 316, *445.*

Fichte 262, 263, 276, 278, 280, 293, 304, 321, 330, 335, 351, 357, 417, 420.
v. Finkenstein 184.
Formey 16, 160.
Friedländer 174.
Friedrich II. 3, 18, 29, 30, 43.
Friedrich Wilhelm II. 196.
v. Fürst 19, 28, 32.
de la Garde 215, 223, 224, 228, 230, 244, 250, 261, 270, 283, 287, 300, 311, 315, 337, 358, 367.
Garve 109, 110, 288, 431, 432.
Glover 463.
Hagen 430, 449, 450.
Hahnrieder 385, 387, 390, 455.
Hamann 7, 9, 10, 11, 50, 51, 52, 53, 55, 57, 58.
Hartknoch 396.
Hellwag 251, 253.
v. Herbert 259, 284, 314, 343.
Herder 25, 26.
Herz 31, 34, 35, 40, 41, 42, 48, 67, 70, 80, 85, 86, 87, 88, 89, 90, 94, 96, 140, 141, 142, 145, 149, 175, 197, 205, 249, 419.
v. Hippel 120, 124, 158, 170, 221, 269, 299, 341, 379.
Hufeland 136, 391, 397, 398, 410, 422.
v. Hülsen 2, 122.
Jachmann 200, 214, 247, 457.
Jacobi, Frau 14.
Jacobi 210, 216, 218.
Jakob 147, 153, 155, 169, 171, 192, 235, 370.
Jenisch 165.
Jensch 458.
Jung-Stilling 193, 194.
Kant, Joh. Heinrich 15, 46, 61, 62, 63, 73, 102, 209, 277, 279, 394.
Kant, Joh. Heinr., Kinder 376.
Kant, Maria 452, 454.
Karsten 364.
Kästner 252, 324.
v. Keyserling 285.
Kiesewetter 219, 222, 225, 232, 233, 257, 258, 339, 342, 368, 381, 386, 393, 412, 433, 435, 443, 444, 453.

Klein 388, 446.
v. Knobloch 17.
Kosmann 211, 212, 231.
Kraus 434.
Lambert 20, 21, 22, 33, 36.
Langer 407.
Lavater 49, 54, 59, 60, 64.
Lehmann 459.
Lichtenberg 271, 325, 428, 436.
Linck 126, 319, 322.
Lindblom 413.
Lindner 8.
Lüdeke 93, 424, 438.
Maimon 198, 204, 207, 236, 237, 265, 309, 340.
v. Massow 405.
Meierotto 404.
Mellin 347, 408, 451.
Mendelssohn 23, 24, 38, 81, 105, 111, 137.
Metzger 104.
Morgenstern 374.
Motherby 318, 440.
Nicolai 47, 75.
Nicolovius 331, 373, 401, 427, 447, 448.
Penzel 69.
Philosophische Fakultät 5.
Plessing 106, 116, 294.
Plücker 382, 383.
Raht 302.
Reccard 97.
Regge 68.
Rehberg 245, 246.
Reichardt 103, 243, 248.
Reinhold 173, 176, 178, 180, 181, 199, 202, 203, 206, 213, 217, 234, 266, 307, 313, 317, 329, 345, 365, 371.
Rektor und Senat der Universität Königsberg 4, 416.
Reusch 56, 92, 107, 108, 117, 121, 133, 190.
Reuß 327, 384.
Richter 188, 462.
Rickmann 395.
Rink 442.

Ruhnken 39.
Scheffner 439.
Schiller 349, 362, 366.
Schmid 191.
Schoen 464.
Schultz 99, 112, 113, 114, 115, 118, 119, 189, 238, 239, 241, 242, 421, 434.
Schütz 125, 127, 134, 135, 139, 143, 144, 163, 168, 186, 229, 402.
Seiler 375.
Selle 177, 281.
Soemmering 372, 378, 456.
Spalding 179.
Spener 95, 320.
Stäudlin 359, 361, 362, 429, 437.
v. Struensee 336, 392.
Stuart 465.
Suckow 27.
Sulzer 37.
Theologische Fakultät 295.
Tieftrunk 403, 414, 415, 418, 423, 426.
Ulrich 131.
Vigilantius 425, 460.
Wachowski 123.
Wasianski 377, 461.
Wieland 44, 45.
Wilmans 441.
Wolke 64, 84.
v. Zedlitz 74, 76, 78, 83.

Druck von W. Drugulin in Leipzig.